世界名人传记丛书

世界名人传记丛书

西塞罗传

〔英〕伊丽莎白·罗森 著
王乃新 王悦 范秀琳 译

商務印書館
SINCE 1897 The Commercial Press
2019年·北京

Elizabeth Rawson

CICERO：A PORTRAIT

First Published in 1975 by Allen Lane（Penguin Books Ltd.）

This Edition Published，with Corrections，in 1983 by Bristol Classical Press

Reprinted 1994，1998，2001

原著由艾伦莱恩出版社（企鹅图书有限公司）于 1975 年首次出版，本书据
布里斯托尔古典出版社 1983 年修订版（1998 年重印本）译出

世界名人传记丛书

新版说明

本馆出版名人传记渊源有自。上世纪初林纾所译传记可谓木铎启路，民国期间又编纂而成“英文世界名人传记”丛书，其后接续翻译出版传记数十种。及至二十世纪九十年代，汇涓成流，结集出版“世界名人传记丛书”，广为传布。

此次重新规划出版，在总结经验的基础上续写经典、重开新篇。丛书原多偏重学术思想领域，新版系统规划、分门别类，力求在新时代条件下赋予作品新价值、新理念、新精神。丛书分为政治军事、思想文化、文学艺术、科学发明以及除上述领域之外的综合类，共计五大类，以不同的封面颜色加以区分。

丛书所选人物均为各时代、各国家、各民族的名流巨擘，他们的业绩和思想深刻影响了世界历史进程，甚至塑造了世界格局和人类文明。所选传记或运笔于人物生平事迹，或着墨于智识求索，均为内容翔实、见识独到之作。读者于其中既能近观历史、反思现实，又能领悟人生、汲取力量。

我们相信名人传记的永恒魅力将为新时代的文化注入生机和活力。我们也期待能得到译界学界一如既往的支持，使此套丛书的出版日臻完善。

商务印书馆编辑部

2012年12月

献给

牛津大学伊索贝尔·亨德森（1906—1967年）

目　录

地图

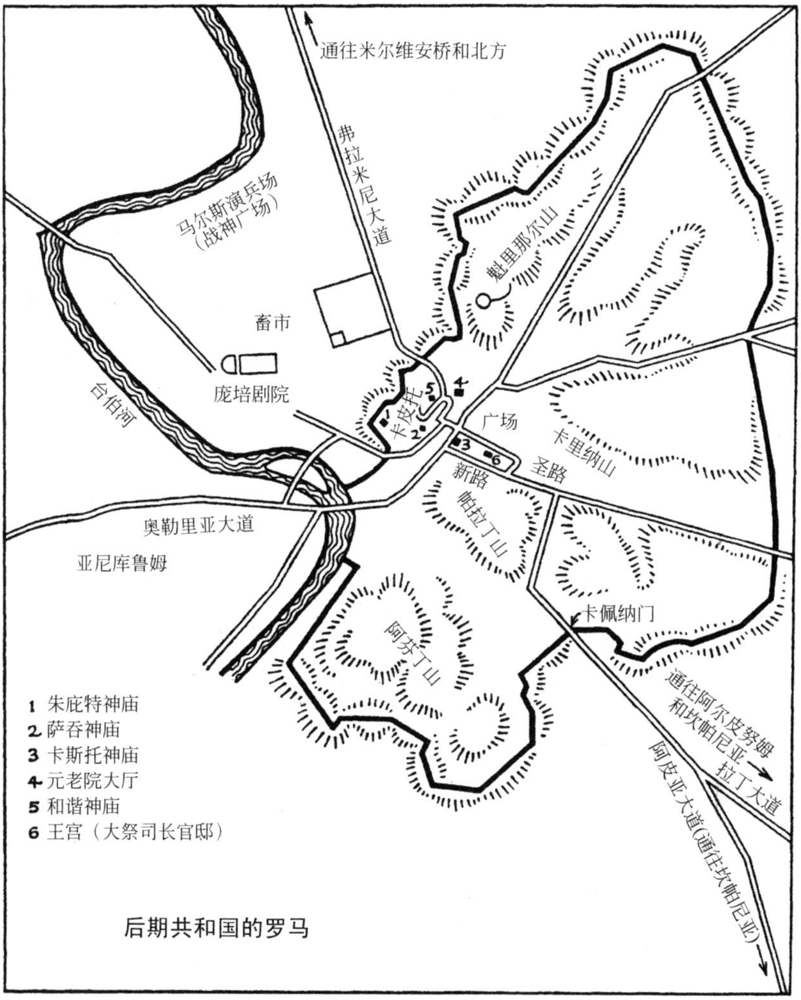
通往米尔维安桥和北方
弗拉米尼大道
马尔斯演兵场
（战神广场）
魁里那尔山
畜市
庞培剧院
卡皮托
广场
卡里纳山
圣路
新路
帕拉丁山
台伯河
奥勒里亚大道
亚尼库鲁姆
阿芬丁山
卡佩纳门
通往阿尔皮努姆
和坎帕尼亚
拉丁大道
阿皮亚大道(通往坎帕尼亚)
1 朱庇特神庙
2 萨吞神庙
3 卡斯托神庙
4 元老院大厅
5 和谐神庙
6 王宫（大祭司长官邸）
后期共和国的罗马

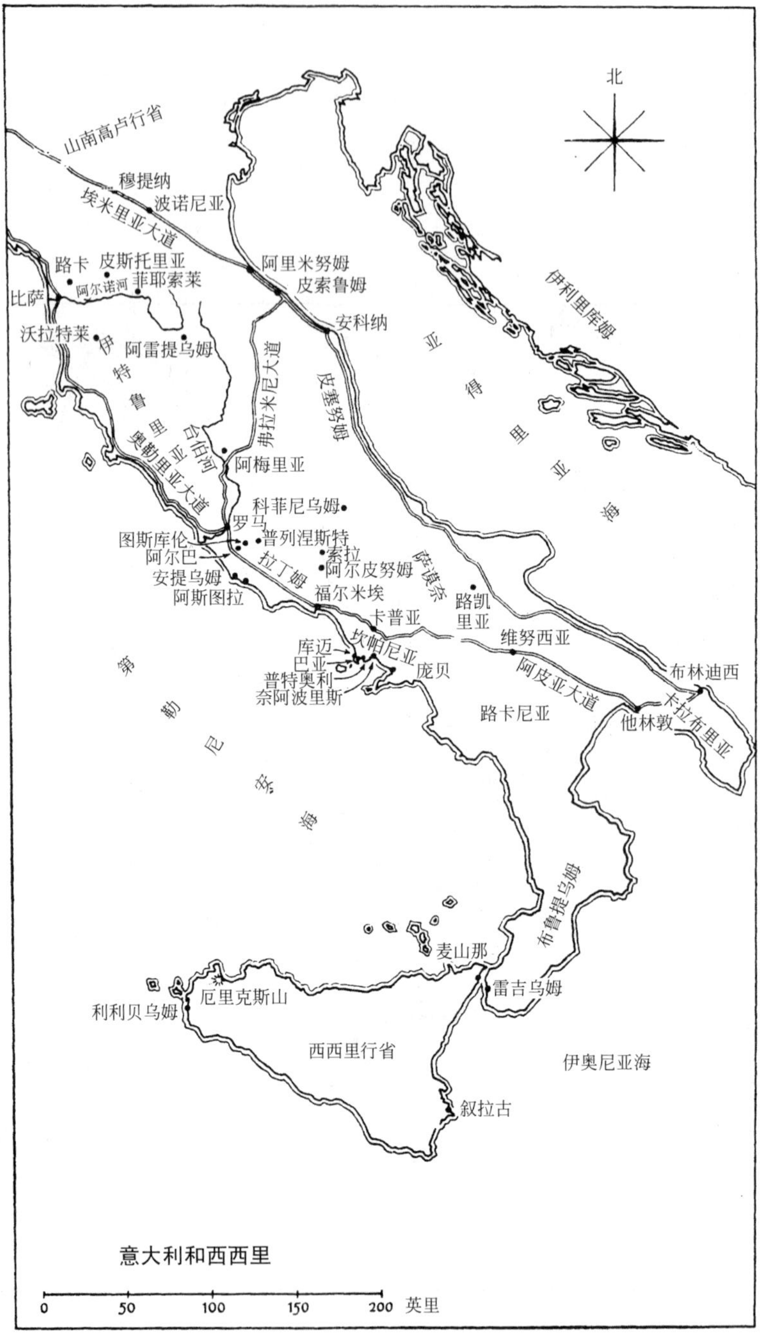
北
山南高卢行省
穆提纳
波诺尼亚
埃米里亚大道
阿里米努姆
皮索鲁姆
安科纳
路卡
皮斯托里亚
菲耶索莱
阿尔诺河
比萨
沃拉特莱
阿雷提乌姆
伊
特
鲁
里
亚
奥勒里亚大道
台伯河
弗拉米尼大道
皮塞努姆
阿梅里亚
科菲尼乌姆
罗马
图斯库伦
普列涅斯特
阿尔巴
索拉
拉丁姆
阿尔皮努姆
安提乌姆
阿斯图拉
福尔米埃
萨谟奈
路凯
里亚
卡普亚
坎帕尼亚
库迈
巴亚
普特奥利
奈阿波里斯
庞贝
维努西亚
阿皮亚大道
路卡尼亚
布林迪西
他林敦
卡拉布里亚
伊利里库姆
亚
得
里
亚
海
第
勒
尼
安
海
布鲁提乌姆
麦山那
雷吉乌姆
厄里克斯山
利利贝乌姆
西西里行省
伊奥尼亚海
叙拉古
0
50
100
150
200
英里
意大利和西西里

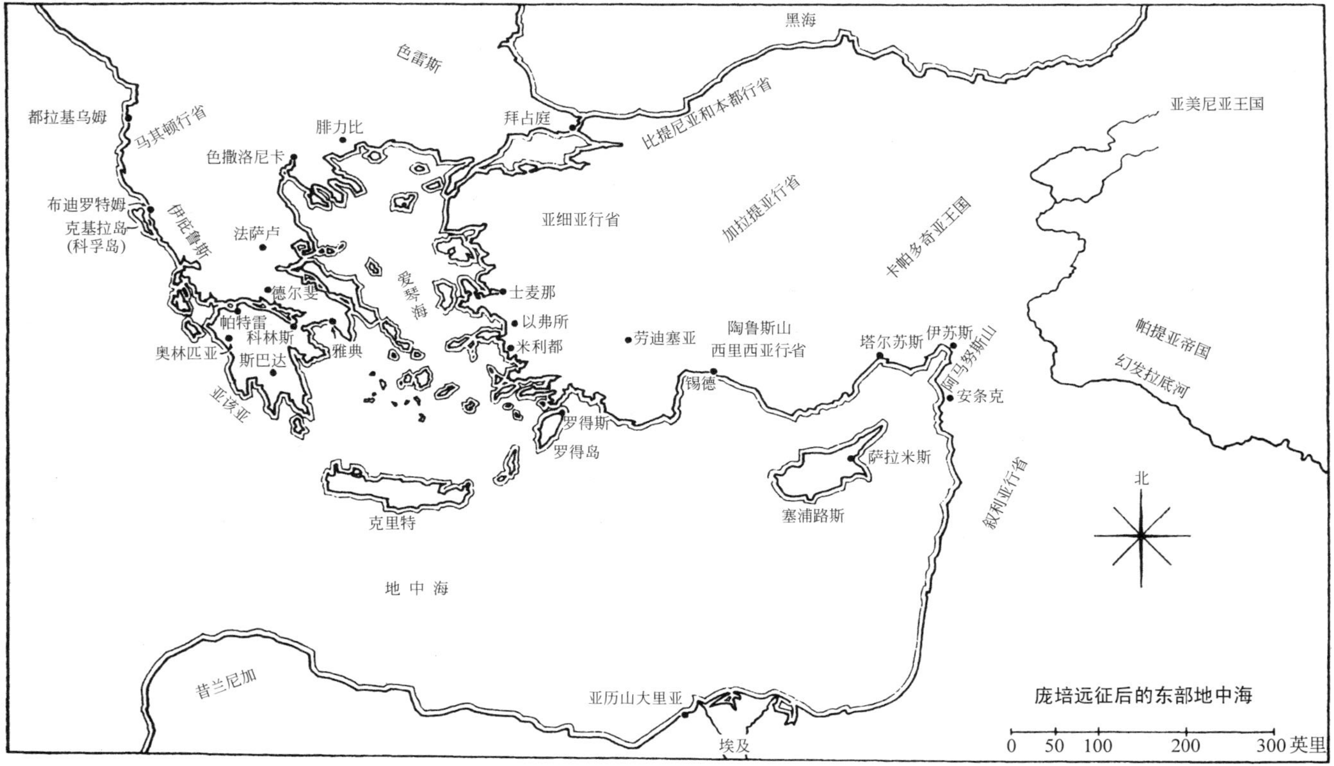

庞培远征后的东部地中海

第二版序言

本书撰写的宗旨是与广大公众进行心灵上的沟通，但首先是为研究者提供一部参考书。我非常感谢布里斯托尔古典出版社（Bristol Classical Press）和康奈尔大学出版社（Cornell University Press）再版这本书，让我能够纠正一些印刷错误和进行少量的细微更正（在此，我要感谢几位评论家）。书中修正过的字体略有差别，读者一见自明。

关于那个时期十余年的研究没有改变我对西塞罗的基本看法，但是，假如让我重写这部书，我会对照那个时代的文化背景，让西塞罗的形象更加逼真，同时，我会让读者发现，由于他比大多数同时代人的知识更加成熟，因而他经常拥有超前意识。至少在这方面，对西塞罗的认识越是深入，就越趋于对他产生更大的好感；在他的许多言论中，有比初见时更多的东西呈现在人们的眼前。

伊丽莎白·罗森

牛津，1983 年

xiii

序　言

在古典时代的名人中，西塞罗是独一无二的，因为我们对他的了解要比对其他人的了解详细得多。在很大程度上，我们不仅了解他的所作所为，而且还了解他为什么这样做，以及他的行为与其性格和信念的关系。他留下了许多演说词和有关政治、文学和哲学方面的随笔。演说词是在法庭、元老院和人民大会上发表的，随笔大多为对话形式。尤其值得强调的是，他给我们留下了珍贵无比的书信。尽管这些书信没能完整保留至今，但它们仍是最具魅力的古典文献汇编。其中多为西塞罗本人的各种书信，既有向挚友阿提库斯倾吐心扉的大量信件，也有正式的推荐信；此外，还有其他人写给西塞罗的少量信函。阿提库斯谨小慎微，不愿自我表白，所以没有提供多少信息。但我们听说，仅凭三言两语，西塞罗就能清楚地分辨出恺撒和加图、布鲁图和喀西约的真实口音。我们还听说，有一些不太知名的人也发出了颇具新闻价值的呼声，聪明而又风趣的年轻人凯里乌斯即是一例。当西塞罗不情愿地前往行省任总督时，凯里乌斯针对罗马发生的事件经常发表诽谤性的评论。

对于那个时代，还有另外一些明显的证据：恺撒为自己的战争所做的辩解；萨琉斯特（Sallust）的专著《喀提林阴谋》，这场阴谋是在西塞罗任执政官之年发生的；《阿提库斯小传》，这是一位博学的朋友撰写的；此外，还有后来的许多历史著作，尤其是狄奥和阿庇安的历史著作以及普鲁塔克有关西塞罗、恺撒、庞培等人的传记。这些著作利用了今天很难见到的材料，其中包括西塞罗的书信和其他著作。另外，还有下面的证据：到了西塞罗的晚年，罗马的肖像雕刻达到了栩栩如生和出神入化的新水平。我们看到了那个时代的一些杰出人物的面孔和心灵。在晚些时候或"希腊化时代"的许多领域，希腊传统与罗马传统出现了新的完美融合，形成了真正意义上的希腊罗马文明。与此同时，由于罗马共和国的政治制度陷于混乱和苏拉所恢复的 xiv
元老寡头政治的崩溃，罗马帝国的雏形开始显现出来。后来，罗马帝国对整个欧洲大陆的未来都有非常深远的影响。在促成两种传统的融合方面，尤其在修辞学的散文风格和哲学领域，西塞罗发挥了重要作用；同样，他力图避免共和国的政治崩溃，在斗争中，他也发挥了重要作用。

因此，有关他的英文著作层出不穷就不足为怪了。既然如此，还有必要出版另一部论述他的专著吗？回答是肯定的：首先，在最近的几十年，关于后期罗马共和国许多方面的研究有了长足的进步；其次，虽然近来的许多著作对这种进步展开了评论，但主要不是面向一般读者。其余著作则专注于西塞罗生涯的某个侧面，诸如，他亲身参与的政治活动或与亲友的关系。虽然西塞罗的伟大主要不是因为他是一名政治家，但他确实认为，公职生涯是其人生中最重要的内容；在他看来，演说本身不是目的，而是政治家的武器，实际上，演说是政治家表达思想的最佳方式；他甚至认为，在公共生活和个人生活中，哲学凭其自身的力量对培养和提高人的素质均具有重大作用。因此，不了解他的雄辩术和雄辩术在罗马生活中所占的地位、不了解他的政治理论和其他哲学信仰及其个性，就不可能理解他在政治上的成功与失败。西塞罗是一位多面手（当然，他也难免有一些严重的局限性）。

因此，他也就成了引领我们了解那个迷人时代的最佳人选。

这本书试图对整个西塞罗进行多角度、全方位的刻画。遗憾的是本书很少涉及他在纯文风方面的贡献。因为文风方面的贡献无法用英文加以表达。本书也没有从学术观点方面探讨他的哲学著作。鉴于这本书的宗旨是面向一般读者，因此我毫不犹豫地重述了读者们喜闻乐见的掌故，引用了一些著名的成语，此举旨在让西塞罗和他的内心世界易于被人理解。在此，我也很矛盾，生怕这样做会使自己的论述过于肤浅。这样一本著作，比较简略，只引译文，未加全面的批注，所以难免漏掉这个领域的一些鲜为人知的特点。读者尤其应当牢记，当西塞罗给长期旅居希腊的阿提库斯写信时，他总是改用希腊文而不用拉丁文，因为希腊文在文学评论、医学和其他学科中都是通用的文
xv 字，许多诗歌也是用希腊文写成的（尤其是荷马史诗和雅典戏剧），对于这些希腊名著，西塞罗不仅熟悉，而且特别喜欢。我不想依据法文翻译此类希腊文，我的选择有悖于西塞罗的某些杰出翻译家的做法（不过，我在其他方面非常感激他们）。我觉得，虽然依据法文的转译会有一定效果，但此举必然导致原文格调的走样。同西塞罗的希腊文和其他无法翻译的暗示与隐喻一道，书信的一些韵味和风采难免也有所失。另一方面，西塞罗的一些演说和论述过于慢条斯理，海阔天空，因而不宜引用；不容否认的是，按照我们的口味，他的大量演说和论文过于夸张和冗长；事实上，西塞罗确有可能成为令人生畏和讨厌的作家。然而，不要散布这种观点，我相信，这种观点实在没有市场可言。

还应当强调，史料本身也存在问题。帝国时代的作家们并不理解后期共和国发生的事件，他们依靠的史料鱼龙混杂。例如，修辞方面的谩骂构成了政治生活中公认的部分。这些粗野的个人攻击往往以演说和小册子的形式公之于世，无须以严格尊重事实为目标。非文学的证据凤毛麟角：虽有少量同时代的铭文，但不是很多，记录了法律和

其他官方文件。有关罗马狭小寡头集团以外的那些阶层的状况和外观我们知之甚微，而我们对寡头成员的了解甚至远不如对西塞罗的了解，更何况我们所了解的一切大多通过他本人的介绍。因此，很难说，他的判断和策略有多么高明。除此之外，我们对西塞罗本人的了解也存在空白，有关他一生事业的起讫更是知之甚少，在这个问题上，书信令我们大失所望。

此外，西塞罗的一些传世作品也并非没有问题。为了出版，法庭上发表的演说必须重新改写，尤其在事隔一段时间之后出版的演说；虽然政治上的含沙射影可能有所改变，但像发表演说一样，出版演说经常是一种政治行为。不管怎么说，如同许多法律政治文献一样，西塞罗的演说词经常极不真实。尽管西塞罗的书信是在其死后发表的，但这些书信的出版也有争议。有一种说法认为，我们选取的材料带有政治倾向，对于这种论调我们断然予以回绝。

我不止一次地指出，哪些内容依靠可信的证据，哪些内容依靠不太可信的证据，但我试图不通过论证力挺这篇传记；因为我深信，我 xvi
所研究的人从不含糊其辞，他不仅善于运用栩栩如生的细节使叙述活灵活现，而且他还能以这样的方式诠释知识分子的地位。

第一章　阿尔皮努姆和罗马（公元前106—前90年） 1

从罗马启程前往阿尔皮努姆（Arpinum），沿陆路朝东南方向行走，可以到达坎帕尼亚和那不勒斯。在距罗马城约70英里的地方，这条道路折向了一簇山丘，然后继续上行进入利里斯河上游的狭长谷地。谷地由窄变宽形成一片肥沃平原。平原的边缘处有一块西塞罗的地产。这条通往阿尔皮努姆小城的道路离开谷地后，伸向了林木丛生的山坡。山坡上点缀着人工种植的橄榄树和葡萄树。山坡的四周通常是玉米地。毫无疑问，西塞罗时代的森林长得郁郁葱葱，相当茂盛。不过，这个地区及其耕作方法大概没有太大的变化。今天的阿尔皮诺（Arpino）好像没有完全背离罗马城镇的模样。它仿佛坐落在两峰之间的马鞍上，簇拥着一个方形广场。较高的那座山峰曾是古代沃尔斯奇人（Volscian）的巨大城堡。城堡四周是巨石砌成的城墙。这些城墙非常古老，到了西塞罗时代，它们已有数世纪的历史了。站在城堡上，你可以俯视平原或眺望平原尽头的高山，也可以饱览城后优美的山丘，那宜人的景色定会令你心旷神怡。西塞罗的别墅位于利里斯瀑布附近。但是，这个遗址的精确位置仍然无法确定。除现存于圣多米尼克（San Domenico）修道院的一些古代石柱免于毁灭外，再无其他遗物保存下来。

公元前188年，阿尔皮努姆人获得了罗马公民权。至此该城放弃了沃尔斯奇人所讲的意大利方言，因而在语言和文化方面完全拉丁化了。马尔库斯·图里乌斯·西塞罗（Marcus Tullius Cicero）生于公

图 1　西塞罗，采自梵蒂冈博物馆

元前 106 年 1 月 3 日，那时约三分之一的意大利半岛已经并入罗马国
家的版图。理论上，意大利的其他公社大部分是罗马同盟者，但随着
罗马在地中海世界的优势几乎完全不可动摇，这种名义上的独立变得
毫无意义了。实际上，罗马的称霸成了同盟者不满的根源。那时，许
多人仍说伊特鲁里亚语、奥斯坎语，甚至希腊语等外来语。不过，所
有这些语言在拉丁语的传播面前都逐渐地败下阵来。阿尔皮努姆的周
2 围地区分布着地位各异的混杂公社；这些意大利同盟者一再要求正式
的罗马公民权。阿尔皮努姆人对他们的这种诉求似乎非常清楚。

西塞罗说，他的出生地是一个偏僻的小镇，直到今天仍然变化不大。成年后，只有当他有了充分的余暇时间，他才能够回到自己的故乡。如果旅途顺利，需走两三天的时间。在一篇对话作品的序言中，他描述了途经谷地下游自家地产的情景。他赞美这个“既令人陶醉，又有益于健康”的乡村。那里有一个“颇似船头”的岛，把流入利里斯河的小溪从中间分开。他喜欢在岛上读书、写作和沉思。在论伟大的战士马略的诗中，他描述了河边的白杨和橡树。马略生于阿尔皮努姆附近，比西塞罗早半个世纪左右。西塞罗说，当时的罗马人喜欢大型别墅和花园，但这个地区的淳朴之美对他更具有吸引力，因为大自然不仅是快乐的源泉，也是道德和法律的基础。

> 这是我和弟弟的真正故乡，因为我们是该地一个非常古老家族的后裔。这儿有我们祖先的崇拜，有我们的种族，有对我们祖先的许多回忆。什么是我更需要说的呢？看看眼前的这幢房子吧，那是在我父亲的关照下重建和修缮的。自从体力不支之后，他在这里把大部分时间花在了学习上。我出生在这个地方，那时祖父还健在。房子很小，是按古代的式样建造的，很像萨宾地区库里乌斯的住宅。

库里乌斯是早期罗马史上的伟大英雄，西塞罗把自己的经历与这位英雄的经历就这样地联系起来了。这是成熟的西塞罗的典型特点，而作为一个少年，他对生活俭朴和品德高尚的库里乌斯也许还不太了解。

阿尔皮努姆也许很偏僻，但是，因为它是马略和西塞罗的出生地，因此，在我们所了解的乡镇中，此地乃是那个时期少有的一个乡镇。公元前 2 世纪后期，那里有马里（Marii）*、格拉提迪和图里·西塞罗尼斯等主要家族，这些家族彼此盘根错节，联系密切。在罗马人的语言中，这样出身的人是元老院之外的富裕者，拉丁语称作“骑士”（*equites*，源于富人担任骑兵的古老义务）。他们也是本地区的乡镇贵族（*domi nobiles*），在许多方面拥有贵族的外观：他们有引以自豪的出身，鄙视工商业（规模大的工商业除外），对参政怀有浓厚

* 马略出生的家族。——译者

兴趣。这个时期以文学为基础的良好教育在他们身上体现得十分明显（正如我们所见到的那样，西塞罗的父亲是一名学者；他的祖父则像
3 马略一样鄙视工商业）。他们靠土地致富，并参与地方政治。简言之，他们颇像当代意大利小城镇的地方贵族。不过，当代的地方贵族举办歌剧演唱活动，而不举办古代的那种赛会；当代人引以为荣的是懂法语，而不是懂希腊语。有时西塞罗所在的阶级成员渴望在首都谋求一官半职，在一定程度上，也可能指望首都的大贵族接纳他们；甚至也不排除与他们通婚。这些豪门贵族（*nobilitas*）靠的是自己家族的成员担任罗马最高级的行政长官——执政官。在乡村地区，他们可能拥有地产和赚钱之道；他们不可能属于西塞罗所属的家族，他们对小城镇的呼声似乎也不甚了解。在影响西塞罗思想与性格形成的诸因素中，阿尔皮努姆人的背景是其中的首要因素。很显然，我们对一个人的了解与他的出身背景和所受的教育总是息息相关的；这一点对西塞罗本人及其年龄来说，也许是非常恰当的。他有一颗非常敏感和乐于接受新鲜事物的头脑，但缺乏独创精神。在评价一个人的问题上，希腊人的文化和罗马人的道德（*mores*）以不同的方式强调传统和榜样的力量。实际上，西塞罗的伟大之处不在于他的别出心裁，而在于他能够一改拉丁语的形式和风格；此外，他通过大力传播希腊文明，进一步扩大了罗马人的政治视野，使罗马人的传统道德观念不断增加新的营养。

据说，马略在阿尔皮努姆首次竞选官职大概是在公元前125年；西塞罗认为，自己的祖父老马尔库斯·西塞罗反对将秘密投票制引入该地。这种投票方法是格拉提迪乌斯建议的。此人是西塞罗的祖父和马略的连襟。有趣的是，城市的政治问题在乡镇居然有这样的反响。长期以来，罗马实际上是由元老院统治的。元老院大体上是由卸任高级行政官组成的，并由德高望重的元老领导。卸任执政官几乎全部出自一小撮显赫家族。但元老院却未能解决大征服时期遗留的许多最急

迫问题，也没有彻底平息大征服所酿成的社会动乱。因此，不健全的民主思想泛滥开来，罗马一代又一代地深受其害。但这种思想主张：保民官是人民大会的传统代表，保民官主持下的人民大会拥有潜在的最高权力。罗马没有成文的宪法，因而对罗马政治制度的不同解释导致了许多冲突。

各种罗马人民大会都由公民组成，而不由选举出的代表组成。但 4
是，即使在秘密投票选举法通过后，罗马人民大会也与希腊民主或现代民主有很大差别。因为路途遥远，许多公民常常不能前往首都投票；森都里亚会议（*comitia centuriata*）由两名执政官（最高级别的官员）中的一名主持。森都里亚会议过分偏向富者，富者的等级比人数众多的贫穷等级拥有较多的选举单位——“森都里亚”（*centuries*，又称“百人队”）。按部落或地区进行选举的人民大会具有更大的代表性，但这种代表性也不充分。部落大小的差别对选举会产生明显的影响，至少对乡村部落的影响是这样的。[①] 保民官主持一种部落人民大会。他们可以向会议直接提出法案，事前不必与元老院商量，这一点早已成为惯例。如果说这些保民官是真正的改革者，那他们也常常是雄心勃勃的贵族。这些贵族与元老院中占统治地位的派别进行无休止的争吵，可能只希望利用人民的好感赢得一官半职，因为官职和权力是罗马贵族存在的理由（*raison d'être*）。为了得到人民的拥护，他们有时采用赤裸裸的拉票手段。在竞选时以这种方式向人民求助的人通常都是个人，而非党派。他们被称作“民众派”（*populares*）。其中，最伟大的代表人物是提比略·格拉古和盖约·格拉古两兄弟。他们二人分别担任公元前133年和公元前123—前122年的保民官。他们的对手也没有任何党派背景。元老院包括许多团体（有些团体可能具有民众派的同情心）。有些时候，许多元老或全部元老所采取的行动都

① 见本书卷末“罗马政治制度”，原书第323页。

是为了维护自己的利益。正如他们亲眼所见，他们的行动是在维护自己的威望（*dignitas*），即维护荣誉、地位和声望，同时也是为了维护自己的亲友、同盟者和依附民的利益。因为他们的威望，这批人与他们紧紧地结合在一起了。那些支持既定秩序、元老院权威的人以及“精英们”照例被称作“权贵派”（*optimates*）。埃米里乌斯·斯考鲁斯反对格拉提迪乌斯在阿尔皮努姆的民众派活动，因而他是一位著名的权贵派。也许，他对小镇阿尔皮努姆产生了特殊的兴趣，公元前 115 年，他向老西塞罗表示祝贺，并对后者说，未到罗马从政是他的一个遗憾。

实际上，一些雄心勃勃的阿尔皮努姆人已经把注意力转向了首
5 都，马略即是一例。他通过“新人”的惯用手法青云直上：一是在军队中循规蹈矩地服役；二是寻求罗马强大家族凯奇里·麦特里的庇护；三是与一名贵族女子结婚，而不计较她是否出身于日益衰败的城市家族。他的这位妻子就是朱里娅（Julia），即朱里乌斯·恺撒大帝的姑妈。马略遂以这种方式当上了大法官。但是，罗马新贵族牢牢把持最高官职；为了赢得执政官职，马略不得不反对他的庇护者麦特里家族并寻求民众与骑士的支持。此时，骑士中的一些人已经和元老院疏远了。马略的军事声望越来越高，于是人们普遍认为，只有他才能使罗马解除当前北方蛮族入侵的威胁。公元前 100 年（当时西塞罗六岁），马略隆重庆祝粉碎蛮族入侵的胜利及其第六次出任执政官——这种连续出任执政官的荣誉是史无先例的（不过，其合法性值得商榷）。

阿尔皮努姆的上层阶级，无论个人，还是集体，都拥有显赫的庇护人（*patroni*），这些庇护人亦可更加委婉地称作“朋友”。庇护制对罗马世界的成功至关重要。一种紧密的义务和依附关系是通过服兵役、出庭作证、联姻等方式建立起来的。在罗马世界，这种紧密关系形成了社会结构和个人道德的基础。马略的妹夫格拉提迪乌斯曾是地

方投票法案的倡导者，他也来到了罗马。在那里，他成了安东尼乌斯（M. Antonius）——杰出政治家和演说家马可·安东尼（Mark Antony）的祖父的朋友和依附民。公元前102年，格拉提迪乌斯跟随安东尼乌斯前往地中海清剿海盗，随行的还有他的一名年轻亲戚——西塞罗的叔叔路奇乌斯·西塞罗（自公元前115年起，这些家族便和好了）。因此，路奇乌斯也有望在罗马谋个差事。但他似乎死得过早，仅留下一个同名的儿子和一个女儿。这个女儿很可能嫁给了一个名门望族，但这个家庭好像已经破落了。

路奇乌斯的哥哥马尔库斯是西塞罗的父亲。正如我们所了解的那样，他因身体多病一直待在阿尔皮努姆，没有从政。他与格拉提迪乌斯和马略的接触也许不怎么密切。西塞罗的童年回忆录没有提到他们两个人。然而，马尔库斯·西塞罗确实在罗马住了一段时间，无疑是为自己的两个儿子受教育。他的大儿子在孩提时代就聪慧过人，将来肯定会有出息。教育将使两个儿子适应官场生活。他所属的阶级和家族都希望自家的子孙成为公务人员。看样子，阿尔皮努姆并不是一个文化沙漠。西塞罗告诉我们，他年轻时，意大利的拉丁演说家孜孜不 6
倦地攻读文学，甚至比罗马城的拉丁演说家更加勤奋。他还说，他们认识一位知识渊博的朋友和邻居，他的名字叫瓦列里乌斯。他的家就在这片谷地的正对面，但瓦列里乌斯的拉丁语并不特别纯正。为了在罗马崭露头角，城市教育是十分必要的。西塞罗一向热爱意大利的乡村，虽然只有一篇著作（可能是回忆录）讲述了某年夏天在自家附近的清凉小溪中戏水的情景，但他不会错过阿尔皮努姆的乡村娱乐。他对农业从来都不感兴趣（西塞罗承认，只是从弟弟昆图斯的地产报告中他才了解了较多的农业知识）。在他的一篇晚期随笔中，有一段关于农业补偿的雄辩论述。然而，这段论述好像是蓄意编造的。

如今罗马已是拥有几十万居民的大城市。西塞罗家族的住地当然不是拥挤的棚户区，也不是人满为患、易被洪水淹没的低地，而是埃斯魁林山上的一幢房子。这里位于著名的凯里尼区或柯尔斯区。虽然此处不像帕拉丁那样时髦，却是一个令人羡慕的修身养性之地。后来庞培也搬到那里居住。老西塞罗似乎已经结识了形形色色的权贵派杰出人士：与权力超常的元老院领袖斯考鲁斯可能继续保持接触；其实与安东尼乌斯的联系也在继续；此外，通过妻子的姐夫维塞里乌斯·阿库列奥结识了路奇乌斯· 李锡尼乌斯·克拉苏，前者是一位精明强干的律师，后者出身贵族，堪称当时最伟大的演说家。

除了为长大成人做好铺垫之外，古代世界对儿童并不特别关心。由于西塞罗是一个以自我为中心的人，尽管他也能同情孩子们，但他认为没有必要告诉别人他在孩提时代的情景。在西塞罗现存的著作中，从未提到他自己的母亲赫尔维娅。在一封信中，他的弟弟昆图斯简略地讲过一段趣事，描绘了她的家务烦恼（例如，如何阻止奴隶偷喝葡萄酒）。西塞罗有一个最令人瞩目的特点，那就是善于讨人喜欢。他的父亲常鼓励他要有雄心壮志，但西塞罗很少谈论父亲。有人说，缺少关爱是童年西塞罗缺乏某些安全感的根源。也许老西塞罗因身体虚弱对儿子有所疏远。根据罗马法，父权是孩子深感畏惧的权力。昆
7
图斯比西塞罗约小三岁。长期以来，西塞罗对他无不关心备至，直到内战爆发，兄弟之间才发生了严重的口角。导致关系紧张的原因有二：一是昆图斯对兄长的才气怀有按捺不住的嫉妒心；二是源于西塞罗本人的不易相处的性格。实际上，昆图斯有点儿像哥哥的可笑漫画：哥哥的性情多变和幽默感在弟弟身上则表现为难以琢磨和伶牙俐齿。不过，在多数情况下，昆图斯对家人能够宽容和忍让。有一次，在端详弟弟的一幅真人大小的半身画像时，马尔库斯说道，这样看来，半身比全身还要高大。如果这话是真的，那么昆图斯的性格也许与其成年后的身材矮小有关。

即使古代人不特别关心儿童，但非常关心教育。西塞罗以大量篇幅讲述了他自己受教育的情况。他认为，罗马大演说家才气的形成肯

定是很有趣的。他坚信，他的成长过程在许多方面不仅很幸运，而且值得仿效。关于自己的最初成长阶段，他没有涉及，但从儿时起，他可能已经跟一名希腊伴奴学说希腊语了；后来，他不是聘请了家教（同希腊相比，罗马的富裕家庭聘请家教的现象更加普遍），就是上了初小读书。当时的学习计划非常讲究循序渐进：首先学字母表，接着学由简到繁的单个音节，然后学单词，先从单音节词学起，再学双音节或多音节词，最后学一首首的诗词。由于教科书通常缺少分字符和标点符号，因而增加了学习的难度，而标点符号不仅使高声朗诵的诗意更加容易理解，而且对自身的学习也更加方便。教育的第二阶段是在学校或再次跟家教学习几乎清一色的文学：所谓的语法学家（*grammaticus*）注重文章的精细解读，往往是学究式的考证。语法学家会根据纸莎草书卷详细解释这些文章。纸莎草书卷直到后古典时代仍是图书的常见形式。西塞罗能用拉丁文讲授古代史诗和戏剧大师的著作。他对这些史诗和戏剧著作始终感到很亲切，但这些著作大都遗失了，只有一些断片和普劳图斯（Plautus）与特伦斯（Terence）的几部喜剧除外，保存下来的那些断片大部分是西塞罗本人引用过的。西塞罗也能用希腊文讲授古代诗词和戏剧，最主要的是荷马史诗，此外还有悲剧，尤其是欧里庇得斯和其他作家的悲剧。

约 15 岁时，西塞罗开始接受高等教育，主科是修辞学。在公元前 1 世纪 90 年代后期，西塞罗和自己的弟弟、堂兄弟、维塞里乌
斯·阿库列奥的儿子们以及其他几个青年常去拜访知识渊博的人。他 8
们是大名鼎鼎的路奇乌斯·克拉苏的依附民。对出身那个阶级的青年来说，这种拜师的方式是很普遍的。描写一下西塞罗在帕拉丁克拉苏家中的情景是很有趣的。那时的帕拉丁以舒适优雅而闻名遐迩。可是不久，奢靡之风取代了原来的优雅风光，例如在罗马的砖石之中，出现了罕见的海密坦大理石圆柱和珍贵的遮阳树种。西塞罗经常聆听克拉苏与其友人们的谈话。他还拜会了克拉苏的妻子；后来他依然记

得，她说一口纯正的古式拉丁语。

克拉苏聘请的教师在罗马大概都是出类拔萃的人物。这些人似乎全是希腊人。西塞罗所受的大部分修辞训练用的是希腊语。他说，鉴于希腊语比拉丁语更加丰富以及最优秀的教师全部是希腊人，因而接受希腊修辞训练乃是唯一的选择。马略的朋友开办了一所新式拉丁演说术学校，然而，任教的先生们阻止他去那里学习。实际上，克拉苏一当上监察官，便立即封闭了这所学校。这些教师对他的这种举动似乎产生了影响。当然，克拉苏采取上述行动也可能出自政治原因。这一时期的罗马教育全部是希腊教育。这与此前此后的罗马教育大不一样。当西塞罗丰富了拉丁语并使罗马的修辞学臻于完善之后，再用希腊那套模式进行修辞教育就不太必要了。在西塞罗之后的一代人中，维吉尔和贺拉斯也为语法学家提供了范本。他们的著作可与希腊文学相媲美，在某种程度上，甚至可以取代希腊文学。

西塞罗并非没有认真研究杰出演说家用拉丁文发表的演说。拉丁文演说是可以利用的，特别是克拉苏的演说。我们知道，他利用过这些演说。但他进行的各种初步练习主要用希腊文。最后，他用希腊文的演练很快达到了真刀真枪的实战水平，甚至被人誉为“慷慨激昂的演说”。他发表的演说是有关法律或政治的假设题目（例如，战胜迦太基的罗马应不应该把该城夷为平地？在谋杀生母克吕泰涅斯特拉的审判中，奥列斯特应当如何为自己辩护？此外，还有如下一些棘手的案件：例如，依照法律，假设所有的水手都弃船逃生，那么他们都将失掉船只与货物的声索权；又如，假定在一场暴风雨中船主离开了自己的船，以便从一艘小船上引领这条船，这艘小船与大船是用绳子系在一起的；货主自杀了，遇难船只的一名水手将船驶入港口，此前船主和货主搭救过这名水手的生命——话再说回来，自杀未遂者恢复了知觉，三人都提出了船与货物的归属要求。对比后来发生的某些案件，这样的假设似乎是合乎情理的）。

在西塞罗的教育中，这个阶段的大部分时间大概均以演练为主。9 普鲁塔克说，甚至其他孩子的父母都特意来到学校听西塞罗讲课，可见他的承诺该有多么引人注目。如果这是真的，这些父母的行动肯定激发了一种荣誉感。正是这种荣誉感驱使他不断前进。西塞罗说，从孩提时代起，他就爱上了荷马的诗句："争做最强者，超越一切人。"但总的来说，古代教育特别鼓励赶超。希腊人和罗马人生活中的许多方面都是如此。

这时的修辞学早已经变成了一系列的规则。后来，西塞罗认为，这些规则不仅狭隘，而且矫揉造作。实际上，修辞学的规则导致了思想的僵化和表达形式的千篇一律。不过，这些修辞规则也能鼓励高雅、透明和分寸感。拉丁文学也需要这样的特点。像任何严格的文学惯例一样，这些修辞规则与真实的情感同一定范围内的创新并非水火不容，恰恰相反，甚至还能很给力。修辞学的一个更加严重的缺陷也许是强调劝说，忽视真实，而对一名初露头角的演说家来说，大量的话题旨在证明独出心裁的技巧，而不是证明思考重大问题的严肃性。

对修辞学的某些批评是由哲学家提出的。几个世纪以来，哲学家同修辞学家一直在争夺对青年的教育。总的来说，哲学家战败了，但斗争仍像拉锯一般你来我往，双方都在争夺对方的地盘。偶尔也有休战的时候。后来，一些人试图使双方和解，西塞罗就是其中之一。在伊壁鸠鲁学派著名门徒的影响下，少年西塞罗对哲学首次入门。起初，伊壁鸠鲁学说使他如醉如痴。可是，后因这种学说既肤浅，又不道德，他便断然抛弃了伊壁鸠鲁主义。西塞罗的第一位导师叫菲德鲁斯。尽管菲德鲁斯与学生辩论时爱发脾气（伊壁鸠鲁主义者总是自以为是），但西塞罗仍非常尊敬和爱戴这位导师。当然，这仍不能说明他是否深受伊壁鸠鲁学说的影响。伊壁鸠鲁学说包括原子论在内的物理学、神学和论理学。伊壁鸠鲁神学认为，神远离人世，不关心人类；伊壁鸠鲁的伦理学拒绝公益活动，劝说人们不要卷入令人忐忑不安的生活，只有被温柔的私人爱情所支配的人除外。这种理想声称：人生的目的就是及时行乐（正像西塞罗后来所指出的那样，这是误导）。从苏格拉底起，希腊哲学集中关心的是如何生活的伦理问题。虽然西塞罗对逻辑学和认识论的许多学术问题很感兴趣，但总的来说，罗马人甚至更加关心伦理问题。尽管合法的罗马传统宗教对道德的重视超过了人们的想象，但不能给受教育者提供生存之道，也不能帮助他们实现内心的宁静；此时，希腊与东方的神秘宗教渗入了意大利，大部分上层人士和维护民族传统的人对这些外来的宗教心存疑虑。人民大众，也许还有多数受过教育的人，都很虔诚，甚至相当迷信；但对后者中的许多人来说，在进入青春期后，相信哲学往往具有某种作用，而到了晚年，发挥某种作用的则是宗教信仰。其实，哲学不排斥合理化的纯粹宗教。毫无疑问，西塞罗将在传统的书香门第长大成人，他必须参加祭祀灶王的家庭仪式，必须参加祭祀它的守护精灵和已故列祖列宗的仪式。他还要出席祭神活动。祭神时，可能屠宰牲畜或敬献糕点、祭酒和其他饮料。长期以来，罗马与希腊相对应的一些比较重要的神都是同一的。例如，朱庇特和宙斯，米涅尔娃（Minerva）和雅典娜，维纳斯和阿佛洛狄忒（Aphrodite）等；在活动、危险和处境方面，那些次要的罗马神依旧被赤裸裸地拟人化，不过，这些拟人化的神既没有神话色彩，也没有人格力量。西塞罗不是一名无神论者。虽然他确实认为宗教在政治生活中发挥重要作用，但在他看来，宗教在实践中毫无意义；他的书信很少提及这个主题。哲学一如既往，为西塞罗填补了这方面的空白。

尽管年轻的西塞罗对哲学充满激情，但他最初的某些雄心似乎是当一名诗人。假如认为这种雄心对一名聪明而敏感的年轻人是很平常的，那就应当牢记，在罗马，诗歌只是从此时开始才被视为绅士们业余生活的一种真正爱好。从公元前 90 年代晚期起，西塞罗写了大量的诗。不过，几乎所有的诗都失传了。希腊诗人阿尔奇亚斯和许多其他贵族鼓励过他。阿尔奇亚斯是克拉苏（L. Crassus）的一名被保护人和著名的即兴诗人（后来，西塞罗在法庭上曾为他进行辩护）。只要那些贵族的战绩是正当的，他都加以赞扬。

但对于罗马上层阶级来说，要想真正出人头地只有一条路可走，那就是投身官场的生活。最终，他们只能严肃地接受这条道路。他们非常珍重这条路，其唯一的奖赏是："国内的地位、权威和荣耀，国 11
外的名望和影响，紫色镶边的托迦（*toga*）[*]，高官象牙椅，权力的象征物，扈从的权标[**]，军队，指挥权和行省。"西塞罗就这样列举了他所追求的东西。

---

* 一种古罗马的宽松长袍。——译者

** "法西斯"（*fasces*），在一束棍棒上面插一把板斧，象征执政官的生杀大权，但在罗马城内，板斧不得露在外面。——译者

12

第二章　步入仕途（公元前 90—前 77 年）

然而，在正常情况下，具有西塞罗式背景的年轻人难以指望出人头地。马略的成功不是在正常情况下取得的。西塞罗一家人似乎不太赞成与民众派政治家结盟，西塞罗更不想靠当兵步步高升。但是，有另外一个可以学习的榜样。一个名叫 M. 埃米里乌斯·斯考鲁斯（M. Aemilius Scaurus）的人对西塞罗的祖父赞不绝口。此人确实出身于非常古老的家族，这个家族属于罗马最早的氏族贵族。如今，他们在新贵族（noble）* 中只占少数。但斯考鲁斯这一支已经默默无闻，他仅继承了很少一点财产（据说只有 10 个奴隶），要想取得成功他只能作为一名“新人”奋力拼搏。政治上的才能使他当上了执政官、监察官和首席元老（在元老院的会议上，卸任执政官首先征求他的意见），同时也使他与当时最有势力的麦特里家族联姻，这个家族是马略的早期庇护人。西塞罗说，正是斯考鲁斯（或斯考鲁斯的榜样；此处他的语言不详）鼓励他投身政治生活，从而点燃了他获取功名的欲望。西塞罗有一个斯考鲁斯所缺少的武器，那就是演说术方面的雄心壮志。

西塞罗家族的庇护人不仅帮助他在政治生涯方面坚定了信心，而且在某种程度上，很可能决定了他的政治策略和政治风格。西塞罗告诉我们，斯考鲁斯是一名坚定的权贵派；30 多年来，他坚决抵制攻击元老院权威的行为。克拉苏（L. Crassus）年少时目睹了一两次民

* noble 在与氏族贵族对比中翻译成新贵族，在其他情况下，也可以翻译成贵族或新贵。——译者

众派的恶作剧，后来也变成了元老院及其权力的坚定捍卫者。但是，斯考鲁斯对民众和部分骑士具有影响力。这部分骑士的商业和金融利益使他们与元老院发生冲突。克拉苏准备利用早年获得的民众支持，将民众派演说术的全部手段用于保守目的，并以安抚的态度向民众发表演说。西塞罗年轻时，克拉苏发表了一篇动人心弦的演说。他劝说 13
民众结束骑士们对陪审团的垄断，因为他们利用这种垄断攻击元老。在年轻的西塞罗看来，这篇演说是罗马演说术的巅峰之作。直到晚年，西塞罗仍怀着仰慕的心情引用这篇演说："把我们从悲惨中拯救出来吧！把我们从恶人的牙齿中拯救出来吧！我们的鲜血只能使他们贪得无厌。除非只做您的，全体人民的奴隶，不要让我们沦为别人的奴隶吧！我们不仅可以，而且应当成为全体人民的忠实仆人。"

那些头脑僵化的权贵派坚决反对这样的语言。虽然西塞罗认为元老院应当管理国家，但他也以同样的方式准备讨好人民大会。他认为，国务活动家应当是"一心为了团结的远见卓识的民众派"，他准备将自己的一生都献给各阶级和各党派的和谐事业。在某种程度上，他的这种信念源于早年与斯考鲁斯和路奇乌斯·克拉苏的接触。这两个人都支持公元前 91 年的李维乌斯·德鲁苏斯的立法。该立法的目的是，为了解决当时的一些最急迫问题（尤其是意大利同盟者要求公民权的问题和让陪审团暂时回到骑士手里的问题），立法方式基本上是权贵派的方式，同时表面上也带有民众派的色彩。然而，德鲁苏斯的法律遭到了反对，结果被废除。在这一事件发生之前，为捍卫元老院的权威，克拉苏在元老院发表了最后一篇感人肺腑的演说，不久得病身亡。西塞罗有过这样的描述：他和同事们一道缓步走进元老院议事堂，为的是再看上一眼那篇天鹅曲发表的地方（他称克拉苏的告别演说为天鹅曲）。后来，他在生活中经常称斯考鲁斯和克拉苏是最睿智的罗马国务活动家。

可是，西塞罗不愿步他们的后尘。如果说修辞学和哲学是希腊高等教育的两大支柱的话，罗马人为跻身官场的人增设了法律课程（罗马的法律制度比希腊的法律制度更加健全。西塞罗说：“不可相信的是，同我们的民法体系相比，其他国家的民法体系该有多么的混乱和可笑啊。”不过，罗马的法律制度是法令和判例的大杂烩）。西塞罗告诉我们，早在孩提时代，他背诵过《十二表法》。《十二表法》是古代的法律主体。背诵这部法律是教育的一种习惯。当西塞罗对此种习惯加以评论之时，在教育中再也看不见有谁背诵这部法律了。公元前90年，16岁的西塞罗到了成年期，脱掉了少年穿的镶紫边的托迦，换上了纯毛织成的成人托迦（*toga virilis*）。他父亲领他拜见了84岁
14 高龄的法律学家穆奇乌斯·斯凯沃拉（Mucius Scaevola）。斯凯沃拉是克拉苏的岳父，有过杰出的政治生涯。按照罗马人的习惯，离任后，他一直从事法律咨询工作，偶尔也带几名学生。清晨，一群年轻人聚集在他的家中。他向前来求教的每个学生提出建议。如果他去法庭所在的广场，这些年轻人就跟他一起前往，其他的仆从和朋友也陪伴着他。就法律知识而言，西塞罗认为自己仅次于那些真正的法律专家，诸如塞尔维乌斯·苏尔皮奇乌斯·卢福斯（Servius Sulpicius Rufus）。此人是西塞罗的另一名老相识，两人之间建立了深厚的友谊。为了求教法律问题，西塞罗始终同他保持联系，但对法律的诡辩问题他不屑一顾。在他看来，法律的一个诱人之处就是它的历史意义。回顾过去，所有的罗马人都对祖先的美德和智慧深感敬佩。但西塞罗比自己的多数同胞更加博学，他比他们更加深刻地了解法律的历史意义。他的那些同胞只满足于对过去的笼统赞美，他们经常用历史上一般人认同的奇闻逸事和实例点缀自己的演说。早在青年时代的某个时期，西塞罗曾就教于出身罗马血统的首位杰出语法学家和古物学家埃里乌斯·斯提罗，从而为学习语法的兴趣奠定了基础。斯提罗不仅解释了一些被淘汰的词，而且他还是一名严谨的权贵派，非常富有同情心，他为贵族朋友的政治演说提供了历史知识。同时代的政治危

机以及对祖制的不同解读是最初尚古之风泛滥的部分原因。应当注意的是，正是罗马的过去激励着西塞罗，他不遗余力地以此证明自己是正确的。尽管他出身于意大利血统，但他从不关心意大利其他民族的传统，例如，他不像自己的博学朋友尼吉迪乌斯·费古路斯（Nigidius Figulus），后者是研究伊特鲁里亚宗教的专家。

人们通常认为，斯凯沃拉以另一种方式帮助西塞罗在罗马的历史中寻找灵感，那就是回忆他在西庇阿·埃米里亚努斯集团内的青春时代。西庇阿·埃米里亚努斯于公元前146年摧毁了迦太基。他把传统的罗马美德和新式希腊教育融于一身。但近来有人认为，这个集团的人数并不太多，其知识结构也不像人们所想象的那样优越。西庇阿本人很少受希腊朋友的影响，对人性（*humanitas*）或文明行为不太关心。也有人声称，尽管西塞罗对西庇阿及其一代人很感兴趣是不争的事实，但只是到了暮年和靠文学的记载，他才获得了有关他们的一些详细情况。因此，在西塞罗的知识增长过程中，另外一些人（特别是 15
克拉苏［L. Crassus］）比“西庇阿集团”发挥了更大的作用。

斯凯沃拉似乎是一位平易近人、谈笑风生的老人。在他的其余弟子中，很可能还有一名比西塞罗年长两三岁的学生。他的名字叫庞波尼乌斯（T. Pomponius），因其长期旅居雅典，故取名阿提库斯*。阿提库斯出身于一个古老的罗马家族。即使这个家族不是严格意义上的“新贵”（*noble*），但其家族分支迄今仍活跃在罗马的政坛上。不过，像自己的直系祖先一样，阿提库斯本人仍过着远离官场的生活。如传记作家奈波斯所报告的那样，在学习方面，他像西塞罗一样出类拔萃。他们一道听菲德鲁斯讲课（名义上，阿提库斯仍是一名伊壁鸠鲁主义者）。两人之间结成的友谊一直保持到西塞罗临终之日。可是，很明显，早年他们之间的关系不像后来那样亲密。为躲避罗马的动

---

* 雅典位于阿提卡半岛，阿提库斯之名与阿提卡有关。——译者

乱，年轻的庞波尼乌斯于公元前1世纪80年代初期到雅典定居，这时他们之间的联系仍然不太密切。马略的儿子也师从斯凯沃拉，但关于他的情况，西塞罗只字未提。很难看出两个家族有鼓励接触的迹象。然而，这个时期，西塞罗可能结交了另外一些出身高贵但又不是特别显赫的年轻人。无论如何，罗马上流社会是一个狭小的集团；例如，我们知道，恺撒虽比西塞罗小六岁，可西塞罗和他的兄弟很早就认识他了。两个家族的居住地近在咫尺，实际上，双方之间的联系是通过马略建立起来的。不过，西塞罗家族同加图家族的联系大概还不着边际。我们应当注意的是，阿尔皮努姆逐渐萧条了。正如西塞罗的书信所反映的那样，他本人是意大利人出身，且与出身骑士地位和意大利背景的人建立了无拘无束的友谊，但他所受的教育和早期生活使他无法彻底摆脱罗马人的环境，特别是罗马贵族的环境。不久，他写道，像拥有罗马公民权的所有意大利人一样，他有两个祖国：一个是生他的祖国，另一个是养他的祖国。他还说，虽然两个祖国都是可亲的，但那个较大的祖国必定更加可亲。

西塞罗的学习生活突然被打断了。克拉苏（L. Crassus）的被保护人德鲁苏斯试图为意大利同盟者争得公民权，结果失败了。绝望的意大利同盟者转向暴动。罗马人采用怀柔和残酷镇压相结合的手段，成功地扼杀了这场运动。但艰苦卓绝的斗争又持续了几年时间。罗马
16 有一项古老的规定，每个立志做官的人都必须在战场上服役几年，但这项规定已经作废。在同盟战争中，西塞罗在庞培·斯特拉波的麾下服役。他遇见了两个人，这也许是第一次。在未来的生活中，这两个人对他有重大影响：一个是几乎与他同龄的将军之子，即我们所熟知的庞培；另一个是未来的对手喀提林。正如一个著名的铭文所记载的那样，他们俩都为斯特拉波效力。西塞罗确实参加过与意大利领导人的谈判。这名意大利领导人曾被迫与罗马人为敌，对此他深表懊悔。此后，在坎帕尼亚，西塞罗加入苏拉指挥的军队。值得注意的是，马

略也参加了同盟战争，但西塞罗投靠了苏拉，而没有为马略效力。苏拉虽然放荡，但他是一个有能力的贵族。有一段时间，苏拉曾是马略的劲敌。直至公元前51年西塞罗不情愿地离开罗马赴行省履职，其战争经历只有这一次，与大多数同时代人相比，实在少得可怜。

战争改变了政治形势，因为每个杰出的政治家都分别组建了一支军队。在这种情况下，战争的阴霾逼近了罗马。前不久，马略进行了一场（势在必行的）军事改革。这次改革为在军队中服役的无地农民分发战利品，并为退役后的老兵分配土地，军队的骨干开始形成了。因此，马略的改革使士兵和他们的将军紧密地结合起来。这对国家是非常危险的，因为负责满足士兵要求的不再是国家，而是他们的将军。为了从自己的对手苏拉的手中夺取指挥军队的大权，马略与一名保民官结成了同盟。这时，本都国王密特里达提夺取了小亚细亚和那里的罗马行省。为讨伐密特里达提，马略准备进军黑海。苏拉则率军进攻罗马，从而开创了一个可怕的先例。不过，大部分军官拒绝追随苏拉（西塞罗大概不再与他们为伍）。苏拉强行夺回了军队的指挥权。马略逃之夭夭。可是，当苏拉离开罗马前往亚细亚之后，马略带领另一支军队返回罗马。这位老人开始对罗马的政敌进行大屠杀。公元前86年，马略第七次担任执政官，结果，上任不几天便去世了。于是，政权落到了科尔奈里乌斯·秦纳及其领导下的友人手里。

马略从流亡地返回时，西塞罗正在罗马。他聆听了马略向人民大会发表的演说。在演说中，马略倾诉了自己所遭受的苦难，不过，他自吹自擂，声称这些苦难没有摧毁他的意志。但亲朋好友们似乎并不赞成新制度。包括安东尼乌斯（M. Antonius）在内的许多朋友在公元前87年的大屠杀中惨遭不幸，有人甚至还想杀害大祭司穆奇乌斯·斯凯沃拉（Q. Mucins Scaevola）。大约就在这时，西塞罗的同名堂兄离世，于是他拜斯凯沃拉为师。斯凯沃拉是克拉苏（L. Crassus）的 17
挚友，甚至比西塞罗的堂兄更加博学。

近来有人声称，秦纳及其朋友们的统治声誉要比学者们以往的估计更高，同时不像苏拉本人宣传的那样，逃往东方投奔苏拉的贵族并不多。这种说法在某种程度上可能是正确的。但是，西塞罗回顾了这个时期。他认为，尽管三年没有战事，但这个时期是一个目无法纪的可怕时代。由于密特里达提被赶出希腊和亚细亚的爱琴海岸，苏拉率领胜利之师返回意大利的日子已经临近了。斯凯沃拉鼓动和谈，他发现自己在罗马的地位岌岌可危，但他拒绝离开首都，不愿向入侵者寻求避难。“他常说，他对自己的命运有所预感，但无论做什么都比加入叛军向祖国进攻好。”约四十年后，当朱里乌斯·恺撒准备向罗马进军时，同样的声音也在西塞罗的耳边回响。公元前82年，斯凯沃拉果然被暗杀了。秦纳及其同伙利用马略名字的魅力，把业已适龄的马略之子推上了执政官的宝座，但他们的地位已经每况愈下，越来越多的杰出人物虽然具有民众派的某种背景，但他们看清了时局的发展走向，纷纷投入苏拉的怀抱，其中包括年轻的庞培，因为苏拉声称自己代表“贵族的事业”，能够粉碎自己的敌人并夺取罗马的最高权力。苏拉开始了大屠杀。不久，这场大屠杀演变成了褫夺公民权的白色恐怖。这场大屠杀的惨死者比在马略手中的丧命者多得多。

在这几年，西塞罗没打算步入官场。他太年轻，不适合竞选重要官职，但许多罗马人在很小的时候就开始在法庭上积极活动了。他们可以通过法庭建立政治联盟和梦寐以求的世袭领地。在政治上，西塞罗家族似乎没有刻意利用自己的政治资本与年轻的马略建立联系，也没有巴结过继给马略家族的近亲格拉提迪乌斯。这位名叫马略·格拉提迪亚努斯的人乃是公元前80年代中期罗马最有权势和最坚定的民众派政治家之一。西塞罗所讲述的故事都与揭露他的奸诈行为有关，在马略的大屠杀中他也难辞其咎。不管怎样，当苏拉清洗自己的政敌时，西塞罗家族似乎没有陷入危险（顺便说一句，他们还作为阿尔皮努姆的最主要家族毫无争议地幸存下来了）。

后来，西塞罗庆幸自己没有过早地涉足官场，从而延长了他的求学时间："像大多数人那样，我去广场不是为了锻炼，但是，只要我 18
能够去广场，那我肯定会受到锻炼。"与此同时，他积极聆听演说家的演讲，这些演说家依然很活跃，尤其是比他年长八岁、前途无量的霍腾西乌斯。西塞罗继续进行修辞练习："就像现在大家所认为的那样，我同皮索（M. Piso）或庞培（Q. Pompeius）一起朗诵练习（他们两人都是贵族），不管怎样，每天我都同某个人一起朗诵。我用拉丁文进行大量朗诵，但用希腊文的朗诵次数甚至更多。"最主要的是，在这个时期，西塞罗已经爱上了哲学。约于公元前 87 年，为躲避密特里达提的战祸，拉里萨的菲洛连同另外一些杰出的雅典人逃到罗马避难。菲洛是学园之长，这个学园是柏拉图三百年前创建的。"对哲学情有独钟"的西塞罗一心拜菲洛为师。师生之间的亲密关系乃是古代高等教育的一个基本部分，尤其是哲学教育。苏格拉底和早期的柏拉图有一种推本溯源的精神。虽然学园的激进怀疑主义一再声称与这种精神有某种亲缘关系，但学园的观点与其创立者的观点早已相去甚远。西塞罗称柏拉图为自己的神，尤其仰慕他的道德和政治的严肃性以及他的雄辩口才和丰富的想象力，但是柏拉图著作的某些方面，诸如著名的理念论，西塞罗并没有接受；尽管高等数学不是务实的罗马人所追求的学科，然而柏拉图对数学的强调很快使西塞罗从深奥的困惑中摆脱出来。怀疑主义一贯主张事物具有两面性，这对受过修辞学训练的人来说，自然具有吸引力。虽然菲洛不是彻头彻尾的怀疑论者，但他的一些前辈曾是怀疑论者。他们都主张，一些似是而非的观点是可以形成的，也是可以发挥作用的。对一名哲学家来说，菲洛亲自教授修辞学，这是不寻常的。虽然我们不清楚西塞罗是否跟菲洛学过修辞学，但菲洛的影响可能有助于西塞罗形成这样的信念：真正的演说家也应当是一名哲学家。

大约同一时期或晚些时候，西塞罗还研究了对立的斯多葛派哲学原理；斯多葛派的狄奥多图斯是（或者说，变成了）西塞罗的世袭被保护人，他始终住在这位保护人的家中，直至去世。失明后，狄奥多图斯仍设法保持多方面的兴趣，甚至比以往更加积极地教授几何学。他的管理方式给自己的学生留下了深刻的印象。斯多葛学派大概是当时最重要的学派。斯多葛哲学以某种喜闻乐见的方式激励了罗马贵族中的某些精英。斯多葛哲学的原始纯正、关于宇宙论和天命论的坚定
19 信念、毫不妥协的伦理说教以及集中描绘不关心世界命运和不被情绪所动的智者，所有这一切都打动了西塞罗，但斯多葛哲学没能变成他的信条。不过，到了他那个时代，斯多葛哲学经过了修正，它的许多方面对西塞罗有很大影响。西塞罗还把自己的辩证法造诣归功于狄奥多图斯。辩证法是一种逻辑推理的艺术。自苏格拉底，辩证法就是希腊哲学的一个十分重要的组成部分。西塞罗认为，辩证法应“被视为浓缩而又集中的雄辩术”，没有辩证法就不可能产生真正的雄辩术。

公元前1世纪80年代的某个时期，西塞罗打算写一部论修辞学的著作。他只写了其中的第一部分：论“发明”，即论据和观点的推敲结果（该主题的其他标准和细则：组织、风格、记忆力和表达能力的培养）。这是他用拉丁文撰写的第一部论修辞的学术著作，也是其保存下来的最早著作。后来，因考虑不周、许多内容枯燥乏味和缺乏创意，西塞罗遂放弃了该书的原来计划，其中有15个论题能够激发愤怒，16个论题能够引起怜悯。实际上，西塞罗撰写了总序，即使后来没有编入两卷本的修辞学（也不管总序在多大程度上归于希腊的原型），但它们也表明，西塞罗很早就阐述了各种各样的观点。对他来说，这些观点始终都是重要的。他开门见山地问道，演说术造成的伤害多，还是带来的益处多？他的回答是，演说比任何东西都能带来更多的益处。通过规劝，原始人联合起来了。演说术为社会的形成和文明的诞生做出了贡献，但演说必须与智慧统一起来，也就是说，必须与哲学统一起来，就像在西庇阿·埃米里亚努斯和其他人的身上所显现的那样。

在第二卷中，西塞罗宣布，他将取材于亚里士多德以降所有研究过这个题目的以往作家。但就他本人来说，他随时准备纠正错误，而不做教条主义者。雄辩术的崇高任务、社会政治问题的极端重要性、传统乃至独立判断的价值、错误的可能性，所有这一切对成年西塞罗的人生观是十分重要的。上述思想的绝大部分大概源于菲洛的教诲。

西塞罗还坚持写诗，其中包括一些神话故事诗，他的那首论马略的诗可能也是在这个时期创作的。他翻译了阿拉图斯论天文学的希腊诗。他对后面的这部译著深感自豪，后来甚至可能做了大幅度的修改。在那个诗人青黄不接的时代，他的著作颇受赞扬，很可能尚未发
表就被私下传阅了。在印刷术没有发明之前，这可是一种难得的荣 20
誉。由于后期的著作存在一些不合时宜的段落，加之后期共和国和奥古斯都时代诗歌的繁荣，他的诗终于变成了某种笑料。尽管这样，西塞罗还是喜欢引用自己创作的诗，因而大部分保存下来的断片都是他引用过的。这些断片表明，他的诗是为他那个时代创作的，在语言的锤炼方面可能有很大的影响力。同时，他弘扬了拉丁诗歌的某些特点，尤其是给自己的诗注入了个人的情感，这是拉丁诗歌较晚的典型之作，而有别于希腊诗歌。像这个时期的大多数诗歌一样，他的诗自然也深受修辞学的影响。但同原著相比，阿拉图斯的诗译本过于通俗。西塞罗的即兴念头也许完全不是正规的诗体。据说，他曾说过这样的话：希腊抒情诗人竟写一些琐事，不值得认真加以研究。此番评论可能出于一篇对话的主人公之口，但他让人看到，他对这些作家确实不太了解或不太喜欢。他似乎把自己的诗歌视为提高语言鉴赏力的一种练习和可以获取功名利禄的一条途径。在大多数情况下，他把诗歌当成激励自己或其他人占领道德制高点或实现政治辉煌的某种工具。普鲁塔克说，西塞罗挥笔从容，一个晚上能写出500行诗。塔西佗评论道：“恺撒和布鲁图也写诗，但不如西塞罗写得好，比较幸运的是，他们之间这种对比鲜为人知。”

这是西塞罗为珍惜时间、勤奋好学的年轻人绘制的“画像”。这幅“画像”并非以偏概全。在一篇演说中他问道，为什么优秀演说家寥寥无几？他说：“这是因为要成为优秀演说家，人们必须蔑视享乐，必须放弃对享受的追求，必须戒除一切轻浮的举动、娱乐活动和社交，甚至必须减少与朋友和家人的闲聊。”他喜欢交际，朝气蓬勃，但也总是拼命地工作。年轻时，他可能出席过少量宴会，可是后来，每逢宴会他都乐于参加。他的书信没有涉及他对吃喝的追求；反之，他对社交和谈心却很感兴趣（据说，他的消化力不强）。在晚年的一次宴会上，他发现有些女人向他暗送秋波，特别是那个臭名昭著的女戏子赛特丽丝对他更是眉来眼去，甚至她的名字都能勾起爱意。他给朋友写信说：“你知道吗？即使在我年轻时，我也不会迷恋这种事。”
21 中年的西塞罗长得很帅气，性情温文尔雅，未见有过风流韵事。在晚期的语言学著作中，他完全赞同斯多葛派对肉欲的一些抨击。他认为，这些忘乎所以的肉欲是不负责任的。虽然大多数人会认为西塞罗是一名古怪的青年，但我们不能说他是否体会过性爱的滋味，我们也不能说，如果婚前没有性体验，他就不是一名特别令人羡慕的年轻人。

同样清楚的是，西塞罗从不关心运动。他参加体育锻炼大概只有一年左右的时间，但主要目的是为从军做准备。在罗马城外的台伯河畔，有一个马尔斯演兵场。当时的罗马年轻人都要到那里进行操练，既练赛跑和标枪的投掷，也练下河游泳。不管西塞罗认为这种训练有多么枯燥，他仍然很投入，因为健康的体魄对演说家的紧张生活至关重要。在一篇修辞学著作中，他说，健康的体魄是在运动场上和通过真刀真枪的演练获得的。不少罗马人都喜欢狩猎，但没有迹象表明他对普通的乡村狩猎更感兴趣。“赛会”是各种宗教节日和特殊庆典的组成部分，他在赛会上所喜欢的不是角斗士的格斗或野兽的表演，而是舞台上的演出（可是，西塞罗也一度试探性地证明角斗的合理性，因为角斗至少在历史上存在过，此外，角斗也是增强观众勇气的一种方式）。他经常引用剧本上的语言，经常提到舞台上的剧情。罗马戏剧最有创造性的时期已经过去，可是，西塞罗还得以结识最后一位著名的悲剧大师阿克奇乌斯（Accius）。然而，此时的阿克奇乌斯已是耄耋之年的老人。不过，他还有许多机会领略公元前2世纪最优秀的悲剧和喜剧，这些作品是根据希腊原文改编的。虽然喜剧的文学色彩淡薄了，可是乡土气息很浓郁。有时还能看到希腊语的演出。在早期，西塞罗还认识了大名鼎鼎的罗斯奇乌斯（Roscius）。此人在悲剧和喜剧的创作上成绩斐然。最不寻常的是，罗斯奇乌斯是一名自由人出身的演员，加入了一个优秀社团（为了保住自己在社团中的地位，他在晚年不收赏钱）。就西塞罗说来，这种兴趣是不奇怪的，因为一名演员的演技在许多方面都类似演说家的表达技巧。演说家不仅利用发音的各种腔调（包括一定程度的模仿，让一些假想的古今人物登场，向听众致辞），而且还要利用动作和手势。普鲁塔克说得很明确，
西塞罗模仿过罗斯奇乌斯和当时他所熟悉的另一位名人埃索普斯 22
（Aesopus）。不过，西塞罗本人一再强调，演说家的风格与演员的风格不应当完全一致。西塞罗可能没有使用过后来罗马作家所描绘的全部手语（他确实从未讨论过这些手语）。例如，这名作家告诉我们，"表示惊奇的手语是，把手心轻轻地向上翻，将手指一个一个地并拢，先从小拇指开始，然后按相反的次序张开手指"；但这位作家确实认为，在适当的场合，演说家可以大步来回走动，或者拍打额头和大腿，以表示惊奇（后来的一条史料告诉我们，同一些演说家相比，西塞罗的实际演说不仅语速缓慢，而且发音清晰）。

然而，值得注意的是，西塞罗似乎并不完全理解剧场音乐的重要特点。许多戏剧的对话都是唱出来的。在一篇哲学著作中，西塞罗借助一名主人公令人惊奇地谈到了这样一些人，他们能够根据伴唱的头几个音符辨别出悲剧来。我们可以想象，西塞罗是不在这些人之列的。实际上，这个时期既没有把音乐视为一种艺术，也没有把音乐列为自

由教育的一部分，这与古风时代和古典时代的希腊如出一辙。绅士们不再主动地学习演奏竖琴或吹笛子。诚然，西塞罗的斯多葛派教师狄奥多图斯以毕达哥拉斯神秘主义哲学家们的古老形式演奏乐曲，颇像一种净化仪式；但他的学生深感这种做法不可思议，因而不去效仿他。

苏拉独裁时期，25 岁的西塞罗终于开始了他的公职生涯，但他没有放弃学习，从这个时期开始，他首次求教于罗得岛的修辞学家莫洛（Molon），当时莫洛正参加一个使团访问罗马。公元前 81 年，西塞罗的第一篇演说词问世了，虽然这篇演说词不太完整，但总算保存下来了。这篇演说涉及的是一桩财产诉讼案，这个案子是由罗斯奇乌斯的妹夫主持的。在不能聘用普通辩护律师的情况下，罗斯奇乌斯劝说自己的妹夫给年轻的西塞罗一个机会。诉讼的另一方聘请的是霍腾西乌斯和一名卸任执政官。在罗马法庭上，辩护律师的威望（*auctoritas*）同他的辩才一样对打赢官司大有裨益。在开场白中，西塞罗可能声称自己有点紧张，这种表白是相当真实的。的确，他说过，直到临终前，面对大案他总是很紧张。他请求主审法官不要受雄辩术的影响，也不要受高傲贵族的个人特权所左右，而要秉公办案；有人指责说，他的依附民及其依附民代理人都是马略派。针对这种指责他反驳说，只要他更换自己的外套，就会有反对者跑出来大放厥
23 词；但是，所有这类事情现在都应忘掉。也许，我们已经听到了西塞罗希望国内统一和建立包容政府的呼吁。他大概打赢了这场官司。为了表明此次成功，他出版了自己的演说词。

公元前 80 年，为阿美里亚（Ameria）的罗斯奇乌斯辩护的演说词出版了。西塞罗因这篇演说词一举成名。他的简短声明是为一桩弑亲罪进行辩护，被告是翁布里亚的一名地主之子罗斯奇乌斯（西塞罗不是当事人的亲属）。正如西塞罗所证明的那样，弑亲罪是被告的私敌捏造出来的。他巧妙地暗示：他们自己才是谋杀犯。在苏拉的一名铁腕获释奴的帮助下，这些人还通过拍卖的方式霸占了那名被杀者的

财产，财产的已故所有者好像上了苏拉的公敌名单。

这是公敌宣告结束后的第一次审判谋杀罪。许多人都渴望看到，通过量刑定罪重申法律和秩序。这也是西塞罗第一次在“公开的”法庭上亮相。刑事法庭通常由大法官（praetor）主持，但结案须由50余人组成的大陪审团的多数票决定。苏拉掌权后，大陪审团再次由元老组成。大陪审团设在广场法庭的门外（广场是罗马政治活动的中心）。辩护律师必须准备在阳光下、风雨中或面对寒冷发表演说。他们吸引了各个阶层的旁观者，其中包括修辞学或政治学的业余爱好者。后来西塞罗沾沾自喜地回忆说：“当我发表弑亲罪那段张扬而又稚嫩的演说时，广场上响起了怎样的欢呼声和鼓掌声啊！”

上面这段演说使我们看到：古代的修辞学依赖背诵、比较和韵律等修辞手段达到何种程度，特别是演说的那些经典部分。诚然其中难免套用某种程式化的手法。但在这篇演说中，西塞罗已经表明，在必要的地方，他善于做到深入浅出，游刃有余。如果说上述那篇演说具有巨大的艺术成就，那么《为罗斯奇乌斯辩护》（*Pro Roscio*）也是一篇政治演说。然而，关于这篇演说的重要意义我们很难做出精确的估价。虽然罗斯奇乌斯是一名朴实的村民，但他善于调动形形色色的显赫贵族及其生父的保护人支持他。大人物豢养的外国食客、奴隶和获释奴是罗马人非常厌恶和蔑视的阶层，西塞罗利用这次机会抨击这些人的目空一切与无法无天的行为，在某种程度上，确实成了罗斯奇乌斯及其支持者的代言人。苏拉本人已不再是遭受谴责的对象，实际上，他被比作至圣至尊的朱庇特，而他为恢复原先地位和荣誉的事业则被描绘成正义之举。西塞罗还掩饰自己对公敌宣告本身的不赞成态度，但他公开哀叹，迫害可能会株连被宣布为公敌者的子女。最后他 24
警告新贵族，只有既谨慎又诚信、既坚毅又宽容，才能维持失而复得的贵族特权。在一段简明的雄辩演说中，西塞罗强调必须医治罗马近来的残酷病。虽然这种病没有摧毁这些公民，但在腐蚀他们的意志。

这篇演说与那篇论弑亲罪的华丽演说判然有别，看不出有何虚假的自负。只要你回顾一下西塞罗的早期良师益友所遭受的悲惨命运（在这篇演说中也涉及了斯凯沃拉的命运），你就不能不相信，这篇演说是发自内心的肺腑之言。

西塞罗声称，显赫贵族们出庭不敢亲自发言。他们深感自己的观点有被夸大和宣扬过头之虞；他代表的是另外一派，通过大胆攻击苏拉的追随者和时代的现状，使法庭陷入混乱。然而很难说，西塞罗真正需要表现出多么大的勇气；显然，苏拉早已辞掉了独裁官职，那些最亲近苏拉的贵族都不赞成公敌宣告，至少有些贵族希望安抚人民。这篇演说也很难说有多么深远的影响。就西塞罗本人而言，他很可能希望，通过依附于公正待他的贵族集团和源于他们的“恩惠”和“友谊”，他急切地宣布，他已经给克拉苏和斯凯沃拉找到了继承人。我们不能说，在西塞罗的早期生涯中，这些人是否帮助过他；也没有证据表明，这些特殊的关系后来对他意味着什么。

不久，西塞罗参与了另一个具有政治影响的重大案件。他再次成为苏拉暴行的批判者。遗憾的是，此次演说词未能保存下来。此前，许多意大利人都敌视苏拉。为了对几个公社进行报复，苏拉企图撤销同盟战争结束后授予整个意大利的公民权。这是亵渎法律的行为。西塞罗代表一名来自伊特鲁里亚阿雷提乌姆（今阿雷佐）的妇女向这种行为进行了成功的挑战。虽然法庭的裁决没有彻底解决这个庞大的问题，但通过此次行动以及为罗斯奇乌斯的辩护，西塞罗赢得许多意大利人的同情，并为此后在意大利争取支持者奠定了基础。如今，地位上的差别已经不复存在，但西塞罗出身于乡镇，这一事实可能对意大利人产生有利于他的影响。

约于公元前 79 年，西塞罗结婚，这是他人生的第三步。这一步为他的政治生涯做了准备。根据其女图里娅的年龄判断，当时他 27 岁左右。我们很少知道其妻子特兰提娅的直系亲属，只知道她有一个同父异母的妹妹（更像是堂妹）。这位妹妹是维斯塔贞女，根据名字判断，可能是贵族的后裔。自公元前3世纪以来，罗马有一个比较显赫的特兰提氏族，其中的一支甚至当上了执政官，因此肯定是贵族。特兰提娅本人无疑也很富有。据说，她有一大笔嫁妆。在西塞罗的书信中一再提到她的财产。如果她是女继承人，那就有助于解释，为什么我们没有听说过她的男系亲属。对于非罗马城的有雄心的"新人"来说，与城市人的这种婚姻几乎是很严苛的（*de rigueur*）。毫无疑问，这不是真心相爱的婚姻，但长期以来，其成功率是很高的。举行婚礼时，特兰提娅大概还是一个花季少女，婚后则变成了一名雄心勃勃的妇女。按照西塞罗本人的说法（见普鲁塔克的引文），她更喜欢丈夫投身政治，而不愿让他操持家务。有些迹象表明，她很虔诚；像当时的一些妇女一样，她对诗歌和哲学兴趣索然（至于修辞学和法律，那只是男人们从事的专业）。

然而，没多久，为了出国，西塞罗告别了妻子。普鲁塔克说，西塞罗之所以离开罗马是因为惧怕苏拉。如果是这样的话，他也许在选择罗斯奇乌斯的案件上出了差错，而不是在选择阿雷提乌姆女人的案件上出了问题。但人们并不清楚这些插曲有多么重要。在一段非常清醒的自传中，西塞罗似乎不愧是自己的最好见证人。在保存下来的古典文学中，再没有真正更早的自传可与之媲美的了。

> 那时候，我的身体很虚弱，一点儿也不健壮，脖子修长。谁都清楚，如果继续从事繁重工作和增加肺部的压力，这样的身体状况将会危及生命。可是，当我演说时，我丝毫不改高亢的声调和全身的动作。见此情景，那些爱我的人显得格外吃惊。当朋友和医生劝我放弃法庭上的演说时，我说宁愿冒各种风险，也不肯放弃一名演说家对声名的渴望。我认为，只要我善于节制，适当地提高嗓门和运用不同的演说

> 方法，不仅能够避免危险，而且还能使自己的演说风格更加多样。我去亚细亚的动机就是为了改变演说的方法。当我有
> 26 了两年的办案经验并在政坛上小有名气之后，我便离开了罗马。

同他一起离开罗马的还有他的弟弟和幼小的堂弟路奇乌斯·西塞罗。与之同行的可能还有西塞罗的朋友塞尔维乌斯·苏尔皮奇乌斯。毫无疑问，许多奴隶和获释奴陪伴着他们。一路上，他们投宿的地方多在知名人士的家中，因为旅馆通常设施简陋，破旧不堪。我们甚至听说，一些著名人物常在旅途上宿营。除非身体状况迫使西塞罗不得不乘车外，他们一行人大概都靠骑马赶路；上了年纪的人则经常坐轿。不管特兰提娅是否被留在身后，都不值得大惊小怪。同希腊妇女相比，罗马妇女在许多方面都是自由的，她们很少到国外冒险。

西塞罗参观东方有特殊的原因。但是，对上层阶级的罗马青年来说，前往希腊和小亚细亚的希腊城市进行大规模的观光旅游日益成为普遍现象。我们知道，最令西塞罗兴奋不已的是他耳闻目睹的一切。他和自己的同时代人并非视觉不敏感；但是教育铸就了人们的文学鉴赏倾向，在他们看来，真正让他们兴奋不已的是，亲眼目睹古代达人所描绘过的地方或名人辈出的区域。西塞罗一行在雅典逗留六个月，令他们心潮澎湃的并不是那里的宏伟建筑、雕刻和绘画，而是早年的著名人物常去的全部地区。很久以后，在一篇哲学对话录中，西塞罗回忆了自己和他的朋友们，其中包括阿提库斯。在雅典，他们与阿提库斯重逢。一天下午，他们出城徒步走了一英里左右的路程，来到柏拉图学园的研究院，希望在那里找到那时业已荒废的学园遗址。触景生情，他们畅谈并参观了密切相关的其他地方。昆图斯（此人后来写了一些悲剧）讲述了科洛努斯村、索福克勒斯的该村回忆录和剧本《俄狄浦斯王》(*Oedipus at Colonus*)；路奇乌斯羞怯地讲述了一路上

去海滨的情景。据说，德摩斯梯尼曾在那个海滨练习过演讲。此外，他还讲述了找到伯里克利墓的情景。马尔库斯本人也回忆了大哲学家们讲课的地方。他说，有一次，当他来到意大利南部的梅塔蓬图姆（Metapontum）后，还没有来得及跟房东打招呼，就急忙跑出去寻找数学家和智者毕达哥拉斯四百年前去世的那栋房子。

现在的雅典城已经凋零，苏拉最近的围攻令市容满目疮痍。但是， 27
雅典不仅是伟大哲学学派的故乡，而且也是其他教师培养来自所有文明世界的学生的中心。可是，如今也许只有伊壁鸠鲁学派仍在授课。在这里，西塞罗主攻哲学，拜首席主讲教师安条奥库斯（Antiochus）为师。在斯多葛派的影响下，安条奥库斯继续与怀疑主义分道扬镳，这让西塞罗都无法完全赞同；但西塞罗说："我喜欢这个人，他也喜欢我。"西塞罗还与阿提库斯一道听伊壁鸠鲁主义者的课程。他们不会就这个学科发生争吵；阿提库斯的伊壁鸠鲁主义对西塞罗的影响微乎其微，而且他从未跟任何人发生过口角。实际上，最近几年，阿提库斯的兴趣主要针对雅典的政治，他的慷慨大度和乐善好施的品格使他变成了一名大人物；他善于把来访者引荐给雅典的上流社会。实际上，有迹象表明，他们一行人就寄宿在他的府上。

西塞罗还跟一名优秀教师继续进行演说术的练习。像阿提库斯一样，西塞罗也经人介绍参加了埃柳西斯的（Eleusinian）神秘仪式。后来，他撰写了该仪式的文化影响和死后幸福的许诺，但他的思想可能也受到了显赫雅典人的熏陶，这些雅典人也参加了神秘仪式。据普鲁塔克说，西塞罗不仅参观了德尔斐（Delphi），而且还请教了神谕，如今德尔斐神谕已经远不如从前那样有影响力了。他南下游览了伯罗奔尼撒，如今那里的许多名城已经是人去楼空，残垣断壁了。科林斯的景象使他动容，他后来哀叹：七十年前，罗马人摧毁了科林斯，甚至扑灭了希腊独立的最后火花。他甚至见到了几个特殊居民，他们是被当时附近公社购买的奴隶。除作为吸引游人的景点外，斯巴达现在已经不那么重要了。西塞罗在那里见到了一些臭名昭著的仪式。在这些仪式上，孩子们表演忍受鞭打的耐力，以及两组少年之间进行没有约束的残酷搏斗。在这两种表演中，死亡并非罕见。

此后，西塞罗与昆图斯一道游历了小亚细亚沿岸的许多希腊大城市，并向各个流派的修辞学大师学习。在士麦那（Smyrna），他们拜访了老国务活动家路提里乌斯·卢福斯。他是第一位严肃研究斯多葛
28 哲学的罗马人。十五年前的一次极不公正的判决把他驱逐到流放地。通过占卜师斯凯沃拉，他同西塞罗建立了联系。在《论共和国》（*On the Republic*）的对话中，西塞罗自诩，路提里乌斯向他讲述了西庇阿·阿非利加努斯和自己友人的这次谈话；当然，他在这里只运用了传统的文学手法。但是，路提里乌斯撰写过回忆录，或者正在撰写回忆录；很难想象，他没有谈论过以往的大人物，因为他不仅认识他们，而且他本人就是其中的一员。

最后，西塞罗来到了罗得岛。在这里他见到了斯多葛派学者波西多尼乌斯（Posidonius），聆听了他的演讲。波西多尼乌斯是一位百科全书式的学者，在当时的知识界享有很高的声誉。但是，西塞罗的真正目的是向自己的高龄老师莫洛学习。莫洛不同于亚洲大陆的大多数修辞学家，他注重培养更加淳朴的风格。西塞罗写道：

> 他不仅是一位真正意义上的抗辩家（大多数希腊修辞学家都不是这样的抗辩家）和令人赞美的作家，而且还是一名优秀的法官和丑陋行为的批评者、一名明察秋毫的教师和顾问……两年后，我就这样回到了家中，我不仅有了更加丰富的阅历，而且几乎变成了另一个人。过分紧张的发音不见了，可以说，我的风格变得沉稳了，我的肺活量更大了，我的身体也不那么虚弱了。

的确，西塞罗的健康状况再也没有给他带来严重的困扰。普鲁塔克说，他非常讲究按时散步和按摩，但是，除危难时期的焦虑常使他患病外，他在书信中抱怨说，没有什么比经常消化不良或眼睛发炎更糟糕的了。眼疾大概是无休止地挑灯熬夜造成的。尽管这样工作，可是直到晚年，他都没有睡午觉的习惯。

为了重操旧业，西塞罗回到了罗马。

29 第三章　政治见习（公元前 76—前 70 年）

西塞罗返回的政界困难重重。苏拉不仅扩大了元老院，而且还重申了元老院的传统权力。所有向元老院权力挑战的武器已不再锋利了，或者说，已经从元老院反对派的手中旁落了。苏拉把法庭的控制权还给了元老院；约束保民官的权力；削弱行省总督的职权；仿佛下定决心在没有监察官（虽然监察官是一个不定期的官职，但却是资深的高级行政官）或没有元老院首席元老的情况下，管理国家大事。他为主要高级行政官的任期规定了一个严格的时间表，禁止十年内重新当选执政官。尽管执政官在任期内可以指挥军队一年，但在担任高级行政官后，卸任执政官和卸任大法官通常继续管理一个行省。虽然管理行省一年以上并非不可能，但大法官数量的增加使延长管理时间变得没有必要了。苏拉辞去独裁官职后，不久便离开了罗马，他把管理国家的权力交给了自己的政治盟友。受人尊敬的卡图路斯是他们的非正式领导人。国家机器的运转平稳而有序，没给野心勃勃的人留下任何机会；不过，在紧急情况下，元老院仍保留发布特殊命令的权利。

苏拉的所作所为不只是简单地开倒车，而是没有达到最初的目的。尽管高级行政官职有了严格的规定，但在没有监察官的情况下，是无法完全控制元老院的。许多元老的行为不轨，特别是当他们行使陪审员权利的时候。苏拉几乎不为罗马的穷人办事。穷人仍然怀念帮助过他们的保民官。由于地中海海盗的掠夺和眼前战争的花费，他们苦不堪言，对饥荒的盛行担惊受怕。苏拉在意大利的残暴措施，尤其是在许多地区强行安置自己老兵的行为，使整个半岛陷入混乱。在没有彻底打败密特里达提的情况下，苏拉提前离开了东方。拥护马略的 30 总督占领了西部行省。在没有解决这些行省之前，苏拉返回了罗马。他要求别人绝对服从宪法的约束，但他的不合法生涯很难让人俯首帖耳。他利用自己老兵和依附民的忠诚（也许还有他所攫取的财富），却没有触动允许个人大发横财的制度，有些人甚至比国家还富有。罗马需要武装警察，然而苏拉却不为罗马设置这样的警力。此举不是因为国库财力不支，就是因为担心警备司令获得过大的权力。最后，苏拉宪法简直就是一件紧身服，如果穿在像西塞罗这样的人身上，它很合适（通过在法庭和元老院的活动，可以填补官职之间的空缺），若穿在一名雄心勃勃的士兵身上，那它就不合适了，因为在高级行政官之间一再出现的魔咒使他无法找到用武之地。在此种情况下，不足为怪的是，年轻的庞培成功地绕过升官的阶梯，从苏拉及其政治继承人那里攫取了一系列的特殊指挥权，例如，苏拉死后，在西西里、阿非利加和意大利，庞培取得了反对马略崛起的指挥权，然后，又在西班牙取得了镇压马略的杰出将军塞多留的指挥权；到公元前75年，庞培感到焦虑的是，返回罗马只是开始，而非结束。他深知，从寡头集团那里得不到更多的东西，罗马寡头集团内部，民众派对手们的呼声越来越高，因而他无须开始打探他们的意图。朱里乌斯·恺撒不打算放弃正常的升官之路（*cursus honorum*），但他决定重申与马略的亲属关系。毋庸置疑，他认为，以民众派的身份开展活动要比以正统的方式更能迅速扩大影响。另一方面，恺撒对苏拉寡头政治的腐败似乎也是厌恶的。

尽管西塞罗可能意识到许多元老并没有留意他在《为罗斯奇乌斯辩护》的演说中所提出的警告，但他正忙于为自己编织个人支持者的关系网，这种关系网对罗马政治家十分重要，但不像显赫的贵族那样，他和这样的关系网曾未沾边（大贵族们称这样的活动为“‘新人’

的伎俩”，对此非常蔑视）。西塞罗说，从亚细亚回来后，他在一些重大案件中进行辩护长达一年时间。在罗马，被告和辩护律师或庇护人的感恩关系是最牢固的一种关系（辩护律师或庇护人不接受正式的诉讼费），这也是庇护人在选举时经常利用的一种关系。由于这种原因，像大多数“新人”一样，西塞罗只限于做被告的辩护人。一个检举人难免树敌（所有的检举都是私人的行为，当时没有国家的公诉人），
31 因此在一些重大案件中，原告通常是一些想出风头或报家仇的年轻贵族，也可能是一些近似职业的无名诉讼人。一谈到他们，西塞罗总是带着蔑视的口吻。在他看来，他们的动机很可疑，不是为了酬金和特权，就是为了排斥著名的人物。为了鼓励这种行动，按照法律的要求往往向无名诉讼人提供奖励和特权。这个阶段的西塞罗演说词并没有流传下来，只有代表老朋友、演员罗斯奇乌斯发表的那篇演说属于这个时期。霍腾西乌斯是西塞罗主要仿效和竞争的演说家。他是他那个时期法庭上的主要人物和许多显赫贵族的亲属。霍腾西乌斯的演说风格特别华丽，节奏感强，直截了当。后来，西塞罗称这种风格为“亚细亚式的”风格。这种风格令罗马的老一代人感到不快，实际上，正如西塞罗所认为的那样，这种风格只适合年轻人的口味。在西塞罗看来，霍腾西乌斯之所以声名鹊起，是因为他具有过目成诵的记忆力、清脆洪亮的嗓音、精心琢磨的动作和手势（由于他有这些特点，他的对手竟把他比作演员，有人甚至粗鲁地称他为舞伎或笑剧演员）。如上所述，西塞罗为演员罗斯奇乌斯辩护的演说，在风格上一点儿也不像他的其他作品，十分贴近霍腾西乌斯的风格或者相当于后者的风格。作为向一名法官申诉的财产官司，不可能特别重大，但充满了唇枪舌剑，同西塞罗的一向气势磅礴、铿锵流畅的风格判然有别。但是，我们只有霍腾西乌斯作品的一些微不足道的片段，涉及的是与西塞罗时代的其他演说家有关的诉讼案。听霍腾西乌斯的演说确实比读他的作品要好些，但对于西塞罗的某些同时代年轻人来说，似乎含有

一种帝国时代的演说时尚。然而，西塞罗的演说使之彻底黯然失色了。

30 岁是西塞罗竞选财务官的最低年龄。在罗马的高级行政官的升官图上，财务官是最低的一级（他似乎未担任过可选择的低级官吏）。没有证据表明，在确保部落会议选举的过程中，他设想过困难，或发现过困难。每年 7 月都要举行选举，此时庄稼已经收割完毕，可以没有牵挂地旅行了。赛会和节日庆典有助于吸引选民来到罗马。我们可以确信，特别是这一年，阿尔皮努姆及其附近地区的人肯定会前往罗马。正像西塞罗在一篇演说中描写的那样，他们召集起来，前去支持自己喜爱的另一名后生。但是，由于那里的科尔奈里亚部落是由各种各样的分散地区组成的，因而这个部落投给他的选票难保会比其他部落多，对此西塞罗也没有绝对的把握。许多事情都得靠自己的个 32
人关系和朋友们的各种关系，尤其是要同部落的首领和罗马的官员搞好关系。然而，西塞罗未必会利用这些关系大肆行贿、送礼或大搞类似行贿的巴结活动。选举地点设在马尔斯广场，那里用木桩围成一个露天选区，35 个部落各有一块选区，由一名执政官主持财务官的选举。在扈从的伴随下，执政官坐在主席台的象牙椅上。坐在主席台上的还有一名宣布征兆的占卜师、全体保民官，大概还有候选人（从此出现了 *candidati* 这个词），候选人身穿特制的白托迦。祈祷过后，投票人被分配到类似“羊圈”的选举场地，他们中的多数人毫无疑问属于四个城市部落（但并不是所有城里人都能在城中登记，许多住在城里的土地所有者仍然在乡村登记）；那些距离罗马城又近又大的乡村大部落的选举场地可能非常拥挤，然而那些偏远的小部落的选举场地几乎是空荡荡的。在投票场地，投票人在部落的领导人或其他部落高级监票人的引导下，领到一张涂蜡的木制选票。然后在选票上刻上他们所拥护的候选人名字，或只刻写候选人名字的开头大写字母。接着，他们一个接一个地通过一个“拱桥”，把自己的选票投入票箱，然后离开场地。监票人统计票数要花费很长时间，于是下一年的候选人抓住这个大好时机进行拉票活动。每年7月在罗马举行的选举是一次群情鼎沸的热烈集会。最后由唱票人宣布每个部落当选的候选人。根据抽签决定宣布部落投票结果的顺序。只要一名候选人得到了18个部落的选票，即超过了半数，他就赢得了选举。然后，他宣誓遵守法律，就这样他被正式宣布当选。

这次共选出20名年度财务官。通过抓阄决定负责国库还是协助行省总督掌管财政。他们还以行省总督的代理人身份负责其他事务。年轻的绅士们对自己的财务工作似乎不太在意，常常把此项工作留给手下的文秘处理。接受财务官责任的加图曾引起了恐惧和混乱。

公元前75年1月1日，西塞罗正式就任财务官。他被分配到西西里的西部。西西里岛是罗马的最早征服地。那里向罗马供应大量谷
33 物和食品，其中的一部分是征收的赋税。沿岸的古希腊殖民地居民和业已希腊化的大批土著居民一般都说希腊语。在罗马征服之前，西西里的西部曾长期受迦太基的控制，但此时的布匿传统已经大大削弱了，只有在高高的厄里克斯城堡上的阿斯塔尔忒（Astarte）或阿佛洛狄忒的神殿也许还保留着布匿的传统，如在侍奉这位女神的奴隶中有一些神庙妓女。这在希腊世界是稀有的现象。实际上，现在这种现象在厄里克斯也正在减少。但若干年后，一位西西里的历史学家评论说，当罗马官员参观这个地方时，“他们把官员的尊严抛到了脑后，与这些女人尽情地寻欢作乐”。毫无疑问，西塞罗参观过这个著名的神殿，因为罗马国家特别敬重这座神殿，人们相信他也在那里寻过欢。

当然，他在东海岸的叙拉古也度过了一些时光，他的总督上司和另一位财务官也住在那里。此时的总督已经成了他的贴心朋友。西塞罗告诉我们，当他发现公元前3世纪叙拉古著名数学家和科学家阿基米德的坟墓时，他是多么欣喜和自豪啊：

> 坟墓的四周环绕着野蔷薇和荆棘，叙拉古人并不了解这座坟墓，他们甚至否认它的存在。但我听说过铭刻在墓碑上面的几行诗，它提示我们，坟墓的顶端放着一个圆球和一个圆柱。[①] 我仔细观察了整个地区（在阿格里根敦门外有许多坟墓）。我注意到距离灌木丛不远的地方竖立着一个小圆柱，柱上有一个球体和一个圆柱体。我立刻对叙拉古人（他们的一些领导人与我同行）说，我想，这就是我正在寻找的东西。我们派许多人用镰刀清理这个地方。当一条丛中小路开辟出来之后，我们走近墓基的前方。一些格言依稀可辨，但每一行的后半部分已被磨损。一个如此著名的希腊城市，一个曾经具有深厚文化底蕴的城市，如果不从来自阿尔皮努姆的外乡人那里了解这座坟墓，竟然不知道那位最卓越的市民墓地在何方！

人们发现，西塞罗对一名伟大科学家的了解只限于文学方面；尽管他是一名级别较低的高级行政官，但一些叙拉古的头面人物却毕恭
毕敬地陪伴着他；穿过这样的黑莓灌木丛，他们连想都不敢想，只好 34
叫来苦力清道。

关于西塞罗在西西里的另一则奇闻出自普鲁塔克之手。普鲁塔克说，西塞罗向众神奉献了一个银盘，上刻："马尔库斯·图里乌斯"，名后画一颗鹰嘴豆（*cicer*），通过一个谐音表示他的姓。这有点儿像漫画般的暗示，故人们七嘴八舌地劝说西塞罗将鹰嘴豆的图画从铭文中拿掉，但普鲁塔克说，西塞罗的答复是，他将使这颗豆子像斯考鲁斯和卡图路斯的名字那样闻名遐迩。在拉丁文中，上面两个名字的含意分别是"肿脚踝"和"小狗"，很少有褒奖之意。

---

① 阿基米德发现了等高的球体和圆柱体的体积关系。

在自己主管的西西里地区，西塞罗的主要任务是，向罗马运送粮食和监督下属忠于职守，他本人如是说。他仍然力图扩大自己的人际关系。在罗马，世世代代都不乏向西西里提供保护人，特别应当指出的，马尔凯路斯家族就是那里的保护人。他们是汉尼拔战争中征服叙拉古的那位将军的后裔（阿基米德未能幸免，死于此次战役）。西塞罗说，在西西里岛上的每一个城镇，都有马尔凯路斯家族威武的骑士塑像。但那里也为更多的庇护人提供了用武之地。数年后的斥维列斯演词表明，西塞罗称：有许多杰出的西西里人为了自己的朋友，有许多公社向他表示敬意。他继续施展演说家的才华；普鲁塔克说，在自己的顶头上司总督所主持的法庭上，西塞罗为许多出身高贵的罗马人辩护，可惜我们无法指出这些人的名字。西塞罗不仅重视行省居民，也重视那些定居在岛上的大量罗马人，他们多以经商或养殖作为谋生的手段。这些人被称作经纪人（*negotiatores*）。西塞罗向他们发表的最后一篇演说，大概是给这些经纪人听的。这篇演说是用拉丁文写成的，可惜未能保存下来。在演说中，他向听众保证：珍重友谊和信守保护他们的承诺。

许多罗马人富得足以可以称为骑士。西塞罗同这个阶级的关系是一种非常重要的关系。当然，他本人也是一名罗马骑士的儿子，但部分血统出自元老家庭的成员，这些人不愿进入元老院。他的名字既包括地方贵族，也包括商人和金融家（然而，最后这些富人甚至向土地大量投资）。诚然，这些出身于乡镇贵族的“新人”愿意充当罗马承包商和金融家在元老院的代言人。我们通常认为，这些承包商和金融
35 家是骑士中的佼佼者（*equites par excellence*），因为这两类人动辄怨恨权贵派，能够遏制他们的野心。这种情况既适合此前的马略，就某种程度而言也适合西塞罗，他们俩都是骑士中的佼佼者。西塞罗早期的重要朋友可能希望赢得这些骑士精英们的好感，但总的来说，这些人非常敌视李维乌斯·德鲁苏斯，在很大程度上，也可能敌视苏拉，

因为苏拉削弱了他们的特权。苏拉在扩大元老院时，不得不把一些人拉入元老院，其中包括刚刚获得公民权的意大利人。这些人很富有，足以保住他们的地位，因而他们本身就是骑士。因此，直至来到西西里之日，西塞罗也许无须代表经纪人的利益。他大概仍然不太关心罗马的大商人，特别是那些包税商的大公司。在西西里，这些大商人发财的机会比在其他行省少得多，但他宁愿与小商人和迁入的土地所有者打交道。其中的许多人出身于意大利，特别是南意大利，也就是获得公民权的所谓意大利人（*Italici*）之后裔。随着公元前2世纪的大征伐，他们拖家带口地涌入各个行省，因此，西塞罗的新支持者与现有的意大利支持者联系起来了。

虽然路途过于遥远无法前去罗马为他投票（就土著行省人来说，无权这样做），但对于一名罗马政治家来说，像西塞罗在西西里一类的庇护关系（*clientela*）可能具有多方面的价值。声望和荣誉，令人赞美的塑像和铭文，乃至依附民（他们利用参观罗马之机群集到他的府上，或受遣请他帮助经商，或要求他为他们发挥影响作用）都有助于提高他的威望。在政界，威望是非常重要的；此外，这一切还会带来一些比较具体的好处。

西塞罗踌躇满志地离开了西西里返回意大利，但他也受到了一次震动。他后来讲述了一个自己没有料到的故事（这个故事听起来像是真的，但有时这个故事被忘记了，在一篇法律演说中他特别强调，他几乎没有诅咒这件事）。

> 说实话，我相信，罗马人民不谈别的，张口闭口全是我的财务官职。当谷物价格暴涨时，我早已把大量谷物运到了罗马；大家认为，我对企业家以礼相待，对商人公平，对包税人慷慨，对行省居民诚恳，所有的人都认为我忠于职守；西西里人授予我无与伦比的荣誉。就这样，我离开了我任职

36 的行省，我想罗马人民定会以各种可能的方式争先恐后地嘉奖我。在我回家的路上，我经过了普特奥利（Puteoli，该城位于那不勒斯附近的坎帕尼亚海岸）。当时城中到处是时髦的人。一位陪审团的成员问我何时离开的罗马，那里有什么新闻。我真有点儿纳闷儿。我告诉他，我是从行省归来的，正在赶路。他说：“原来如此，我想，你是从阿非利加回来的。”我开始生气了，自豪地说：“不，我是从西西里回来的。”接着，一个自以为无所不知的人插嘴道：“你难道不知道我们的这位朋友是叙拉古的财务官吗？”我强吞怒气，装成参观海滨的普通游客。但我相信，对我来说，这个小插曲总比人人向我祝贺更好。我深知罗马人是很难听进别人讲话的，但他们有一双洞察力很强的敏锐眼睛，我不再关心人们听我说什么，我所关心的是，在重新开始的每一天，他们都会见到我。我生活在他们的眼皮底下，我从来都没有离开讲坛。无论是睡眠，还是守门人，都不能阻止任何人前来拜访我。

直至公元前 58 年违背自己的意志被流放，西塞罗从未离开过意大利半岛（一次因公短期出访西西里除外）。也许这种决定对他来说是正确的。虽说他在行省度过了较长时间，但他可能以更加长远的眼光看待罗马的重要意义，他对首都争吵的卑劣程度已经有所察觉，表面看来，这种局面是由恺撒的一意孤行造成的。

回顾过去，西塞罗认为，他作为一名演说家的影响力是从西西里回到意大利后才臻于完美的。公元前 70 年以前只有一篇残稿尚存，然而，这篇演说对观察南意大利的大牧场状况很有意义。这些大牧场是由武装奴隶耕种的，奴隶中间的暴力和谋杀屡见不鲜。正如西塞罗所领悟的那样，这是一种不健康的社会现象。公元前 73—前 71 年爆发了惊心动魄的斯巴达克奴隶起义。实际上，凡是经历过这场暴动的人都会有同感。

如今的西塞罗也自动成了元老院的成员。元老头衔是一个人声望的重要标志；迄今为止，他都是一帆风顺的。但主持元老会议的执政官不可能邀请他发表演说，因为元老发言要严格论资排辈。元老院约有 600 名元老，他们中的绝大多数人从未越过财务官这道门槛。元老们整日忙于陪审团和各委员会的工作。因此，我们有机会目睹西塞罗工作中的情形：公元前 73 年，他协助执政官进行判决：属于希腊城市的神庙土地是否应当向罗马纳税。该城赢得了豁免权，在耸立的石 37
碑上，遂将这一判决刻成铭文，因为这是希腊人的通常习惯。通过这样一些活动，西塞罗将在海外建立更加有用的关系。例如，从后来的一封书信中，我们知道西塞罗是斯巴达的庇护人。

西塞罗政治生涯中的下一个阶段是成为四名营造官或十名保民官中的一员。但没有哪个官职像财务官那样是必须担任的。帝国时代的历史学家狄奥告诉我们，西塞罗并不希望利用保民官对抗贵族阶级。但在保守的意义上，利用保民官总是可能的。在不引起政治争端的情况下，为赢得人民的理解和欢迎，营造官职可以给人提供很多机会，也许正是这一点影响了西塞罗。营造官（两名“牙座”营造官，两名不太重要的“平民”营造官）负责赛会，粮食供应和首都一般状况。卸任的营造官很少有拒绝竞选大法官的。因此，公元前 70 年，西塞罗（大概）竞选了平民营造官。

这是危机四伏的一年。一段时间以来，鼓动恢复保民官全部权利的呼声甚嚣尘上；西塞罗声称，人们对日益泛滥的腐败之风深恶痛绝，尤其对元老陪审团的腐败更是恨之入骨；在这一年和随后几年演说中，西塞罗透露了许多法庭上的故事，听起来令人毛骨悚然，其中包括霍腾西乌斯这样有名望的人物。普鲁塔克也描写了一些阴谋，据说，密特里达提仍在兴风作浪，为了赢得进攻密特里达提的东部指挥权，连雄姿英发和精明强干的路库路斯也不得不摧眉折腰、忍辱含垢开始向阴谋让步了（这些阴谋牵涉了一名政治上很有心计的妓女和她的情夫，一名声名狼藉的牵线元老）。关于一些将军和总督的海外行为也有一种情绪，这些人像现在一样根本不受敌对的骑士陪审团的检查。

起初，鼓动者是一些名不见经传的保民官，可是不久，真相就大白了。原来庞培是他们的后台。庞培率领军队从西班牙返回意大利后，为拯救罗马，他只好受命协助卸任大法官马尔库斯·克拉苏镇压斯巴达克领导的奴隶暴动。在当时的情况下，要想反对他们两人连手竞选公元前 70 年的执政官，那可不是容易的事。可是，庞培从来都不是元老院的成员。在第一次向人民大会的演说中，庞培把当选执政官的立场表达得十分清楚：他将恢复保民官的权利。这种权利的主要标志是，保民官有权不经元老院的批准向人民大会提议立法；他们还
38 有权否决元老院的决议和其他高级行政官的所作所为。当他讲到如何杜绝法庭和行省的丑闻时，人们为他鼓掌。作为回报，也许他希望从人民大会那里得到新的指挥权。一旦保民官可以自由立法，那么保民官的权力就会重新重要起来，因为他们拥有授予处置突发事件的权力。

庞培是哪种人？这很难说，西塞罗与庞培有过多年的亲密交往，但他一直抱怨庞培不讲信义。西塞罗说，他简直看不透庞培会干什么。在早期活动中，庞培就以残忍和狡诈而闻名，因而赢得了“少年屠夫”和“大帝”（Magnus）的绰号。但是后来，按罗马人的标准加以衡量，他好像变得仁慈了。尽管他在东方和其他地区聚敛了大量财富，但他在花钱问题上是相当节俭的。人们都认为，他有一个十分宠爱的妻子，那就是恺撒的女儿。可是，每当庞培改变政治倾向时，他都会更换妻子。庞培一再这样做，他总在琢磨：谁会为他效力，谁能增加他的影响力？但是，在首都政治阴谋蠢蠢欲动期间，他并不在家；当他成为执政官后，那位知识渊博的朋友瓦罗不得不向他提供一

本关于元老院议程的专门手册。同时，他总觉得在公共场合抛头露面有些尴尬，尤其在人民大会上现身更是如此。因而，他在罗马无论做什么事大都通过其他人，这就不足为怪了。庞培的确喜欢不显山，不露水，总习惯于把他的希腊和罗马的朋友推到前台，让他们做自己行动的代言人，就像代表亚历山大第二那样。虽然他决心成为最伟大的罗马人，但他好像没有推翻现行体制的想法。也许人们会认为，他基本上是一名正派的人，一名英勇善战的军人和能力出众的组织者，但（正如西塞罗所抱怨的那样）他没有长远的政治眼光和原则，实际上，一旦野心膨胀，这样的人经不住诱惑，便会自毁前程。

图 2　庞培的著名肖像，采自哥本哈根陈列馆

在后期共和国的主要人物中，最缺乏魅力的人物当属马尔库斯·克拉苏了。他在东方的惨死算不上真正的悲剧。克拉苏出身贵族，他的父亲是一名非常杰出的人物，也是西塞罗相当敬佩的克拉苏（L. Crassus）的亲人，公元前1世纪80年代被马略的手下杀死了。其子克拉苏逃到了西班牙，被朋友们藏在了一个山洞里（他们还送给他两

名温柔的年轻女奴，其中一名女奴一直活到奥古斯都时代。这位高龄的女奴还接受了一名历史学家的采访）。返回意大利后，克拉苏投靠
39 了苏拉。在罗马城外，他同南意大利的萨谟奈人进行过战斗，立下了汗马功劳。克拉苏对庞培怀有根深蒂固的嫉妒心，普鲁塔克把他的这种表现归于这个时期。但他对苏拉寡头政治离心离德；在苏拉没收公敌财产期间，他廉价收购他人的地产，从而发了大财。据传，为了得到他人的财产，他竟然把一名无辜的人列入黑名单。实际上，支配其行动的主要动机就是捞取钱财，也许这与他幼时的贫穷不无关系。但对他来说，财富主要是赢得权力的一种手段。他有一句格言：只有用自己的收入维持一支军队，才能称得上富有。据说，克拉苏是西塞罗真正痛恨的两三个人中的一个。在生命的晚期，西塞罗宣布，放弃对一名死去已久的人所持的偏见。西塞罗曾给这个寡廉鲜耻的小人画了一幅画，非常逼真。例如，此人明知遗嘱是伪造的，但仍准备利用这个遗嘱继承一笔财产。为了抓住继承财产的机会，竟然在广场上跳舞（依据罗马人的标准，这是一种丑陋的行为）。普鲁塔克的传记补充了一些臭名昭著的故事，诸如建立私人消防队。但这些故事似乎不太可信。有个故事说，克拉苏有一支私人消防队，但只有在主人的财产受到大火威胁，可出低价购买时，才肯出动他的消防队。他兢兢业业，但却是一名缺乏激情的辩护律师。他殷勤好客，但不太慷慨，他是一名讨人喜欢而又善于恭维的同伴（他本人也非常喜欢接受别人的恭维），他随时准备将自己的金钱以礼物或贷款的形式援助那些临危受难和雄心勃勃的政治家。因此，他使许多人向他尽义务，在元老院中，至少在地位较低的元老中间，渐渐地树立了威望，在骑士中间，也许早已有了很大的影响力。前不久，战胜斯巴达克的业绩可能燃起了他竞选执政官的激情。在军队中，他用严酷的惩罚恢复了纪律。为了显示胜利，他把 6 000 名奴隶钉死在阿皮亚大道两侧的十字架上。尽管他痛恨庞培和自己缺乏政治信念（普鲁塔克说，克拉苏受利益的

驱使，不惜抛弃朋友、改变自己的观点和政策），但公元前70年他仍准备与庞培联合行动，以赢得民众的支持，同时回击那些对他侧目相视的贵族。

两名执政官提出的一项法律恢复了保民官的权力，同时执政官让监察官当选后负责清洗元老院，结果72名成员被逐出元老院。看来，这些被清洗的元老多半是无名之辈，也许是一些声名狼藉的人，因为他们是靠效忠苏拉而被塞进元老院的。显赫贵族们对这些人离开元老院没有太多遗憾。不久，当看到两名执政官的关系不融洽时，他们无不幸灾乐祸。然而，尽管如此，到了夏天，要求改革陪审团的某项建 40
议似乎正在酝酿之中。

公元前1世纪70年代末期，在维列斯连续三年担任西西里总督期间，传出了国内的最大丑闻。最近一段时间，对敲诈勒索的起诉遇到了阻力，元老们常常不情愿地谴责自己的同伙，与此同时，他们还准备从被告那里弄到一份儿非法所得。年轻的朱里乌斯·恺撒曾以这种方式两次避开惩罚。不过，公元前71年年底，西西里人决定提起诉讼，要求维列斯赔偿他们的损失。他们与重新当选的执政官庞培取得联系，并邀请自己的新庇护人西塞罗接管他们的案件。在权贵派中，维列斯有许多铁腕朋友。他们准备在这个问题上进行一番较量，并得到了霍腾西乌斯的鼎力相助（为使维列斯摆脱困境，霍腾西乌斯竟然收受了一尊象牙狮身人面像，这件艺术品是从西西里运来的）。很明显，在群情激愤的情况下，这个案子必将引起轩然大波。

西塞罗不能拒绝西西里被保护者的正式请求，而且这个案子会得到其他行省的支持，其中，罗马定居者的支持对他最为有利。在西西里，罗马定居者已经受够了维列斯的敲诈勒索。在短期之内，审理这个案子会对营造官选举的前景产生有利影响。此外，尽管以前他同霍腾西乌斯不仅一道出现在法庭上，而且站在针锋相对的立场上，但在《布鲁图》（*Brutus*）一文（即他的罗马演说史）中，他的评论显示：

他认为，在法庭上这个案子是对霍腾西乌斯首席权威的挑战。另有迹象表明，西塞罗还希望，通过这场成功的诉讼继承卸任大法官维列斯在元老院失去的职位。在某些法律的框架下，这样的诉讼奖赏是可以利用的。然而，以这种方式向上钻营容易招致不满，特别对一名“新人”来说，更是如此。西塞罗也许不会利用这个机会，他可能放弃了此项奖赏。在一篇公开发表的演说中，西塞罗宣称，他起诉维列斯不是为了获得嫌犯的“赃物”。

此外，在某种程度上，西塞罗的心好像都在考虑自己的案件，需要某项改革的人不需要成为一名极端的民众派。迄今尚存争议的是，权贵派的领导人是否完全同意公元前 70 年的改革，或者他们能否把这场改革视为真正摧毁苏拉体制的创举。但是，约在这个时候，一些与庞培合作的杰出人物不可能只怀有个人的动机。西塞罗声称，贵族
41 们私下承认，这种形势是难以维持的。此外，他还说，著名的卡图路斯承认，民众想要的只是诚实的政府。

然而，贵族们并不打算让维列斯陷入绝境。他们有许多高招。首先，冒出了一个对立的公诉人。据西塞罗说，这个人打算与辩护律师串通一气。特别是想把这个案子拖到下一年，即公元前 69 年。那时，维列斯的许多得力支持者将身居要职。实际上，霍腾西乌斯也将就任执政官。然而，西塞罗成功地争得了起诉的优先权，于是，他与自己的堂兄弟路奇乌斯一起前往西西里取证。他必须抓紧一切时间，因为维列斯及其朋友企图让反勒索法庭忙于审理另一桩案件。如果到 8 月中旬维列斯案还未结案，那么这一年的后半段将遇到一系列的节日，根本无法处理司法事务。在一篇较晚的演说中，西塞罗回忆了他在西西里是如何取证的。为了寻找证人，他不顾风雪交加的天气，亲自深入穷乡僻壤和田间地头。50 天的旋风之旅过后，留给他的只有一半时间，但他收集到了许多确凿的证据。他说，他乘坐一艘小船，经历了返程的海上风险，终于回到了罗马。他发现，他的对手为给西西里

人的热情泼冷水，诬陷他受贿，说他根本无心打赢这场官司。

此后的一些事件，日期不详，但7月27日，霍腾西乌斯同维列斯的保护人麦特路斯（Q. Metellus）一起当选为执政官。这表明贵族牢牢控制了执政官职。即使公众反对他们，也无济于事：一是贵族利用了合格候选人的有效性；二是森都里亚会议过于偏向富人。此外，在这个案件中，维列斯新攫取的财富也发挥了直接的作用。一位朋友公开向维列斯表示祝贺，他说，这种结果等于宣布维列斯无罪释放。几天后，麦特路斯的一个兄弟当选为公元前69年的大法官，反勒索法庭归他主持。在这个法庭上，他可以阻挠起诉（人们可能感到好奇的是，抽签是否完全不受阻碍）。麦特路斯的第三个兄弟已经接管了维列斯在西西里的职权。在那里，他可以对证人施加压力。西塞罗忙得不可开交，既要准备审理这个案子，又要兼顾自己的竞选。尽管维列斯将钱财主要用于反对西塞罗当选，但西塞罗还是轻而易举地当上了营造官，从而加强了自己的地位。但是，现在已经相当清楚了，西塞罗必须争分夺秒。西塞罗大概以非凡的努力，为审案做好了充分 42
准备。8月5日，审判开始了。整个意大利的选民，甚至境外的选民，都为参加罗马的选举、人口普查和庞培赛会来到首都。在众目睽睽之下，法庭开始了审判。经主审大法官的批准，西塞罗忍痛割爱，取消了冗长的开场白，因为辩护律师也可能以同样长的时间作答。西塞罗只做了一个简短的介绍，揭露了（也许是夸大了）反对派最近的全部阴谋诡计，同时他郑重指出，如果法庭悍然宣布维列斯无罪的话，业已宣布的陪审团改革法必将立即通过。他还威胁说，他要亲自起诉任何陪审员的受贿罪。然后，他开门见山，一一列举证据。这是毁灭性的一击。霍腾西乌斯无奈，只好拒绝回答。维列斯携带掠夺的部分财宝逃出了罗马（直到公元前43年安东尼将维列斯列入公敌名单，这些财宝一直掌握在维列斯的手里，据悉，安东尼也对这些财宝垂涎欲滴）。陪审团别无选择，只好谴责维列斯。这一天是8月14日。

16 日开始举行赛会。

这个戏剧性的故事所依据的只有西塞罗的说明，但它的主要线索肯定是真实的。一旦能使审判按程序进行，他就对自己说过的和可能说过的话发表书面解释，同时结合大量的详细证据，以表明他支持改革的政治目的，同时也有展示修辞功底的明显目的，即在棘手的材料处理上，展示高超多变的技巧。这样规模的审判他再也没有主持过。《斥维列斯演词》(*Verrine Orations*) 是关于罗马管控腐败管理的知识宝库，内容涵盖了维列斯的全部生涯（罗马法庭关于中肯的标准非常不严格)。演词逐一细数了维列斯在出口和征用谷物方面的不法行为，据称，还列举了他与海盗勾结，背信弃义和大发横财的交易，以及将神庙的艺术珍品洗劫一空，玷污行省人的宗教感情，使旅游业完全陷入混乱，致使叙拉古的导游者从此只能告诉游人在什么地方保存过何种艺术珍品。传说冥王在恩那城附近掠走了普罗塞尔皮娜(Proserpina)*，西塞罗对传说的事发现场进行了诗情画意般的庄重描述。然后，他一一列举了财政方面的丑行，并进行了犀利的嘲讽，因而整个罗马为之倾倒。同霍腾西乌斯较力的审判终于胜利结束了。西塞罗成了全城上下最受欢迎的人物之一。

43 这些演词有点言不由衷：一方面，西塞罗似乎在为罗马定居者中的一些朋友遮丑，这些人曾纵容或参与了维列斯的违法行为；另一方面，从政治观点来看，他的演说是很平和的，至少他写的东西是这样，没有指名道姓地攻击显赫贵族，也没有一味赞扬民众派的政治家，他只是宣布，希望元老陪审团通过公正的定罪消除对他们的怀疑。在他看来，腐败分子只不过是少数人。对元老陪审团来说，这样的措辞是唯一得体的；但对过去的辉煌时代和伟大人物的赞美则是十足的西塞罗式颂扬。他甚至认可过去的骑士陪审团，公然断言他们从

---

* 据传，来到地府后，她便成了冥王哈得斯（Hades）的妻子，哈得斯不仅是管死人的神，也是管死亡的神。——译者

不接受贿赂（事实上，骑士陪审团从未因这类谴责轻易遭到起诉）。那年秋天的某个时候，通过了一项法律，将三分之一陪审团的席位留给了元老。这项规定可能是对早期建议的修正，因为《斥维列斯演词》谈到的是转让陪审团的权利而不是分享陪审团的权利。这部法律的起草者是大法官科塔（L. Cotta）。他大概是一位真正温和的权贵派。科塔的兄弟盖约于公元前 75 年通过了一项有利于保民官的法律，然而他被认为是统治集团的一员。起初，他曾是克拉苏（L. Crassus）的学生。西塞罗称科塔是自己的朋友，这也许是对自己目前行动的赞许。

就这样，公元前 70 年的宪法呈现在世人面前了，它可能已经接近了西塞罗的理想。骑士恢复了政治上的发言权。西塞罗后来认为，尽管保民官职令人感到遗憾，但毕竟恢复了。不管怎样，这个官职还是必要的。监察官职也恢复了。西塞罗认为，监察官职是维护秩序和道德的重要武器（斯考鲁斯和克拉苏［L. Crassus］曾是监察官，他们对这个官职可能有过很高的评价）。公元前 70 年建立的平稳局面一开始尚未显露出来，此后几年，社会是相当安定的。在法庭上，骑士没有用自己的实力找贵族的麻烦，民众派只满足于监督者的作用，庞培则在窥伺良机。

第四章　竞选执政官（公元前 69—前 64 年）

对西塞罗和他的家庭来说，这些年是十分满意的。公元前 69 年他成功地交卸了营造官的权力。就像他在《斥维列斯演词》中所说的那样，这个职位使他穿上了镶紫边的托迦，坐上了高贵的象牙椅；尤为重要的是，为他在元老院中赢得了更高的地位（他死后，容许他的儿子在正厅中摆放父亲的半身塑像。令人瞩目的是这个孤零零摆放肖像的房间同大家族的前庭［*atria*］成鲜明的对比，因为前庭通常供奉一排排列祖列宗污渍斑斑的牌位。这些祖先都是做过高官的人）。西塞罗没钱举办盛大的赛会，为了举办赛会，营造官通常都得自己掏腰包，以补充公款开支之不足。但是，那些感恩图报的西西里依附民注意到了这一点。他们把大批粮食运往罗马，于是大大降低了生活必需品的价格。以前，当海盗在地中海上肆虐时，生活必需品的价格似乎涨得很高。因此西塞罗赢得了人们的极大好感。他的弟弟昆图斯荣幸地开始了自己的政治生涯，很可能是公元前 68 年财务官的当选者。尽管他通过演说理所当然地避开了谦卑的比较（马尔库斯说，对一个家庭来说，一名演说家就足够了，对于罗马城也差不多），欣然承认自己的许多成就都应归功于兄长的影响，但他并非没有才能。西塞罗本人重申了自己争当辩护律师的请求，进一步同元老、骑士和意大利人建立了更加有用的联系，有时甚至代表下层民众说话。在为一位杰出的伊特鲁里亚人辩护时，他重申了自己出身的城镇拥有罗马公民地位。这个城镇曾是苏拉试图剥夺公民权的城镇之一。新上任的监察官大概接受了他的声明，从此以后，这个问题也就结束了。我们发现，后来伊特鲁里亚地区大力支持西塞罗是不足为怪的。

西塞罗为一名元老进行了辩护。此人是一名总督，有人指控他在自己管理的高卢行省进行勒索。以前西塞罗对维列斯案中的勒索行为进行过谴责，如今他却为这种行为开脱罪责，因而遭到了批评，也许这种批评有点儿不太公平。西塞罗确实喜欢玩弄罗马人蔑视蛮族的那套做法，与罗马定居者的证词相比，罗马人完全否认高卢人证词的重要性。罗马定居者们同总督之间有着相当好的关系，他们会得到总督 45
给予的慷慨帮助。但在西塞罗看来，高卢人不会像定居者那样成为有用的诉讼委托人，况且这名受指控的元老与庞培有密切关系，要知道，庞培可是所有同盟者中最有价值的人。

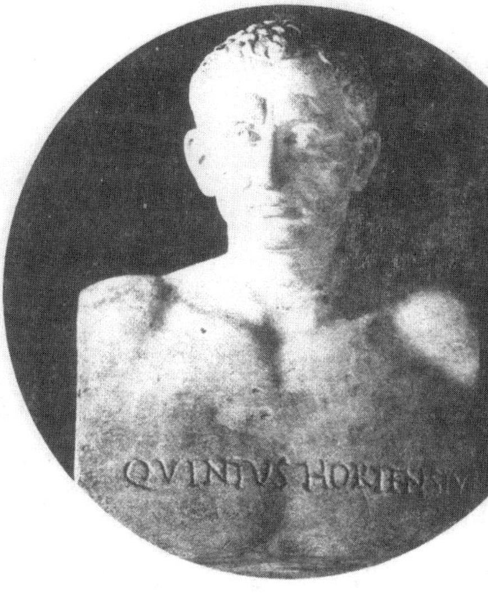

图 3　霍腾西乌斯的半身像，据传统的推测

此时的西塞罗是毫无争议的法庭主审法官。西塞罗告诉我们，霍腾西乌斯在执政官卸任后的日子里放松了自己的努力，过起了花天酒地的私生活，“他不再掌权的最初几年，好像一幅古画褪了颜色，普

通人不会留意，只有专家和明察秋毫的评论家才能发现”，但是，后来所有人都知道了他的颓废。特别引人注目的是，霍腾西乌斯和西塞罗保持着良好的关系或即将建立良好的关系；俩人的好友阿提库斯也许是促成此种关系的关键人物。

西塞罗不同于霍腾西乌斯，他继续深造，力求完善自己。在文学、哲学、法律和历史知识方面，无人能望其项背，无人能像他那样喜怒哀乐，无人能像他那样使自己的演说妙趣横生，无人能像他那样善于提出令公众感兴趣的问题。的确，西塞罗后来正是这样表白的。他描写了一位优秀演说家在公共法庭上辩护时的气氛：

> 听说他要演讲时，长凳上座无虚席，法官席也坐满了人。书记员是有权分配座位的人。法庭上还有一群旁听者，陪审团的席位全是预留的。当演讲者站起身来，旁听者示意让所有人保持安静。听众通常都表示赞同和尊重。演讲者想让听众笑，他们就笑；想让听众哭，他们就哭。尽管人们不知道后面的情况怎样，但从远处即可以告诉你，这名演说家是成功的，仿佛罗斯奇乌斯*就在舞台上。

正如上面的对照所显示的那样，许多审判的确富有戏剧性。来自遥远的城镇和行省的庞大代表团是以人格和信誉为担保的见证人，其中包括被告的老父老母，甚至还有身穿丧服、哭哭啼啼的幼小孩子，这些孩子恳求法庭宽恕自己的父亲。西塞罗告诉我们，他曾和一个抱在自己怀里的小孩谈案情的结局。正像他自己所说的那样，他善于面对这样的悲痛结局，在断案问题上，很少丧失理智。可是，“感情的力量使我不能控制自己”；他还写道，他通过饱含深情的目光和手势，

* 此人系著名演员。——译者

给人一种不知所措的印象。

就像我们所看到的那样，很难给“株连”的标准做出严格的界定。被告人整个一生的劣行都要受到彻底追查。各种各样的辩护律师 46
可以利用这种机会证明自己的行动是正确的，同时，也可以利用这种机会推销他们的政策。这些辩护律师往往是一些杰出的政治家。修辞学的权威人士规定了一些典雅的题外话，有些题外话是道德说教，有些则是描述性的说明。然而，必须记住的是，在后来的案件中，西塞罗通常是几名辩护律师中的一员，他总是以荣誉律师的身份最后发言；同时还必须记住，那些反驳实际指控的世俗问题在细节上已经被加工了，此外，这样的反驳似乎不会有永恒的意义，在公开发表的版本中可能被大大压缩了。

西塞罗宣称，当其他人欢度节庆的时候，他写了这些见解。他随身带到法庭的只有写好的开场白，讲演稿的其余部分只是一些注解。他尽力使用纯正的拉丁文，避免使用古语、方言、诗词和俚语，以及任何难以理解的怪词。如同17世纪的英语和法语一样，拉丁语此时正处在关键时期，需要发展成流利简洁的散文。西塞罗的拉丁文丰富多彩，他仿照希腊文，善于运用长长的和结构谨严的完全句。这是西塞罗对语言的最大贡献。他还运用匀称的短语和单词以及悦耳的韵律——对于这样的语言风格，古代听众远比我们更加敏感。西塞罗告诉我们，听众为之感动而鼓掌的原因与其说是演说家的观点，莫如说是他的演说韵律。然而，与流行的观点相反，西塞罗运用这种演说技巧只在适当的场合，至少是那些最精彩的演说。在其最佳的作品中，他的流畅的文笔不只是偏爱两个意义相似的词，在他看来，一个恰当的同义词可以使意思更加明确，同时也能使韵律更加和谐。

到了这个时期，西塞罗还把另外一些人引入政治生活。正如他的父亲把他托付给斯凯沃拉一样，公元前66年，一个称作凯里乌斯的显赫骑士把自己的聪明伶俐、雄心勃勃的儿子托付给了西塞罗。这样做的目的无疑是让他获得经验，而不是让他接受正规教育。年轻的马尔库斯·凯里乌斯肯定是一名机灵而又活泼的学生，西塞罗对他十分满意，让他待在身边的时间比通常规定的时间要长些。似乎还有另外一些身份类似的年轻人，了解这些学生里是否有贵族家庭的子弟是很有意义的。也许，他们当中有这样的年轻人。狂热崇拜西塞罗的马尔库斯·克拉苏的儿子普布里乌斯大概就是以这种方式同他结合在一起的，而更加年轻的库里奥后来则变成了臭名昭著的人。

47 在取得这些成功之时，西塞罗也遭到了一些批评。“亲希腊”的名声不完全对他有利，因为许多罗马人仍然鄙视希腊人，不相信希腊文化。有这样一件事，为了收集弹劾维列斯的证据，在叙拉古的市议会上，西塞罗用希腊语发表了一篇演讲。总督麦特路斯认为此举有失大雅。在《斥维列斯演词》中，西塞罗发现，假装无法记住波里克雷图斯（Polycleitus）一类希腊艺术家的名字是明智的。此外，正如普鲁塔克告诉我们的那样，西塞罗的冷嘲热讽为他赢得了“恶毒”的名声，在法庭上，他把攻击对手的冷嘲热讽发挥得淋漓尽致，如普鲁塔克所散布的那样，他所开的玩笑多为人身攻击和双关语，除译文外，大都没有保存下来。

西塞罗写给阿提库斯的现存书信始于公元前 68 年底，当时阿提库斯的大部分时间是在希腊度过的。起初的信件寥寥无几。两名通信者都抱怨对方懒于写信，有些信件可能丢失了。他们主要讨论家庭和事务上的事：例如，阿提库斯的妹妹庞波尼娅最近嫁给了昆图斯·西塞罗。她与丈夫相比，大概不仅年龄大，而且还相当富有。他们相处得并不融洽。据说，西塞罗应对这桩婚事负责。他试图安慰昆图斯，说庞波尼娅渴望生个孩子。后来出生的孩子也许就是昆图斯的唯一之子，名字从父。西塞罗对阿提库斯的母亲也很关心，他写信称，特兰提娅患了风湿病，但她向其母亲表示问候；他还说，她同阿提库斯的女亲属保持良好关系。阿提库斯答应给“我的爱女小图里娅”一件礼物，为了得到这件礼物，她一个劲儿地向父亲催要。公元前67年，图里娅10岁刚出头，西塞罗便宣布她已许配给一个名叫盖约·皮索的年轻贵族。皮索是一名出类拔萃的年轻人，既沉稳又严肃。对堂兄弟路奇乌斯之死，西塞罗还表达了悲痛的心情。路奇乌斯曾在希腊帮他收集弹劾维列斯的证据（他有几个名叫维塞里乌斯的堂兄弟，其中的一个像自己的父亲，是一名律师，没过几年就当上了营造官，但不久便告别人世。在西塞罗的堂兄弟中，他是我们唯一能够查阅到的）。"12月28日家父死"的讣告简之又简，结果成了西塞罗铁石心肠的证据。但他也许为某件事提供了精确日期，这件事是在较早的一封信中宣布的，而这封信已经遗失。（或者，可能就是路奇乌斯之死，如果我们进行一番校对，把"父亲"［*pater*］一词换成"兄弟"［*frater*］，那么"兄弟"一词是用来称呼头几名堂兄弟的。无论如何，约在这个时候西塞罗的父亲似乎已经去世。）

从书信中人们还发现，西塞罗和阿提库斯两人都购买了地产。阿 48
提库斯买的地产是在与克基拉岛（又称"科孚岛"）相望的伊庇鲁斯海岸。他在这里饲养了大量的羊群、牛群和马群。我们从西塞罗的著作中无法了解这些事情，因为他对此不感兴趣。我们是从百科全书式的同代学者瓦罗的著作中获悉此事的，因为瓦罗对饲养牲畜情有独钟。在罗马东南部阿尔巴山区的图斯库伦（Tusculum），西塞罗购买了一处别墅（*villa*）。这所别墅从前归苏拉所有；文艺复兴时期，弗拉斯卡蒂地区的别墅鳞次栉比，在这里可以尽情领略凉爽的空气和优美的风光。西塞罗还谈到了另一处地产，该地产位于首都南海岸的福尔米埃，那里是一个景色宜人的好地方。他对图斯库伦的别墅异常满意，他委托阿提库斯给他运来一些相应的书籍和艺术品，以装饰即将建成的"会馆"（*gymnasium*）。"会馆"就像柏拉图的学园，起初，学园就是一个名副其实的"会馆"，并用这个词为学园命名。后来他改变了设计方案，增加了一些厅堂和长廊，主要用于学术活动而不限于健身。再后来，他在别墅里还建了第二个“会馆”，在亚里士多德的回忆中，这一次称它为“学园”（*Lyceum*）；如此怀旧的名字是非常时髦的。但是，现在西塞罗是在学园里坐下来给阿提库斯写信的：是的，带有青铜头像的方形石柱是非常相配的，“我还想装饰小门廊的墙壁，请你弄些浅浮雕和两尊雕刻精美的头像”。虽然罗马有一批希腊艺术家和其他艺术家在从事创作，但希腊本土，特别是雅典，仍然是这些艺术品的最佳生产地。阿提库斯对艺术品的鉴赏力是值得信赖的，而且还能为西塞罗廉价买到这些艺术品。此时，人们的口味不拘一格，非常喜欢较晚时期或希腊化时代的艺术品，因为这时的艺术品呈现出较多的现实主义或浪漫主义的特点；古典时代的艺术品，甚至古风时代的艺术品（通常为复制品）也同样受青睐。虽然西塞罗谈论过艺术品的某种主题（例如，智慧女神米涅尔娃将是主宰学园的灵魂——实际上，西塞罗对这个女神一向崇拜有加），但他对艺术品的风格和质量只字未提。在这种疏忽中，人们似乎再次发现，西塞罗对视觉艺术的亲近程度颇受文学偏见的影响。大概过了许多年，在其所写的一封信中，西塞罗谈到了另一个为他购买艺术品的另一位朋友。他对这位朋友说，他越是觉得世界上的所有塑像都很值钱，他花的钱就越多；他还问道，应当怎样对待崇拜酒神的艺术品和马尔斯塑像？此外，他重申，真正给他带来快乐的艺术品莫过于绘画。一方面，我们也许可以把这种有趣的声明同他对优美风景的喜爱联系起来；另一方面，他的这种声明同在戏院里观看到的感人场面或在演说中描绘的生动情景密切相关（在讨论文学问题时，他可能通过明喻的艺术手法
49 证实了这一点，然而，这并非不符合传统）。同时，绘画也提醒我们，不像我们所认为的那样，古代的视觉艺术很少受雕刻的影响；除一幅小装饰画外，全部视觉艺术品都遗失了。（我们很想知道，苏拉手中的这幅画是否绘在图斯库伦的别墅中？该画描绘的是苏拉本人接受军队授予军事奖章的情景。那座别墅几经转手后落入西塞罗的

手中。）

尽管西塞罗矢口否认，但他为在艺术品上的大肆花钱可能会感到内疚。他的一张圆桌一直保存到公元1世纪后期，这张桌子是用柑橘木制成的，花纹和颜色都十分美观，因而价格不菲。据说，他为买这张桌子花了一大笔钱。人们不难相信，尽管这类圆桌变得非常流行，但在他的一生中，此次的花销肯定比任何一次都多。此外，他的确收集了一些图书。

但买别墅毕竟耗费了西塞罗的资金，因而他一度无钱从阿提库斯那里或经阿提库斯之手购买所需的图书。他把图书视为“自己老年的财富”，但图书更像是政治上的必备武器。图斯库伦的房子，也就是他本人接受军队授徽的那所房子，迄今犹存。就像在辉格党时代的英格兰那样，别墅遍布乡村的现象乃是政治生活的一部分；西塞罗时代的罗马一度非常类似辉格党时代的英格兰，尤其建筑和装修乡村别墅的热情更是如此。当然，对比不应过分牵强附会；不过，我们可以承认，在竞技场观看残杀动物和角斗比赛的激情有点儿不像爱好打猎和职业拳击那样文明，因为与18世纪的英国相比，罗马的技术水平十分低下，而愚不可及的迷信程度却相当严重。

但不管怎样，在这两个国家，政治都是为了富人。也许，在罗马更加突出，上层阶级的奢华水平在最近十年与日俱增。在城内，每一个政治家都需要一所大房子，以便接待大量的依附者和来访者。城中没有印刷厂和邮局，政治家们需要养活大批秘书、誊写员和信使，其中多为奴隶或获释奴地位的人。最后，通过发放养老金让大管家退休，通常赠给他的礼物是一笔安全可靠的投资，即一个农场。虽然作为律师的西塞罗不允许收取小费，但按照罗马人的通常做法，他从感恩者那里接受了遗产和贷款。有些遗产通常是从经商获利的骑士那里 50
得到的，数额十分巨大。理论上，禁止元老从事贸易活动。西塞罗的收入几乎全部来自意大利的租金（元老们不像骑士，似乎很少向行省的土地投资)。西塞罗是一个经常不在农场的地主，他把阿尔皮努姆的农场租给佃农，而不是直接靠奴隶劳动让农场为己谋利。人们经常发现，这样获得的利润是很大的。他对图斯库伦别墅进行了装修，目的是从租赁部分土地的市场果蔬商那里收取更多的租金。到了晚年，在繁荣的坎帕尼亚普特奥利港，西塞罗继承了一些商铺和其他财产；在这个港口，霍腾西乌斯也有投资。特兰提娅拥有林地，这些林地是从国家那里租来的，用于放牧牲畜。在罗马城内，她拥有房产，虽然房地产投资风险很大，但有利可图。这种经营的多样性是值得注意的。罗马人常常喜欢多种经营，而不愿只经营一块大地产。原因多种多样，诸如政治不稳定和长子继承制与限制继承规定的缺乏，他们往往倾向于频繁地买入和卖出，而不认为自己与房地产的价格有密切的联系。毫无疑问，虽然西塞罗不会轻易卖掉阿尔皮努姆的地产，但是在这里与18世纪的英格兰进行类比是不恰当的。与西塞罗不同，骑士阿提库斯在城镇和乡村不仅有房地产，而且在意大利之外也有一些不动产。他还是一名大规模的贷款者，并经营各种有利可图的企业(并不是说西塞罗和其他元老都鄙视偶尔的贷款)。他让奴隶接受教育以提高他们的使用价值，可能还让自己的誊写员制作精美图书以供出售。他一度豢养用于出租的角斗士队伍。他在承包国家合同的公司中好像没有任何股份，特别是承包税收(人们照例认为，元老不在包税公司中投资)。这些公司与现存的当代公司最为接近。

虽然西塞罗最终跻身高位，拥有了六处豪华别墅(在通往别墅的路上，还有几所叫不出名字的临时落脚客栈，或简陋的旅馆)，但人们公认他的个人生活很简朴。阿提库斯经常关照他，他不像许多政治家那样通过花钱行贿赢得选举或在其他时间拉关系；尽管如此，财政状况总是他的一块心病。他时常欠债，这种情形在罗马上层阶级和下层阶级中是司空见惯的。负债累累威胁着他的许多同时代人。不过，
51 西塞罗的尴尬处境好像从来都不怎么严重。债务法很严厉，罗马人憎

恨任何撕毁合同的行为。对穷人来说，债务奴役依然存在。破产，包括身败名裂（*infamia*），失去的不仅是名声，还有实际的政治权利。一名元老只要被怀疑无力偿还债务，就可能被监察官逐出元老院。难怪债台高筑的人直到完全绝望为止都力图隐瞒事实真相。

公元前67年的书信表明，西塞罗对当选大法官的候选人信心十足，因而阿提库斯无须费心回来帮忙了（他经常为选举返回罗马，这种助选只是为朋友服务的一种形式，而他却把为朋友服务变成了一种荣誉和自己生活的主要职责。在他的朋友中，有许多杰出的人物）。西塞罗的自信是有道理的，森都里亚会议将他列为投票选举的首名候选人，共有三次投票选举，因为有两次投票选举被打断了。这样的结果令人感到奇怪。可能有这样一个原因：自公元前80年代初期以来，公元前70年的监察官在森都里亚会议上第一次把大批意大利人登记在名册上，其中包括生活富裕、对庞培的朋友和西塞罗本人充满好感的人。从这个时期起，在选举过程中，贿赂成风。这表明旧的贵族家族已经不像以前那样控制选举了。

西塞罗曾简略地描写过这场竞选。他说，无理要求使候选人大伤脑筋，投票选举被推迟了。这与民众派保民官科尔奈里乌斯有关。他提出一项坚决反对贿选的法案。他的许多建议都是令人钦佩的。科尔奈里乌斯似乎是一位严肃认真、名望很高的人物，但因恢复以往的格拉古传统疏远了元老院，尤其是他试图罢免另一名保民官，因为这名保民官代表权贵派的利益，公然否决了他的建议。大多数贵族也对他的建议十分恼火，因为这些建议使他们无法施加自己的影响。我们知道，西塞罗加入了元老院权贵派的行列，反对要求退还被苏拉及其支持者侵吞的公款。正如西塞罗的资深评论员阿斯科尼乌斯所说的那样，经过很长一段时间之后，这位保民官的建议也许是不切实际的。加图从反对科尔奈里乌斯建议的政治立场出发，也将采取此类行动。西塞罗对改革的过分谨慎似乎是显而易见的。他向阿提库斯抱怨说，

52 他对官场生活感到厌倦："自从你摆脱这些事情的纠缠之后，在短短的时间之内，你将发现情况变得多么糟糕。"最近几年统一局面的破裂使他感到十分沮丧。

科尔奈里乌斯曾是庞培的财务官，他与庞培之间建立了特别紧密的义务关系。一些伟大的战士不断利用依附的保民官作为自己的工具，如今这已成为一种可怕的现象。加比尼乌斯（Gabinius）是科尔奈里乌斯的同僚，他和科尔奈里乌斯一样，也很极端。他的主要目的是：建议人民大会授予庞培清剿海盗的指挥大权，因为海盗有非常严密的组织，肆虐海上，往往屡屡得手。海盗的舰队还袭击希腊的城市，甚至在罗马附近的阿皮亚大道上公然劫持著名的旅行者，其中包括朱里乌斯·恺撒和普布里乌斯·克劳丢斯。他们只好交出赎金才得以逃生。克劳丢斯后来成了西塞罗的凶恶敌人。西塞罗没有公开支持加比尼乌斯，但此时他正在向加比尼乌斯及其朋友方面靠拢，目的之一是为了商业利益，因为当时的交通很不安全；目的之二是为了赢得民众的好感，对民众来说，进口昂贵的粮食是一个沉重的负担。西塞罗大概还想讨好庞培。公元前70年，在弹劾维列斯的案件上，他同庞培再次接触。同庞培及其目前的朋友结盟使西塞罗大大疏远了民众派阵营，但庞培显然不是一个极端主义者，他的势力是很大的。毫无疑问，西塞罗十分看好这样一个具有执政官背景的人。他认为，庞培具有无法估量的价值。但根据西塞罗一年后的说法，甚至连卡图路斯一类的权贵派也发现，公开反对加比尼乌斯的提议是很困难的。很显然，必须采取断然的步骤。虽然加比尼乌斯不得不采取近似罢免敌对保民官的行动，但他提出的法案还是在群情激昂的人民大会上通过了。庞培得到了他想要的指挥权，但他的举止比较克制，只挑选了一些得力的军官，没有把全套武装拨给自己的所有军队。他通过周密的部署和迅速出击，不到三个月便肃清了地中海的海盗，同时出于人道精神，将幸存的海盗进行了重新安置。于是，庞培成了民众和骑士崇拜的偶像。

下一步很快接踵而至。公元前66年的保民官曼尼里乌斯提议，把攻打密特里达提的指挥权授予庞培。前不久，路库路斯刚把指挥权交了出来，由两名无能的贵族分别掌管。庞培仍在东方。他声称，他不想接受这一指挥权。他希望和妻子一起享受家庭的宁静生活。但对庞培的这类声明罗马人也许已经习惯了。此前，庞培的朋友们采取的 53
行动与这类声明总是矛盾的。

如今，身为大法官的西塞罗在民众集会上发表了第一篇演说，在这篇演说中，他支持曼尼里乌斯的议案（他解释说，庞培没有要求他这样做）。后来出版的演说词经过了精心加工，结构十分严谨，充满了对庞培的颂扬之情。这篇演说主要针对工商业者，其中包括包税人和商人雇佣的一大批卑微职员。工商业者无法忍受连续不断的东方动乱，因为亚细亚行省是他们的主要赢利地区。实际上，正如西塞罗所说，亚细亚行省是纳税后真正有盈余的唯一行省。如果罗马官员和公民不对行省人敲骨吸髓，最初征服之后的局面不会变得如此糟糕。在这篇演说中，有公元前70年改革纲领的反响，特别是关于建立廉洁行省政府的要求。他说，庞培在这样的问题上是无可指责的（路库路斯似乎也是如此，但他一心想保护行省免受罗马包税人和商人的盘剥，因而不受这个阶级的喜欢）。的确，在这篇演说中，西塞罗有时以民众派的方式发表议论。每当他向民众发表演说时，总习惯这样做。但他对显赫贵族仍然十分谦卑，对卡图路斯、霍腾西乌斯和路库路斯尤其毕恭毕敬。西塞罗指出，实际上，他们都支持庞培较早的全部指挥权（其实，他们不愿默许这些指挥权的说法更接近于真实）。帝国时代的历史学家狄奥可能对西塞罗的后半生进行了谩骂，声称西塞罗对曼尼里乌斯的支持是背叛权贵派的事业，但这种谴责似乎没有引起同时代人的共鸣。对那些同时代人来说，在他们面前，通过选举均可承认许多结论。然而，很明显，我们完全不能为西塞罗开脱责任，因为他所鼓励的惯例，即让人民大会授予超常指挥权的惯例，对共和国是致命的。西塞罗一如既往地争辩说，虽然他可以找到先例，但眼前的国家利益远比先例更加重要。这是他可以信手拈来的主张。只要考虑一下他的政治理论，我们就会发现推出这种主张的一个理由。

同年，西塞罗在法庭上为科伦提乌斯进行了辩护。在演说中，他展示了自己政治信仰的另一面，首次开诚布公地勾画了一幅蓝图，这幅蓝图与他自己的名字密切相关，那就是“等级和谐”（*concord of*
54 *the orders*），或元老院和骑士之间的团结。这是富者为捍卫法律、秩序和财产反对革命运动的联盟。这两个阶级有许多共同的利益。有些学者甚至把他们看作同一个阶级的两个部分。但元老院中的统治集团与代表罗马骑士利益的包税人和商人之间的关系并不融洽。个别总督与同样的包税人之间，或与所在行省的经纪人之间也相互抵牾。于是，民众派的政治家会利用这种形势在法庭上煽动敌对情绪。与此同时，那些非元老的土地所有者全部退出政治。按照西塞罗的观点，认清这些危险是正确的。他说，最杰出的元老都赞成他所倡导的团结，只有那些贪婪或傲慢的元老才憎恨骑士的地位。和谐是昔日的一种理想，即使以这种特殊形式出现，好像也不是西塞罗的发明。

此外，为科伦提乌斯辩护的演说涉及了南意大利城镇的一桩错综复杂的谋杀案。西塞罗没费吹灰之力就将这一案件大大地简化了。演说重新回到公元前 1 世纪 70 年代后期的一个极其恶劣的法律丑闻上来。然而，这一次对贿赂的软处理适合西塞罗的审讯。后来，他庆幸自己“把陪审团蒙在了鼓里”。结果，他赢得了南意大利许多地区富裕者的支持。后来的评论家对这篇演说大加赞扬。现在有些人认为，这只不过是一篇夸大其词、独出心裁的杰作罢了，但不容否认的是，西塞罗为自己的当事人竭尽了全力。

作为大法官，他亲自主管一个法庭。这是为审判敲诈勒索设立的法庭。一些民众派的政治家偶尔在他面前开庭受审，这使他深感为难。他曾给阿提库斯写信说，谢天谢地，坚持给一个人定罪（此人是马尔库斯·克拉苏的盟友，而不是庞培的盟友）实际上并没有损害他本人与民众的关系。曼尼里乌斯利用他的党羽恐吓法庭和整个城市，可他却把审判曼尼里乌斯的日期一直推迟到任职届满之时，他似乎伤害了民众，为了安抚他们，西塞罗只好答应担任曼尼里乌斯的辩护律师。但这次审判从未成功举行。下一年，西塞罗没有接受行省的职务（毫无疑义，他更喜欢留在万众瞩目的罗马，而不愿利用这个机会去行省大捞一把，不管是合法所得，还是非法所得，他都嗤之以鼻），实际上，他正在为科尔奈里乌斯的叛国罪进行辩护。这是他无视保民官否决权的故技重演。

阿斯科尼乌斯的评论（及其所涉及的两篇演说的简短引文）是我 55
们仅有的材料。后来的作家介绍说，当西塞罗发表评论时，听众以热烈的掌声和欢呼声表示欢迎，那情景简直就是精彩的表演。据说评论还谈到了出庭作证的那些显赫权贵派的威望，他们为揭露科尔奈里乌斯充当证人；评论还有节制地处理了一个棘手的问题。我们知道，与庞培的关系对科尔奈里乌斯很有利。这种关系影响了所有的陪审法官，只有同权贵派领导人关系紧密的那几个人除外。不过，后来西塞罗接管了这个案件，因而遭到谴责，但这种谴责可能是很久以后的事；当时对手们感到，像近来的指控一样，充满矛盾的较早指控都是为了刺激西塞罗。正如我们所见到的那样，当西塞罗竞选执政官时，他的敌人除了说他是一名“新人”之外，再没有找到任何借口。

公元前65年，他确实准备攻击一些民众派。不是所有玩弄这种游戏的政治家都像科尔奈里乌斯和加比尼乌斯一样，都是庞培昔日的官员或想要成为官员的人。还有一些独立的强大贵族，如马尔库斯·克拉苏暗中支持的恺撒和喀提林。至少恺撒公开支持过庞培（恺撒刚刚举办完盛大的赛会，可能财政已经入不敷出，欠了克拉苏的债），此时一心讨好民众的政客也同样不得不这样做。但西塞罗并不信任他们。他似乎越来越坚信，庞培不会欠他们任何东西。后来。他暗示说，克拉苏（很可能还有恺撒）支持科尔奈里乌斯和其他人的暴力行动，但我们尚不能确定此事的真实性。喀提林贿选公元前 65 年执政官候选人资格落空后，一些暗箱操作的事件并没有牵涉他（他本人曾希望成为一名候选人，但不得不出庭受审），更不用说牵涉恺撒了。数年后，大概只有西塞罗和另外一些人把这些事件夸大成“第一次喀提林阴谋”。正如西塞罗后来所说的那样，此时他本人还不在国家领导人的班子之内，没有什么可向公众披露的。

埃及末代国王死前留下遗嘱，将埃及留给罗马。公元前 65 年，西塞罗联合卡图路斯和其他权贵派反对时任监察官的克拉苏吞并这一富庶地区的建议（无论这些建议多么合乎逻辑）。但并不是每个人都渴望接管这一地区。克拉苏的提议无疑为他本人及其朋友提供了极大
56 的良机；反之，在罗马也引起了对铁腕人物的恐惧，因为一项措施往往会给它的提出者带来负面影响。西塞罗就埃及问题在元老院发表了演讲，只可惜这篇讲稿失传了。从残存的断片来看，其中似乎含有强烈抨击克拉苏贪得无厌的内容。由此可见，西塞罗的见解是深思熟虑的。

然而，正如公元前 65 年的几封信所表明的那样，此时的西塞罗不遗余力地竞选执政官。苏拉法律规定，从大法官卸任到开始担任执政官必须有两年的间隔期。因此，西塞罗不能在公元前 63 年之前担任执政官。虽然同一年一度的八名大法官和仅有两名执政官一道的竞争是很激烈的，但对一名候选人来说，在“自己之年”（即自己担任大法官之年），不竞选执政官是很不体面的。公元前 65 年，西塞罗通过了公元前 63 年执政官预备候选人的资格审查，这些候选人主要是同他一起担当过大法官的人。他们中没有谁是值得畏惧的对手。他们很早就开始了竞选活动。他们发现，民众都说肯定支持西塞罗。他

说："当街谈巷议到处散布我有许多支持者的时候，我希望这将对我有利。"公元前64年的直接选举是十分重要的，因为落选的候选人可能东山再起（关于西塞罗将获胜的预言大都是正确的）。公元前64年他打算全力以赴，甚至消磨了9月至1月间的全部时光。正如我们所看到的那样，在此期间，他很少有法律事务缠身，他一直在繁荣富庶的意大利北部地区争取支持。他说，他没有发现贵族的意图，但民众认为，贵族是反对他的。寄居希腊的阿提库斯坚定地相信，庞培的下属全都支持西塞罗（可能通过给他们的朋友和依附民写信的方式说服这些人）。西塞罗说："至于我的朋友庞培，请告诉他，如果他不能回国为我助选，我是不会生气的。"这显然是一句玩笑，但这也许暗示，至此西塞罗已是庞培公认的盟友了。最后，在大法官选举中，西塞罗没有支持阿提库斯的叔叔反对另一名无足轻重的代理人，而这名代理人现在是多米提乌斯·阿赫诺阿尔布斯（Domitius Ahenobarbus）的朋友，西塞罗说："我把全部希望都寄托在他的身上了。"阿提库斯是否会原谅西塞罗的所作所为呢？我们不知道。为什么这位年轻的贵族会有利于西塞罗，西塞罗本人的演说词也没有留下只言片语。那个人后来的生涯表明，他是一名高傲的权贵派，有时甚至不知廉耻。他非常富有、很有人望，在影响力方面与西塞罗有联系，但两人的关系不特别密切。实际上，西塞罗更觉得他很愚蠢。

在另一封信中，西塞罗宣布了竞选公元前64年执政官的决定和他儿子的出生。他说，尽管他确信喀提林有罪，可他仍考虑为喀提林 57
的敲诈勒索进行辩护，作为回报，喀提林可能在拉票方面与之合作。两名候选人之间经常搞这类联合行动，但最终西塞罗似乎仍然保持独立。为了借助阿提库斯对贵族的影响力，他恳求阿提库斯尽快赶回罗马。阿提库斯的出身相当高贵。他既聪明又豁达，不仅见多识广，而且乐于助人，但在信念上他是一名十足的权贵派。阿提库斯可能有很强的说服力。我们知道，西塞罗同霍腾西乌斯和路库路斯以及麦特里家族等交往密切。但我们不知道，他是怎样成功地争取他们的，因为他答复了自己朋友的恳求，双方再也没有通信。我们所掌握的自称是来自昆图斯·西塞罗（公元前 65 年，轮到他担任营造官）写给兄长的一封长信。这封信号称是“一本竞选活动的小册子”，内容全是如何选战的建议。许多学者不相信这封长信的真实性。它似乎不像是一个文件，更像是帝国时代的修辞学习作，但这封信报道了罗马选举的一般情况，特别是西塞罗参选的情况。信中强调，候选人应力争各个阶层的支持，当心不要局限于一种特殊的方法。关于选战方法的这种描绘确实符合罗马的状况。在罗马，官职是对个人或祖先的一种奖赏，以表彰他们对各个阶级或公民个人以往所做的贡献，而不是让一项计划生效的机会。这本小册子强调西塞罗对乡镇、骑士和庞培的影响力，并解释说，在这样的形势下，讨好大量不太可靠之人（包括政治代理人）并不是一种耻辱，这些政治代理人自吹自擂，声称他们能够左右所在部落或百人队的选票。这封信还告诉我们，一些受大众欢迎的商会或公司（我们还会遇到这类公司）势必敬重西塞罗，因为他为商会的成员辩护。这封信甚至暗示，聪明的年轻贵族不同于他们的长辈，他们对西塞罗很友好（在稍后几年的信中，西塞罗对著名年轻人的庇护被证实了。从《布鲁图》一书看得很明显，公元前 1 世纪 60 年代仿佛是西塞罗的演说“风格大放异彩”的时代。这种风格给这位年轻人留下了深刻的印象，但是后来，布鲁图也向西塞罗的霸主地位发起了挑战）。除了西塞罗的新人地位之外，很少有迹象表明，贵族反对他是基于别的原因。

在西塞罗《为穆雷那辩护》的演说中，还有一个非常有趣的材料。这篇演说发表于他自己的任职之年，详述了一名执政者善于体察
58 人，重礼貌和深入基层，以及乐意同广大支持者休戚与共的重要性。事实上，一个杰出的罗马人似乎永远都不能单枪匹马，孤军奋战，他的地位越是重要，伴随他的仆人、朋友和依附民就越多。但作为一名

候选人，他需要一个庞大的队伍同他在一起。就知人而论，西塞罗是非常杰出的。普鲁塔克说，西塞罗周游意大利时，每经过一处地产，都能叫出其主人的名字。毫无疑问，他不像大多数政治家，很少依赖“提示者”（*nomenclator*），即在耳边小声提示相遇者姓名的奴隶。

结果，喀提林在西塞罗的法庭上逃脱了判罚。他没有得到西塞罗的帮助，也许得到了克拉苏的金钱资助。公元前70年被逐出元老院的另一名候选人是盖约·安东尼乌斯（C. Antonius），他设法（借助西塞罗的支持）通过再次竞选大法官重返元老院。这两个人因民众派的语言和丑陋的生活引起了种种怀疑。尽管这两个人本身都是贵族，但他们把大多数贵族推到了西塞罗一边。当时西塞罗作为唯一执政官候选人的地位还不太巩固，但他可以利用足够的支持击败他们。就像萨琉斯特所说的那样：“当危险来临时，嫉妒和高傲都是次要的。”“穿白托迦的人”（即候选人）西塞罗在元老院发表了演说，阿斯科尼乌斯对这篇演说的评论揭示了选举前的状况。为了挫败喀提林和安东尼乌斯，权贵派试图加强惩罚贿赂的力度。这两个人利用一名保民官否决了这项建议，于是西塞罗便以元老院的名义抨击他们。在罗马猛烈抨击是一种艺术和惯例（与之相对应的彬彬有礼只适用于朋友和同盟者）。我们对喀提林的罪行不必细数，这些罪行据推测大致如下：谋杀罪，特别是他杀害了西塞罗的堂兄马尔库斯·格拉提迪亚努斯（西塞罗平生很少支持过这位堂兄）；第一次“喀提林阴谋”中的叛国罪；与亲生女儿乱伦的通奸罪。但针对克拉苏和恺撒的含沙射影的攻击至少是有意义的（攻击所指大概是克拉苏用金钱行贿）。

喀提林和安东尼乌斯对西塞罗反唇相讥，但按照阿斯科尼乌斯的说法，西塞罗缺少贵族身份是他们所能找到的全部反对理由。就像西塞罗本人和其他史料一致指出的那样，结果是：在一片欢呼声中西塞罗当选了。甚至在投票前，选民便以热烈的掌声向他的名字致意。安

东尼乌斯击败喀提林名列第二，他的父亲是西塞罗年轻时的一名杰出
59 演说家，因而他获得了一些支持。西塞罗在某些方面的运气确实不
错，不过他的业绩是非常出众的：作为一名“新人”，他以头名候选人资格当选为执政官，罗马年如期以他的名字命名。他的当选既没有行贿，也没有暴力，他得到了许多贵族的支持。这样的成功甚至连马略也难以望其项背。

第五章　罗马国父（公元前63年） 60

罗马贫民成年累月地生活在水深火热之中。在码头或建筑行业，大批自由民似乎靠体力劳动维持生活。获释奴有保护人的资金做后盾，他们以希腊语为母语，可能控制了贸易和许多小规模的此类行业。所有聚居在棚户区的人，没有像样的下水道、饮用水和炊具，面临房屋倒塌、水患和火灾的威胁。如果他们不能缴租或无法偿还其他债务他们就会丧失人身自由，对此他们有时难免要自负其咎。国家通过救济粮和谷物进口确保他们不至于饿死，除此之外，国家对他们的困境不承担责任（也不要求别人对此承担责任）。但商品价格和供应量不断地上下波动。公元前63年，由于来自东方收入的匮乏和东方战争的花费，形势变得特别险恶。这种险恶的形势不仅导致了资金的奇缺，大概还导致了失业人口的增加（因此，禁止罗马城里的犹太侨民向耶路撒冷汇款）。在乡村，情况甚至更加糟糕。许多被苏拉安置在伊特鲁里亚和其他地方的老兵，不仅得到的土地贫瘠，而且他们本人就是一贫如洗的农夫。不管源于何种原因，他们的财政状况是相当困难的。即使某些丧失土地的人志愿入伍或应征入伍，但是仍有许多农民留了下来，他们牢骚满腹，积怨甚多，因此，偷盗抢劫的现象时有发生。由于一些自由民罕见地加入了斯巴达克领导的奴隶战争，因而南方的形势变得动荡不宁。这再次表明：将成群的奴隶训练成打擂比武的角斗士、借口对付野兽或强盗经常将一些人武装起来，以及在大庄园里豢养一些牧人，该有多么危险！

在这样险恶的时刻易于发现领导人。那些被苏拉宣布为公敌的后代们怨声载道，因为他们的政治权利从未得到恢复。许多贵族负债累
61 累。他们是被花天酒地的生活毁掉的。这样的挥霍多半以罗马人的恶习为标志，他们不是在山珍海味上挥金如土，就是在海滨或山丘上大张旗鼓地建造豪华别墅；另外，政治角逐不断增加的花费（包括用于赛会、演出、宴会和大肆贿赂的花费）也导致了破产。自从苏拉扩大元老院以来，参加这场角逐的人比希望胜出的人多得多；此外，公元前 70 年，监察官将许多人逐出了元老院，如今他们试图通过竞选官职东山再起。货币短缺引起了物价下降，这使出卖土地和偿还尚未偿清的债务变得格外困难。

因此，革命，即一场以废除债务为主要目标的革命，是可能的。这场革命与喀提林在投票时第二次落败几乎是同时出现的，紧接着公元前 63 年后期又发生了一场阴谋，然而，却不像一些史料可能误导我们的那样，实际上，所有这些事件都不是该年的主要问题。至少，许多罗马人深感忧虑的是，庞培即将从东方归来。这一次他会跨出怎样的一步？他将同谁结盟？当然，不管与哪个集团结盟，自然都是最有影响的。公元前 63 年是恺撒和西塞罗之间进行决斗之年（这种说法使该年有点儿过于个性化）。恺撒成了新民众派毫无争议的杰出人物，这一点已经昭然若揭了；西塞罗本人有民众的支持，在某种意义上他也把自己描绘成民众派的一员，但他的行动是为了元老院的利益。这是为了争取民众支持和与庞培结盟的奖赏而展开的一场决斗（更可取的是双方是在旗鼓相当的情况下进行的）。西塞罗能否证明自己既善于言，又善于行？他能否控制形势？能否既维持民众的好感，又能填满骑士（许多债权人是由他们组成的）的腰包？同时还能维护元老院的权威？他能否证明这场革命终将成为泡影以及庞培与权贵派的敌人合作兴趣索然？恺撒和他的朋友们能否利用人民的激情推出一些措施？这些措施能否给他们自己增加权力？能否影响并迫使庞培为

他们尽义务？能否有利于投票者？恺撒和克拉苏未必希望革命，原因之一是，革命只能意味着庞培在国内大获全胜。如果庞培愿意，他会作为一名独裁者重整秩序（据说，面对这种危险，阴谋者企图拿他的孩子做人质）；原因之二是，对克拉苏来说，在这个动荡的年代里，尽管会出现一些类似苏拉时代的机遇，但他是一个大债主。不过，恺撒和克拉苏有可能利用未遂的革命；对此可以预料，在这样做的过程中，权贵派不是根本无法招架，就是在罗马人民的心目中，名声 62
扫地。

在细节上，这个令人迷惑不解的重要年代也是不可全信的。约三十年后，萨琉斯特写了一本论喀提林战争的专著。这本书充满了戏剧性，尤其在年代学方面不够严谨。为了达到自己的目的，特别是为了说明罗马社会的道德和政治的腐败，他把这场阴谋与事件的有机联系人为地割裂开来。没有西塞罗的书信可查（阿提库斯暂住罗马）；三年后，西塞罗才发表了自己的演说词。当时，有些年轻的朋友想看到这些演说词，于是，他产生了一个遐想：模仿德摩斯梯尼的《腓力比克》（*Philippics*），出版一部论述重大政治主题的演说集。这个遐想再次让人相信他向阿提库斯所做的说明：这些演说词可以作为“我做过什么和我说过什么”的史料予以处理。但是，至少在有些时候，他所说的一切不是非常诚恳的。同样比较糟糕的是，后来叙述的一些细节似乎仅仅依据论执政官职的自创诗篇。简言之，这只是我们远眺西塞罗的一年，他身着盛装，即笨重的礼服托迦（没有提及主持选举时所穿的著名护胸甲），而不是家中所穿的宽松长袍。但在他的人生中，这一年实在太重要了，绝不能等闲视之，轻易放过。

西塞罗的主要对手是恺撒。恺撒的传记一经问世，其早期生涯大概就被赋予很浓的浪漫色彩。但是，有关恺撒的个人魅力、他的铺张和巨大债务、他对依附民的慷慨、他的镇定自若的勇气和他对自己能力的坚信不疑（也许在小事上也同样如此），总之，他的这些特点都是毋庸置疑的。在早期的军旅生涯中，他便立下了卓著的战功。成为一名伟大统帅可能是恺撒孜孜以求的雄心。像庞培和古典时代后期的许多人那样，每当回忆起亚历山大大帝及其远征，他都激动不已。据说，公元前63年之后的一两年，在注视亚历山大的塑像时，恺撒的眼泪夺眶而出。他感慨万千，因为亚历山大在他这个年纪，已经征服了世界，而他却一事无成。他似乎鄙视政治游戏，但是，毋庸置疑的是，在政治游戏中，他可是技高一筹的达人。恺撒出身于一个极其古老的贵族家庭，如今这个家庭已经有点儿没落。这个贵族世家可以上溯到特洛伊王子埃涅阿斯及其生母维纳斯女神。恺撒是一名优秀的演说家，以语言简洁典雅而闻名于世。像西塞罗一样，也在罗得岛师从
63 过莫洛。西塞罗是一名诗人，恺撒也是一名触景生情的诗人。虽然恺撒对宗教多有怀疑，但他不是哲学家，在这一点上，他不像西塞罗；恺撒还有一个不像西塞罗的地方：他对科学，至少对天文学，怀有某些兴趣。他是一名勇敢的骑手，一名成功的情人，大概还不容别人嘲笑他自己。恺撒和西塞罗是他们那个时代的两个最睿智的人物。两人在许多方面的确形成了鲜明的对比：一个严守古代传统，堪称是这种传统的一名解释者，多愁善感，经常犹豫不决，喜欢息事宁人；另一个则不受偏见、犹豫和迷信的束缚，随时准备直接奔向自己的目标。在公元前64年的后期，作为特别法官，恺撒主持审判喀提林的谋杀罪，这种审判在苏拉时期实行过；也许由于这位主审者的协助，喀提林逃脱了惩罚，从而为重新竞选执政官可以做准备了。

很难说喀提林真正像什么样的人。我们有两幅颇具说服力的人物素描：一幅来自西塞罗，另一幅来自萨琉斯特。当西塞罗着手描写喀提林的形象时，他试图宽恕一名昔日涉足阴谋的依附民，但没有贬低他自己在粉碎阴谋中的业绩。他是这样描述的：作为一名非常矛盾的危险人物，喀提林善于用非凡的能力和特殊的美德抵消自己的劣行。萨琉斯特则以漫画般的手法，把喀提林描绘成怪物：奢侈、贪婪、自

私、虚伪。他对内战和动乱持幸灾乐祸的态度乃是时代的产物和体现，其标志性的特点就是这些特有的劣行；此外，西塞罗的这段话采用的是鲜明对照法，萨琉斯特也许受到了此种手法的影响，因而他的材料不可能是完全独立的。我们可以审慎地接受下述说法：喀提林生活放荡，对盟友和依附民出手大方，以此挥霍他的财产；其最突出的特点是勇敢，尤其是超常的忍耐力；此外，他精力旺盛，身体彪悍。有关喀提林早期生活或私生活的多数报道直接或间接来自西塞罗等人的谩骂。这些报道色彩很浓，不足为信。例如，关于阴谋者以喝人血的方式缔结盟约之说，大可不必相信萨琉斯特和其他著作中所发现的画面。但我们知道，西塞罗确实认为，喀提林在其管理的行省中犯下了敲诈勒索的罪行，不过，起诉喀提林诱奸一名维斯塔贞女（实际上，她是特兰提娅的同父异母妹妹）的说法一度被认为是无可非议的，但结果是徒劳之举。

在一个十分动荡的时刻，西塞罗开始了自己的任职之年，流言和疑虑比比皆是。依据惯例，新保民官于12月10日上任。他们坚定地 64
支持自己的一名成员卢路斯（Rullus）提出的法案，在意大利实行具有深远意义的土地分配，由国家出钱予以资助。人们通常认为，西塞罗是正确的，他发现恺撒和克拉苏是这项措施的支持者。人们还认为，另一名执政官安东尼乌斯也支持这项法案。通过选举产生十名土地委员会的成员，任期五年。授予他们广泛的权力以决定他们所喜欢的殖民地，同时，可以通过下述措施增加资金：出卖意大利和其他行省的国有土地并向这些土地征收特别税、征用将军（庞培除外）手中的战利品、将新的收入来源用于土地，其中包括来自东方新征服地的收入。该土地法可能在许多方面具有社会价值（不是长期具有），为庞培的老兵分配土地的确是必要的。此法案的某些规定具有温和特点，例如，没有取缔苏拉代理人的头衔或剥夺私人的财产。但完全就事实而言，依据罗马传统，这个议案对提出者和执行者都有很大影响，西塞罗别无选择，只能表示反对。1月1日，西塞罗召集元老在卡皮托朱庇特神庙开会，简述他在该年的规划。不幸的是，我们所掌握的这篇讲话并不完整。但是，他说，他将用自己的执政官权力反对暴力和革命；安定与和谐是人民的真正期望，以及民众派的法案提出者是一个怎样的人。他勾画了卢路斯的措施在推行过程中的惊人画面：国家的全部收入被剥夺，行省遭受腐败专员的盘剥，建在战略要地的殖民地威胁着罗马，埃及甚至被偷偷地吞噬了。为表明他自己的清正廉洁，西塞罗宣布，当他的执政官任期届满时，他将拒绝接受一个行省（否则，他将在某种程度上屈从于保民官的好意），他恳求这些人再考虑考虑，他们究竟在做什么，希望他们同可敬的阶级或“精英们”（*boni*），团结起来。安定与和谐，以及目前罗马的唯一危险来自内部的思想，都彰显了西塞罗的独到见解。

不久，西塞罗在人民大会上发表演说。一开始，他照例为自己能够当选执政官向民众表示感谢，接着他宣布，他打算成为一名民众派的执政官，定期向民众发表演讲。他补充说，为了他们的利益，他可能招致敌意。然后，他把话题转向卢路斯的建议。他把自己描绘成人
65 民的真正朋友，而卢路斯及其盟友却在欺骗人民。西塞罗还说，他曾试图帮助保民官起草土地法案，结果被无礼地拒绝了。他甚至称赞昔日的伟大民众派保民官格拉古兄弟和他们的土地法案；但卢路斯和他的朋友们并不是真正的民众派，更像是苏拉派，他们对苏拉派投机商的头衔供认不讳（卢路斯的岳父表现得尤为突出），或者给自己提供一个高价倒卖土地的机会，结果遭到万人的唾骂。看来，为了取悦元老院，卢路斯急不可耐地对元老们说，城市平民（*plebs urbana*）拥有的权力过多，应当加以剥夺；西塞罗作了一个不太友善的报告。这个报告似乎过于夸张，像是离间元老院下属的评论。他把十名委员称作“十个国王”（“国王”一词在罗马人的心中乃是一个容易激起仇恨和恐惧的字眼儿），他们觊觎权力，与暴君画等号；的确，按照法案

中提出的特殊选举形式，只要让35个部落中的17个部落参选，法案的后台们便可阻挠罗马人民表达自己的意志。① 最糟糕的是，十名委员都是庞培的敌人、人民的宠儿和西塞罗的朋友。这种说法是言不由衷的，因为这个法案也许是一种行贿。对庞培来说，法案是一个陷阱，如果他想安置自己的老兵，他就不得不合作，但他不能成为十名委员中的一员，十名委员是在罗马的男子中当场选出来的。西塞罗声称，大多数殖民地会成为罪犯的聚居地，从各个方向威胁罗马和罗马人民。西塞罗以安定与和谐的理想结束自己的演讲，并公开声称，他已经让自己的同僚安东尼乌斯成为自己的忠诚合作伙伴了（普鲁塔克说，安东尼乌斯希望成为十名委员会的成员）。

关于这个主题，西塞罗向人民发表高谈阔论的演说大概多达两次以上；我们有演说词的一个断片，这次演说是在保民官们谴责他同情苏拉派之后发表的。在这篇演说中，西塞罗重述了该法案的同一幅可怕画面。实际上，这个法案可能从未付诸表决，因为明显缺乏人民的支持。西塞罗力劝他们不要放弃罗马生活的优越条件，且不可上卢路斯的当，前往某个人烟罕至的荒凉地区。他指出，许多城市选民可能并非真的需要土地；一名保民官好像于1月1日放弃了原来的主张并宣布，他将行使否决权。我们不清楚此人是怎样被说服的。因此，第 66
一回合是西塞罗的回合。

在有关土地法案的历次演说中，西塞罗对社会和政治形势的分析已经表述得非常清楚了。他说，一边是“精英”，他们是最正派的等级，拥护法律、安定、元老院的权威和财产权；另一边是“动乱分子”、“邪恶之徒”，以及被这些人误导的“愚民”。我们认为，他对形势的判断有失偏颇；喀提林谈论过“大多数人”和“苦难者”，以及

① 17个部落是通过抽签选出的，这个条款也许旨在使权贵派难以行贿；如果抽签真的被人操纵了，那么对于主持者来说，造假签是很容易的。为了宗教的原因在高级祭司的选举中经常使用这种选举形式。

他们的“少数”对手，他的说法更接近真实情况。但是，关于基本的阶级冲突是什么的问题，通常是色彩很强的说教性解释。在罗马和希腊上层阶级的思想中，这样的解释是非常古老的（在一些近代社会中也有类似的情形），因此，在西塞罗时代的权贵派中，这样的解释无疑是正常的。

尽管日期难以确定，但很可能在这一年的前期，有大批竞争者向庞培致敬。尽管有来自加图的反对（如今，加图首次引起了人们的注意），但恺撒仍通过了自己的建议（其中包括将军有权穿凯旋服出席赛会）。恺撒得到了保民官拉比恩努斯（Labienus）的支持。拉比恩努斯非常能干。后来，他在高卢成了恺撒的副官，但他来自意大利庞培的故里，可能是庞培的门客，一心为庞培的利益出任该年的保民官；人们注意到，他肯定支持卢路斯的法案。然而，当西塞罗获悉密特里达提的死讯后，他敦促元老院批准公共感恩祈祷，庆祝时间之长是史无前例的。因此庞培对他们俩都很感激，所表达的敬意是完全相同的。西塞罗自告奋勇，主动承担团结国内不同阶级的任务。有一次，平民们在剧院里向一名骑士之友大法官吹口哨，于是，西塞罗向他们发表了长篇即兴演说；在附近的一处庙宇里，他召集了一次公众集会，劝说听众们向这名大法官欢呼致意。这篇演说词已经失传了。后来的一名历史学家说，另一些保民官的建议似乎也被他挫败了，其中包括一项旨在取消债务的建议和一项恢复流放者之子权利的建议。至少后面的那项建议似乎是唯一公正的；但实际上，这项建议将增强西塞罗对手的影响力。后来的史料说，西塞罗就这个主题发表的演说是格外明智的。

关于起诉拉比里乌斯叛国罪的问题，我们的了解相对多些。起诉
67 是由拉比恩努斯发动的，也许还得到了恺撒的鼓励。拉比里乌斯是一名不太显眼的高龄元老，据推算，公元前100年以前他已经37岁了。元老院通过一项决议，命令执政官关注国家安全。就在这项决议发布

之后，他杀死了民众派保民官萨图宁（Saturninus）。所谓“最后裁决”（*Last Decree*）是为除掉盖约·格拉古发明出来的；从此以后，多次用于反对元老院的敌人。权贵派认为，依靠这种手段，元老院在危机时刻有权宣布某些人不再是公民而是国家的敌人，有权为那些不经审判处死这些人的高级行政官及其支持者担保，然而在正常情况下，不经审判处死公民的行为是非法的。另一方面，民众派的观点认为，元老院肆意擅权有违古老的申诉法。根据这项法律，任何等级的公民只能由人民大会或由人民大会特设的法庭判处死刑[①]（实际上，在这些法庭中，那些受处罚的人可以主动流放以免被判处死刑）。在罗马，经常出现两种截然不同的宪法解释：一个是权贵派的解释，另一个是民众派的解释。上述分歧就是这个重要传统的最明显例证。

对拉比里乌斯的起诉包含某种尚古的作戏色彩，认为恺撒是这场戏的炮制者是很诱人的。经过大量辩论之后（包括拉比恩努斯向民众发表的一篇演说，在这篇演说中他描绘了萨图宁的形象），法庭责成一名大法官增设两名特审法官：经过抽签，恺撒和他的堂兄顺利当选。他们根据古代的惯例（我们可以从李维早期罗马的叙述中看到这样的惯例）宣布了残酷的死刑判决：鞭笞和钉死在十字架上（恺撒真打算让这位可怜的老拉比里乌斯遭受如此可怕的命运吗？这似乎不太可能）。后来的事件进程存在许多争议。不出所料，拉比里乌斯向人民大会提起了上诉。会议在城外的马尔斯原野上召开，很显然，少不了刽子手和十字架。但是，大概在开刀问斩之前，西塞罗进行了干涉。他劝说元老院宣布整个程序是非法的，随着法律更讲人道，这种处罚程序很久以前就被废除了。不过，拉比恩努斯坚持认为，这个案
件是在不同的程序下进行的，而且审判是在人民大会面前举行的，拉 68

① 拉比恩努斯大概不只是反对采取行动的拉比里乌斯一类的个人，也不反对给予受害者安全保证的案件，就像凭自首将安全保证给予萨图宁那样；元老院更像是受到了警告，民众派根本不承认“最后裁决”，因为元老院将全部特权都让出去了，甚至让给了高级行政官。见章后注。

比里乌斯只有在这种审判中才面临死刑的威胁，而且流放通常可以使他免遭一死。辩护律师（受时间的严格限制）由元老院的最大喉舌霍腾西乌斯和西塞罗担任。

只有霍腾西乌斯一人证明，拉比里乌斯实际上并没有杀死萨图宁。西塞罗在其老对手之后为荣誉发表了演说，他的这篇演说虽然只有概要尚存，然而却呈现出面面俱到的外观。他强调这个案件的重要性，声称要毫不动摇地迎难而上。他的演说显得很有说服力，他说，必须以服从元老院决议的行动维护元老院的权威。他还强调了在政治危机中某种"最后裁决"的必要性（后来他称这次演说的风格非同一般）。难道拉比里乌斯会杀死萨图宁！他声称，虽然对于这种说法的怨声不是很高，但怨言不乏于耳。拉比恩努斯自然被描绘成一名假民众派；他从历史书和档案中将这种处罚程序发掘出来，那是从王政时代开始纪年的，不仅野蛮，而且残暴；是西塞罗取消了这个程序，他才是真正的人民之友（很显然，以往拉比恩努斯一直称西塞罗是伪君子）。在公元前 100 年，每一个阶级的所有"精英"都支持执政官马略，因为他不是暴虐的贵族，西塞罗指出，激励着马略本人的是流芳百世的渴望。这种追求一直鞭策着所有的政治家并向世人证明，在我们身上有比凡人更多的东西。西塞罗公开说，他将做马略所做之事；他再次警告人民，要谨防内部动乱的危险，随着外部战争的结束，如今内部动乱的危险正在威胁罗马。很明显，双方都意识到，在不久的将来，"最后裁决"可能被提上日程。

恺撒的行为派性十足，至于这种派性行为过去和现在是否对人民大会的无罪释放有影响，我们的史料说法不一。在量刑定罪的那一刻，人民大会没有被西塞罗所打动，主持会议的大法官麦特路斯·凯勒尔以亚尼库鲁姆山上降下红旗为由，解散了会议。在早期时代，只要在城墙外开会，就会在山上竖起红旗，以警惕伊特鲁里亚人的进犯。既然民众派的观点现在已经形成了，凯勒尔同恺撒和庞培便勾结起来，这最后一点儿尚古主义似乎既打算拯救拉比里乌斯，又想阻止正式的无罪释放。这样的无罪释放将严重削弱民众派的那种观点。无论如何，对权贵派的警告依然存在。我们可以同意西塞罗的说法，一个国家必须坚持某种有备无患的惩治权；至少晚些时候，恺撒也承认 69
了这一点。我们也可以同意，元老院是行使惩治权的机构，过失总是难免的。但是，由于轻易放弃审判其敌人的全部权利，权贵派的处境是危险的。

恺撒赢得了一个回合的胜利，这个回合对他的将来十分重要。在恺撒的支持下，拉比恩努斯通过了一项民众派的法律，把选举祭司团成员的权利还给了人民大会，从而强化了恺撒在竞选大祭司职位的拉票手段。可是，相当奇怪的是，大祭司长（*pontifex maximus*）长期以来都是选举产生的，甚至苏拉以后一直如此。大祭司长任职终身，享有很大的特权。大祭司长的正式官邸是圣路旁边的古罗马王宫。他主持祭司团，祭司们就有关仪式的具体问题提出建议，罗马的安全依靠这样的建议；他有权管理负责看管公共灶火的维斯塔贞女。他的政治地位也至关重要，通常是由德高望重的国务活动家担任这一职务。无论在希腊，还是在罗马，都不存在一个特殊的祭司等级。上层阶级的成员掌握政治和宗教两种大权，两权的界限经常难以分得一清二楚。以程序和其他技术缺陷为由，大祭司长可以废除法律和各种任命，甚至可以阻止商业活动。

那位年龄较长、颇有影响的卡图路斯和另一位几乎同样可敬的权贵派人士是恺撒的竞争对手；虽然恺撒已是祭司团的成员且具有神之后裔的光荣身世，但他的年纪较轻及其生活方式同他所追求的职位均不相称。有一个著名的故事：在选举日离家之前的清晨，恺撒亲吻了自己的母亲，并说道，她一定会看到自己的儿子再次成为高级祭司，否则再也不会见到他了。他的意思大概是，如果他失败了，讨债者就会蜂拥而至，流亡将是他的唯一选择。他终于当上了大祭司长，踌躇满志地返回家中。权贵派的愤怒是可以想象的，虽然恺撒可能利用了行贿手段，但无人敢于公开指控这位高级祭司行贿。

正如结果所表明的那样，7 月的执政官选举再次成为西塞罗的回合；但这次选举使危机更加迫在眉睫。西塞罗声称，他对路库路斯的凯旋式负有部分责任（凯旋式是为庆祝将军的胜利向卡皮托行进的盛大阅兵游行），投票前凯旋式刚刚结束，因此，大量老兵立即前来投票，拥护路库路斯的副官穆雷那当选执政官。至少一开始，西塞罗就
70 支持自己的老朋友、著名法学家塞尔维乌斯·苏尔皮奇乌斯·卢福斯；同时苏尔皮奇乌斯劝说西塞罗通过一部新的反贿赂法（西塞罗有点儿不太热情，宁愿少一些民众派的条款），根据这部法律行贿的两派都将遭殃。这部法律主要针对穆雷那，苏尔皮奇乌斯更希望取消穆雷那的竞选资格，不是打败他，而是取而代之。与此同时，喀提林仍抱有很大希望。参选时，护送他的是一群杂七杂八的粗野年轻人。他们出身于伊特鲁里亚的苏拉殖民者和苏拉时代的破产者。喀提林可能得到了恺撒和克拉苏的支持，然而，他好像还没有公开革命的计划。他确实炫耀过执政官安东尼乌斯对他的支持。可是，安东尼乌斯全年的表现并不十分活跃；在某种程度上，安东尼乌斯的权力受其忠心耿耿的财务官塞斯提乌斯的制约；现在西塞罗同安东尼乌斯达成了（或完成了）一项交易。在向人民大会发表的一篇演说中，西塞罗重申，他拒绝接受一个行省，甘愿把分配给他的马其顿让给自己的同僚。

像其他候选人一样，喀提林也大肆行贿，因而难免遭到加图的指控。喀提林反驳说，有人总想让他的愿望灰飞烟灭，然而，面对这一挑战，他将坚决予以回应：不是用水浇灭火焰，而是推倒压在每个人头上的建筑物。如果我们可以相信西塞罗后来所说的话，〔就可认为〕喀提林还私下妄谈陷入逆境的领导人所必备的品质；他本人将身陷囹圄，然而他有拼死抗争的勇气。富尔维娅把喀提林这些话及其后来的全部行动报告给了西塞罗。富尔维娅是库里乌斯的贵夫人。这个库里

乌斯虽说是喀提林的支持者，但是三心二意，摇摆不定，他是一名掷
骰子大王，挥金如土，公元前 70 年被逐出元老院；据说，富尔维娅
的情夫无意间的胡乱许诺引起了她的怀疑，于是，她与特兰提娅取得
联系。据萨琉斯特的说法，最后，库里乌斯本人也变成了告密者。西
塞罗确实让元老院推迟了选举，以便讨论告密者所揭露的喀提林此番
讲话；再者，如西塞罗后来所宣布的那样，他听到了关于反对他的阴
谋，可是没有证据。他不敢在元老院冒昧提出这个问题。会上，他要
求喀提林亲口加以解释。面对这一要求，喀提林面无惧色。他说，国
家有两个身体：一个身体虚弱，长一个缺乏决心的头脑；另一个身体
强壮，但没有头脑；对此，如果国家要求他做什么，他会献出国家缺
少的器官。人们注意到了这种勇气和诱惑所引起的反响，许多贵族阶
级的年轻人被吸引到他的周围。据说，他还通过各种小恩小惠拉拢他
们。尽管人们有过尝试，但是重写历史和让喀提林成为一名严肃的改
革者是不可能的。他本人及其主要副手的声名狼藉和卑鄙无耻的历史 71
是他们的拦路虎。很明显，他的主要目标是为自己争夺权力，他的纲
领只是废除现存的债务而已；更加基本的措施只字未提。正如当时某
些人所断言的那样，这个纲领绝不可能严肃地予以贯彻。西塞罗的坚
决反对迫使喀提林铤而走险，诉诸暴力；长期以来，西塞罗简直就是
一个在荒野中呐喊的喉舌。

对“群英荟萃”的元老院来说，尽管对喀提林的话长吁短叹地发牢骚，但并不准备采取行动。喀提林趾高气扬地离开了议事堂。有三件事令人担心：一是，他将成为一名不足以信赖的执政官；二是，他利用许多高贵的亲朋好友强力反对贵族，在执政官的要求上，此人不属于那个迷人的小圈子，很可能已经变得心急如焚和相当嫉妒了；三是，克拉苏在议事堂的各派元老中有很大的影响力。如果西塞罗希望选举进一步推迟，或给他本人一支正式卫队，或者喀提林候选人资格未被批准，那喀提林可就失望了。在西塞罗的主持下，选举如期举

行；西塞罗心虚，身穿护胸甲，由其武装支持者的精干队伍伴随左右（缺少警力，只好求助这种形式的自我保护）。后来他说，这身护胸甲很少能够保护他，只能提醒“精英们”注意自己的危险。结果，穆雷那与同样稳操胜券的西拉努斯没有遇到麻烦，顺利当选了，西拉努斯是塞尔维里娅的丈夫，因而出名（塞尔维里娅兼有三重身份：加图的姐姐、布鲁图的母亲和恺撒的情人）；根据西塞罗的说法，直到最后时刻选战的钟摆才离开苏尔皮奇乌斯·卢福斯转向穆雷那。对喀提林来说，这第二次落败意味着：通过合法手段赢得权力的希望破灭了；也许直到现在，他才开始考虑武装叛乱。从这时起，我们可以完全肯定，克拉苏和恺撒抛弃了他。

大约与此同时，像昆图斯·西塞罗一样，恺撒成了当选大法官。麦特路斯·奈波斯（庞培的一个官员兼妹夫），当选为保民官；马尔库斯·波尔奇乌斯·加图也当上了保民官。几个月前，加图前往南意大利的自家庄园，在通往哲学养心苑的路上，他遇见了从东方归来的奈波斯；为了抗衡奈波斯的计划，他立即决定返回罗马并让自己收住脚步。

加图同公元前1世纪60年代和70年代的主要权贵派均有联系，
72 诸如卡图路斯、路库路斯和霍腾西乌斯；在他们的后继者中，他必将成为最令人敬畏的人物，因为无论在私下，还是在公开场合，他敌视庞培的野心，始终不渝地进行毫不妥协的斗争。加图是公元前2世纪赫赫有名的监察官加图的曾孙。他多半继承了曾祖父的人格魅力、政治态度与道德风范，在某种程度上，他仿效过这些品质。罗马人认为，通常一个人不仅应该超越前辈（*maiores*），而且尤其应该超越自己的祖先。小加图非常了解自己对元老行为的监督职能，尤其在涉及财政和行省管理的领域，曾祖父是他效法的榜样。然而，他可不像严厉谴责希腊哲学家的前辈，他深受斯多葛哲学的启迪，正如普鲁塔克所说，斯多葛派的伦理学和政治主张对他的影响尤其深刻。普鲁塔克称他领会得慢，但记忆力惊人；最近发现的加图半身塑像表明，他的智商也许比许多人的评价还要高。

加图决心成为共和国的殉道者，死后他成了争论不休的人物，因此有关他的报道大多源于颂扬或谩骂。但我们可以相信，从孤儿时代起，他就是一个脾气倔强和易动感情的人，他善于迫使别人听他的指挥。他深深地怀念英年早逝的同父异母兄弟，据说他对自己的同父异母姐姐塞尔维里娅非常关心，因为姐姐的照料对他成长功不可没。随着年龄的增长，他的生活越来越独立，越来越简朴。作为一名年轻人，他在军中服役，后来他游历了亚细亚（自己步行，却让他的朋友和仆人骑马）。他坚决不肯接受友好国王赠送的礼物。鉴于独身不是美德和为人父母要为国家尽义务，所以他结婚了（但他后来莫名其妙地休了第二任妻子，因此她得以嫁给他的朋友霍腾西乌斯，直到霍腾西乌斯去世，加图才把她接回自己的身边）。在罗马他坚持苦行，竟然达到不穿鞋的程度；他以严守法律和秉持正义而闻名遐迩（在这样一个社会里，人们公然服从许多无法理解的不成文法，个人的喜好和责任被视为高尚的动机）。尽管他很严厉，但他是一名以理服人、循循善诱的演说家（他从未出版过自己的演说词），在群情激愤的人民大会上，他把自己的安危置之度外。西塞罗说，他请元老院听他的长篇哲学演说，在等候元老院集中开会的空隙时间，发现他端坐在那里津津有味地读着哲学。公元前63年，他刚过30岁，但他作为财务官 73
已经出名了。他严格履行财政职责，他的严格令秘书感到惧怕，甚至达到几乎与权贵派朋友（其中包括卡图路斯）争吵的程度。我们发现，在该年的最后几个月，他积极维护元老院的利益。

与此同时，西塞罗仍在不断地观望，就像他所声称的那样。在这个严峻的考验中，他的焦虑、希望和恐惧是可以想象的，他肯定感受到了这一切，但是，这些感受不能被证实。他继续收到来自富尔维娅的情报，现在已经很明显了：喀提林在意大利的各个地区正准备暴动。尤其在伊特鲁里亚，喀提林的主要代理人曼里乌斯正在征募苏拉的老兵、农民和菲耶索莱（Faesulae，今 Fiesole）的土匪。9 月 22 日元老院很可能讨论了当前的形势，但它再次拒绝采取强硬行动。元老们认为，西塞罗是一名危言耸听之徒，嘲笑他在选举时穿护胸甲，还有他那不绝于耳、不可思议的话语："有人已经通报我了。"（就在这次会议召开之时，据说，元老屋大维乌斯［Octavius］因儿子降生迟到了，这个新生儿就是后来的奥古斯都）。但在 10 月 20 日夜里，克拉苏和另外两名显赫贵族来到西塞罗家中，让他看一些匿名信。信中提醒他们要让权贵派提防大屠杀。第二天，西塞罗召集元老院开会，宣读了这些匿名信。一名大法官还出示了来自伊特鲁里亚的消息。这些消息称，在那个地区有人正在集结军队。西塞罗甚至说，或者稍后他这样宣称，曼里乌斯将在 27 日造反，次日将在罗马发生大屠杀。元老院终于被触动了，遂通过了"最后裁决"，关于这项裁决近来有很多争议。[①] 一些惶恐不安的元老似乎逃离了罗马。很可能就在这个节骨眼儿上，西塞罗武装了一支强大的军队，同时，在罗马城内的角斗士团体遭到怀疑，它们不仅被迁出城外，而且被遣散了。28 日任何事情都没有发生。喀提林仍在罗马，照常出席元老院会议，同时西塞罗的对手继续宣布，他为自己的更大荣誉制造谎言。但是，几天后，一名元老宣读了一封信，说明曼里乌斯确实于 27 日造反了，另有一些关于南方动荡局势和奴隶运动的报告（如西塞罗所断言的那样，不必把这一切都说成是蓄谋已久的结果）。现在高级行政官被派往四面八方征集
74 军队和镇压动乱，并提醒所有意大利公社不要惊惶。实际上，罗马附近的普列涅斯特（Praeneste）于 11 月 1 日粉碎了一次未遂政变（*coup*）。

罗马城内一片惊慌。在此形势下，像往常那样，各种各样的奇事作为神明愤怒的迹象报告给了元老院。但喀提林仍然保持平静；没有

---

① 很可能召开了两次元老院会议，因此狄奥的说法好像与普鲁塔克和萨琉斯特的说法相反。

确凿的证据证明他卷入了曼里乌斯的反叛行动。这时，有人控告他企图诉诸暴力。为了打消人们的怀疑，喀提林建议，可以把他置于任何一名元老的监视之下（也许指的就是在执政官西塞罗的监视之下）。西塞罗和其他几个元老都拒绝接受他的建议。喀提林来到一个朋友的家里，这个朋友可能是他的一个盟友。此人没有阻止喀提林及其主要盟友出席11月6日晚上召开的会议。会议是在制镰者大街马尔库斯·波尔奇乌斯·莱卡的家里召开的。会上，喀提林同意占领意大利其他地区的计划，并提议他本人应当离开罗马前往曼里乌斯的军队，因为在最后孤注一掷之时，这支军队不能没有他的领导。其他人将夺取罗马城，首先应当杀死西塞罗；两个阴谋者自告奋勇，企图以例行公事为由，利用清晨拜访之机进入西塞罗的宅邸。但是，在11月7日的清晨，当他们来到西塞罗的家门口时，发现那里已有士兵在严密把守。像往常一样，西塞罗通过富尔维娅了解了各种情况，早已同几名主要元老讨论了即将发生的阴谋。

第二天，西塞罗召集元老到帕拉丁附近的一座神庙开会，因为那个地方要比元老院议事堂更容易保卫。他用忠诚的骑士和其他市民担当神庙四周的警卫任务。西塞罗大概以为喀提林已经离开了罗马，并希冀得到外援同他进行较量了。但是，令人深感惊讶的是，喀提林出现了。如果西塞罗的描述可以相信的话，没有一个人向喀提林打招呼，所有的人都离开了所坐的长凳。但是，在这种情况下，无论是他的贵族伙伴，还是同民众派有联系或怀疑“最后裁决”的任何元老，都不太可能完全支持西塞罗。在第一篇《斥喀提林》的著名演说中，西塞罗谴责自己的敌人，竭尽全力动摇敌人的勇气，进而逼迫他离开罗马，走上公开叛乱的道路。这篇演说也激发了元老院的斗志。演说的开头妙语连珠，激情四射，每个小学生都能背诵这篇演说：

> 喀提林哪，你滥用我们的忍耐要继续走多远呢？你这个疯子，你对我们的复仇要嘲笑多久呢？你那放纵不羁的无耻行为有没有尽头啊？帕拉丁夜间设岗，满城的巡逻
> 75 队，平民们处于恐惧之中，所有正直的人都集合起来了，元老院在这个据点开会，元老们带着恐惧的表情注视着你，难道这一切对你无关紧要吗？你的所有计划都被发现了，难道你没有看见吗？这里的每一个人对你们这些阴谋者都了如指掌，你们的手脚被捆绑起来了，难道你没有意识到吗？昨夜或前天夜里你干了些什么，你在哪里，你召集了哪些人，你制订了什么计划，你以为我们当中的任何人都没发觉吗？知道吗，我们生活在什么时代，我们在容忍怎样的丑事啊！[①] 元老院了解这些事情，执政官发现了这一切；可是此人还活着。

在已发表的版本中，西塞罗继续指出（但是，开头的任何部分与11月8日的即兴演说究竟有多么相似是难以确定的），他知道有关莱卡家中开会的全部情况和谋杀他本人的未遂企图，以及伊特鲁里亚的状况；他环视一眼元老院，宣布说，他认出了另外一些阴谋者；他威胁说，他要依据“最后裁决”采取行动，因为他很久以前就应该这样做了，以前经常这样做过。但是，

> 这个等级的不少成员对悬在我们头上的危险不是视而不见，就是装出一副不介意这些危险的样子；他们的温情脉脉增强了喀提林的信心，他们的犹豫不决助长了日益明显的阴谋；喀提林的威望竟然如此之高，假如我惩处了这个人，许

---

① *o tempora, o mores*！在拉丁语中，这个著名短语该有多么简洁。西塞罗喜欢这样的表达法，在其他地方也多次用过。

多愚昧无知和居心叵测之人就会诬蔑我的所作所为残暴专横。

喀提林好像打断了别人的讲话，要求表决，以决定他是否应该离开罗马前往流放地。但西塞罗不能冒这个险。他问道，无人为喀提林的利益提出意见，这难道还不够吗？如果执政官问元老院，其他成员是否应当离开罗马，那会引起强烈抗议。我们无法确定喀提林是否答复过这篇演说。正如萨琉斯特所宣布的那样，喀提林指责说，西塞罗只不过是一个“侨居罗马的移民”；西塞罗自己和普鲁塔克都有这样的记载：喀提林一言未发，便离开了议事堂，甚至还离开了罗马。我们不能说这篇演说对这一结果产生多大的作用，但是，喀提林逃到了伊特鲁里亚，在那里他竖起了银鹰（马略曾以银鹰作为军旗的标志），以此捍卫共和国合法将军的全部威仪。根据普鲁塔克的记载，他有两万人。然而，他给罗马领导人留下了一些书信。信中称，为了国家的安宁，他甘愿流放。也许他想赢得时间和激起人们对西塞罗的憎恶，
哪怕只是暂时地出口恶气也好。但萨琉斯特复述了喀提林给卡图路斯 76
的书信原文。在这封信中，尽管有点儿暧昧，但他承认了这个事实。在这封信中，我们发现，在给地位相同的人写信时，这位罗马贵族的腔调是多么高傲和自私。

我受诽谤和攻击的影响，在国内得不到应有的地位和尊严，为了这样的地位和尊严，我辛勤工作，不懈努力。我承担了保护穷人和不幸者的责任……因为我发现，有些人不配拥有身居高位的荣誉，我感到自己难逃子虚乌有的怀疑。由于这种原因，我正在努力实现我的愿望，保住自己今后的地位，在这样的环境下，能做到这一点那也是很体面的。我本想多写一些，但我听说，有人正准备用暴力对付我，现在我

> 把我的妻子欧列丝提拉托付给您，相信您会保护她，我以您自己孩子的名义恳求您不要使她受到伤害。

第二天，西塞罗向人民大会通报了情况，要求大家保持平静。他把喀提林的逃离描绘成“精英们”的巨大胜利，他声称，罗马和整个意大利的一切都在掌控之中。他是这样描写喀提林在罗马的盟友的：“我看到他们或在广场上转来转去，或站在元老院议事堂的旁边，甚至进入元老院，头发油光水滑，长袍闪耀紫光。”西塞罗断言，喀提林的支持者由七部分人组成：不必还债的富人、正常情况下难以赢得权力的野心家、浪荡的花花公子、债务缠身的苏拉老兵，“假如苏拉死后复活了”（一种剥夺公民权的暗示），他们才能恢复元气；以及社会底层的潦倒者、彻头彻尾的罪犯和奴隶。这自然是一个怀有偏见的分析，但西塞罗试图说服那些与革命者毫无共同之处的城市平民。为了同样的原因，他重视大屠杀和纵火的预谋，说他自己之所以不受某些贵族的欢迎，是因为他竭力保护人民的利益。毫无疑问，他的这番表白收到了一定效果。

当喀提林出现在伊特鲁里亚的消息大白于天下之后，元老院宣布他和曼里乌斯为人民公敌，并警告他的追随者限期离开他（几乎没有反响）。两名执政官立即招募军队。安东尼乌斯前去进攻喀提林。对安东尼乌斯来说，打败喀提林似乎不会遇到太多的困难，与此同时，西塞罗仍驻守罗马城。尽管在第一篇《斥喀提林》的演说中西塞罗断言：关于喀提林出走的全部内幕将会立即大白于天下，但城里的形势
77 一如既往，没有多大变化。喀提林的追随者均由大法官科尔奈里乌斯·兰图路斯（Cornelius Lentulus）指挥。兰图路斯不仅行动迟缓，而且迷信，除此之外，根据他的名字和级别，以及他的堂堂仪表和夸夸其谈的口才，一眼便可以看出，他是一个不折不扣的傀儡。他收到一个神谕，大意是：科尔奈里贵族氏族的三个成员将统治罗马，声

称，继秦纳和苏拉之后，他将是该氏族的第三个成员。实际上，他曾是公元前71年的执政官，但监察官的改革将他逐出了元老院；后来，他成功地回到了元老院，毫无疑问，他考虑过自己的权利，但却不能觊觎原有的名望和影响力。另一个突出人物是又胖又蠢的卸任大法官卡西乌斯·隆吉努斯。像喀提林一样，他也是一个竞选公元前63年执政官的落败者。最后一个重要人物是暴躁的凯特古斯（当然，这些怀有敌意的刻画均出自西塞罗之手）。凯特古斯显然认为，他们的计划太拖拉。该计划要求，在12月底之前的农神节（Saturnalia）期间，他们将里应外合，同时夹攻罗马。罗马的城墙太陈旧，几乎不再具备防御功能（只有今日火车总站旁边的那段城墙还算坚固）。市民们疏于防范，尽情作乐，但暂时没有采取行动的迹象。许多市民仍然认为，西塞罗必将谴责城内的动荡和意大利的战乱。当选保民官麦特路斯·奈波斯就是这号人；一些权贵派已经明显放松了警惕，允许公开他们的平日争吵。大约就在此时，加图和塞尔维乌斯恪守自己的诺言，指控当选执政官穆雷那在选举中行贿。

很明显，穆雷那是有罪的。检举他的人是两个正气凛然之士：加图通过人格魅力和家庭关系已经取得了显著的优势，而苏尔皮奇乌斯则是西塞罗的一位朋友。指控被告所依据的法律正是西塞罗自己的法律。但穆雷那是一个身经百战的军人，如果新年一到喀提林仍然逍遥法外，他将是非常有用的人；由于保民官对选举拥有否决权，因而形势会变得很危险，1月1日将只有一名执政官。穆雷那也有一些很有势力的朋友，其中包括路库路斯。然而，西塞罗可能希望安抚他。尽管路库路斯有其他烦心之事，但他还是接受了辩护律师的聘请。

霍腾西乌斯和克拉苏也被聘请为辩护律师，他们首先发言。普鲁塔克告诉我们，西塞罗是那样急于胜过霍腾西乌斯（自从西塞罗担任执政官以来，霍腾西乌斯担心自己会黯然失色，决心东山再起），不 78
惜夜以继日地撰写演说稿。演讲时，他的样子显得很疲惫。这期间，他多次夜不能寐，据他自己说，他对危机的高度警惕性深感自豪，但在公开出版的演说词中，他却没有流露出疲惫不堪的表情。如果说《斥喀提林》的演词过于牵强附会和冗长的话，那么《为穆雷那辩护》一文则是西塞罗演词中的精品。这篇演说措辞十分精练，颇受人们的喜爱。他为自己的行动进行了辩解，但他的态度相当坦诚和文雅。他说检举人是一些理想主义者，品德高尚，但不切实际。相反，他把自己描绘成尊重事实的政治家（至少在加图看来，这是他的真实观点）。苏尔皮奇乌斯为何落选了？看来，贿赂可能不是唯一的答案。他的法律知识不如穆雷那的军事荣誉那样打动人心，同样也不如演说术那样感人肺腑和立竿见影。西塞罗嘲笑法律术语陈词滥调，为了捉弄百姓的朴素愿望不惜变换各种手法。后来，苏尔皮奇乌斯以不正当的手段从事选战：西塞罗告诉他应该做什么，但是，无论如何，选民根本无法预料。至于加图的斯多葛主义，那是多么不切实际和不可能实现的信条啊！相反，加图应该读一读柏拉图和亚里士多德，他们都倡导宽恕与和解。但斯多葛主义认为，聪明人永远不受小恩小惠的影响，永远不改变自己的主意，永远不宽恕别人，聪明人是永不犯错误的人；即使别人认为他丑陋、贫穷，像一个奴隶，然而只有他认为自己英俊、富有，像一名国王。在这位斯多葛派看来，所有的罪过都是同样严重的：扭断公鸡的脖子与扭断父亲的脖子性质相同，都是劣行（当然，这是一种冷嘲热讽的说法，如西塞罗后来所承认的那样："我是在不熟悉哲学的听众面前演讲；我不得不向普通民众承认某种东西。"）但随着年龄的增长加图变得日益成熟。实际上，直到这时，他依旧反复无常，当他竞选官职时，哪怕只有一名奴隶鼓励他，他也会装出熟悉民众的样子，同时显示自己是一个出类拔萃之人，而非等闲之辈。

据说，当西塞罗的演讲激起观众阵阵笑声时，有人向加图报告说，"我们有一个多么滑稽的执政官啊"，在这句拐弯抹角的话中也许有所暗示。但西塞罗是以严肃的语调收尾的，他说，加图目光短浅，国家需要穆雷那，而他却视而不见。来自喀提林的危险可能微乎其微，但特洛伊木马正在城墙之内，西塞罗必须夜以继日地关注共和国的安全。正如保民官加图自己行将发现的那样，1月1日必须有两名执政官。喀提林确实在为穆雷那的定罪进行祈祷。这篇演说还揭示了 79
西塞罗认同罗马体制的保守态度。对某些罗马人的鉴赏力来说，这些体制甚至带有负面影响的味道，尤其是森都里亚会议*和整个庇护制过于倚重富人；他说，作为维护我们利益的应有回报，让我们不要剥夺穷人服侍和照顾我们的权利吧！他们不能为我们辩护或做我们的保释人，也不能邀请我们去他们家做客，就像我们不能为他们做上述之事是一样的。

几天后，罗马城内的阴谋者犯了一个令人难以置信的错误，竟然给西塞罗提供了一个机会，为此他等待了很久；西塞罗评论道，“夜盗民宅从来没有这样明目张胆”。他们同高卢阿洛布罗吉人部落的使者联系上了，在罗马，这些使者正在寻求摆脱南高卢罗马总督的压榨，但是毫无结果；阴谋者要求他们派高卢精锐骑兵支持喀提林，同时在高卢行省举行暴动进行策应。阿洛布罗吉人不清楚该怎么办，最后把他们的苦衷告诉了自己的世袭保护人元老法比乌斯·桑伽。桑伽一五一十地向西塞罗汇报了。西塞罗让桑伽告诉使者继续与阴谋者谈判，务必设法弄到书面证据。结果，大法官兰图路斯、凯特古斯和其他人交给了使者们一些书信，沃图尔奇乌斯（Volturcius）为向导，带领他们去见喀提林。沃图尔奇乌斯手里有兰图路斯给喀提林的情报，据说，其中包括征集奴隶入伍的命令。迄今为止，喀提林一直拒绝采用这一措施。12月2日，西塞罗派两名大法官将武装人员（部分支持者的队伍来自萨宾地区的雷阿特，西塞罗是那里的保护人）隐

* 又称百人队会议或百人团会议。——译者

蔽在米尔维安桥的两端。该桥位于罗马城外，横跨台伯河，所有北行者都必须穿过这座大桥。在第三篇《斥喀提林》的演词中，就相继发生的事件，西塞罗向人民大会作了一个准确无误的报告。就在那天夜里，阿洛布罗吉人一行在桥上被捉个正着；他们手中的信件被截获。沃图尔奇乌斯和其他人于黎明前被带到西塞罗那里。首要阴谋分子被召到执政官的家里。他们来了（兰图路斯是最后一个），结果均被扣押。许多其他著名元老也来到西塞罗家里打探消息。他们仍然心存疑虑，要求西塞罗在召集元老院开会之前宣读这些信件。但西塞罗很清楚这些信件的内容是什么，他急于用元老院的权威从各个方面把自己包装起来。“我说过，在涉及国家安全的问题上，我不能剥夺国家议事会的权利，这是必须首先考虑的。”他召集元老院的成员到和谐神
80 庙开会。与此同时，根据阿洛布罗吉人的提示，一名大法官搜查了凯特古斯的家，发现了大量的武器。凯特古斯辩解说，此前他一直是一名精良武器的收藏家。

西塞罗亲自将兰图路斯带到神庙，在那里，众多元老业已匆忙召开了会议。尽管平时没有逐字逐句地做过会议记录，但应西塞罗的要求，四名元老记录了全部发言。沃图尔奇乌斯迅速服软，开始思考作案状况的证据。他揭发兰图路斯企图武装奴隶，一旦喀提林进攻罗马，他们就在城内到处纵火，同时杀死主要的权贵派。然后，几名高卢人也被带入神庙。他们供出了同兰图路斯、凯特古斯和其他人开会的情况。最后，当场出示了信件：写信者被迫承认了自己的印章。当信件的内容宣读完毕之后，信件的炮制者矢口否认犯罪事实；但这是徒劳的，结果他们一个接一个地承认了自己的罪过。一些现代学者认为，西塞罗不仅布置了一个内线，而且还设计了一个圈套。这种观点是站不住脚的。首先，直到生命的最后一刻，西塞罗都为这一年的业绩而自豪，正是由于他的努力，大量冤假错案才得以避免。无论如何，经过长时间的犹豫之后，元老院赶紧向西塞罗伸出援助之手。这

种支持是西塞罗求之不得的。元老院通过决议，感谢西塞罗，也感谢大法官和安东尼乌斯（因为安东尼乌斯放弃了同旧伙伴们的来往）；元老院决定，暂时私下羁押这些阴谋者，因为罗马的监狱设施不够完善。负责看管阴谋者的是一些元老，其中包括克拉苏和恺撒。兰图路斯服服帖帖地辞去了大法官职，从身上脱掉镶紫边的托迦。在此种情况下，虽然有过无视公职的行为，但没有随便革职的先例。元老院颁布命令，全国举行感恩祈祷。以前，除战争获胜的将军外，从未举行过这样的感恩祈祷。可能就在此次开会期间，卡图路斯称西塞罗为“国父”，另一名卸任执政官宣布，将槲叶环（Civic Crown）授予西塞罗。这种花冠是为挽救公民同胞的生命而颁发的最高军事奖。

在决议尚未记录在案之前，元老院立即宣布散会。西塞罗向广场上等候的人群进行了通报。他再一次强调，一切均在掌控之中，他能够对付大火蔓延、奴隶暴动和蛮族入侵的大量威胁。在居民拥挤的部分木结构城区，任何火灾都可能酿成大祸；许多店主和工匠将大量资金交给自己的一两个奴隶保管；一谈到高卢人，罗马人的情绪便会歇斯底里地发作，他们从未忘记三百年前高卢人洗劫罗马 81
城的情景。高卢人不同于凯尔特部族和日耳曼部族，罗马人没有把他们区别开来。四十年前，凯尔特人和日耳曼人两大部族打败过几支罗马军队，后来马略彻底击溃了他们。至迟从这时起，大多数城市平民坚决反对喀提林，西塞罗争取他们忠于自己的努力至少赢得了暂时的胜利。

向平民讲解宗教总是有益的，但踌躇满志的西塞罗可能感到，神明实际上已经同他在一起了。他说，神干预了他的执政官行动，神所显示出的许多迹象现在看来是正确的；就在押解阴谋者穿过广场的那一刻，一尊朱庇特塑像竖立起来，这是两年前执政官许的愿。这一切让人们看到了朱庇特神的帮助。在这场史无前例的伟大斗争中，执政官能够挽救公民的生命而没有流血，应当感谢的是朱庇特神，这与苏拉和马略的可怕年代成鲜明对比！西塞罗补充说，甚至连庞培的功劳也没有他的大。但西塞罗说，他所渴望的全部奖赏就是荣誉；听众们的心中充满了喜悦和感激之情，他把他们解散了，他本人则继续对犯罪分子保持警惕。

民众对这次演说怀有极大的热情。不太喜欢西塞罗的萨琉斯特向我们讲述了这一点。但他说，“这位执政官的心中充满了巨大的喜悦和焦虑”，这话确实是正确的。西塞罗请求保护，不要让他受到伤害，因为有些人总盼他得病。不管接近尾声的这段演说词是不是几年后添加的，但西塞罗肯定回顾了他在拉比里乌斯的审判中所做的承诺。当时，依据 10 月 21 日的“最后裁决”，他不知道自己是否有处死阴谋者的胆量。阴谋者的罪行是毋庸置疑的，公开审判将意味着延缓处决罪犯的刑期，甚至会引起暴乱，这是很危险的。但这件事牵涉了两名新贵族（*nobles*），实际上，他们是两名氏族贵族（*patricians*）。西塞罗总是吹嘘自己的宽大为怀。那天夜里，他是在一个朋友的家里度过的，因为在他自己的家里正在举行祭祀善神的仪式。这种仪式每年都在一名高级行政官的家里举行，男人不得参加。西塞罗同几位朋友讨论了形势，自己的兄弟也参与了这次讨论。有这样一个故事，是否可信，自可商榷。它似乎出自西塞罗论其执政官职的诗篇（他认为，这样的文学作品不需要严格的历史真实性）。该故事说，特兰提娅来到他们的身旁，她从维斯塔贞女那里带来了一则消息。在给善神献祭的
82 过程中，她们面前出现一个征兆：在异常肃穆的祭坛上，一团巨大的火焰腾空而起。这一征兆必将鼓舞西塞罗坚持自己的爱国主义路线。

翌日，也就是 12 月 4 日，为听取一条惊人的消息，元老院再次聚会。一名前往伊特鲁里亚的被捕犯人交代，马尔库斯·克拉苏曾派他催喀提林快点行动。这似乎是不可能的。我们知道，克拉苏早在六周前就给西塞罗提供了情报；总的说来，不管什么原因，元老院都拒绝相信这个荒诞的说法。根据萨琉斯特的记载，一种推测是，阴谋者

想把克拉苏牵扯进来，迫使克拉苏利用自己的巨大影响力拯救他们和他本人。萨琉斯特还说，他确实听到了克拉苏下面的评论：西塞罗为了使他难堪，故意设计了这个事件。但通常认为，西塞罗不会这么愚蠢（的确这是正确的看法）。西塞罗竭尽全力孤立阴谋者，不会牵扯其他人。就在本次开会期间，他不肯仅凭可疑的证据帮助卡图路斯和另一名卸任执政官把恺撒也牵扯进来。在某个时期，恺撒好像还给政府提供过有用的信息。但是，卡图路斯肯定没有原谅恺撒，因为后者从他手中窃取了大祭司长的职务。还有一些人认为，恺撒和克拉苏确实卷入了阴谋，对此西塞罗是知道的；这些人部分依据西塞罗后来撰写的历史回忆录断片；回忆录实话实说，比较坦率，其中明确谈到恺撒和克拉苏应对阴谋负责，因为他们长期支持喀提林，所以就某种意义上说，他们两人是难辞其咎的。

就在元老开会之时，传来了消息：有人试图释放兰图路斯和凯特古斯；他们的获释奴和依附民正在试图说服民众动用武力。西塞罗派兵把守卡皮托山和广场，号召所有能拿起武器的公民发誓，在必要的时候挺身而出，为国献力。他后来说，财务官的助手太少了，难以把自告奋勇者的名字全部记录下来。首先，所有的骑士纷纷拿起武器，向卡皮托集结，阿提库斯也夹在他们之中，不断激励他们前往卡皮托。

现在，如何处置阴谋者成了当务之急。12月5日，即12月的Nones日*，元老院在卫兵严密的警戒下再次开会。克拉苏好像没有出席；恺撒像平时一样，面无惧色地坐在席位上。我们不清楚这次著名会议议程的全部细节。此外，我们有已发表的西塞罗演说词以及恺撒与加图的演说词，萨琉斯特对恺撒与加图的演说词进行了解释。他的解释非常简要，但似乎并非完全不可靠。既然西塞罗已经安排了速

* 拉丁文 Nonae，为3，5，7，10月的7日，其他各月的5日。——译者

83 记员进行过整理，那萨琉斯特和后来的历史学家们进行继续加工就不乏绝好的材料。但是，在重新整理演说词时，编纂历史的修辞传统允许有很大灵活性。为了突出恺撒和加图的差异，萨琉斯特简化了他们两人之间的辩论，他对是否符合宪法的细节不感兴趣；后来的历史学家在不同的细节上各执一词。真正的困难在于，我们无法确定，在什么情况下动过各种手脚。

西塞罗成了罗马城内唯一的执政官，他必须主持元老院会议，并将议题提交给元老院。虽然长期以来元老院的建议具有约束力，但在理论上，元老院是执政官的顾问机构。西塞罗首先邀请当选执政官西拉努斯发言。西拉努斯宣布，五名在押犯和另外四名仍旧逍遥法外的罪犯应当处以“极刑”，这种所谓的“极刑”也可以理解为死刑。另一名当选执政官穆雷那和所有 14 名卸任执政官当时都表示同意。然后，当选大法官恺撒发表了意见。根据萨琉斯特的说法，恺撒恳请元老院要冷静判断。这样的建议在特点上似乎是无懈可击的。他同意对犯人不能太残酷，他坚持，不经审判就处死他们，将会开创一个极其可怕的先例。“尽管我同马尔库斯·图里乌斯一道对这一点没有担忧过”，恺撒说，在另一个场合，有人可能会鼓动另一名执政官采取残暴手段。此外，这样做会引起骚乱。法律允许用流放的方法代替死刑，这是很英明的。将罪犯的财产全部充公，将他们羁押在设防坚固的意大利城堡。（“虽说外国的王子和人质曾被这样羁押过，但这是一种新的惩罚形式”！）试图释放他们的任何人都将受到严厉处罚，凡向元老院或人民大会建议释放罪犯者，均以叛国罪论处。这样的惩罚不会比死刑更糟糕吧？

这是一篇既机智又勇敢的演说。通过此番发言，恺撒使自己与阴谋者完全划清了界限。尽管形式相当诡秘，但他敢于坚持自己所认同的民众派原则。这个建议如果成功了，就会使元老院犹豫不决，若不及时释放犯人，那就不可能有安全感。这席话起了作用。大概就在这时，一名卸任大法官提议说，总有一天会打败喀提林，到那时再做决定。元老们提出了各种各样的主张。见此情形，西塞罗发现，现在似乎必须站出来干预了。他要求在西拉努斯和恺撒的提议之间立即做出选择。如果元老们宣布支持死刑的话，他请求他们不要担心他本人的处境；在他的执政官任内，他一直处在危险之中。实际上，这大概不 84
仅仅是元老院焦虑之事，而且也令元老院担心，在此关键时刻，西塞罗的自负使他不能自拔。西塞罗说，他准备支持死刑的决定，甚至更看好这种决定，[①] 同时，他准备依靠各个阶级的团结，如今这种团结已经实现了。他坚信，元老院会支持一个人，这个人的排位理应在过去的伟大英雄之上，甚至在马略和庞培之上。但是，如果恺撒的建议获得了多数票，不管有多难，他也会照办的。西拉努斯的态度发生了一百八十度大转弯，他说，处以"极刑"指的是坐牢。大概除了卡图路斯之外，包括昆图斯·西塞罗在内的与会者都支持他，如普鲁塔克所说，他们的这样表态至少有减轻西塞罗的责任和危险之意（轮到当选保民官和加图发表意见后，辩论的风向才发生改变）。根据普鲁塔克所说，加图毫不客气地责备了自己的姐夫西拉努斯，因为他改变了自己的主张。加图还狠狠地攻击了恺撒（称赞他们俩的萨琉斯特对此只字未提）：恺撒很幸运，自己没有陷入险境。具有讽刺意味的是，他的建议对元老院产生了影响。根据萨琉斯特的说法，加图继续说，在罗马之外关押犯人是不安全的。怜悯根本无济于事；元老院必须恢复自己的理智，并通过一项旗帜鲜明的决议，这样做必将在喀提林的军队中产生影响。眼下，一些贵族出身的人已经计划烧毁罗马了，他们还向高卢人求援，喀提林正在发动战争，可是元老们仍在犹豫不决。但是，有的阴谋者已经自首了。就像当场被捕的罪犯一样，他们

---

① 在已发表的第四篇《斥喀提林》版本中，死刑的决定被表述得很清楚。普鲁塔克说，这一决定在元老院中并不明朗；但在下面援引的致阿提库斯书信中，西塞罗坚持说，这一决定是明确的。一些人认为西塞罗的演说是在辩论的结尾。如果是这样的话，这篇演说肯定涉及了加图，因为最后付诸表决的是加图的提议，而不是西拉努斯的提议。在其他方面，另一些学者对这场辩论进行了不同的处理。

必须死，在这种情况下，祖先的传统也是这样要求的。元老院议事堂响起了一阵掌声，看来，加图已经扭转了辩论的整个进程。一名如此年轻之人会有如此大的影响力，实属罕见。

恺撒和加图之间的一段插曲也被记载下来了。普鲁塔克说，在会议进行过程中，有人递给恺撒一封信。于是，加图指责恺撒与阴谋者互通情报，向他叫号，让他高声读出信的内容。恺撒把这封短信甩到加图的手里。原来，这是加图的姐姐塞尔维里娅写给恺撒的一封情书。加图一怒之下把短信抛到一旁。

85 最后，西塞罗就加图的动议提交表决。他解释说，为什么公元前45年在致阿提库斯的一封信中他抱怨了布鲁图，因为布鲁图在其回忆舅舅加图的论文中进行了解释。

> 布鲁图忽视了这一点，实在令人感到吃惊；他认为，加图是第一个建议死刑的人。在恺撒发言之前，所有的人都拥护加图的建议……当时，为什么先就加图的动议进行表决呢？因为他的动议声情并茂，内含同样的意思。然后，布鲁图称赞了我，说我把死刑问题提交给了元老院——既不是称赞我揭露了阴谋，也不是称赞我规劝了元老院，更不是称赞我在征求元老院的意见之前亲自做出了决定！这是因为，加图不仅向苍天称赞过这一主张，而且还提议，把他提出的且已通过的动议正式记录下来。

支持死刑的动议占了绝对的上风。

可是，恺撒竟敢争辩说，此案不应当没收阴谋者的财产。他的这个建议引起了与会者的喝倒彩，因为这个建议似乎在暗示，虽然他的第一个建议要求严惩阴谋者，但是并不严厉。恺撒恳求保民官出面保护他的安全，结果是徒劳的。会场外面的骑士准备将其处以私刑，西塞罗只好亲自护送他走出神庙。[1] 然而，西塞罗亲自负责犯人的财产，他们的财产没有受到伤害。

虽然普鲁塔克的描述经过了加工，带有浓厚的修辞色彩，但是要想研究那个时期的其他事件，我们必须向他求教。西塞罗发布命令，要做好立即处决所有罪犯的一切准备。西塞罗亲自负责押解兰图路斯，将他从被监禁的帕拉丁家中带走，四名大法官负责押解其他罪犯。一些主要元老和武装卫队伴随他们穿过广场，围观的人群静静地注视着他们。犯人们一个接一个地走进图里阿努姆的地下室，这里是卡皮托山下的古罗马监狱。刽子手们将他们的脖子一一砍断。行刑完毕后，执政官对着广场上的人群大声宣布："*Vixere*"（"活尽了"），换句话说，"他们的生命结束了"，当时广场上仍有一些心存侥幸的营救者。那是一个夜晚，西塞罗在国家的首要人物和一群其他追随者的陪伴下回到家中。往常城市街道黑得伸手不见五指，可是当天夜里，却灯火通明，成群的妇女从屋顶上向他挥手致意，民众向他欢呼，称他为国家的大救星。

也许我们应该记住，一旦我们的史料在真实性上进行篡改和添枝 86
加叶，那么这些史料必然充满修辞色彩，这时事件中的所有参与者都受到了同样的整肃和政治传统的塑造，第二天性使他们陷入装腔作势。这便是那个时期的历史之所以激动人心的一个原因。像以往上演的任何戏剧那样，西塞罗担任执政官的最后一幕就颇具戏剧性。12月10日，包括麦特路斯·奈波斯和加图在内的新当选保民官走马上任了。公元前63年的最后一天，西塞罗来到了人民大会，一是为了宣布一名卸任高级行政官的例行誓言，证明自己没有违背法律；二是作为人民大会选举出来的执政官做最后的告别。奈波斯拒绝批准西塞罗做任何事情，只许他进行空泛的宣誓，理由是，不应当允许一名未

---

① 据萨琉斯特说，这件事更像发生在12月4日。此后，直到年底恺撒都没有出席元老院会议。

经审判处死公民的人向人民大会发表演说。但是，与会者沉默片刻之后，开始听西塞罗宣誓。这不是一般的套话，而是郑重地宣告：他挽救了国家，维护了国家的无上权威。那名保民官对西塞罗的讲话非常气愤，而人民大会则以热烈的掌声向他表示衷心谢意。

正如萨琉斯特所报告的那样，在伊特鲁里亚，喀提林为了避免战斗率军前往亚平宁。在那里，他希望听到来自罗马的胜利消息；他仍旧拒绝征集奴隶当兵。当阴谋者被处死的不幸消息传来后，他的许多士兵开了小差；他决定带领其余的人逃往高卢。然而，政府军抢先一步阻止了他的行动。新年伊始，喀提林南北受敌，终于被群山和政府军团团包围。在皮斯托里亚（今皮斯托亚）附近，他把所有的赌注都押在了同安东尼乌斯的激战上了。他的对手和昔日的合作者借口痛风，把指挥权交给了自己的副官。这名副官是一个经验丰富的军人。喀提林把他的少量精锐部队布置在峡谷对面的前沿。他放走了自己的战马，自己挺立在马略鹰旗的旁边。这是一场残酷的白刃战。喀提林奋力厮杀，“立即履行一名勇敢士兵和一名优秀指挥官的职责”。但结果是毋庸置疑的。萨琉斯特宣布说，叛军就地被杀，没有一个自由人被生擒。他们的首领见大势已去，“出于对自己身世和此前立场的忠贞”，奋力冲向敌人最密集的地方。后来，喀提林的尸体在政府军阵线以内的较远处被发现了。“他的面容依然流露出一副恶狠狠的样子，这种表情是他一生的主要标志。”

萨琉斯特向我们报道的就是这样；他是否有过好的报道？他是否
87 仅仅认为这就是不顾后果的阴谋者应该怎样死亡或者必须死亡？最后，喀提林终于消失在修辞学的雾霾之中，再也没有展露他的真面目。

*　　　　　　　　*

注：审判拉比里乌斯

我对这次审判的重新审视有别于目前大多数人通常认可的观点，

他们依据的是蒙森（Mommsen）和格尔泽尔（Gelzer）两大权威。后者认为，由于不服两人团（*Duoviri*）的判决，举行了一次人民大会的审判。在表决之前，降旗之事的发生打断了这次审判；后来又举行另一次审判，仅以罚金作为惩罚的手段，这次审判是在广场上举行的，由拉比恩努斯主持（因为保民官不能主持森都里亚会议）。在这次会上，西塞罗发表了我们所掌握的那篇演说。这篇演说表明，当时没有钉死在十字架上的危险。

但是，在这次演说中，西塞罗似乎不可能完全忽视第一次审判。当摆出所有的证据之后，这种以假设为依据的审判只能不攻自破；实际上，因为明显的政治原因，西塞罗肯定会在审判中担任辩护律师，但我们掌握的那篇演说一开头便指出，这是他第一次出面为拉比里乌斯辩护（公元前 60 年，西塞罗把自己担任执政官期间发表的演说列了一个表，他只提到一次为拉比里乌斯辩护的演说）。因此，我推测，在这次审判开始之前，西塞罗和元老院宣布了第一次审判无效；也许这样处理西塞罗的演说更加合理，而不是假定他和元老院仅仅改变了残酷的刑罚，或者仅仅阻止逮捕拉比里乌斯并给他指出一条流放之路。

但在马尔斯原野的森都里亚会议上，面对红旗飘扬的场面，肯定举行过一次表决。因此，我猜想，有过对叛逆（*perduellio*）的第二次审判（第一次审判实际上发生了）。在这种情况下，审判是按比较正规的程序进行的（西塞罗提到了以罚款作为惩罚手段的审判，但我们尚不清楚这次审判是不是他正在发表演说的那次审判。他似乎在暗示，拉比里乌斯仍处在流放的危险之中，可是蒙森和格尔泽尔认为，西塞罗的话被夸大了，这里有令人误入迷途之虞）。我的重新审视有符合狄奥说法之长处。诚然，作为证据有点儿不太充分，不过，狄奥直截了当地说，拉比恩努斯在降旗之后没再接管这个案件。按照蒙森和格尔泽尔的看法，他不得不接管这个案件。我的看法更接近赖斯·

霍尔梅斯（Rice Holmes）、哈迪（Hardy）和琼斯（A. H. M. Jones）的看法；泰勒（L. R. Taylor）则坚决认为，拉比恩努斯主持了这次审判，一名大法官主持了这次表决。

有点类似的是，政治形势使下面的情况变得更加可能，即民众派就元老院的“最后裁决”提出了严重警告，而非仅仅认为，在拉比里乌斯行动的特殊环境中，元老院的“最后裁决”被滥用了（拉比里乌斯不是高级行政官，萨图宁得到过安全的保证，他照旧是一名保民官）。西塞罗不像拉比里乌斯，他的行动是以高级行政官的身份出现
88 的，他有元老院的全力支持。他知道，他所做的一切还是有争议的。确实，在12月5日的元老院会议上，恺撒好像已经承认了判处阴谋者死刑是无可非议的；但是，如果他不这样做，那他定会被处以私刑，可以肯定，他的温和态度使他的言论不会对辩论产生影响。在关于这场内战的记述中，恺撒承认，人们可能正确地利用了元老院的“最后裁决”。但是，多年之后，他试图把自己推荐给政治上持正统观念的（*bien pensant*）读者。

元老院的“最后裁决”真正意味着什么，这是有争议的。有人认为，“最后裁决”酿成了战争状态，同时也赋予了执政官更加广泛的权力（蒙森持此说）；另有人认为，“最后裁决”只是一种建议，不可能引起法律上的分歧。实际上，这两种看法的区别并不特别明显。元老院的建议是正式的建议，理应具有约束力，对于一名执政官来说，在采取重大行动时，如果没有元老院的支持，他就会六神无主，无所适从。（因此，西塞罗不可能在12月份只依据六周前颁布的元老院的“最后裁决”采取行动，因为除了喀提林和曼里乌斯之外，这个“最后裁决”没有点出任何其他人的名字。）

第六章　庞培返回罗马（公元前62—前60年）

从严格的政治意义上说，迄今为止，西塞罗的整个一生都是非常成功的。不过，从此往后，则是失败的了。这一点并非一开始就那么明朗。自从不再担任执政官之日起，他就成为资格较老的政治家和国家首脑（*principes civitatis*）之一员，具有极大的影响力，尤其在元老院中的影响力更是首屈一指。在这种情况下，他觉得，无论在哪方面他都应当与大贵族平起平坐，甚至高于他们。事实也的确如此。公元前62年，执政官正式邀请他在元老院的辩论中第一个发言。根据他的抱怨判断，下一年，他的发言次序仅排第二，可是仍先于卡图路斯和霍腾西乌斯。

起初，正如庞培派的新任保民官奈波斯与大法官恺撒的合作所表明的那样，旧的政治联盟依旧存在。不久，1月1日，恺撒谴责卡图路斯挪用拨给他修复卡皮托朱庇特神庙的资金。当时，卡图路斯是这个工程的监工。朱庇特神庙是几年前被大火焚毁的。恺撒建议，把庞培的名字铸在神庙上，他本人则坚持不铸自己的名字。起初，奈波斯打算让庞培返回罗马再次竞选执政官。看来，他的建议已经赢得了元老院的批准，也就是说，在庞培不在罗马的情况下和法定的十年间隔期结束前，允许他当选执政官；但是，由于站在自己一边的恺撒和讲坛周围的奴隶与角斗士的支持，奈波斯提议，现在应立即召回庞培以对付喀提林。在接下来的混乱中，加图和另一名保民官试图动用否决权，结果遭到粗暴的对待。元老院立即发布“最后裁决”，暂时解除恺撒和奈波斯的职务。奈波斯启程前往东方。大概就在消息从伊特鲁里亚传到那里之后，他宣称，庞培将会报复侮辱保民官的行为。可是，恺撒则接受了被免职的现实，不过，他平息了一场拥护他自己引起的骚乱，不久便官复原职；接下来，开始审判次要的阴谋者，有人企图把恺撒牵扯进来。于是，恺撒使出浑身解数以抵制这些企图。在这场政治风波中，西塞罗证明恺撒是无辜的。所有的审判都以定罪而
90 告终，只有独裁官的侄子普布里乌斯·苏拉的案件除外。此人得到了显赫贵族们支持，西塞罗也亲自为之辩护。在另一些审判中，西塞罗提供的确凿证据自然发挥了决定性的作用。

然而，也许没有人认识到这一点，甚至在西塞罗的执政官任期届满之前，主动权就已经不在他的手里了，在某种程度上已经落入加图的手中。例如，加图通过增加有资格获得廉价谷物的人数确保了人民的拥护——这也是所有的权贵派都想提出的唯一改革方案。但加图是庞培的死对头。对西塞罗来说，如果权贵派不愿意接受他的话，那他在庞培和恺撒及其他民众派之间进行挑拨则是无济于事的。确实，那年春天，元老院通过了一项允许庞培举行感恩祈祷的新决议（部分根据西塞罗的建议）并推迟选举日期，以便让庞培的副手普皮乌斯·皮索（M. Pupius Piso）能够竞选执政官。但是，除非庞培本人返回罗马，他们是不会推迟选举的；元老院还把举行凯旋式的殊荣授予了（庞培的）一名对手，这显然是对庞培的公开侮辱。西塞罗格外关注与庞培结盟的问题，就某种意义上说，这是一个次要问题，但不管怎么说，这确实相当重要。西塞罗还意识到另一个更加基本的问题，也就是整合各个阶级的问题。但他似乎没有意识到，只有在紧急情况下，雄辩术才能把各式各样的利益集团整合起来。只有权贵派中的另一些人意识到，此时此刻，西塞罗力图鼓动影响深远的改革。后来，他确实说过，镇压阴谋之后，可以很容易地偿还全部债务——毫无疑问，他对这样一个重大问题有些自鸣得意；如果他说的话是真的，那

可能归于庞培的胜利所建立起来的信誉。

西塞罗的个人影响也受到了威胁。来自民众派（例如奈波斯）的攻击是可以预料的；但在审判普布里乌斯·苏拉时，西塞罗不得不抵制一名权贵派年轻指控者的个人攻击。这名指控者称西塞罗在罗马为所欲为，把他本人比作“外来的暴君”，并进一步指控他为了归罪某人或无罪释放他所喜欢的人，竟然篡改阿洛布罗吉人提供的证词，伪造官方报告。面对这种攻击，西塞罗在法庭上不惜花费大量时间；但是，在接下来的几年中，他总想在显赫的贵族中拉关系，这是他力不从心的先兆。

就某种程度而言，这无疑是西塞罗自己的缺陷。然而，尽管他以自我为中心，但对其虚荣心的指责并非完全正确，因为有时他能够嘲笑自己，他在心情沮丧时的自我责备与在得意扬扬时的自我欣赏都有些过分，但他对其他人的评价经常是宽容大度的。在整个执政官任职 91
期间和离任之后，虽然他偶尔也有自责，但总是情不自禁地夸耀自己的业绩；甚至按照罗马人高度珍视荣誉的标准，他渴望别人的赞美也是贪得无厌的——说到底，这种潜在的不安全感也许植根于他的出身和性格。但是，有两件事必须牢记：第一，在罗马，尊严（*dignitas*）、地位和官职直接依靠一个人的业绩或祖先的荣耀，依靠公众对这一切的认可；因此，特别是“新人”，往往喜欢吹嘘自己的行动，可是，像恺撒那样的贵族也可能写一些辩护性的回忆录，像庞培那样的贵族则让文人为他们详述自己的功绩。除此之外，就是西塞罗的某些报道者目空一切的假设了。他们出身高贵，每一个人都知道自己祖先的美德。当然，这些“新人”的言辞可能引起上述贵族的反感；特别是西塞罗对罗马传统充满了热情，而就其要求与古代的英雄平起平坐来说，那些英雄的后代似乎无法忍受一个出身于阿尔皮努姆的人。第二，必须牢记的是，一个真实的前景依稀可见，尤其是公元前61年之后，关于处死阴谋者的问题再次浮出水面；如果此时的西塞罗用希腊文和拉丁文、散文和诗歌大量宣传自己的目的和业绩，那至少是可以理解的。

但是，我们发现，他在其他方面也与一般贵族相去甚远：知识分子的宽泛兴趣，缺乏军事经验，反复无常的脾气秉性，特别是他的聪明才智在一个罗马人的身上是不寻常的，而且有点儿令人难以置信。这种鹤立鸡群的特点往往令人感到反感。西塞罗总是管不住自己的舌头；许多人可能都有同感：他缺乏一个国家领导人固有的稳健(*gravitas*)。

公元前62年需要机智与和解，自我欣赏没有完全冲昏他的头脑。麦特路斯·凯勒尔寄来一封充满亲朋自豪感的便笺，责备西塞罗和元老院忽视他的存在并贸然反对他的兄弟奈波斯。西塞罗写了回信，进行了毅然决然但彬彬有礼的自我表白，甚至嘲笑自己希望得到别人的恭维。他承认，有一次，元老院也嘲笑过他的这种想法。他还为没有得到庞培的祝贺大失所望。那年的年初，他寄出一封论自己执政官职
92 的厚重长信，"简直像一本书"（根据后来一位评论家的说法，这封信"有点儿傲慢"）。这似乎是一封公开信；至少苏拉的指控者引用过它。这封信失传了，但我们有一封他给庞培回信的简短答复。很明显，他认为，庞培的回信很冷淡。也许，庞培依然把那些不寻常的信公开了，很可能不喜欢西塞罗试图向他许诺的方式。在第二封信中，西塞罗表达了这样的愿望：庞培返回后，他们会成为亲密的合作者；他说，他希望借用昔日的莱里乌斯跟西庇阿的关系，这里所说的莱里乌斯是伟大的战士西庇阿·埃米里亚努斯的挚友和尊贵的顾问。西塞罗还挖苦"那些新朋友和旧敌人"，所谓新友和旧敌指的是克拉苏和恺撒，同时暗示他们俩是不可信赖的。除了致阿提库斯的书信幸存外，这些信件是他写给通信者们的最初书信。

除了为苏拉辩护的演说外，这一年唯一保存下来的西塞罗演说是为昔日的老师、诗人阿尔奇亚斯的利益而发表的演说。阿尔奇亚斯作

为罗马公民的地位曾遭到攻击。西塞罗希望阿尔奇亚斯写一首诗，评说他担任执政官的功过。他还想帮助阿尔奇亚斯的保护人路库路斯；西塞罗用这篇演说表达自己对诗人的感激之情和赞美文学的乐趣。到了该年年底，西塞罗在拉丁姆和坎帕尼亚购置了好几处乡村地产，他又从克拉苏手中买下了一处豪宅。这座豪宅坐落在帕拉丁山上，从那里可以俯瞰广场和大半个罗马城。与同时代人的奢华豪宅相比，这座豪宅要便宜得多，但在某种程度上，它像一座宫殿。关于这座宫殿式豪宅，他做了如下的描绘：它是“用大理石建成的，象牙和黄金熠熠生辉，塑像和绘画琳琅满目，饰有图案的金银餐具和科林斯的青铜器皿一应俱全”。这座豪宅使他陷入了沉重的债务深渊，就像他满不在乎地给一位朋友写信所说的那样，就算他准备参加任何正在进行的阴谋，也没人会接纳他；然而，他继续写道，他最近的活动也产生了另一个后果，那就是，贷款者认为他是一个很不错的风险承担者。

然而，他的豪宅不可能消除嫉妒。资助豪宅的一项贷款来自普布里乌斯·苏拉。也就是说，西塞罗为保护阴谋分子不惜收受钱财。如果有这样的事实，那么出现难听的解释是可以理解的（实际上，似乎很难找到反对苏拉的有力证据）。安东尼乌斯是他过去的同僚，在他的身上西塞罗也遇到了麻烦。那时，安东尼乌斯在马其顿行省胡作非为。看来，另一笔贷款是值得怀疑的。西塞罗听说（“我不敢说，‘有 93
人向我通报过’”），在这个行省，有人到处散布安东尼乌斯进行勒索是为了西塞罗的利益。在罗马，对这类资金的支持予以回报是屡见不鲜的（在道义上，西塞罗非常感谢苏拉和安东尼乌斯）；但在上面的两种情况下，西塞罗接受金钱资助是愚蠢的。然而，下一年，他报告说，一名贵族出身的新任执政官也用朋友的贷款买了一处房产（双方达成一项肮脏的交易），他还说，现在人们很少批评他本人的行动。

公元前 62 年底，罗马城内的表面平静结束了；阿提库斯离开了罗马，渡过亚得里亚海前往伊庇鲁斯的自家大地产。从那时起，我们对事件的了解还是比较多的。不幸的是，西塞罗很难找到这样的信使，“他们不会凭目测低估写有各种内容信件的重量”，因此，经常省略或干脆不提有关的重大问题。除政治问题外，他的书信充满了财政事务、文学和其他主题的细节。看得出，阿提库斯已经开始在财政方面援助西塞罗了。很显然，阿提库斯在罗马出现的最后几年，加强了他们两人业已存在的友谊。

大约就在这时，这些书信公开了庞培在意大利登陆的消息。庞培解散了自己的军队，因为当时不可能找到干涉的借口。他还遗弃了自己的妻子，因为她是凯勒尔和奈波斯的同父异母妹妹。此外，人们认为，恺撒好像是她的勾引者。离婚是一种政治行为，是他与近期民众派的合作伙伴分手的表现。西塞罗写道：“人们对穆奇娅的离婚赞不绝口。”庞培通常用新婚表明自己政策的变化，与穆奇娅的结合已是他的第三次婚姻了。根据普鲁塔克的说法，此时或者晚些时候，他用自己的侄女向加图本人请求结盟。但是，加图拒绝了他的请求，并在元老院阻挠批准庞培的其他要求。庞培甚至无法说服自己赢得西塞罗的热情。“就像你所说的，当他发现自己不敢批评我的时候，他便开始赞扬我……他假装尊重我，向我套近乎，用话赞扬我，但背地里却不难发现，他是一个嫉妒心很强的人，没有谦恭、没有坦率、没有政治上的高尚、没有诚恳、没有勇气和雅量可言。”这是西塞罗对庞培的许多虚情假意的第一次抱怨。

与此同时，罗马被一桩惊人的丑闻轰动了。“我想你已经听说了，阿皮乌斯的儿子普布里乌斯·克劳丢斯打扮成一个女人参加国家的祭
94 祀活动，在恺撒家里被抓，多亏一个女奴的保护，他才得以逃生；一件多么大的丑闻啊！我相信你一定觉得可悲。”人们猜测，克劳丢斯出现在那里的目的是想与恺撒的妻子幽会；这次献祭是女人们单独公祭善神（*Good Goddess*），正如我们所看到的，去年在西塞罗的家里也举行过这种仪式。这次祭祀活动是在大法官恺撒的家里举行的；恺

撤还是大祭司长，这样的事实只能使情况变得更糟。这个桃色事件具有政治影响，因为即将出任财务官的年轻人克劳丢斯给自己树立了敌人，特别是他的姐夫路库路斯。他已经有点儿像蛊惑性的政客了。尽管他的名字采用了颇受欢迎的变化形式，但他确实属于罗马显赫家族的一名成员。这个家族也就是克劳狄（Claudii）贵族氏族的一个旁支。自从共和国建立以来，克劳狄氏族的每一代都有人出任执政官——这是一个具有个人英雄主义传统的高傲家族（就我们所知，家族传统对罗马贵族是十分重要的），在说希腊语的东方，这个家族拥有广泛的庇护关系。许多故事谈论过克劳狄氏族，特别是这个旁支克劳狄·普尔克里（Claudii Pulchri）家族；有一个关于普尔克尔（Pulcher）的故事：一次海战之前，祭神的鸡未能显示吉兆，普尔克尔在喂鸡的玉米旁边将鸡喙向上翻。据说，他一边往海里扔鸡，一边说道："如果你们不吃，那就去喝吧。"后来，又有一个关于克劳狄乌斯·普尔克尔（Claudius Pulcher）的故事：有一次，元老院不允许他举行凯旋式，他就自行举办。他让自己的女儿，一名神圣不可侵犯的维斯塔贞女与他同坐一辆战车，以阻止暴力干涉。就像同名的其他人一样，这个人是一名身材魁梧和雄心勃勃的政治家，如后来的历史学家所认为的那样，不管是反动的路线，还是蛊惑人心的路线，他的政策决不局限于单一的路线。

在目前的这一代中，克劳狄·普尔克里家族是由三兄弟和三姊妹组成的家庭为代表的（对罗马上层阶级来说，这个家庭之大是不寻常的）。所有兄弟姊妹的名声是可疑的。他们如胶似漆地混在一起，人们甚至经常谴责最年轻的弟弟普布里乌斯·克劳丢斯乱伦，说他同自己的一个或多个姊妹有不正当的关系。人们常说，这样的谴责告诉我们的是有关罗马政治辩论标准的更多知识，而不是他们的国民道德（西塞罗也会遭到与图里娅乱伦的谴责）。但在这种情况下，流言特别能够蛊惑人心，因为有些流言出自知名度很高的人，特别是路库路斯

（见于誓言的说明），他同最年轻的克劳狄娅结了婚，后来又同她离了
95 婚。第二个姊妹是麦特路斯·凯勒尔的妻子，她也是有罪之人，至少西塞罗是这样说的。她与莱斯比娅（Lesbia）通常被证明是同一个女人。诗人卡图路斯向那个女子求爱借助的名字就是莱斯比娅。她的淫乱给这位诗人带来了很多苦恼。长兄即家长，像自己的父亲和无数的先辈一样，继承了不寻常的阿皮乌斯之名，他不得不带领兄弟姊妹度过贫寒的童年时期。他贪得无厌，根本不知廉耻。他是一名艺术品的大收藏家，极端迷信，号称罗马民间和宗教传统的知识里手。西塞罗同他的关系不是死对头的关系，这与西塞罗同他的小弟弟之间不久发生的关系大不一样。

权贵派高度重视善神（Bona Dea）事件。恺撒和克劳丢斯两人会威信扫地吗？具有某种民众派倾向的执政官普皮乌斯·皮索的反应怎样呢？他是克劳丢斯的一个朋友，他与自己的同僚之间已经出现了意见分歧。庞培将持怎样的态度呢？这个事件牵扯了维斯塔贞女和祭司团，他们裁定，这是一种渎神行为。一些权贵派反复施压，要求审判渎神者。

西塞罗说，他以严肃的态度开始了审判，似乎采取了高标准的道德政策对待年青一代的堕落和不负责任。但是，西塞罗发现，克劳丢斯对一些贵族有那么大的影响力，而且正在训练一群暴徒。于是，他开始担心，这个事件可能引起灾难性的后果，因为“精英们”为了尝试他们在处理这个问题上的能力，做出了轻率的选择；因而，他暂时打了退堂鼓。结果，恺撒宣布与妻子离婚。通过这样的办法巧妙地避开了攻击，但他不承认妻子有罪（“恺撒的妻子不应受到怀疑”）；因此，绝不会有人说他宽恕渎神罪，反之，他却可以同克劳丢斯继续保持良好关系。不排除这样的可能性：恺撒已经把克劳丢斯视为自己的政治盟友了。至于庞培，恺撒发表了第一篇论庞培回归的演说。这篇演说没有使任何人感到满意，因为态度十分暧昧：“它是一场霜。”但

现在，在一名保民官的质问下，恺撒以十足的贵族气派落落大方地宣
布反对克劳丢斯并支持元老院的立场，因此，他疏远了自己的朋友执
政官普皮乌斯·皮索。他还在元老院发言，全面赞扬元老院的最近政
策。他坐下来对西塞罗说，他认为，论庞培回归的主题说得够多的
了。我们可以想象西塞罗摇头晃脑满脸愠怒的样子，我们也可以想象
庞培受到伤害时的表情，好像没有哪位罗马人对庞培的海外巨大成就
有一丁半点儿的兴趣。最后，克拉苏站起身来，他把西塞罗捧上了
天。他想向元老院指出，庞培只是元老院和西塞罗的冷淡支持者，其 96
目的是阻止他们之间结成危险的同盟。

> 简言之，他（克拉苏）的演说扩展了我在演说中习惯描述的主题，你是这个主题的非常值得尊敬的批评家——像火一样炙热，像剑一样锋利——你知道我的主色调，它给人的印象非常深刻。庞培坐在我的身旁，我发现，他不是对克拉苏恼火（因为克拉苏赢得了可能拥有的声誉），就是对我的过大功绩而恼火，因为元老院喜欢听到这些功绩受到赞扬。此外，把演说的整个主题归功于我这个小人物的人也使他恼火，因为在我的全部作品中，无论我何时称赞庞培，都要由他付费。今天拉近了我与克拉苏的距离；但是，不管庞培公开还是秘密地赏赐我什么，我都喜欢接受。至于我本身，万能的神明啊，我怎能在新听众庞培面前卖弄自己呢！如果我曾经运用过反复推敲的掉尾句、韵律和各种各样的论据，那么此时此刻我也会按照自己的需要运用它们。总之，我赢得了全场的喝彩，因为这篇演说是主旋律，涉及元老院的尊严、意大利的统一、阴谋的残余、谷物的价格和国内的和平。你知道，关于这些主题我会怎样大声疾呼的；至于铿锵而又圆润的声调是多么的高亢，我就不必多说了，你在那边

（伊庇鲁斯）肯定听说了。

这篇演说可能发表了，但它的遗失也是可以坦然接受的。我们知道，像阿提库斯一样，关于这些主题西塞罗会发出怎样的呐喊。

在人民大会上一阵骚乱过后，克劳丢斯向与会的权贵派政敌发动攻击，加图首当其冲（“克劳丢斯仅仅抱怨我说，‘有人曾向我通风报信’”）。公元前61年春天的某个时候，成立了一个特别法庭。专门推选陪审员的最初动议被搁置了，因为霍腾西乌斯领导下的权贵派认为，“铅铸的宝剑将会割断克劳丢斯的喉咙”，换言之，对他的无罪释放是不可想象的。西塞罗认为，无罪释放将是一个错误，他不拒绝出示证据，同时要戳穿辩护律师提出的嫌疑人不在犯罪现场的抗辩事实，因为辩护律师说，在那个可疑的日子，他在罗马看见了克劳丢斯。有一个故事称：因为特兰提娅嫉妒克劳狄娅，所以西塞罗的行动是在特兰提娅的压力下进行的。这个故事纯属典型的罗马式流言蜚语。

审判似乎顺利地开始了；陪审员并不是一些非常知名的人物。当主持人邀请西塞罗发言后，陪审员们全体起立向他表示热烈欢迎。他们把西塞罗团团围起来，保护他免遭克劳丢斯支持者的暴力攻击。这令西塞罗极其高兴；陪审员们还要求元老院派一支卫队维持治安，以
97 保护他们安全审案。但据西塞罗的说法，后来克拉苏开始活动了[①]；陪审团以多数票裁定克劳丢斯无罪释放。“后来，卡图路斯遇到一名陪审员，问道，‘你们为什么要求我们给你们派一支卫队？难道你们害怕自己的钱被偷走吗？’”

西塞罗认为，公元前63年的国家统一是由他亲手实现的；这次裁决，对国家的统一来说，是死亡的丧钟，可是对那些“恶棍们”来

① 在致阿提库斯的信中，西塞罗并没有提到克拉苏的名字，所以不能肯定他描写的这个发钱的人是克拉苏。

说，则是一个巨大的胜利。西塞罗在致阿提库斯的信中说：

> （当我向你谈到我自己的时候，特别是在那封我不想让别人阅读的信中，我不认为，我是在进行讨厌的吹嘘），正如我所说，再次是我将“精英们”的低迷情绪重新振作起来了……我剥夺了执政官皮索的叙利亚行省，这个行省是以前许诺给他的……在元老院，我通过一次有准备的严肃演说和一次针锋相对的交流，压倒了克劳丢斯，你可以感受到这次演说的一些观点；当唇枪舌剑的斗争结束后，大部分演说失去了它的魅力和韵味。

争论集中在下列话题上，诸如西塞罗参观海滨胜地和购买豪宅时的行为举止。

> “你会认为，他说我收买了陪审团。”我说。“陪审员们不相信你的郑重证词。”他说。我说：“不，不是这样，他们中的25人给我投了信任票，但31人全都不给你投信任票，因为他们提前得到了钱。”他被震耳欲聋的掌声压倒了，开始一声不语。

成功使西塞罗激动不已，也许这种成功并不像他想的那样重要，不过他继续对阿提库斯说，他自己的地位是他可能希望得到的一切。的确，失败的“无痛杀戮”使最近的嫉妒心变弱了，这种失败是克劳丢斯的无罪释放造成的；人们相信西塞罗同庞培的关系密切，他确实同庞培有许多个人接触。观众“在赛会上为我热烈鼓掌，而角斗士们没向我吹一声牧羊人的口哨”。但实际上，也许由于西塞罗在元老院的言辞，而不仅仅由于他的证据，他使克劳丢斯变成了危险的敌人。

他还攻击了一名显赫的贵族库里奥，在审判中库里奥为克劳丢斯辩护；但库里奥和他的儿子原谅了西塞罗，然而，那位傲慢的克劳狄族人却没有原谅他。公元前 63 年，克劳丢斯支持过西塞罗，如今，克劳丢斯认为，西塞罗对待他的举动是忘恩负义。这种说法是可能的。无论如何，他已经显示出明目张胆的复仇心理：在东方，路库路斯曾用不够体面的方式对待他，于是他立即煽动军队哗变。这个有能力和有雄心的年轻人现在把目光投向保民官职。作为一名贵族，他是没有资格担任保民官的，但这样的事实没有使他望而却步，因为围绕这个
98 问题是可以想出一些花招来的。他要让人知道，如果他当上了保民官，他会继续反对公元前 63 年西塞罗处死阴谋者的行为。

“克劳丢斯的闹剧”引起的轰动影响了整个商业活动，甚至妨碍了卸任大法官的行省分配（在共和国的末年，这样的闹剧是司空见惯的，尤其是这样的事件导致了对外交事务的严重忽视）。但是，现如今，恺撒踏上了前往西班牙的道路，昆图斯·西塞罗前往亚细亚行省（小亚的西部）。途中，他避而不见阿提库斯。令西塞罗感到痛心的是，昆图斯同自己妻兄阿提库斯的关系很不好。阿提库斯写信为自己开脱。西塞罗在回信中恳求他不要做这种不必要的事情；很明显，他对自己的朋友所产生的同情和尊重首次通过言语表达出来了。尽管他们的生活作风是不同的，“在真正值得称赞的事情上，在正直、诚实、严谨和义务感方面，我既不认为你亚于我，也不认为你逊于任何人。在对待我的感情上，你不计较我的弟弟和家人，无人能比得上你……说真的，我总能听到你的金玉良言，可是当你不在的时候，我不仅听不到你的建议，而且也体会不到我们之间促膝谈心的乐趣”。在这两棵栋梁身上，友谊将休眠许多年。的确，西塞罗经常大声疾呼，渴求朋友的建议，主要是政治方面的建议。他认为阿提库斯是“一名天生的政治家”，不管阿提库斯多么小心翼翼地避免亲自卷入政治，但他与主要权贵派、与庞培以及（稍后的）恺撒的许多极有影响的朋友保

持千丝万缕的联系。这对处境有点儿孤立的西塞罗来说，具有很大的价值。西塞罗还十分推崇和敬佩阿提库斯的文学鉴赏力，特别是构成纯拉丁语的有关知识。他经常答复或试图答复朋友的建议，每当阿提库斯称赞他的作品（特别是他的演词和政治哲学）时，他都万分高兴；后来，西塞罗转写纯哲学著作，对此阿提库斯不予发表评论。尽管（或因为）阿提库斯本人是一名诗歌爱好者，却没有明显发现对西塞罗诗篇的赞美；不过，有这样的记载：阿提库斯高声朗读诗歌时的抑扬顿挫听起来非常悦耳。他对过去一往情深，其本人就是一名历史学家；虽然西塞罗经常邀请他为自己搞点儿历史研究，但阿提库斯让西塞罗写一部通史的建议从未成功过。相比之下，西塞罗从不提忠告，只有一两次建议阿提库斯认真考虑自己的地位；像前者以自我为中心的天性一样，后者的过于自信对此均负有相当大的责任。

除此之外，阿提库斯生活中的主要活动是经营财产和帮助朋友。99
他有许多朋友，各个年龄段的都有；尽管他坚持严格的权贵派信仰，但他具有各式各样的主张。在对待西塞罗的问题上，他最终接管了后者财政支出的责任，负责让一些训练有素的奴隶将西塞罗的新作制成工整精美的副本，然后向外传播（有人告诉我们，即使是他的男仆，也有不俗的文学素养）。他非常尊重真理，对职责一丝不苟。尽管他很富有，但他生活得十分朴素。当刻薄的叔叔去世后，他拥有的财产达到了相当可观的程度；尽管他是一个著名的鉴赏家，但他特别蔑视狂热的建筑欲和收藏欲（在他看来，他所信仰的伊壁鸠鲁主义大概认为，忠于友谊、私生活和简朴是正当之举）。他是一名幽默健谈家，善于独特地变换短语（根据西塞罗的一些对话录中的人物描写判断），有时评论之尖锐令人喜出望外。在西塞罗看来，他是文雅（*elegantia*）和仁慈或教养（*humanitas*）的化身，该词在英语中最好译成“civilized”而不是“human”或“humane”。那时，在阿提库斯身上有两个突出的品质：谨小慎微和百依百顺。这两个品质常使某些学者感到反感。可是，他的谨小慎微和百依百顺的品质却得到了回报：他没有在政治车轮的碾压下成为牺牲品；他的地位和财产完好无损。他只是作为西塞罗的朋友开始迅速进入人们的视野；但是，在谈到与西塞罗交往的地方，我们应该时刻牢记，他是两者中的长者、富者，社会上更加安全，情感上更加独立；他的朋友科尔奈里乌斯·奈波斯认为，凭其自身的本事，他不仅可以在一系列罗马历史学家的短篇传记中赢得一席之地，而且在与那个时代的希腊罗马学者和作家的接触中，他鼓励他们创作；他精通希腊语和多种希腊文化，但他非常热爱罗马及其过去。他把希腊文化和罗马文化紧密地结合起来了。这与他长时间在雅典居住和坚决摒弃罗马生活中的某些倾向不无关系。因此，在他那个时代的文化生活中，他占有突出的地位。

西塞罗曾希望阿提库斯陪伴昆图斯去亚细亚。昆图斯前去那里担任总督，一干就是三年多，这有悖于昆图斯本人的意愿。实际上，在此期间，他给自己的兄长增加了许多忧虑。昆图斯为人非常坦诚，但脾气暴躁；他把人活活烧死的突发快讯简直难以令人接受。为了惩罚弑亲者，他试图将罪犯缝进口袋，然后抛入大海。这是惩罚此类罪行
100 的一种古老方式。他利用一个奴隶为其出谋划策。这个奴隶很可信，名叫斯塔提乌斯。不久，他把这个奴隶释放了。然而，他却没有依靠级别与自己相当的人，因此，他的这种做法令人反感。西塞罗认为，昆图斯的人望欠佳也会损害他自己的利益；的确，他一向认为并宣称，他自己与弟弟几乎是一个政治模子铸出来的。有一次，他撰写了一篇关于总督应尽义务的精辟论文。这篇论文是以书信的方式写给自己弟弟的；稍后，我们将回到这篇论文上来。

与此同时，庞培的老兵问题及其东方的安排成了亟待解决的两件大事。权贵派没有妥协让步的意思。如果是这样的话，尽管庞培仍旧没有再次竞选的资格，他也不会通过大肆行贿，让一个名不见经传的朋友阿弗拉尼乌斯竞选公元前 60 年的执政官。“你注意到了没有？我

为竞选执政官付出了巨大的努力，如果他当选了，那将是一文不值的事，而库里奥惯于把这个官职称作人生事业的巅峰。因此，我认为，我们必须把精力放在文学上，像你一样，不要理会他们的执政官头衔。”阿弗拉尼乌斯果然当选了。尽管元老院权威的丧失使西塞罗感到忧伤，但不必说，他没有放弃公职生涯。

公元前61年的秋天，庞培终于可以举行凯旋式了。据说，他身穿亚历山大的斗篷驱车进入罗马。队伍中满载着从东方掠来的奇珍异宝，其中包括他本人的一幅画像。这幅画像是用珍珠拼成的。在追求时尚的人群中，掀起了新的珠宝热。庞培可能希望，至少能给民众造成深刻的印象。现在已经十分明显，他想通过一名友好的保民官，把希望寄托于下一年的独立行动和阿弗拉尼乌斯的帮助。

公元前60年年初，西塞罗发现了痛苦的深层原因。他在致阿提库斯的信中说：

> 我想，你已经听说了，实际上，我们的骑士朋友已经同元老院翻脸了。首先，为了调查受贿陪审员的行为，元老院授权颁布一个法案，因而骑士们非常恼火。元老院通过决议时，碰巧我不在场，但我意识到，尽管骑士等级没有公开说什么，但他们错误地接受了这个决议。在我看来，我好像以一种最有震撼力的方式责备了元老院，我发表了郑重其事的雄辩演说，可我陈述的理由是很不体面的。现在，骑士们有了另一个得意的想法，实际上，这个想法几乎是难以令人忍受的，但我不仅忍受了，我在这上面还花费了口舌。包税人从监察官手里承包了亚细亚的税收。他们在元老院里抱怨，
> 由于自己过于心急，结果出价太高，于是，他们要求取消合 101
> 同。我是他们的主要支持者，更确切地说，是他们的助手。须知，是克拉苏让他们提出这个无礼要求的。这是一场不公

平的交易，一项可耻的索赔，一次无所顾忌的自白。但是，如果断然拒绝他们的要求，那就会出现与元老院公开分裂的严重危险。

最终，加图使元老院拒绝了这两项要求——经过长时间的再次磋商和交易之后——危险的分裂发生了；此后，骑士们像指望西塞罗那样把希望寄托在克拉苏的身上。"'是啊'你会说，'难道我们将为你的朋友们付款是为了从他们那里得到像雇奴一样的支持吗？如果想不出别的办法，我们还能做什么呢？'"除了任何可能出现的情况之外，西塞罗还相信，为了对付克劳丢斯之流的奴隶和获释奴惹是生非，骑士们有可能装备一支武装力量。

西塞罗继续说，

因此，我坚持我的既定政策，尽我之所能，捍卫我所促成的联盟。但是，鉴于所有这一切是那样的难以确定，故我正在铺设一条路，我希望它将是一条安全之路，以保护我的影响力。关于这条路我不能在一封信中向你完全解释清楚，但我将向你提供一个小小的暗示。我同庞培保持极其密切的关系。我知道你将说什么。我会提防危险，我将在另一个时间就我的政治蓝图详细加以说明。

阿提库斯总是很谨慎，回信力劝小心为是；西塞罗表示同意。他说，他已经赢得了权贵派的地位，决不能后退，"你谈论的那个人在政治上没有远大抱负，只有争取人望的平庸打算"。但他坚持说，接近庞培并与那些臭名昭著的盟友断绝关系，不仅有利于国家，而且也能保护自己。

他抱怨自己的孤独。

> 我被所有人抛弃了，我拥有的唯一松弛是同妻子、小女儿和宝贝儿子在一起享受天伦之乐；在广场上，我的那些表面上吹吹捧捧的伟大友谊看起来耀眼得很，但在家里，却毫无用处。清晨，来我家访问的人士络绎不绝，成群结队的朋友簇拥着我来到广场，但在整个人群中，我既找不到无拘无束开玩笑的人，也找不到可以向其发出友好叹息之人。

他恳求阿提库斯回国。看来，后来的古物研究和文学研究占用了他的大量时间，他可以从研究法律著作中挤出一些时间。但为了继续得到阿提库斯的支持，他仍然忙个不停；他要求阿提库斯务必妥善收藏别 102
人赠给他的图书。他继续抱怨“鱼塘专家”，称这些富有的贵族只对别墅和餐桌津津乐道，对政治则兴趣索然。他也抱怨那些贵族纨绔子弟。结果，他继续与庞培站在一起，如今，庞培至少给了他应有的称赞。庞培说，来自阿尔皮努姆的救济物资曾两次运到罗马；虽然他本人报效过国家，但西塞罗拯救过国家。这样的赞美恰恰是西塞罗喜欢听的。也许他感到与庞培相处比较容易。后者尽管家财万贯，但生活得相当简朴，他家的显赫是近期的事。

如西塞罗认为的那样，毫无疑问，许多贵族都是自私自利和目光短浅的人；迅速发财致富和奢华之风的诱惑，或者对政治状况的厌恶，促使贵族和较富裕的人远离公共生活。这种局面与古老的罗马传统是背道而驰的。尽管西塞罗时常向往退休生活，然而他对上述的风气是根本不赞成的。在这些年里，权贵派显示出的软硬兼施有其特殊原因。死亡和衰老在首要人物（*principes*）的群体中酿成了灾难，他们一直要求以苏拉后继者的身份指导国家。卡图路斯死于公元前61年，随他一起去世的还有他的最好盟友。路库路斯早已退休，过着传说般的奢侈私生活，只是为了反对庞培他才告别了这种私生活；

他变成了一个疲惫不堪和老态龙钟的人。霍腾西乌斯有真正的理由嫉妒西塞罗。霍腾西乌斯和路库路斯两个人是超一流的（*par excellence*）“鱼塘专家”：我们有同时代人瓦罗的生动描述。瓦罗说，他们在坎帕尼亚有几处造价很高的池塘，用的是潮水池的盐水。霍腾西乌斯的鱼食非常昂贵。他关心生病的鱼，却不关心生病的奴隶。路库路斯的罗马园林后来转给了皇帝，甚至在他那个时期，这座园林的壮观也是人所公认的。路库路斯的图斯库伦和坎帕尼亚别墅反映了他对建筑的渴望。他是一名大收藏家和名画与雕刻品的鉴赏家，不过，他对书籍特别情有独钟。他的图书馆面向所有学者。据说，他进餐的情景很奇特，有时甚至孤身一人。一个故事说，有一天，西塞罗和庞培（表面上，他们相处得相当融洽）坚持同他一起吃家常便饭，并阻止他向自己的仆人们发出任何特殊命令；然而，却让他对其中的一个仆人说，当日他想在阿波罗餐厅用餐。结果，仆人们被他弄得
103 蒙头转向，不知所措。这证明，他的每一个餐厅都有固定的饭菜招待量和专用设备：阿波罗餐厅中的正餐花费通常是5万迪纳里银元（denarri），这是一笔巨大的开支，宴席上菜速度之快令嘉宾感到吃惊。

在政治上，继这些人之后还有加图及其同伙，不过后者的名气没有加图那么大，例如，毕布鲁斯、多米提乌斯·阿赫诺巴尔布斯（此人是西塞罗竞选执政官期间的鼎力支持者），此外，还有“加图的模仿者”法沃尼乌斯。但是，他们相对比较年轻。“我比你们更加敬重加图，但是，有时加图的良好愿望和一丝不苟的清廉反而不利于公众福利的提高；加图在元老院发表意见的样子仿佛生活在柏拉图的理想国，而非生活在罗慕洛的秽物堆上。”加图反驳说，西塞罗也准备让自己适应罗马的状况；但实际上，加图最终也只好这样做。为什么加图认为同庞培合作无法实现？如果我们能比西塞罗理解得更好的话，那么认为加图这个伟人会无限期地忍受孤立是愚蠢的，如今克拉苏似

乎正在嘲弄这位老对手，而不是拐弯抹角地争取他。

庞培希望赢得公元前61年的大选，结果是徒劳的。麦特路斯·凯勒尔是两名执政官中的一名，因为他的妹妹离了婚，现在他成了庞培的死敌。另一名执政官是阿弗拉尼乌斯。虽然他是一个闻名遐迩的优秀舞蹈家，但他不是一个称职的高级行政官。然而，一名保民官为庞培的利益提出了一项分配土地的法案。这项法案在元老院遭到了强烈的反对。在斗争中，这名保民官甚至把执政官凯勒尔投入监狱。可是，庞培认为，这样做走得太远了；令西塞罗忧虑的是，骑士们居然没有举手表示抗议。通过删除有损私人利益的全部条款，西塞罗试图帮助法案的通过："如你所知，我的军队是由富裕者组成的。"不幸的是，就在这个节骨眼儿上，高卢出现了麻烦。于是，这个法案被搁置了。一些人认为，西塞罗没有全心全意地支持法案的通过可能得罪了庞培。经过抽签，元老院决定向高卢派遣一个使团，西塞罗受到了吹捧。元老院宣布：像庞培一样，他需要留在罗马；但就庞培而言，元老院的这一主张肯定有不可告人的动机。

至于克劳丢斯，西塞罗绞尽脑汁向他说一些俏皮话。有一次，在无恶意的谈话中，提到了在赛场上给依附民一个站脚的地方，克劳丢斯抱怨说，他的二姐克劳狄娅（执政官凯勒尔的妻子）连一只脚的地方都不会给他。"你不要就一只脚的事发牢骚，"西塞罗回答说，"你可以抬起另一只脚呀。"以这样的俏皮话嘲讽他们之间的乱伦关系。 104
"你会说，这可不是一个执政官级的国务活动家该说的话；我承认这一点，但我恨那个女人，她不配当执政官的妻子。"一些人为了让克劳丢斯通过过继成为平民使出了浑身解数，因此，克劳丢斯终于可以担任保民官了。于是，西塞罗就自己担任过的执政官职开始了宣传战，此举也许有三个原因：一是他惧怕克劳丢斯担任保民官；二是由于权贵派对他本人的忘恩负义，他对耳闻目睹的一切愤愤不平；三是他对阿尔奇亚斯（似乎）没有写出他所期望的诗篇而感到失望。他整理出版了公元前63年的演词；用希腊语写了一篇论文，然后把这篇论文寄给了罗得岛的波西多尼乌斯，目的是将自己的情况汇成一本论文集。波西多尼乌斯既是历史学家，也是哲学家。他借口西塞罗对这篇论文踌躇满志，非常欣赏，因而他不能改动其中的观点。就这样，他婉言拒绝了西塞罗的请求。阿提库斯用希腊文写了一个简短的说明。西塞罗进而谈到了一篇拉丁文回忆录以及三卷本的史诗，诸如神仙会一类的史诗常用手法为这部著作增光添彩。然而，这部著作是一个错误；到古典时代末期，它成了一个笑柄，因为它的贫乏诗句和自鸣得意，以及“让武器向托迦屈服吧”这句臭名昭著的开场白没有考虑讨好庞培。

虽然在西塞罗的信中没有涉及庞培的东方安排，但这是为批准这一安排进行长期斗争的时期。为了捍卫自己的法令，路库路斯重返元老院。此前，他的这些法令被庞培废除了。路库路斯坚持，应当对庞培的决定进行逐项讨论。凯勒尔和加图支持路库路斯的建议；克拉苏也表示支持。对庞培来说，那可是一个难堪的场面，他对依附民的信誉也被牵涉进来。公元前60年的夏天，西塞罗仍在不断地给阿提库斯写信。他说，他对庞培的影响力已使那个伟人与卑劣的同盟者分手了，同时增强了庞培的原则性；西塞罗还说，人们试图与恺撒一道做同样的事情，如今，恺撒正在返回罗马的路上，他将不可避免地登上执政官的宝座。西塞罗应该记得，让庞培谈论眼前的利益，指引他朝那个方向走，该有多么误导人啊。与此同时，加图很清楚，恺撒对他不会抱任何希望；加图详述了一个并非没有理由的要求，大多数元老准备批准这个要求，因为一项法律上的特许既可以让恺撒申请凯旋式，又可以让他竞选执政官*；加图也许还支持元老院的下述决定，即下一年的执政官不应继续前往海外行省，而是留在意大利负责无关

---

* 加图反对这种特许，于是恺撒只好放弃凯旋式的申请，以私人的身份进入罗马竞选执政官。——译者

紧要的治安工作。这是一个不太显眼的岗位，如果让这个决定生效了，那么就会使恺撒的全部雄心无法得逞。加图还同意在选举中采用 105
贿赂手段，为了抗衡恺撒，他打算把自己的女婿、一名倔强的权贵派人士毕布鲁斯（尽管年龄较大）推上执政官的宝座。西塞罗经过多年的努力，破费了许多口舌，可是，他试图避免的那种结局还是大白于天下了。为了与庞培结盟，恺撒进行了一些试探，并承诺让自己的这个新朋友与克拉苏言归于好，他的建议没有遭到拒绝。这个三人同盟就是众所周知的（也是正式的）"前三头同盟"（First Triumvirate）[①]。

① 严格地说，三头同盟（triumvirate）形式上是由三人组成的一个团体，很像由十人组成的十人团（decemvirate）。因此，我将称他们为"三头"。

第七章　从对抗到流放（公元前59—前57年）

恺撒非常希望西塞罗追随庞培，（三人）结成新的伙伴关系。众所周知，公元前60年年底前，这位执政官颁布的法案之一将是久拖不决的土地法。西塞罗对自己的处境进行了认真的考虑（见于上一年6月保存下来的第一封信）。此刻不是在家中，就是在离家不远的地方，西塞罗同阿提库斯就窗户的最佳尺寸进行了辩论，也就是说，从这个窗户望去，可以欣赏每一幢房屋的景色。辩论之余，西塞罗继续说：

> 现在，我来谈谈1月份和我的政治地位。我将以苏格拉底信徒们的方式论述这两个方面，但是，像他们所做的那样，最终回到一个方面上来。这确实是一个值得认真考虑的问题，要么我坚决抵制土地法，要么我保持缄默。抵制土地法意味着某种战斗，但确实是光荣的战斗；保持缄默等同于退隐到自己乡下的一所住宅；要么我必须帮助土地法通过，他们说，恺撒有什么想法，毫无疑问我也会有什么想法，因为我与科尔奈里乌斯在这里接触过，我指的是恺撒的朋友巴尔布斯（首次涉及恺撒的忠心耿耿的管家，此人出身于西班牙腓尼基城市加的斯，因在反对塞多留战争中效忠于庞培而获得了公民权）。他使我确信，在任何问题上，恺撒都将接受我和庞培的建议。为使庞培和克拉苏团结起来，恺撒将做他所能做的一切。在这方面，我与庞培有密切的联系，如果

我愿意的话，我与恺撒也会有同样的联系，与我的政敌和解，与民众和睦相处并安度晚年。

但是，在《论执政官生涯》一诗中，西塞罗回忆了他如何借缪斯女神卡利俄铂（Muse Calliope）之口告诫自己，应该追求什么道路。早在青少年时代，他就开始踏上了所选择的道路，作为一名执政官，他仍然沿着这条道路继续走下去。在这首诗中，他还回忆了另一些贵族感情，他说，“为祖国而战”是自己的义不容辞之职。毕竟，这首令人感叹的诗也许证实了其存在的正当性。应该注意的是，西塞罗至少认为，迄今为止，他自己的生涯是始终如一的典范。另外，他还认为，只是出于廉耻和原则性，他才拒不结盟。大约也就在这个时候，107
我们发现他正在阅读希腊政治哲学著作。也许，他已经开始比较深入地思考哲学问题了。

在公元前59年的前几个月里，同往常一样，大多数立法均已公布。当时西塞罗和阿提库斯同在罗马。后代历史家的说明不太充分，我们只能迁就之。其中的一位历史家还特别声称，这个时候通过了许多法律。讲到这些法律，他不会遇到困难。结果，一些事件（其他许多事情也同样）的顺序是不清楚的。第一步是公布土地法案，这项法案既有利于平民也有利于老兵。土地法的设计很讲究策略（恺撒很可能吸取了卢路斯的失败教训*），只有加图和毕布鲁斯所领导的权贵派会顽固地反对这项土地法案。但是，他们的反对足以暴露执政官和元老院之间的和睦相处是虚伪的（理论上，元老院是执政官的咨询机构）。加图一度被拖入监狱，庞培和克拉苏也不得不被请到表决现场。庞培威胁说，如果任何人举起长矛，他会使用自己的盾牌；庞培召集自己的老兵监督法案的通过。老兵多年没在罗马露面了，老兵的现身

* 塞尔维里乌斯·卢路斯是公元前63年的保民官，他提出一个分配国有地的重要土地法。——译者

是一个不祥的变化。

起初，正如设想的那样，西塞罗似乎要显示一下自己的某种斗志，拒绝接受法律委员会中的职位。在他发表的一篇演说中，他好像攻击了恺撒，同时 3 月份他还为安东尼乌斯进行了一次既不愉快，又不成功的辩护；我们并不清楚，政敌们把指控的矛头是否对准了安东尼乌斯一生的哪种劣行，但是，在给安东尼乌斯定罪时，有人向喀提林的墓碑敬献了鲜花。后来西塞罗说，恺撒和庞培完成了一个久拖未决的法律手续，即一名平民过继克劳丢斯的法律手续（前者的年龄只有后者的一半），这是向西塞罗的此次演说发泄怒火。但也有这样的可能，西塞罗太过于强调自己的荣誉了；据说，恺撒的立法过程从头到尾都要感谢克劳丢斯。西塞罗变得更加谨小慎微，不是因为惧怕后者，就是看到了三头准备动用武力且又无收敛的意图。他后来的许多书信充满了对加图不肯妥协态度的抱怨，说他的这种态度曾毁掉了一切；与此同时，他好像还劝加图与其他人共同发誓，一定要遵守恺撒的过继法。恺撒（依据民众派的最佳保民官们之先例）早已把这项过继法补入了他的土地法案。

通过颁布土地法案，恺撒至少争取了许多平民。通过最终取消臭名昭著的税收合同，他笼络了骑士，至少赢得了包税人的好感；他批
108 准了庞培在东方的安排，甚至没有遇到来自路库路斯的反对；保民官瓦提尼乌斯（恺撒的一名姻亲，多次受到西塞罗的攻击，经常愤愤不平地抱怨自己所受的凌辱）通过了一项特别法案，将山南高卢和伊利里库姆（Illyricum）行省交给恺撒，并允许他率领三个军团去那里担任为期五年的总督。还有另外一些法律，其中大部分法律把民众派的诱惑力与明显的通情达理统一起来，例如规定出版元老院辩论的法律，规范行省总督行动的法律等。但是，西塞罗抱怨说，在通过这些法律时，各种可能的政治与宗教的规定都被忽视了。大多数法律意在为权贵派的封杀提供口实；但是，在西塞罗看来，大打出手和违宪的

可疑行为仍有某种合理性的感觉：假如这就是恺撒和庞培联盟想要的结果，那他反对这样的联盟便是正确的。

当这出戏的幕布在我们面前徐徐升起之时，西塞罗挈妇将雏，于4月份举家出行。此次出行的目的地是罗马东南海岸的安提乌姆庄园。每年的这个时候，他都要去乡村度假，这是很平常的事情。这时，元老院也要休会一个月或更长一些时间。西塞罗打算写一部地理著作。尽管有阿提库斯的积极鼓励，可是他还是没有继续写下去。如果天气不适合钓鱼，他宁愿读书或“数海浪”。然而，他终于转向平心静气地撰写尖刻的政治回忆录，也就是他的《秘史》（*Secret Hitory*），那时，这部回忆录只有阿提库斯才能一饱眼福。实际上，直到作者死后，这本书才出版（今已遗失）。同时，如西塞罗所说，尽管他决定不再更多考虑政治问题，但他以急不可耐的心情盼望阿提库斯的罗马来信，同时他也激情满怀地给后者回信。

西塞罗仍打算拒绝三头的全部提议；恺撒和庞培已经同意承认埃及国王，如今派往埃及的使团有大量受贿之嫌。西塞罗渴望访问这个国家——在罗马人看来，埃及是一个神奇而又迷人的地方，那里有大量极其古老的珍贵文物。罗马人迷恋埃及艺术品的风尚可与18世纪的西方对中国工艺品（*chinoiserie*）的嗜好相比。但是，加图会说什么？此后的千年史书又会说什么？“我害怕这些评论，远胜过害怕今天的流言蜚语”，因此，西塞罗会等待和观望。卜师团（属高级祭司，在政治上具有重要作用）的空缺对他可能有诱惑力，他说：“瞧，我是一个多么没有责任心的人啊！”

西塞罗坚持认为，让他置身于政治之外的主要原因是权贵派的忘恩负义（“如果仍有任何忘恩负义的话”）；他声称，担任高级行政官的地方是安提乌姆而不是罗马，他欣赏阿提库斯可能告诉他的一切， 109
尤其是通过克劳狄娅了解了她的弟弟克劳丢斯在做什么。有一次，在路上（*en route*），西塞罗把克劳狄娅的信丢了，他很生气。克劳丢斯想要出任埃及的使节吗？哎呀，他正在遭受相当恶劣的对待，唯一的希望是同盟成员中出现分歧。眼下他所受到的这种对待乃是分歧的迹象之一。也许，他们在卜师团的问题上也会争吵不休。“我希望能就这些事情给你提供更多有用的信息。”不久，库里奥呼吁说，年青一代对现状非常不满，但是，在他们的身上有什么希望可言？无论如何，不久人们将为“我的时代”感到遗憾。西塞罗仍认为，克劳丢斯会起诉他。他声称，同自己的敌人斗，深感其乐无穷；但是，他不厌其烦地提起这个问题，竟然违背了自己的信念。但就在这时，三头宣布，克劳丢斯的过继是非法的！如今西塞罗听说，克劳丢斯打算动用自己的保民官权推翻恺撒的全部措施。西塞罗担心，这种事情可能促使庞培褫夺他人的公民权或大屠杀。但是，“我发现，正如你在信中所说的那样，保民官的行动在政治问题上是无法确定的，但是，令我感兴趣的恰恰是各种各样的闲言碎语和评论。当我看你的来信时，我觉得自己仿佛就在罗马，大有深陷囹圄之感，不是听某个人说这个事儿，就是听另一个人评论那件事儿。”无所事事的西塞罗生活得很平静，他为自己辩解说，对于不受欢迎的各种来访者来说，他很古怪（他已经搬到福尔米埃的一处时髦别墅）。阿尔皮努姆是他唯一的避风港，乡下人要比那些讨厌的来访者好得多。

月底传来的消息令西塞罗兴奋得夜不能寐。这个消息就是新的土地分配。他不希望这次分配能满足人民的要求，但希望这次分配能激起更加可观的舆论关注。“我真不知道，我们的朋友格奈乌斯[①]目前在做什么……瞧，他赞成到如此不遗余力的程度；迄今，他一直含糊其辞：是啊，他赞成恺撒的土地法，但是恺撒本人必须对自己的措施负责；庞培赞同土地法案，不过，是否提供否决的机会与他毫不相干事”，等等。稍后，西塞罗决定同意阿提库斯的意见，认为庞培正在

① 指庞培（格奈乌斯·庞培·马格努斯）。

做各种准备，企图专制。事实上，权贵派发出了废除下一年全部立法的威胁，也许正是由于这种威胁，三头才似乎加强了他们的同盟，并 110 准备长期控制国家。庞培娶了恺撒的女儿朱里娅（在庞培的全部婚姻中，这次婚姻的政治意义最为重大）；也许，他们还为选举制订了计划，结果毕布鲁斯成功地推迟了这些计划；按西塞罗的说法，钱花得像流水一般。西塞罗主张静观其变：“的确，我有一点追求荣誉的愚蠢欲望（知道自己的缺点是件好事），这一点令我相当满意。过去我习惯于胡思乱想，总觉得，萨姆西凯拉姆斯（Sampsiceramus，这个东方当权者的名字是代表庞培的一个绰号）为国家做出的贡献在遥远的未来会显得比我的贡献更大。现如今，我的确不会为此而焦虑了。”

两个朋友的会面不是在阿尔皮努姆（在邀请阿提库斯的问题上，西塞罗有些犹豫，但阿提库斯已经准备前往这个幽静的山庄了），就是在西塞罗回到罗马之时。来往的信件就此停止了，直到6月份双方的通信才重新恢复；当时的信件是西塞罗从罗马寄给阿提库斯的，后者已经来到伊庇鲁斯。实际上，既然他已处在危险之中了，无论如何他再也不能假装静观其变了。这时，恺撒向元老院要求另一个行省，即山北高卢（Transalpine Gaul），那里可以成为大显身手的用武之地。实际上，元老们都在担心自己的性命。毕布鲁斯一再受到粗暴对待。他躲在家中靠“观天”占卜吉凶，根据这种（似是而非的）理论，借口宗教的原因，授权元老院下一年取消恺撒的全部立法。除了聪明英俊的年轻人库里奥之外，无人敢于反对三头。据西塞罗说，库里奥的举动得到了民众、骑士（可能主要是那些参加或支持赛会的乡村绅士，而不是那些包税人）和元老们的普遍认可。“这一点没给我带来希望，却给我带来更大的苦恼。虽然可以预见国家的前途是自由的，但国家的勇气受到了束缚。”然而，剧院里也有一些示威活动，毕布鲁斯从自我封闭的角落里发布的敕令或布告，虽不能说是粗野的谩骂，却也很尖刻。这种做法使他太没有人望。一旦街头巷尾发生持刀抢劫，立即会引起严重的交通堵塞，对此连西塞罗都觉得有点儿惴惴不安。表面上，西塞罗本人仍保持与庞培的友好关系；在自己行省的随员中，恺撒为西塞罗提供一个职务。尽管这个职务会保护他免遭克劳丢斯的攻击，但他说："我不认为我会利用这样的职务；但是，无人理解这一点；我不想逃避，我急于想战斗。为了我的利益，人民非常热情。但是，我不许诺。要把这件事装在你自己的心里。"尽管如此犹豫不决，但他坚定地拒绝在土地委员会中填补空缺，仿佛是在
111 以精英们的精神谴责自己。他最终拒绝了恺撒的全部建议。这可能违背了阿提库斯的忠告，因为有证据表明，阿提库斯建议他，要小心谨慎。

西塞罗恳求阿提库斯，一旦接到邀请，请他赶快回国。"庞培坚持说，克劳丢斯不会说我什么；在这一点上，庞培没有骗我，而是他本人被欺骗了。"

"还有什么事？让我考虑一下：我想，还有这样一件事。我肯定，罗马危在旦夕了。为什么伪装得这样久？"

不久，西塞罗对直言不讳的政治评论感到惧怕。"我非常担心这篇论文会毁掉我们。"他建议用莱里乌斯的名字，向庞培这位"新西庇阿"表明，他仍然渴望发挥朋友和顾问的作用。但是，西塞罗不时担心，他的乐观主义是毫无根据的。庞培断言，要想攻击西塞罗，克劳丢斯只能越过他的尸体。克劳丢斯及其兄弟阿皮乌斯·克劳狄乌斯两人对他发过誓。实际上，庞培的断言是言不由衷的。与此同时，西塞罗为庞培深表遗憾：

> 我们的这位朋友不习惯于孤家寡人，伴随他的一向是赞美和荣誉，如今，他的身体变弱了，精神崩溃了，往哪儿转向的意识没有了。他所看见的是，继续往前走就是灭顶之灾，走回头路则是出尔反尔的行为。正直的人是他的敌人，

> 那些暴徒本身绝不是他的朋友。瞧，我该有多么心软：7月28日那天，关于毕布鲁斯布告，他向公众发表了演说，当我看到他演说时的样子，泪水不由夺眶而出。以往，他在讲坛上的举止是多么的高大啊！人们崇拜他，所有的人都赞美他！而今，他是多么卑微，多么沮丧啊！在听众的眼里，他不仅是一个可怜虫，而且连他自己都觉得可悲。此情此景只能使克拉苏感到高兴，再也不会有人感到高兴了。

庞培的确向西塞罗哀叹过自己的处境。西塞罗认为，庞培的病没有良药可以医治。西塞罗仍担心，人们对三头的强烈不满会引发对他们的暴力；他曾希望自由“无痛死去”，甚至希望“这场风暴停止下来”。但现在，他不那么乐观了。

与此同时，西塞罗很忙，他靠法庭上的拉关系为自己争取多方支持——他太忙了，阿提库斯首次收到了由一名秘书代写的书信，这是西塞罗边做保健运动，边向秘书口授的。此刻，西塞罗要求阿提库斯回国，正像他提醒的那样，他会向后者提出要求的；因为阿提库斯能够从克劳狄娅的口中发现她的弟弟在搞什么鬼；他也能从瓦罗那里得到更多的帮助。瓦罗是庞培的朋友和离任副官，如今，他是一位多产的作家，但还称不上著名的古物学家（按西塞罗的说法，他敬重瓦 112
罗，但与其相处从未真正感到无拘无束，瓦罗为人刁钻，俨如他的保护人）；也许，瓦罗还是特兰提娅的一名亲属。

夏末的某个时候，西塞罗给阿提库斯写信，甚至比以前更加迫切地请他回国。看来，大难终于临近了。一名可恶的告密者指控大批年轻贵族阴谋杀害庞培，此人在喀提林阴谋的余波中表现得异常活跃。西塞罗认为，恺撒唆使这个告密者的目的是为了败坏库里奥的名声。在这起传言中存在着各种疑点，元老院对谣言进行追查，但恺撒却让谣言的炮制者添油加醋，一而再，再而三地向人民大会重述这个谎言。年轻的马尔库斯·布鲁图被排除在外（西塞罗暗示，布鲁图的母亲塞尔维里娅曾与她的情夫恺撒上过床）。现在涉及的是一名“多言善辩的执政官级人物”。这个人说过，必须诛杀暴君。最后，西塞罗的女婿皮索和另一名年轻的被保护人也被列入名单。西塞罗担心，会有人起诉，很难说事件的背后真正发生了什么。难道恺撒不仅针对库里奥，而且还想阻止庞培和权贵派之间实现可能的和解吗？或者像有人暗示的那样，意在让庞培不信任西塞罗？西塞罗声称，因为有人没有忽视危险，所以他没有感到特别惊慌；他继续说，有些人还向他证明自己的善意。总之，他对生活厌倦了——此前，卡图路斯的死像其生时一样令人羡慕。事实上，几天后，有人发现告密者死在了狱中，这个案子也就不了了之了。稍后，西塞罗宣布说，恺撒或他的盟友保民官瓦提尼乌斯杀死了告密者，目的是防止法庭判处告密者犯有诬陷罪。

阿提库斯回到罗马之前，西塞罗寄出了最后一封信，这封信是为公元前 63 年的一名大法官辩护后写的。这名大法官叫弗拉库斯，大概是一名被指控犯有勒索罪的嫌疑人。西塞罗声称，指控者有意攻击他人和公元前 63 年的政策（同时他也谴责了亚细亚希腊人证言的可信性），从而使被告无罪释放。他踌躇满志地报告说，霍腾西乌斯再次分享了这篇辩护词的简短声明，对他本人和他的行动给予了高度的赞扬。推迟已久的执政官选举于 10 月份举行，这次选举大概是在武力威胁下进行的，结果加比尼乌斯和路奇乌斯·皮索赢得了胜利。加比尼乌斯曾以保民官的名义授予庞培清剿海盗的指挥权，此后，他在庞培手下供职。另一位执政官路奇乌斯·皮索是一名贵族，近期或此
113 后不久当上了恺撒的岳父。保民官的选举是早些时候举行的，结果克劳丢斯毫无悬念地当上了保民官；但是，其余的保民官对西塞罗是有利的。多数大法官也是如此，实际上，两名执政官对西塞罗似乎也并无敌意：加比尼乌斯很可能是西塞罗的一名老相识；皮索与西塞罗的

同名女婿有亲缘关系。

西塞罗预感，克劳丢斯将以保民官身份在森都里亚会议上起诉他，就像拉比里乌斯受到的指控一样。富人对森都里亚会议具有影响力。西塞罗相信，“所有的意大利人都将集会”为保卫他而投票。如果各个财产等级的人都公开声明忠于他的事业，那么为了对抗暴力，不管他走到哪里，只要有大批支持者陪伴他，那他肯定是安全的。但这也证明了，克劳丢斯有更加长远的计划。12 月 10 日，克劳丢斯一上任，就立即颁布四个法案：第一个法案是首次向民众免费分配粮食；第二个法案是恢复六年前被元老院取消的协会或商会（*collegia*）的权利，在当地，协会或商会深受居民的欢迎；第三个法案是削减高级行政官权利的法案，以防止他们借口凶兆阻挠保民官立法，因为百年来高级行政官的做法一贯如此；最后一个法案是限制监察官清洗元老的权利——此项法案可以为他赢得许多元老的支持，因为这些人深感自己的地位朝不保夕。克劳丢斯好像还口是心非地许诺说，假如西塞罗不反对这些法案，那他是不会受到伤害的；然而，西塞罗忘记了国家的福祉（因为他肯定考虑过，所有这些法案都有害国家），竟然劝说忠于他的保民官不要否决这些法案。以前，由于西塞罗在协会中有某些影响，所以他一度十分盲目地假设，有关协会的法律将对他有利。公元前 58 年 1 月 3 日，法定的间隔期结束后，这些法案终于通过了。此前，好大喜功的克劳丢斯鼓励自己的一名依附民庆祝坎皮塔利亚节（Compitalia）*，由一个知名协会举办赛会。自从赛会被禁止后，这个节日就不再那么兴旺了。现在克劳丢斯开始整顿重新恢复的协会，可能还组建了一些新协会。他招募和武装奴隶与获释奴——正如我们所看到的那样，贸易大部分掌握在获释奴的手中，因此，他们理所当然地操纵了商会。据西塞罗说，广场上的卡斯托神庙（The

---

* 每年为了纪念家庭守护神拉列斯（Lares），在十字路口举行庆祝活动。——译者

Temple of Castor）是他的大本营和武器库，为了把这里变成一个要塞，他甚至拆除庙前的台阶。看来，他现在的所作所为比以前罗马城内所采用的暴力更加肆无忌惮。

为了研究事件的进程，我们只好再次求助于后来的资料和西塞罗
114 缅怀往事的参考读物。不过，这些资料通常不太可信。从来自流放地的书面材料中，不难看出西塞罗的心态。这种心态使他成了一个难以捉摸的见证人；西塞罗发表了一些论回归的演说，这些演说全是一些辞藻华丽的辩解词。他认为，有两部分人应该为其流放负责，他打算攻击其中的一些人，同时他又觉得必须宽恕另一些人。这样的想法进一步影响了他的演说。在这一年的头几周，路奇乌斯·皮索是两名执政官中的长者，负责主持第一个月的元老院会议，他非常敬重西塞罗，邀请西塞罗第三个发言（排在庞培和恺撒［?］之后，如果恺撒外出招募军队，则排在庞培和克拉苏［?］之后）。但是，在1月末或2月初的某个时候，克劳丢斯公布了至少两个以上的法案。其中，一个法案贿买了执政官的支持：皮索和加比尼乌斯离任后，将得到马其顿和西里西亚行省（稍后改为叙利亚）的特殊指挥权，这些行省有很大的诱惑力；另一个法案重申民众派的原则，拒绝把火与水授予那些未经审判处死公民的任何人。克劳丢斯通过各种手段使自己成为武装平民的偶像，他把他们组织起来对付上方的干涉。西塞罗绝不能放弃阻止法案通过的武装力量。执政官们可能难以召集意大利人了；可是，却有一个真实或可以预料的危险：恺撒正在城外调动军队。虽然他必须尽快率军前往高卢以镇压威胁罗马的部族运动，但是，一旦城内出现动乱，他就可能进行干预。

后来，西塞罗认为，他不必理睬或者欢迎最后的那个法案，因为这个法案根本没有涉及他。毫无疑问，克劳丢斯打算毫不迟疑地进行人身攻击。事实上，西塞罗换上了一身丧服——这是仇恨敌人和为自己增加同情心的公认手段——按狄奥的说法，他夜以继日地四下奔

走，到处恳求支持。不管走到哪里，他都会遭到攻击，克劳丢斯的帮派势力竟然向他投掷污泥和石块。不久，来自整个意大利的骑士们在卡皮托举行示威游行。他们向元老院派出一个代表团，其中包括霍腾西乌斯和老库里奥这样的著名元老；与此同时，元老院在和谐神庙召开会议，投票表决：元老们也应身着丧服。然而，两名执政官联名发布禁止穿丧服的告示，与此同时，主持会议的执政官加比尼乌斯对骑士坚决施压，甚至把他们的一名领导人埃里乌斯·拉米亚驱逐到距罗马 200 英里的地方。西塞罗说，包税人受到恐吓，大法官也同他疏远了。

西塞罗前去拜访皮索（L. Piso），随身带上自己的女婿，同名的 115
皮索（C. Piso）。"全身包得严严实实、穿一双拖鞋"的执政官接待了他们（后来，虽然西塞罗把这种打扮公开描绘成邋邋遢遢的坏习惯，但他好像是生病了）。据西塞罗本人的说法，这名执政官说，他必须支持自己的共治者，因为他的共治者需要一个富庶的行省，这样的行省是不会从元老院那里得到的——他提及西塞罗本人对待安东尼乌斯的行为，以此证明他自己的想法是正确的。皮索是一名仪表严肃、对伊壁鸠鲁哲学情有独钟之士。他的其余生涯似乎很稳健，颇像一名国务活动家；但是，现在很难证明他的行动是正当的，西塞罗有某种理由对此愤愤不平。

克劳丢斯曾抬高嗓门断言，他得到了恺撒的有力支持，也得到了庞培与克拉苏的幕后撑腰。当下他在城外召开公众会议，因此法律上拥兵自重的恺撒可以出席这次会议。克劳丢斯请来了皮索（L. Piso）、加比尼乌斯和恺撒。皮索意味深长地说，他不赞成残暴之举——意指西塞罗公元前 63 年处死阴谋者的行为；加比尼乌斯更加赤裸裸地攻击元老院和骑士；恺撒说，众所周知，他是不赞成死刑的，也不赞成具有追溯力的法案。这种颇似公允的言论是别有用心的；他需要克劳丢斯的支持，尤其在阻止废除公元前 59 年的法律方面需要他的支持，因为就在这个节骨眼儿上，两名大法官试图让担惊受怕的元老院讨论这些法律；恺撒对精英们没有一成不变的诱人花招，可能更喜欢离开身在罗马的庞培。无论如何，他没有向西塞罗伸出任何援助之手。庞培没有出席此次元老院会议。

庞培的处境很尴尬。据普鲁塔克说，他回到了阿尔巴山别墅隐居。为了恳求他，西塞罗和自己的女婿出现了。但他拒绝接见前者；尽管西塞罗谈到自己曾拜倒在庞培脚下的情景，但庞培拒绝抬举他。庞培说，他不能违背恺撒的意志（西塞罗后来也说，对庞培来说，简直就是一个借口。执政官们一再宣布说，庞培亲自谋害过他）。庞培接见了由主要成员组成的元老院代表团。他对代表团说，作为一介公民，他一定要服从保民官和执政官。权贵派的特使们继续拜会皮索（L. Piso）。皮索说，他可不像西塞罗那么勇敢；让西塞罗再次离开罗马以拯救国家吧，
116 否则将会发生可怕的大屠杀；他本人不会背叛保民官克劳丢斯，他的同僚加比尼乌斯和他的女婿恺撒也不会这么做。此外，根据西塞罗的说法，特使们气急败坏地返回了罗马。霍腾西乌斯主持召开一次会议。这次会议是在西塞罗的家里举行的。会上，他们建议西塞罗离开罗马，并希望他尽快地光荣归来。西塞罗认为，这项建议似乎不太光彩，与最可耻的背叛行为没有什么两样。相反，他很想接受加图的建议。加图希望西塞罗坚持抵抗，这是显而易见的解释，但普鲁塔克说，只有路库路斯（可能是那位伟人的兄弟）一人建议西塞罗抵抗，当时加图支持西塞罗离开。事实上，加图本人并非特别强硬：大约就在这个时候，克劳丢斯通过了一项法案，派加图兼并塞浦路斯，没收该国王室的财产，加图乖乖地出发了（克劳丢斯需要为自己的粮食法增加资金，他曾经准备干涉东方，同时他不希望自己的可怕对手挡道，不准他们的舌头对自己的法案和恺撒的法案说三道四）。如果西塞罗留在罗马，可能出现一个侥幸的结果，那是难以想象的，除非庞培和恺撒最后忍让了。但是，在社会生活中，威望是至关重要的，选择离开的决定的

确是一个有损颜面和威望的决定。

如今已是公元前58年3月的某个时候。一天，西塞罗登上卡皮托山，在那里为城市保护神米涅尔娃奉献了一尊塑像，然后乘夜幕降临之机偷偷告别了罗马。第二天克劳丢斯的法案通过了；恺撒急忙率军北伐以对付赫尔维提人的迁徙威胁。他出色地完成了自己的作战计划。克劳丢斯又迅速推出另一项法案，点名剥夺西塞罗的政治权利，没收他的财产，还谴责他窜改元老院的决议。这个法案也许是阿洛布罗吉人证据的旧调重弹，同时在暗示：西塞罗应该对许多无辜者之死负责。此法案激起了反西塞罗的仇恨，这种新仇远远超过了处死认罪的阴谋者所能招致的旧恨。这个法案禁止元老院或人民大会进一步讨论这个问题，克劳丢斯还把法案的副本张贴在元老院的门口。同一天，那座令西塞罗深感自豪的帕拉丁豪宅被毁，他在图斯库伦的别墅也被洗劫一空。后来他抱怨说，甚至连树木都被连根拔起，不翼而飞了。在西塞罗的罗马住宅遗址上，克劳丢斯为自由女神奉献了一个神龛。毫无疑问，特兰提娅至少携带一个儿子同妹妹一起前往维斯塔贞女院临时避难。

西塞罗可能先逃到远离罗马的一处地产。当得知第二个法案的消息后，形势变得十分明朗了：他必须离开意大利。他想去马其顿、西 117
西里，或马耳他，于是南下来到意大利西南隅的一位朋友家里。不久，又传来一个消息：修改过的法案禁止他在距离意大利400罗里以内的任何地区逗留[①]（“允许我住在400罗里以外的地方，但却不允许我前往意大利的目的地”），尽管他和西西里的总督有一些交往，但这个人仍禁止他在这个行省逗留。为了不给朋友带来危险，西塞罗离开了那个朋友的家，取道布林迪西，然后前往马其顿。不过他必须避开希腊，因为那里有许多被流放的喀提林分子。沿途风雨交加，在西

① 后来的材料说，是500罗里。罗里比英里短一点儿。

塞罗的心中，不断呈现出马略及其流放的情景。途中之梦说明了他当时的心理活动①。在布林迪西，为了等候风和日丽的天气，他只好在那里驻足。此时，他写了一封心情十分惆怅的书信，向特兰提娅和孩子们抒发了惜别的眷恋之情，并向一位朋友表达了诚挚的感激。这个朋友甘冒法律惩罚的危险，把他安置在城外居住。实际上，沿途所有的朋友都支持他。马其顿的财务官普兰奇乌斯来自阿尔皮努姆附近的乡镇，“新人”出身，与西塞罗是老相识。他身穿丧服，前来迎接西塞罗上岸，并护送西塞罗前往马其顿行省的首府色撒洛尼卡(Thessalonica)。那里距意大利仍不完全符合所规定的 400 罗里。5 月 23 日,他们来到该地的财务官公寓。

我们有西塞罗路上写给阿提库斯的许多短信。起初，他恳求挚友阿提库斯一定要胜过他。不久，两人取得了共识，一致认为：在罗马，西塞罗还会有更大的作为。西塞罗还向阿提库斯转达了特兰提娅的感激之情，为阿提库斯及其家人劝阻他不要自杀而感到悔恨，恳求阿提库斯眼下不要改变他们之间的友情。昆图斯正从亚细亚往家赶路，西塞罗对此深感忧虑，因为弟弟随时可能面对敌人的指控。这一次，兄弟俩没能相会。

> 我的兄弟，我的兄弟，我的兄弟呀！难道你真的怕我不
> 118 写信，只派奴隶到你那里是出于生气的缘故吗？难道是我不愿意见到你吗？我怎么会生你的气？我能生你的气吗？我想，是你把我拖入了灾难，是你的敌人和你的不得人心毁了我，而不是我以最可悲的方式毁了你。那个万人称赞的执政官职使我失去了你，失去了我的孩子，失去了我的家乡和我

---

① 根据西塞罗论先兆的论文，一个梦使他感到欣慰。梦中，马略鼓励并带领他来到他所奉献的神庙。但这个梦被视为一个预见性的梦，因为后来元老院召回西塞罗的表决就是在这个神庙里通过的。后来出现了西塞罗不相信梦中预言的说法。因此，有关此梦的说明可能经过了一番加工。

> 的财产；但愿你只能失去我……难道我不想见到你吗？相反，我却不想让你见到我：你不会见到你的哥哥，不会见到你离开的人、你熟悉的人、上路时彼此挥泪告别的人，再也见不到他的身影或容貌，只会见到一个气息奄奄的行尸走肉。

在色撒洛尼卡，西塞罗回避一切客人的来访，甚至不给阿提库斯和亲属写信。他经常流泪，人变瘦了，连模样都变了。他不断地责备自己离开罗马时的愚蠢和胆怯，责备自己的盟友，尤其是霍腾西乌斯的背叛行为，甚至责备阿提库斯的目光短浅和胆小怕事，说他没有提出正确建议，对朋友的爱没有达到真心实意的程度。他继续以自杀相威胁。似乎可以毫不夸张地说，他的精神几乎趋于崩溃。他一再说，自己的命运多舛，再也无人比他更严重了。阿提库斯一个劲儿地劝西塞罗振作精神，并为那些权贵派开脱罪责，经常试图（像其他人那样）将大有希望的政治形势报告给西塞罗，当然这样的报告是不可相信的。西塞罗也鼓起了勇气，他提出，那篇反对库里奥的演说可以当作赝品停止传播，"因为这篇演说写得非常草率"。他认为，此前，到处传播这篇演说是极不妥当的（因为库里奥是他当前的主要支持者之一）。西塞罗承认自己寄出了少量信件，其中包括寄给庞培的一封信。对庞培，他从未反唇相讥过，从没发表过比"刻薄的回信"更加恶劣的评论。他无疑懂得，自己要想返回罗马，就必须依靠庞培。他不能承认自己全部政策的失败是由于这个伟大人物的怀疑和不可信赖。事实上，整个事态对庞培的声望确实是一种打击。不久，庞培的谈话在某种程度上让西塞罗的朋友们充满了希望，因为克劳丢斯不仅把罗马弄得乌烟瘴气，而且就东方问题与庞培发生了一触即发的和难以避免的争吵。那年夏天，受庞培本人的鼓励，一名保民官提出了一项召西塞罗回元老院的建议；不过，他的建议被否决了。但是庞培建议，有些事可在选举之后完成。至少无人出面指责昆图斯，为把西塞罗召回罗马，昆图斯与阿提库斯以及亲属们一道进行了攻关活动。

119 西塞罗说，在色撒洛尼卡他孤苦伶仃，没有与他谈心之人，也没有什么好考虑的事情。尽管如此，他宁愿待在那里，也不愿漂洋过海前往亚细亚，因为那里离开了直达罗马的大道，不便于同首都保持联系。在罗马，有人说西塞罗因忧愁发疯而气绝人寰，对此他大发雷霆。这时，他向阿提库斯提出一连串的问题和建议。克劳丢斯的第二个法案，而不是第一个法案，必须予以废除（作为反对个别人的措施，这个法案是否完全合法尚存一些疑点），但是如何才能做到这一点呢？多米提乌斯承认这个法案的用意何在？他的家产能够失而复得吗？“如果不能，我怎样才能恢复自己的家业呢？”西塞罗有时认为，待在意大利有可能是安全的，因为那里欢迎他。鉴于在罗马提出这个问题的各种企图都失败了，西塞罗陷入长期的苦闷之中；所有的公务几乎都停止了，由于畏惧克劳丢斯，整个下半年他都把自己关在家里。然而，到了秋季，经过反复考虑之后，西塞罗决定搬到亚得里亚海岸的都拉基乌姆（Dyrrhachium，今都拉斯），因为他是这个城市的保护人——他之所以这样决定，是因为那个极其讨厌的皮索(L. Piso)即将成为马其顿的新总督，此外，新的一年和新的高级行政官有望带来更好的东西。他甚至为自己的出言不逊向阿提库斯表示歉意（稍后他又犯了老毛病）；在有涵养的朋友身上，他们似乎都没有留下任何污点。他们身上有许多真诚的东西，阿提库斯在两人中显得更加包容。但是，他的友好帮助至今是无可挑剔的。阿提库斯从自己的“非常难处的”叔叔（无论谁都很难与之融洽相处）那里继承了一大笔财产。他写信说，这笔财产完全由西塞罗支配；他不停地为西塞罗的事情及其在罗马的前程而忙碌。西塞罗就家事问题亲切地给特兰提娅写信，称赞她不顾体弱多病所表现出的能力。但是，特兰提娅埋怨西塞罗的信过于简短，并劝他也要给其他人写信。从这里可以看出，特兰提娅对西塞罗的失败和消沉不怎么同情。西塞罗非常感激自己弟弟的情意。他给弟弟写信称，他特别思念图里娅，“多么忠贞、多么温柔、多么聪慧啊！我想念她的容貌、她的言谈和智慧”；但是，最显而易见的是，至少从人生的这次危机开始，他在许多方面都把自己的最真挚的感情寄托在阿提库斯的身上了。

公元前 58 年即将结束之前，西塞罗听说，八名保民官试图废除 120
克劳丢斯的第二个法案。他抱怨此举过于草率；既没有涉及他的房产和地产问题，也完全没有巧妙地绕开克劳丢斯禁止提出这个话题的条款。可想而知，他们的动议被否决了。这些保民官还以自己的方式为召回西塞罗进行活动，但西塞罗批评了他们的策略；称他们错过了让新任执政官向即将上任的保民官表达感谢的机会，须知这些保民官对他是有利的（其中一个保民官叫塞斯提乌斯，曾任公元前 63 年的财务官，拥护西塞罗。说起来，塞斯提乌斯曾不惜跋山涉水前往高卢面见恺撒，遗憾的是他未从恺撒那里得到多少鼓励）。然而，当选执政官之一的兰图路斯·斯宾特尔是庞培的朋友，他是西塞罗的忠实支持者，另一名当选执政官麦特路斯·奈波斯只好接受阿提库斯和其他人的多方劝说，不再计较公元前 63—前 62 年的争吵。公元前 57 年 1 月 1 日，根据新任执政官兰图路斯的建议，元老院通过了一项非常有利的决议；凭借这项决议，西塞罗一度想返回罗马。但不久，他再次大失所望，并向阿提库斯倾诉自己的苦闷和怨气：克劳丢斯动用暴力阻止人民大会通过法案；与昆图斯和西塞罗友好的保民官塞斯提乌斯在武斗中受了伤——实际上，是去找死。后来，西塞罗断言，台伯河被尸体阻塞了，下水道堵了，人们用海绵擦干广场上的血迹。也许，事态不是如此严重；但是，正如西塞罗所担心的那样，克劳丢斯仍然是这群打手的首领，即使他的保民官任期届满了，可是他仍在控制街区，这与他的协会（*collegia*）组织明显有关。他的这种能力为推翻共和国奠定了雄厚的物质基础。除了亲自组织武装团伙外，克劳丢斯的对手再也没有什么可做的了。然而，干这种事却是保民官塞斯提乌斯和米洛的强项。这样的武装团伙不是官方武装力量，而是个人的打手。公共商业活动几乎再次陷入停滞状态。

西塞罗满怀希望地认为，为了增加和解的希望，他给麦特路斯·奈波斯写信是值得的。但是不久，阿提库斯就去了伊庇鲁斯，此后的几个月，我们没有双方写给各自亲属的书信。那年夏天，形势发生了变化。米洛和塞斯提乌斯控制了克劳丢斯；在庞培的鼓动下，恺撒明确表示，同意召回流放者；昆图斯大概也承诺，自己的哥哥不会反对三头。5月底，根据兰图路斯的建议，元老院正式感谢普兰奇乌斯和其他人，因为他们支持过西塞罗。元老院还把普兰奇乌斯推荐给了海
121 外的其他高级行政官，并召集意大利居民前来罗马。7月，几乎所有能下床走动的和在海外工作过的417名元老通过了一项决议。这项决议没有被否决，只有克劳丢斯一人进行阻挠；决议责成高级行政官提出一个召回西塞罗的法案；凡是反对这个法案者均被宣布为公敌。即使法案没有通过，但无论如何西塞罗都要返回罗马。除了两名保民官和克劳丢斯的兄弟大法官阿皮乌斯·克劳狄乌斯外，高级行政官们都一致（*en masse*）表示服从。法案承认克劳丢斯立法的合法性，只是正式废除他的放逐令。这说明克劳丢斯的比较重大的措施不再涉及西塞罗。一大批罗马的主要领导人，尤其是庞培，向人民大会发表演说，赞扬公元前63年西塞罗的功绩，庞培还赞扬元老院、骑士和意大利一致要求召回西塞罗。实际上，从包税公司到意大利自治市的各种团体，都对这个众望所归的结果通过了决议。忙碌不迭的庞培一边动员意大利的舆论，一边召集自己的老兵。这年夏天，涌入罗马的人潮极大地超过了正常年份。在米洛的打手和角斗士临场压阵面前，在一些著名元老监督投票和投票箱的情况下，百人队的投票一致通过了这项法案；所有这些示威都是空前的；西塞罗大有春风得意的理由，他终于踏上了回家之路。

第八章　回归与求变（公元前57—前52年）

西塞罗写给阿提库斯的下一封信是其胜利归来的说明。他的第一个想法是为自己朋友的努力获得成功表示祝贺（可是，他仍然认为阿提库斯最初的建议不太高明，这样的念头必然使他的上述姿态大打折扣）。然后他写道：

> 我认为，恢复我的地位、广场上的名声、元老院中的威望和对“精英们”的影响力是最困难的事情，现在我得到的比我期望的更好；但是我的私事却不堪入目——你知道我的财产受到了损失，任人瓜分，甚至被洗劫一空。我不怎么需要你的资金，因为我认为你的就是我的，我只需要如何处理善后事宜的建议。

当时的具体情况是：8月4日，也就是表决法案的当天，西塞罗离开了都拉基乌姆，5日到达布林迪西，做客于从前那位慈祥的房东家里。刚刚守寡的图里娅前来迎接他；那天碰巧是她的生日和这座城镇建立的周年纪念日，也是平安或兴旺女神萨路斯（Salus）的节日。西塞罗途经意大利，沿途受到了各城镇使节的热情迎接。在罗马郊外，

> 各个阶层的人无不争先恐后地前来迎接我，连通报来客

> 姓名的侍从（*nomenclator*）都说不出他们的名字，只有那些无法隐瞒或否认这一事实的敌人除外。当我来到卡佩那门（Porta Capena）时，神庙的台阶上挤满了普通民众，他们以热烈的掌声欢迎我；同样拥挤的人群、同样热烈的掌声伴随我登上卡皮托山，在广场和卡皮托山上，民众之多令人吃惊。

毫无疑问，在这里西塞罗感谢神明保佑他的回归故里。“第二天，即9月4日，我向元老院致感谢辞。”

这篇演说写得很认真，读得也很慎重，因此西塞罗没有漏掉任何一个应当感谢的人；演说强调了他对弟弟的感激之情；根据我们的评
123 价标准，对庞培和兰图路斯的感谢是相当肉麻的（“生我养我的父亲和保护神啊”）。这篇演说对流放的解释进行了加工，诸如：他不厌其烦地在众人面前表白，说他离开罗马是为了防止暴力啦，声称自己作为一名普通公民在暴力中可能被迫杀死执政官啦，云云。这篇演词的最精彩部分莫过于对皮索和加比尼乌斯的辱骂，现如今二人正在非法取得的行省里供职。这段简短而又淋漓尽致的痛骂完全符合演说风格的规则——诋毁卑贱的出身，讽刺外表的长相，等等。民众也听到了感谢自己的演说，比较简短，颇具亲民的色彩，其中西塞罗也提到了出卖他的权贵们如何背信弃义。

两天后，关于谷物价格太高的问题展开了一场争论。克劳丢斯纠集一帮人向西塞罗示威，理由是西塞罗应对罗马城的人满为患负责，因此他也应对粮食短缺负责。这帮人向执政官奈波斯投掷石块。另一帮人则要求西塞罗向元老院建议，授予庞培解决这一问题的特殊指挥权。当下西塞罗对庞培感激涕零，因此他是不能拒绝这种要求的。他成功地建议元老院授予庞培五年的指挥权和任命大批助手的权力。“元老院立即宣读了决议，人群呼喊我的名字，他们以这种朴素的新时尚欢呼鼓掌。随后我向民众发表演讲。”他写道，“精英们”与穷人

都支持他的行动；但是多数执政官级的人以危险为托词，不出席元老
院的会议。根据他对第二天群众集会的报告，可以看得很清楚。他的
行动之所以得到支持，是因为一位保民官再次提议授予庞培更广泛的
权力，即授予他一支舰队、一支陆军和凌驾于行省总督之上的权利，
对权贵派来说，西塞罗的行动似乎是完全可以容忍的。“庞培说自己
想要第一种权利，他的朋友则说，他想要第二种权利；执政官级的元
老登时紧张起来。”这种紧张情绪也许是心存畏惧，因为一旦庞培大
权在握，为了树立自己在埃及的威望，他可能把埃及国王扶上王位。
埃及是一个盛产粮食的地区。此前埃及国王已被他的臣民所推翻，如
今正在罗马寻求避难。如果将一支舰队拨给庞培调遣并让他的地位可
以凌驾于行省总督之上，那么他需要一支军队不大可能是为了实现合
法的目的。最后，西塞罗的建议由执政官们提交人民大会表决，并获
得了通过。西塞罗接着说：“我保持沉默，因为我的房产问题没有得
到祭司们（多半是有影响的权贵派）的答复；如果他们取消那块祭祀
场地，我就有了一处很大的地盘，依照元老院的决议，执政官们将评 124
估这座房产的价值。”如果祭司们觉得不能取消那块祭祀场地，他们
也会推倒克劳丢斯的神庙，另建一座神庙，并就西塞罗这块土地和房
产的损失予以补偿。像往常一样，西塞罗恳请阿提库斯回国，在他刚
刚开始的“第二次生命”中，希望后者助他一臂之力，因为“在我离
开时那些支持我的人现在见我归来了，正开始暗地里怨恨我，公开地
嫉妒我”。跟以前一样，西塞罗不可避免地摇摆于庞培和权贵派之间，
他没能完全讨好任何一方。克劳丢斯试图进一步挑起事端，他把西塞
罗描绘成一经被召回，就立即背叛元老院和愚弄人民大会的人。西塞
罗仍然一如既往，此前他的下野是人所共知的，可是现在他却得意忘
形起来，人们对他的这种表现甚至更加气愤。对于一向不屈不挠的罗
马人来说，这是不可理解的；对于自称哲学家的人来说，则是令人惊
讶的。

然而，庞培对西塞罗显示出非常友好的态度，房产问题圆满地解决了。

> 我把那封信寄走后，就我的房产问题爆发了一场大战。9月29日，我向祭司们做了陈述。这件事我处理得很慎重，不管我以前是不是一名演说家，但是现在，激情和这个问题的重要性确实给了我一些雄辩的力量。所以不能不让年轻一代读读这篇演说。不久我会把它寄给你，当然，没有这篇演说你也能够想象出来。

似乎不同寻常的是，甚至连西塞罗都会认为，“国家的威望、公民的安危以及他们的生命、自由、祭坛、炉灶、家神、财富和家产”处在危险之中。但是，上文已经指出，在罗马，国家的威望直接体现在不同的高级行政官和卸任行政官的身上。问题还包括那些居心叵测的保民官们是否能成功运用宗教的认可（“认可的问题”容易让人混淆）。在我们看来，这篇演讲仍然是华而不实的；但有趣的是，西塞罗感到，开头花费一部分时间代表庞培为自己近来的建议进行辩护是必要的。只要看一看公元前63年的事件，就不难发现，那也是颇具讽刺意味的，如今是他将主张公民的权利和财产只能通过正式的审判才可剥夺，可是公元前63年他没有举行过这样的审判。

125 在大祭司长缺席，人在高卢的情况下，祭司们发现，即使克劳丢斯交出这块场地没有经过人民大会的严格审批，但是把它归还给西塞罗也不算亵渎神明。人们纷纷向西塞罗表示祝贺。然而，克劳丢斯肆意解释这项决定，煽动平民以武力保卫自由女神的神殿。元老院召集会议，以便做出有利于西塞罗的法律决定；尽管克劳丢斯试图阻挠这项议题，但没有使元老院的决议遭到否决。执政官们估算了西塞罗的家产以及图斯库伦和福尔米埃两处地产的损失，然而，赔偿金额与西塞罗索赔的数额相比少得多——西塞罗认为，这是原来的嫉妒心在作怪。最后提到的那处别墅正在修缮之中，“我既不肯就此罢休，也不想见到那处别墅。尽管我需要一个靠近罗马的地方，但是我正在出售图斯库伦的地产”。实际上，直到生命最后一刻他也没卖掉这块地产，不仅一直拥有它，而且还用它谋利。他还谨慎地向阿提库斯暗示了自己的家庭纠纷，这是他与特兰提娅不和的最初迹象。钱可能是产生裂痕的根源。西塞罗手头拮据。虽然昆图斯没有催自己的兄长还债，但西塞罗特别急于还清昆图斯为他支付的款项。

作为庞培的随员，西塞罗接受了一个职务（不久，庞培受遣出外筹集粮食），虽然他认为以某种方式离开罗马一段时间对他是有利的，但他明知，他不应当被迫离开；如果下一年举行选举的话，此时此刻，他应考虑的是竞选监察官。实际上，甚至下年度的一些常设高级行政官的选举都没有进行，西塞罗认为，他的回归就是秩序与法制的恢复，不久他的这种想法被证明是错误的。11 月 3 日，克劳丢斯手下的一群恶棍闯入翻新过的西塞罗宅邸，捣毁并纵火焚烧了昆图斯的房屋，此刻昆图斯就住在附近。11 月 11 日，在通往罗马广场的圣路上，西塞罗本人遭到了攻击。（“我躲到特提乌斯·达米奥的院子里，跟随我的人没费吹灰之力就把那帮家伙赶走了”）。第二天，米洛的住所也遭到袭击，袭击者被武力赶跑了。元老院会议也被打断了，正准备竞选营造官的克劳丢斯要求举行选举；起初，米洛想要起诉克劳丢斯，这一举动得到了西塞罗的支持，西塞罗极不明智地称赞米洛在反暴力方面的所有成就，他猜想（几乎是希望）米洛能够成功杀死克劳丢斯。“米洛对此毫不犹豫，公开谈论这件事，他不担心我的命运。 126
因为他永远不会采纳嫉贤妒能或背信弃义者的建议，也不会相信愚不可及的贵族。”公元前 56 年 1 月，举行了推迟已久的选举，当选的高级行政官立刻就职，克劳丢斯名列其中。不久，阿提库斯回到了罗马。可以揭示西塞罗职业生涯中人们不太清楚的一段重要时期的致阿提库斯的书信如今仅存零星；不过，现存一些写给昆图斯的重要书信。此刻，昆图斯作为庞培手下的一名随员正在撒丁岛供职。

公元前56年的上半年，埃及问题再次分散了罗马的注意力。正如我们所知，公元前59年“三头”承认的国王托勒密十二世(Ptolemy Ⅻ）被其臣民赶下台——以前他能为恢复王位筹集行贿所需的金钱。他来到罗马乞求恢复自己的王位。他衷心欢迎庞培到埃及去。但神谕（可能是克劳丢斯、克拉苏以及庞培的权贵派敌人动了手脚）称，不可以动用军队将这位国王重新扶上王位。即便如此，庞培的朋友仍坚持将恢复王位的任务交给他。但西塞罗不仅感谢庞培召他归来，还支持公元前57年的执政官兰图路斯·斯宾特尔的主张。兰图路斯现任西里西亚总督，也是霍腾西乌斯和路库路斯的接替者，但不是加图的朋友，他需要三头同盟（但庞培除外）。庞培认为，至少在公开场合，他必须支持兰图路斯，因为兰图路斯向人民大会提交过法案，将现在的官职授给了他。西塞罗致函兰图路斯称：“至于庞培，我从未停止施加压力和对他的规劝，甚至公开责备和警告他不要做出身败名裂的事。但是……不仅在私下交谈中，而且在元老院的会议上，他都以无人能敌的雄辩、气势、真诚与热情对你的主张施压。”两天后，在与庞培共进晚餐之后，他再次写道：“听了他的话，我完全打消了对其利己主义的怀疑；当我见到他的各级朋友时，我意识到，整个事件都是很久以前由某些人一手策划的，其中也有国王及其谋士们的协助（这一点所有的人都很清楚）。”但在这一事件中，元老院通过了搁置此事的决议，这项决议被否决了，然而没有造成影响。反对庞培的势力太强大了：不仅包括克劳丢斯及其支持者，而且还有一些权贵派。在米洛参与的审判中，克劳丢斯的支持者对庞培恶语相加，公然宣布，要求克拉苏前往埃及；在元老院会议上，权贵派们幸灾乐祸地听凭克劳丢斯对庞培进行攻击（其中包括谴责庞培出卖了西
127 塞罗）。庞培告诉西塞罗，他本人随时都有遇刺的危险——他好像对

阴谋十分恐惧——并告诉西塞罗，克拉苏背后支持克劳丢斯："所以他时刻准备着，并从乡下抽调一些人。"西塞罗进一步写道，他和庞培认为，假如兰图路斯确信庞培可以成功处理此事，庞培则可以恢复托勒密的权力，给罗马增加一个忠诚的同盟者（*fait accompli*）；兰图路斯显然认为，不这样做才是比较明智的。但是结果，受庞培的唆使，身为叙利亚总督的加比尼乌斯直接插手此事，甚至还动用了神谕所禁止动用的军队。

公元前 57 年作为保民官的塞斯提乌斯曾热衷于西塞罗的事业，2 月份的这次举动，因使用暴力而遭到指控。"他身体欠佳；我立刻前往他的住所看望，我理应如此，完全听他之便。人们惊呆了，认为我有充足理由生他的气。"在另一次审判中，西塞罗就塞斯提乌斯的案件做了一些评论，力争发现有利的申诉机会。在致昆图斯的下一封信中，西塞罗这样写道，法庭一致同意宣布塞斯提乌斯无罪释放，为赢得神和人的称赞，他自己终于抓住了"击溃瓦提尼乌斯的机会（瓦提尼乌斯曾任公元前 59 年恺撒的保民官，现为原告目击证人）"。这篇支持塞斯提乌斯的演词与攻击瓦提尼乌斯的演词及其全部作品分别出版了；结果，由于出版的原因，两种演词的语气必须有所缓和，至少与攻击恺撒的演词相当。但是这篇《为塞斯提乌斯辩护》（*pro Sestio*）的演词让人想起了西塞罗式的老生常谈：现在的危险不是来自外部，而是来自内部。民众要求和平，安宁与尊严（*otium cum dignitate*）——这句著名而又模棱两可的拉丁短语的最佳解释也许是"为人民的安宁和元老的尊严"——是西塞罗的目标。克劳丢斯一类的人物不是真正的民众派，他们的党羽不是民众的代表。如瓦提尼乌斯所言，不存在狭隘的权贵派小集团；如西塞罗回忆中所揭示的那样，各个阶层的诚实之士皆为权贵派，在这里，西塞罗扩展了这一专有名词和他个人纲领的意义。诚如塞斯提乌斯的拥护者及证人所表明的那样，塞斯提乌斯的支持者是非常广泛的。西塞罗可能感到，既然庞培同克劳丢斯和克拉苏的关系已经公开破裂了，那他也会抛弃与恺撒的同盟关系，而且他试图恢复旧政策的路线是很明确的。诚然，记载塞斯提乌斯无罪开释的那封信令人信服地说明，西塞罗正置身于政治和元老院之外；但这未必是真的，因为在4月初，他让元老院为
128 5月15日的议事日程增加一项内容，讨论恺撒分配坎帕尼亚国有地的法案，因为权贵派对这项法案极为不满。后来的信件表明，阿提库斯劝他谨慎从事。但是，如今庞培的老兵无疑已经安置完毕，庞培似乎不再那么需要恺撒了；事实上，上一年的年底，与庞培友好的保民官是第一个在元老院提出重审这项法案的人。所以西塞罗没有理由认为自己在冒犯庞培。在致昆图斯的信中，他不经意地提到了元老院内部所争论的这个问题，信中还提供了一个信息：庞培正在前往北方的路上，而他本人每逢春天都去农村。由此可见，他与庞培的分别时的关系很融洽。

> 吃过晚饭，我乘肩舆前往郊区寓所拜访庞培。白天我没见到他，因为他不在——我要见他是因为第二天我将离开罗马，他将前往撒丁岛。我终于找到了他，告诉他尽早把你（昆图斯）打发回来，他说："立即照办。"他还说，他将于4月11日在拉布罗或比萨乘船离开。我亲爱的弟弟，倘若天气晴朗，他一抵达你就沿着原路启程。

但是，实际上庞培去了路卡（Luca），同恺撒、克拉苏和其他大批元老会晤，此前克拉苏已与恺撒在那里相聚了。同盟的裂痕得到了修补。三人明显达成了如下的协议：庞培、克拉苏出任下一年（公元前55年）的执政官，然后分别在西班牙和叙利亚拥有五年的指挥权；同时恺撒在高卢的总督任期延长五年，以完成战争和巩固被征服的地区。然后庞培前往撒丁岛，据西塞罗后来的道歉说明，庞培与昆图斯

相见后便说："你是我正在寻找的人；如果你不认真对待你的兄长马尔库斯，为了他你将违背向我许下的诺言。"他还派信使告诉西塞罗不要干涉坎帕尼亚的问题。

在西塞罗稍后所写的这段说明中，路卡会晤似乎是他一手促成的。这种说法不足为凭，学者不同意西塞罗的自我评价，通常认为他的作用没有那么重要。为了确保自己在高卢的地位，恺撒仍然需要庞培。庞培背叛的可能性显然令恺撒感到不安，特别是权贵派的实权人物多米提乌斯·阿赫诺巴尔布斯正在竞选执政官，此人是加图的近亲，如果他当上了执政官，那他的下一个目标就是争当新一届的高卢
总督（毫无疑问，多米提乌斯的心中有自己的盘算，因为他在高卢南 129
部早已建立了世袭的庇护制）。

不管庞培的命令措辞多么严密，传达得多么一丝不苟，西塞罗都一一执行了。我们发现，实际上，他给庞培或恺撒写了一份神秘的文件（也可能是一封公开信），发誓完全支持三头。他没像往日那样把这个文件连同自己的作品一起寄给阿提库斯审查。

> 我没留副本。我在细嚼慢咽必须吞下的苦果，改变信念对我来说似乎有点不光彩。但是，该向正直、正确、光荣的政策说再见了。在你的权贵派领导人身上有何等多的背信弃义行为呀，这简直令人难以置信……我感受到了这些行为，我了解这些行为；我被他们诱惑、抛弃和一脚踢开；而我在政治上却打算与他们采取同样的路线。他们始终是那副老样子。最后，在你的劝说下，我几乎不能恢复自己的理智。你会说，你试图劝我回到某种行动路线上来，[1]不要做书面的忠诚忏悔。我真想投身于这个新的同盟，为的是不落在那些

① 也许是"保持沉默"的另一种解释。

> 嫉妒者的后面，他们在应当同情我的时候甚至还在继续嫉妒。但是，关于这个问题我保持克制，正如我在信中所言，我应该这样做。如果有人喜欢这个问题，如果这个问题因为我将拥有卡图路斯那样的别墅而惹恼那些感到气愤的人，我将写得更加全面些……他们说我不应建造自己的房屋，而应该卖掉自己的房屋。他们如此幸灾乐祸是怎么回事呢？他们本人都赞同我在元老院所做的演说呀，难道我在演说中跳出来反对庞培的旨意了吗？够了，那些无权的人不喜欢我，让我们看一看那些掌权者在做什么吧。你会说，“但愿你很久以前就这么想”。我知道你让我考虑过，我也知道自己是头蠢驴。但是，既然现在没人关心我，那么该是我关心自己的时候了。

这一次西塞罗没有听到缪斯女神卡利俄铂、加图或子孙梦幻般的声音，然而他在三头同盟第一次形成时听到了。他对庞培、恺撒帮助他归来感激不尽；他对权贵派太过于失望，他们中的一些人正在支持克劳丢斯反对庞培；流放的经历和对克劳丢斯的一再惧怕重创了他的心灵。良药苦口啊！当开庭讨论坎帕尼亚法案时，他不在场，无所作为。不久，他在元老院的会议上支持恺撒额外征兵的请求，反对把高
130 卢纳入下一年高级行政官管理的行省，从而宣布他已经改旗易帜。这篇演说包含对恺撒的赞美之意。权贵派非常气愤，执政官也感到震惊，但这项动议居然通过了。此前西塞罗还在称恺撒的这些要求是极其荒唐的呢。唯一让他欣慰的是，他仍可大力攻击皮索和加比尼乌斯，并暗示那些应当被取代的人是他们而不是恺撒；虽然所有批评恺撒的言辞被删掉了，但他却可以出版拥护塞斯提乌斯和反对瓦提尼乌斯的演词；他挫败了克劳丢斯的另一次攻击，克劳丢斯宣称，占卜师解释的奇兆指的是圣地被玷污了，这与他为自由之神奉献的神殿遭受破坏有关，克劳丢斯企图再次推倒西塞罗的住宅。米洛出来解围，元

老院通过了一项决议，谴责克劳丢斯的行动。在元老院发表的长篇演说中，西塞罗反驳说，这一奇兆实际上指的是克劳丢斯本人作为营造官的劣行。他主张团结——此时此刻，大概是权贵派与三头之间的团结——以避免那些首要人物之间的争吵（占卜师也谈论过这些首要人物）；起初，克劳丢斯不断从中作梗。西塞罗通过这样的主张，试图给人留下自己的政治纲领稍有变化的印象。①

他试图通过各种方式让公众明了自己方针的改变。他给庞培的一位朋友路凯尤斯（Lucceius）写了一封信，他向阿提库斯描述说，这封信写得“很棒”。西塞罗恳求路凯尤斯把正在撰写的通史暂时放一放，尽快写出一部专著。这本专著不必太精确，但要赞扬他本人的执政官工作、流放和回归，“揭露某些人陷害我的阴谋”。路凯尤斯答应了，但这部专著好像从未成型。在写给兰图路斯·斯宾特尔的信中，西塞罗也强调了权贵派的忘恩负义，他认为，兰图路斯在埃及的问题上也受到了不公平的对待。他补充道：

> 那些拥有财富、武装和权力的实力派，在我看来，正在利用敌人的愚蠢和轻率想方设法赢得更多的特权。于是，他们轻而易举地从元老院那里得到了自己未曾想得到的东西，甚至不用暴力他们就能从人民大会那里得到……因为目前国内的现状令我感到不快，所以关于这一点我写得很简短。

阿提库斯让他谈点儿自己的近况；但这次他回信说，他不愿对霍 131
腾西乌斯耿耿于怀；然而，公元前54年年末，他给兰图路斯·斯宾特尔去了一封正式长信，大概也有让别人过目之意；这封信再次强调了权贵派的忘恩负义、他们支持克劳丢斯的手法和他自己对庞培真实

① 这篇演说（《论卜辞》*De Haruspicum Responsis*）的年代无法确知；可能略早于公开支持恺撒的那篇演说，有人认为早于路卡会晤的新闻：在这件事上，他所希望的团结指的是庞培和元老院之间的团结。

意图的误解。信中细数了庞培和恺撒为他所做的一切。他说，时代变了，他的对策也应随之改变；在这个问题上什么应当受到谴责呢？不过，他的目标，即为了“安宁与尊严”，是始终如一的。在说服民众方面他几乎一无所获；在这些年里，他成了众矢之的。从他的论执政官诗篇和公元前 63 年年末致庞培的自夸书信，到色撒洛尼卡的彻底失败和最近的一百八十度大转弯，他过去的一切难以定论或易遭嘲笑的行动都成了别人攻击他的把柄。

毫无疑问，现在到了改变自己演说风格的时候了；但是，大约这个时期，在独出心裁的某些做法上，西塞罗写的东西有时粗俗不堪：听起来不仅刺耳而且缺乏说服力；语气平平，单调乏味，同时一味靠技巧掩饰某些内容的空洞，最后篇幅变得格外冗长。

从公元前 56 年夏天或翌年春天写给阿提库斯的信中，可以看出他的真实感情：

> 什么东西比我们的生活，特别是比我的生活，更耻辱呢？虽然你是天生的政治动物，但是对你而言，分享的只是奴隶制度而已，而奴隶制度对我们大家来说是共同的；如果我说谁应当像我一样谈论公共的事情，那人们一定以为我疯了；如果我说权宜之计要求什么，那我像是一个奴隶；如果我保持沉默，那我似乎难以自拔，必然崩溃。我必须承受多么大的痛苦啊？我差不多都承受了，更加严重的是，如果对你都不领情，那我会更加痛苦。如果我选择放弃，逃避现实，去过世外桃源的生活，那将是怎样的呢？这不可能。我必须参加战斗。当我拒绝成为统帅后自己会成为一名普通士兵吗？① 我必须如此，因为我发现，只要你发话，我对你总

① 参见公元前 60—前 50 年他拒绝以第四“巨头”的身份加入“三头同盟”。

是唯命是从。

实际上，在元老院和法庭上西塞罗仍有很大影响，三头打算利用这一点。不久，西塞罗不得不为他们党羽中的首要人物进行辩护：他就是庞培和恺撒的忠实代理人科尔奈里乌斯·巴尔布斯。多年以前，庞培就授予他公民权，现在看来此举是非法的。这是一场容易打赢的 132
官司：在与同盟者及其他国家的关系上，只需说清罗马所奉行的原则，又善于在庞培与恺撒之间左右逢源，那案子就会了结。可是，更加棘手的案件接踵而至。

忧心忡忡的不只西塞罗一个人。在公元前56年秋，他暗示说，多米提乌斯的案件比他自己的案件更难对付。

> 对他说来，还有什么能比剥夺执政官职更可悲的呢？因为他生来就是当执政官的料，尤其是他不会有竞争对手，最多也只有一名。就像过去保存执政官名单那样，他们的花名册列出了未来执政官的大名单，如果这是真的（我敢说这是真的），还有什么能比多米提乌斯更值得同情的呢？除非我们不希望这种情况有所改善。

在这段悲观的结论中，西塞罗的多愁善感和容易冲动的性格表现得淋漓尽致。仅一年后多米提乌斯将成为执政官；三头同盟没过多久即将解体。

保民官的否决使公元前55年的选举延至冬天，因此公元前56年妨碍选举的执政官应该卸任，恺撒的一些军队也可以回家休假（和施加压力？）。庞培和克拉苏自然获得了胜利；如今加图从被吞并的塞浦路斯归国了，他没能说服多米提乌斯继续坚持毫无意义的候选资格，他本人的大法官职被解除了，从而为瓦提尼乌斯腾出空位。新执政官与友好的保民官们执行了路卡会晤所达成的协议——恺撒的高卢总督任期延长五年，两位执政官本人在西班牙和叙利亚的总督任期各为五年。西塞罗至少希望在罗马获得安宁，“如果人民能够心甘情愿地忍受当权者的统治，那他们似乎会给我们安宁”。他把全部灾难归于加图及其朋友，因为公元前 1 世纪 60 年代后期他们使骑士们疏远了庞培和元老院。庞培和克拉苏同西塞罗的关系很亲密，至少西塞罗与庞培仍保持友好关系，那年春天他从坎帕尼亚的一处庄园写道：“我和庞培都在这里，他跟我谈了许多政治问题，他对自己的地位感到遗憾——他就是这样说的，因为处在他的地位每个人总会补充这样的说明。他表达了对叙利亚的鄙视和对西班牙的赞美。我认为，无论在什么地方，只要提起他，大家都要加上一句话：‘他就是这样说的’。”

对西塞罗而言，这一年是个人争端的不体面之年。争端所带来的
133 痛苦也许反映了他的挫折；他甚至与加图交恶。西塞罗从卡皮托山移走了克劳丢斯攻击他的法律铭文，由于某种原因，这些铭文从未受到损坏。克劳丢斯将这些铭文重新搬了回来，然后西塞罗再次将其运走，这一次干脆运到自己家里。元老院很关心这件事。西塞罗声称，克劳丢斯的全部法案一律作废。由于近来的使命和与西塞罗之间出现的冷淡关系，加图不赞成西塞罗的主张。夏天，皮索的职务由别人取代，于是他从马其顿返回罗马，后来在元老院会议上他与西塞罗公开交锋。西塞罗撰写了一篇抨击性的文章以供发表，这篇文章重新厘清了公元前 63 年和公元前 58 年的事件，但文中不乏活灵活现、妙趣横生的故事；皮肤黝黑、眉毛奇特的皮索背地里尽情享乐，而举止优雅、满头卷发的加比尼乌斯舞技超群，打个不太恰当的比喻，他俩可以配成令人难忘的一对鸳鸯。西塞罗沾沾自喜地给昆图斯写信称，年轻人把这部作品当作范文加以背诵。长期以来它作为抨击性文章的典范深受读者的喜爱，但很少影响到受攻击者的地位；西塞罗在文中承

认，由于恺撒的缘故，如今他不会指控皮索。皮索嘲笑西塞罗不敢攻击真正导致他流放的人，这话并非没有道理。

在加比尼乌斯的问题上，西塞罗与克拉苏本人也有矛盾。加比尼乌斯入侵埃及的行动现在已经大白于天下，但侵略行动是不能允许的；恺撒从高卢写信也表示不赞成，庞培则竭力促使西塞罗和克拉苏和好。西塞罗的新婿克拉西佩斯（Crassipes，我们对他知之甚微）举行晚宴，促成了他们之间的重新和解。至公元前55年年底，克拉苏赠给公民大量礼物，以确保他们不忘记他。之后克拉苏前往叙利亚，他因无视征兆而受到一名保民官的谴责。西塞罗在致阿提库斯的信中称，“他是一个多么坏的家伙呀！”不过，西塞罗说，他将给这个坏家伙写一封抒发感情的信，希望此信具有条约的影响力，而不仅仅是一封平常的书信。至于庞培，则推迟了前往西班牙的行期，他让自己的副将负责那里的管理事宜，这一举措为后来奥古斯都解决行省管理问题铺平了道路。庞培的爱妻、恺撒的女儿朱里娅刚刚离开人世，而克拉苏又远赴他乡，庞培清醒地意识到，留在罗马才是明智之举。虽然他与恺撒的关系没有公开破裂，但他拒绝了与朱里乌斯家族重新联姻的建议。

庞培与恺撒的裂痕越来越深，西塞罗与后者的关系则日益密切。 134
首先，昆图斯于公元前54年初脱离庞培的参谋机构前往高卢，目的是赢得恺撒的友谊与保护，并争取摆脱债务之苦——恺撒相当慷慨，高卢这个地方甚至可以为正人君子提供丰厚的战利品和其他机遇。我们听说，昆图斯在乡下有一些建筑工程，据此判断他急等用钱：如今他正在收购两处豪华别墅，这两处豪宅彼此之间的距离以及与阿尔皮努姆的距离都在几英里之内。昆图斯在高卢过得并不十分开心，他的兄长劝他必须忍耐。他曾伴随恺撒前往不列颠，英勇抵抗突然暴动的涅尔维人（Nervii），但是不久，他的一支军队和营地遭到日耳曼人的突袭。他在16天内奋笔疾书，一鼓作气写了四部悲剧，连文笔流畅的兄长都觉得过于神速，可是西塞罗曾经坦诚地透露：他对昆图斯成为一名优秀诗人坚信不疑。恺撒与身在罗马的西塞罗保持书信往来，可惜这些书信均未保存下来。他们似乎都赞美对方的魅力和才华，两人的关系一度相当融洽。恺撒好像还答应重奖西塞罗——让他担任大祭司长、监察官或再次担任执政官，也许与他本人共同担任执政官（让昆图斯担任执政官大概不太可能）。现在通过掌握行省而控制庇护制的人恰恰是“三头”；多米提乌斯填补了公元前54年执政官的空位，西塞罗说，多米提乌斯会以为任何人向他申请职位都是对他的嘲笑。在紧要关头，恺撒还迫使西塞罗大量贷款。因为信件是由恺撒的驿递人员发送的，所以在给昆图斯的信中西塞罗出言很谨慎。但是，他对阿提库斯谈论过“这种最惬意的关系”，从而在某种程度上证实了他对恺撒这位新朋友的由衷赞美。西塞罗给昆图斯写了这样一段话：

> 也许我的热情像旅行者的热情一样见效，尽管他们起床的时间比原想的要晚，但由于行动迅速，反而比他们黎明前起床更快地到达了目的地。所以说，尽管我如此长时间的熟睡对磨炼他有利，尽管你的确催促我这样做，但我将快马加鞭或乘坐我诗歌的战车赶上去，因为你来信说他喜欢我的诗歌。

这段话似乎与恺撒的胜利和入侵不列颠的叙事诗有关；西塞罗急于发现史诗的主人公对此做何感想。作为回报，恺撒赠给他一部论语法流行主题的著作，著作的前言多为悦耳的赞美词。他们两人关于这个问
135 题的观点是非常典型的：在“类比”和“破格”两种语言规则的争论中，恺撒完全赞成语言的逻辑性和前一种手法，西塞罗则称赞后一种手法，他主张，不管习惯和传统会多么不正规，多么不合情理，但还是要尊重习惯和传统。

西塞罗好像与恺撒的代理人奥皮乌斯（Oppius）有联系，实际上他正在帮助奥皮乌斯。奥皮乌斯出身金融世家，对写传记很感兴

趣，人们通常发现他与身价不菲的巴尔布斯情同手足。此刻，为了与庞培大剧院相竞争，他在这个时期把广场和马尔斯演兵场的宏伟工程计划控制在自己手里，对于这项计划恺撒用大量战利品的收入予以资助。“在马尔斯演兵场，我们将为特里布斯（Tribes）人民会议修建大理石的围墙和增设屋顶，我们将在会场周围建造一里（罗马里）长的柱廊，另建一些办公室。”通过这些资助和其他手段，恺撒网罗了大批支持者，同时他的胜利确实为自己赢得了许多威望，而他的对手正在失去这样的威望。远征不列颠——在罗马人看来总是那样的遥不可及和充满浪漫色彩——和渡过莱茵河给人的印象特别深刻。

西塞罗坚信，庞培和恺撒的善意将保护他免遭克劳丢斯的攻击；但他仍试图确保各界名流，特别是所有的执政官，都有利于他。他经常在元老院中发表演说，但正如他怀着忧郁的心情所写的那样：“别人同意我的看法比我自己孤芳自赏要好。”他的情绪瞬息万变；如写给阿提库斯的信所说，有时他写下这样的感言：“因公共事务缠身，我在其他的娱乐中也找不到消遣的地方，但是文学支撑着我，让我充满激情，我宁愿坐在亚里士多德塑像下的小椅子上，而不愿坐在执政官的办公椅上。”但是，有一次，即公元前54年的下半年，他不由得发起火来。昆图斯来信向他索要一些诗句。西塞罗回信称，他既没有时间，也没有诗兴，他要把自己隐藏在心里的话倾诉出来。

> 亲爱的弟弟，我苦恼，我太苦恼了，因为国家不再有宪法，法庭不再有正义。到了我这把年纪，我在元老院本应处于最有影响的地位，但法律著作使我着迷，个人的研究支撑着我。我从孩提时代起，心中就有了一个愿望：“争做最强者，超越一切人”。* 而今这一愿望已经破灭。我不能攻击

* 此系荷马的诗句，参见原文第9页。——译者

> 自己的某些敌人，相反我为另一些敌人辩护。我不能让自己的观点或仇恨任意驰骋。正如我所希望的那样，恺撒是一名爱我的人，而且是唯一爱我的人。

136 公元前54年夏秋两季，天气格外炎热，西塞罗忙于法律诉讼。据说加图出现在法庭时，托迦里面没穿短袖束身衣，理由是遵循祖先的习俗。毫无疑问，西塞罗为斯考鲁斯（M. Scaurus）之子和普兰奇乌斯进行了辩护：为前者辩护是出于昔日的忠诚；为后者辩护则是为了表达他在色撒洛尼卡所受到的盛情款待（演说再次详述了公元前57—前56年的事件，对这次起诉表示了明显的不满）。但是他也不得不作为瓦提尼乌斯的代表，两年前他对此人进行过猛烈的攻击；作为法官之一的兰图路斯·斯宾特尔表示不赞成。后来出现了一场严重的风波。加比尼乌斯从叙利亚回来了，在元老院他与西塞罗发生了冲突。令元老们气愤的是，他当面称西塞罗为“流放者”。“庞培试图竭力说和，但迄今毫无进展，只要我有一点点自由，他就不会得逞。”西塞罗极想在审判中起诉加比尼乌斯面临的叛国罪（因为加比尼乌斯未经授权擅自恢复托勒密王朝的王位）；他对起诉中出示的证据表示满意，并对无罪释放的裁决表示愤慨。但是不久，对加比尼乌斯的敲诈勒索举行了第二次审判。我们不知道庞培是如何劝告和威胁他的，但西塞罗接受了辩护律师的工作。糟糕的是，他没有打赢这场官司。他肯定目睹了加比尼乌斯流放时极其复杂和苦闷的面部表情。后来，他不得不为深陷埃及事务的金融大亨进行辩护，此人是恺撒的一位朋友。在这次演说中，他坚决反对与加比尼乌斯的和解是一时冲动的说法，这样的抗议想必是相当虚伪的；庞培从未过问这样的事，也没有施加过压力。很显然，关于这段插曲存在许多说法。

与此同时，罗马的政局每况愈下，如今毫无作为的统治阶级许多成员似乎陷入了道德败坏的泥潭。那些被告人在法庭上对传唤自己无话可说。各种期望高升的贵族被君王（dynasts）及其依附者排除在高级官职之外，尤其是不得担任执政官，结果加剧了争夺官职的斗争。如今，这种斗争仍在毫无顾忌地继续进行。公元前54年，两名执政官的候选人许诺，如果他们不经合法程序当选为执政官，他们将为现任执政官多米提乌斯阿赫诺巴尔布斯和阿皮乌斯·克劳狄乌斯前往行省铺平道路，或者付给他们一大笔钱。这项交易在元老院被揭露了——这使多米提乌斯很难堪，他作为加图的亲属仍不减当年声望，但阿皮乌斯却丝毫没有感到难堪，因为他的厚颜无耻是尽人皆知的。虽然现任大法官的加图竭力遏制腐败，但在其他选战中，公开贿选的 137
丑闻时有发生。人们担心庞培独裁：不久，一名与庞培要好的保民官提出建议，任命庞培为独裁官。“很难说庞培想不想当独裁官，但由于希尔鲁斯（Hirrus）支持这项建议，庞培将无法让民众相信自己是不想独裁的。”公共的商业活动似乎完全停止了。公元前53年在没有执政官的情况下开始了，所有参加竞选的候选人都在接受贿选的审查。直到7月才选出执政官，他们将面临下一年的选举。因为米洛正在竞选执政官，克劳丢斯正在竞选大法官（怀有敌意的执政官可以将大法官的权力架空），乱象是不可避免的。但是，到目前为止，所有的候选人都依靠武力与贿赂参加选战。

庞培有自己的执政官候选人，而西塞罗是支持米洛的灵魂人物，长久以来两人结下了深厚的友谊。为了米洛的政治抱负，西塞罗不惜花费重金。如此出手大方连他自己都感到吃惊。尽管如此，他在元老院里坚持认为，应当承认米洛是合格的人选。对西塞罗来说，感激克劳丢斯的政敌是一以贯之的，从未动摇过——可是，我们在米洛的身上几乎见不到应当推荐他的理由。我们有西塞罗于公元前53年或前52年写的几封信，但只有一封信恳求年轻的库里奥支持米洛的候选人资格：“人们认为，我把我的全部热情、努力、忧虑、辛苦和挂念，甚至把我的整个身心都倾注在米洛的执政官竞选上了。”但是，库里奥

图 4　前不久发现的加图头像，采自北非的沃吕比利斯

更加重视与克劳丢斯业已存在的友谊，于是西塞罗的希望也就落空了。

公元前 52 年伊始，再次没有执政官。庞培的一位朋友以保民官的权力甚至否决了任命临时执政（*interrex*）的提议（在这样的空位期［*interregnum*］必须依靠一系列临时高级行政官）。直接动机是反对米洛，加图谴责庞培“加剧无政府状态以实现君主制”，但这是不值得大惊小怪的。1 月 18 日，像往常一样，克劳丢斯与米洛在卫队的陪同下出行，即使米洛的卫队不像好战的样子，但它的规模也是比较庞大的。他们俩在距罗马几英里的阿皮亚大道上相遇了。双方的奴隶发生了冲突。克劳丢斯身负重伤，被送进一家客栈。米洛将其拖出来杀死了。

当天晚些时候，一名前往罗马的元老发现了尸体；他用肩舆把尸体运回罗马。克劳丢斯的尸体停放在帕拉丁的自家房间里，他的妻子
138 富尔维娅[1]悲痛欲绝，引来了大批支持者，那天夜里来者急剧增加。

---

① 不是公元前 63 年向西塞罗告密的那个女人，而是一位令人敬畏的女继承人，她先后嫁给克劳丢斯、库里奥和安东尼。

第二天，尸体被运到广场的讲坛（*Rostra*）旁，曾是克劳丢斯盟友的两名保民官向人群发表演讲。对于担任过公职的人普遍享有的荣誉来说，这种做法具有某些雷同之处。但不同寻常的是，一些人把尸体抬入附近的元老院大厅，以办公设备和官方文件为柴，将克劳丢斯的尸体火化了。元老院大厅起火，登时变成一片废墟。然后人群进攻临时临时摄政和米洛的寓所，这个临时摄政是好不容易才被指定出来的。他们举行示威，要求庞培成为执政官或独裁官，并授予他“法西斯”（*fasces*），即标志高级行政官权力的棒束，这些“法西斯”是从安全存放地偷来的。执政官候选人继续要求选举，但是他们的大批打手使选举无法进行。权贵派再也不能制止混乱的局面了。元老院通过了“最后裁决”，呼吁可召集的高级行政官、临时摄政、保民官和身为代行执政官的庞培恢复秩序，并授权庞培征集军队。庞培执行了元老院的命令，但仍然推迟武装介入，后来临时摄政根据毕布鲁斯的动议宣布庞培为唯一的执政官（sole consul），因此至少避开了独裁官的名字。这位临时摄政碰巧是律师塞尔维乌斯·苏尔皮奇乌斯·卢福斯。令世人感到普遍震惊的是，加图竟然支持这一任命。他说，“有政府总比无政府好”。在评价庞培的这种地位时，有一个事实一度是众所周知的，我们不妨回想一下：克拉苏出于对财富与荣誉的渴望，肆意挑起了与帕提亚帝国的战争，结果在卡雷（Carrhae）的激战中不幸身亡；此外，恺撒正在同高卢的大暴动进行战斗。

庞培借口担心米洛行为不轨，遂招募了一支庞大的军队。他务必让米洛受到审判（起诉者是克劳丢斯的两个侄子）并采取特殊防范措施对付贿赂陪审团的行为。经过一天的审判之后，庞培发现，必须在广场及其周围的所有神庙布防；他在一支军队的前面坐镇。积极维护米洛利益的西塞罗——以失去部分民众的拥护为代价，面临起诉的威胁，可能还要面临庞培的愤怒——参加了盘问。在最后的演说中，他打算证明，克劳丢斯之死有利于国家（正如在一篇虚构的演说里，布

鲁图为米洛辩护中所说的那样），同时被告的行动符合于自卫的自然法则。不过，这种说法没有很强的说服力。但是，当审判日来临之
139 际，支持克劳丢斯的保民官劝说人们去查看一下米洛是否逃跑了，并向他们强调说，西塞罗对克劳丢斯的死负有责任。西塞罗刚从座位上站起身，立刻迎来一阵嘘声。在暴徒与士兵的众目睽睽之下，他失去了自制力，“言辞很少有平素的坚定”，而且非常简短。至少评论他的阿斯考尼乌斯认为，迄今为止他还在坚持，这已经非常勇敢了。从阿斯考尼乌斯那里，我们得到了有关此次审判背景的宝贵说明。米洛流亡到马西利亚（Massilia，马赛）；阿斯考尼乌斯认为，西塞罗写下的这篇辩护词是他的上乘之作。当西塞罗将辩护词的副本寄给米洛时，米洛回信称，他很高兴，假如这篇辩护词不以那种形式发表，他就没有品尝马西利亚海鲜的机会了。

后来，西塞罗有幸使米洛的一名支持者无罪释放，使支持克劳丢斯的保民官布尔萨（Bursa）因使用暴力受到起诉。

> 你说，你认为（他向一位朋友写道），因为他是一名小人物，我就不重视自己的胜利了。请相信，这次裁决比仇敌之死更值得我高兴。我不喜欢暴力，更希望发挥法庭的作用，……特别令我感到欣喜的是，尽管一位极其显赫的铁腕人物（指庞培）对我施加巨大的压力，但“精英们”仍然因为我感受到激情。最后，虽然似乎不大可能，但我对他的恨远远超过对克劳丢斯本人的恨。我抨击了克劳丢斯，抨击了我保护过的布尔萨。克劳丢斯把目光对准了某件大事，因为整个宪政与我的危险息息相关。

最后，尽管有些周折，但庞培与权贵派后来还是结成了同盟。正如西塞罗的激烈言辞所反映的那样，他对这次结盟没有任何贡献。其

实，此刻他与恺撒的关系更加密切了。恺撒好像把他叫到了拉文那，让其阻止现任保民官凯里乌斯，叫他不要危害恺撒的利益。然而，庞培不准备与恺撒公开决裂，对恺撒与西塞罗的关系并不反对，正如西塞罗稍后所言，庞培原谅了西塞罗为米洛所做的辩护。由于庞培和霍腾西乌斯建议他填补小克拉苏（P. Crassus）在卜师团中留下的空位，西塞罗还得到了某些收获。如公元前59年的一封信所表明的那样，他早就渴望担任这个祭司职务了。他不相信占卜（即对鸟翔和其他事件显示的征兆所做的解释），但是，这样的官职几乎是显赫的执政地位的主要装饰品和权威的重要因素，也是某种权力依靠的阵地。除他的资助者外，西塞罗的同僚中还有罗马的一些最耀眼的人物；阿
皮乌斯·克劳狄乌斯几乎可以说是其中的佼佼者，他感谢西塞罗赠给 140
自己一部论占卜的著作——至少他是无保留地相信占卜；后来阿皮乌斯对一切占卜都坚信不疑了，甚至迷恋上了巫术（西塞罗也写过论占卜的书，可惜已经失传）。

就职仪式非常隆重，西塞罗还必须为卜师团举办就职宴会。卜师团的成员仍穿官服特拉拜亚（*trabea*），这是一种绣有紫色和猩红色条纹的斗篷。这次举办的宴会好像不如霍腾西乌斯的宴会那样铺张，在那次宴会上烤孔雀首次引入罗马；这次宴会也不如公元前69年一名祭司举行的就职宴会那样盛大，后来一位好奇的学者保留了那次宴会的菜谱：有牡蛎和其他贝类的拼盘儿（*hors d'œuvres*），还有芦笋、香酥鸡；飞禽、山羊和野猪的后腰、禽肉卷和丰盛的海鲜；母猪的五花肉、猪头肉、鱼、鸭、煮禽肉、野兔、烤禽肉、布丁和“皮塞尼面包”（Picene bread）等各种主菜。

与此同时，庞培着手整顿政治的混乱局面。近来他通过可靠的婚姻讨好权贵派，娶显赫贵族麦特路斯·西庇阿（Metellus Scipio）的才貌双全的女儿为妻，如今又让岳父作为自己的执政官同僚。他通过了某些改革法案，主要以反腐败为目的。虽然加图没有与庞培秘密勾

结，但正如公元前51年他没有参选执政官所表明的那样，他却支持庞培；加图定期参加陪审团，如果自己的同事不秉公断案，他会让他们羞愧得无地自容；歌功颂德的传统表明，因为加图认为赛会是应当举办的，所以他督促自己的朋友法沃尼乌斯在担任营造官期间举办公共赛会，不要通过铺张浪费或过分的奖赏讨好与会者（他按照希腊的奖励方式，不颁发金冠，而颁发新鲜橡树叶编成的桂冠，所赠的礼物都价格低廉，大多为食品。据普鲁塔克记载，“赠给希腊人的礼品是：甜菜、莴苣、萝卜和梨；赠给罗马人的是：葡萄酒、猪肉、无花果、黄瓜和木材捆”）。幸好，民众都很高兴；几年前的一幕还记忆犹新：加图愤然离开剧院，他反对在那个特殊的节日将裸体照旧搬上舞台。关于自己拒绝竞选执政官一事，他反复重申，今后不再参加竞选。对他的这种态度，西塞罗表示谴责。但是，挽救共和制的这些努力来得太迟了，也太表面化了。对新的联盟至关重要的一些贵族根本不足以相信，例如多米提乌斯和阿皮乌斯·克劳狄乌斯就是这样的人物（前不久克劳狄乌斯把一个女儿嫁给了庞培的儿子，把另一个女儿嫁给了
141 前途无量的权贵派人物、加图的外甥马尔库斯·布鲁图）。加图和他的朋友是宁折不弯的，他们是一个狭隘的集团。许多人猛烈攻击加图“小集团”是冷酷无情和难以忍受的；反之，他们认为，恺撒慷慨大度、通情达理，颇具伟大征服者的威望，因而给他们，甚至给罗马的未来，带来了美好的希望。然而，庞培和权贵派的联盟没像西塞罗的政策所要求的那样停留在“等级和谐”之上。如今元老院本身出现了严重的分裂；骑士们对权贵派仍然不够热情，即使他们不敌视庞培本人，但对加比尼乌斯肯定充满了敌意。同时恺撒的追随者继续增加。

庞培的一项新法案规定，高级行政官卸任后满五年才能出任行省总督，其目的也许是阻止候选人花费巨额资金用于竞选（这些钱通常是借来的），因为这些人知道，一旦任职期满，他们将立即前往行省任总督，而且很快就会把花掉的钱捞回来。这项法律出台的结果是，

有数年时间缺少合格的总督，于是只好重新启用那些拒绝接受行省的卸任高级行政官。克拉苏死于卡雷之后，东方的危机到处可见，可以起用的最主要人选只好重新调配。公元前51年春，毕布鲁斯被派往叙利亚，克拉苏的前财务官喀西约（C. Cassius）——后来成为谋杀恺撒的凶手之一——仍在那里继续留任；西塞罗受遣管辖西里西亚，在过去的两年，那里的行省居民遭受了阿皮乌斯·克劳狄乌斯的压榨。

对西塞罗来说，这几年是他深受压抑的年代。但是有亲朋好友在一起和紧张的工作，他的私生活并非完全没有乐趣。公元前56年2月，他帮助年过五旬的阿提库斯操办了婚礼。此后，西塞罗在信中都要提到阿提库斯的妻子皮丽娅（Pilia），虽然三言两语，但非常友好。他们经常互相拜访，举办宴会。在罗马，阿提库斯的房子是一座旧建筑，坐落在魁里那尔山上。阿提库斯不肯弃旧翻新，西塞罗对这座房子的喜欢程度一点不亚于它的主人；阿提库斯的家宴很简单，有时西塞罗笑话他只爱吃菜不爱吃肉，只爱喝水不爱喝酒；在西塞罗前往东方的离别之际，他派人为西塞罗准备了一次叙利亚式的特殊晚宴，所用器皿不是贵金属碗碟而是陶器，这在罗马富人中实在少见，然而陶器来自国外，样式精美，价格不菲（据说克里奥帕特拉为弄到珍奇的彩陶，不惜花费重金）。我们知道阿提库斯喜欢在晚宴上高声朗读以 142
款待客人——后来，有时客人们还欣赏西塞罗的未发表的部分作品；而且阿提库斯健谈，特别喜欢边走边聊。有一次有人就看见他在罗马附近的庄园散步，也许就在他最喜欢的小树林里。西塞罗的豪宅无疑是柱廊结构的庭院（*palaestra*），他曾把庞培的柱廊和马尔斯演兵场描绘成罗马城内漫步的好地方。西塞罗的一段对话告诉我们，他本人、昆图斯和阿提库斯曾在阿尔皮努姆附近的地产空地上一边漫步一边闲聊。在那种幽静的地方，人们肯定不会想到尔虞我诈的纷争；毫无疑问，绅士们都在沿着平坦的小路悠闲散步。阿提库斯在意大利仅有两处农场，可是他在伊庇鲁斯拥有大地产；根据他的出身和观点判断，他比自己的朋友西塞罗更像是地道的罗马人和城里人，如果在意大利，他喜欢住在首都。

西塞罗和昆图斯的关系一直很亲密；虽然看起来昆图斯与大名鼎鼎的兄长在一起不总是无拘无束的，因为在他前往高卢之前，西塞罗不得不怀着某种痛苦的心情给他写信，并再三强调，他从来不认为昆图斯会给他添麻烦或耗费他的时间。

一些书信显示，西塞罗忙于自己的和昆图斯的建筑和翻修计划；昆图斯在阿尔皮努姆附近新购置了一处地产，在罗马附近正物色一个地块。在一名希腊知名学者提兰尼奥（Tyrannio）和阿提库斯的一些训练有素的奴隶或获释奴的帮助下，西塞罗对一处海滨住宅的图书馆进行了重新规划。他向朋友和弟弟报告了有关小昆图斯的进步，在两个孩子中，年龄稍长的小昆图斯比较有天分（可是也有人责备他贪心）——此刻西塞罗非常疼爱这个孩子，可以说有求必应。孩子们的老师给他们制订了修辞的学习计划，西塞罗不打算加以干涉；但是他不止一次地建议，如果他能够把这个小家伙带到乡下，他就让这孩子远离雄辩术，同时把自己的更加科学和更加合理的方法传授给他。在西塞罗的身上确实具有一名优秀教师的素质；我们还目睹了这个时期他与几个年轻门客之间的联系。

143 近来他很少见到昔日的弟子凯里乌斯；这个年轻人投靠过喀提林，可是没有受到株连，后来他又倒向克拉苏。凯里乌斯通过指控大人物出了名，在演讲方面他形成了自己独特的风格，不仅尖锐而且生动。在此期间或不久的将来，他被视为那个时代的著名演说家之一。他仪表堂堂、精力充沛，住在帕拉丁山上的一所风水很好的公寓里，这所公寓是从克劳丢斯那里租来的。他一度是克劳狄娅的情夫，这已是人所共知的事实；麦特路斯去世后，无论在台伯河畔的郊区公寓，还是在那不勒斯湾巴亚（Baiae）避暑胜地的家中，克劳狄娅这个浪荡寡妇的风流韵事都是尽人皆知的。然而，公元前56年春天，凯里乌斯受到了阴谋毒死克劳狄娅的起诉——此外，还有一些更加严厉的指控，这使他陷入了不能自拔的境地。他请求西塞罗为他辩护，西塞罗答应了；这位辩护人通过铿锵有力、变化多端的演说打赢了这场官司：从身为长辈对晚辈道德的考虑，到令人啼笑皆非地呼唤克劳狄娅的可敬祖先——盲人阿皮乌斯·克劳狄乌斯和她的玩世不恭的弟弟克劳丢斯。他还把公共浴池中杂七杂八的乱象描绘成一场闹剧。据检举，就是在这种情况下，毒药迅即传给了克劳狄娅的奴隶；西塞罗没有描述她丈夫临终前的可悲情景，他是这样暗示的，说她的丈夫是被妻子毒死的，称她是“帕拉丁的美狄娅”（Medea of the Palatine），而凯里乌斯本人以前曾把她称作“贱货克吕泰涅斯特拉”（sixpenny Clytemnestra）。凯里乌斯的野蛮和复仇心理像他的智慧和魅力一样是不言而喻的，他是否完全清白，确实无人说得清楚；但他理当感谢西塞罗的支持（西塞罗曾以少有的暗喻对他进行了中肯的描写，称他右脸善，左脸恶），从此以后，俩人交往甚密。

另一位青年朋友是大有可为的律师特列巴提乌斯·特斯塔（Trebatius Testa），西塞罗把他举荐给了恺撒。特列巴提乌斯不太喜欢高卢，西塞罗多次去信申斥他，让他抓住机遇，因为那里的机遇正向他敞开，此外还继续同他开法律玩笑。第三位年轻朋友是马尔库斯·克拉苏之子普布里乌斯·克拉苏，他在高卢为恺撒冲锋陷阵，并试图促使自己的父亲和西塞罗和好；卡雷的惨败打消了他在军事上的雄心壮志。

这些年的资料首次提到了提洛（Tiro），这是一个文化素养很高的奴隶。后来提洛变成了获释奴，担任西塞罗的秘书，西塞罗的家人似乎都很喜欢他。他的年龄难以考证，不过，那时他也许很年轻。后来的一位作家引用了几行情色诗，据推测这是西塞罗朗诵给提洛的。如果这些诗句属实，那么也许不同于面向年轻人的所有罗马爱情诗， 144

仅仅是希腊式的玩笑（*jeu d'esprit*）罢了；同许多罗马人一样，西塞罗非常不赞成同性恋，在现存的致提洛的信中，不存在这类关系的蛛丝马迹，他的这些信对提洛充满了慈爱与关心。他向阿提库斯评论道，“这是一个品行端正、尽职尽责的年轻人”，同样，昆图斯与西塞罗之子的现存信件也显示出了类似的关心与尊重。从两段引文中，我们可以看出善良的罗马人对奴隶制的态度和这种态度的局限性：一段引文出自西塞罗几年前论一名年轻奴隶之死（这名奴隶是为他朗读而雇佣来的）：“一名奴隶之死让我如此心烦意乱。”另一段引文出自昆图斯写给兄长的一封信，这封信的内容是关于释放提洛的问题：“感谢你不再让他过奴隶的生活，也感谢你更喜欢他成为我们的朋友而非奴隶。”昆图斯补充说，也许更像是不太服气地说，西塞罗继续对获释奴斯塔提乌斯的影响力不以为然，这就是他如何看待获释奴的。提洛是一位不可多得的助手；除了学术上的成就和兴趣外，他发明了（或推广了）一种速记法，因而扬名，他能够极其迅速地记录西塞罗口述的内容。

这些年的许多资料也涉及了图里娅。她精神失常，身体多病。由于她的原因，西塞罗曾避免接受可能激怒克劳丢斯的诉讼案件。关于她的第二次婚姻和她的丈夫克拉西佩斯（Crassipes），我们知之甚微。克拉西佩斯是个年轻贵族，很明显他留给岳父的印象不深，这与思维敏捷、受人尊敬和勤奋工作的皮索判然有别。她和阿提库斯的妻子皮丽娅的关系似乎很好。皮丽娅大概很年轻。关于特兰提娅一点儿都没有涉及，只有她与自己的弟妹庞波尼娅（Pomponia）之间早期争吵的暗示。

在这个时期的西塞罗书信中，有一封最引人注目的信，在一定程度上这是以文学演练为目的写给一位友人的。当时这位朋友正在乡下养病，因而错过了参加庞培剧院开幕所举行的庆典。庞培剧院是罗马第一座长期开放的剧院，于公元前55年秋季落成。为了消除缺席庆典的遗憾，西塞罗向他询问了某些事情。西塞罗让他相信，他没有错过值得看的东西；著名老演员埃索普斯（Aesopus）的复出是以可悲的失败而告终。上演的剧目

> 没有普通演出那样精彩，因为剧情过于悲壮，观众笑不出声 145
> 来，在戏剧《克吕泰涅斯特拉》中，从600头骡子身上能得到什么快乐？……除此之外，还有两场持续五天的野兽表演，规模可谓盛大，这一点没人否认，但是，当见到一名无能为力之人被一头比他强悍得多的猛兽伤害了，或一头好端端的动物被长矛刺穿了，一名有教养的人能得到怎样的快感呢？最后一天是大象表演，观众只觉得新奇，但并不开心；相反，他们对动物深表同情，毕竟大象与人有某种相通之处。在这个世界上，不要以为我荣幸地度过了戏剧演出的日子会有多么的幸福：在你的朋友卡尼尼乌斯·伽路斯（Caninius Gallus）的审判中，我的肺差点气炸了。如果听众允许我像埃索普斯一样退休，我会无事一身轻，与你以及那些志同道合的朋友一起愉快地生活。我对自己的老本行已经厌倦了，即使年轻和雄心继续鞭策着我，我也不必为我讨厌的人辩护；现在的生活很无聊，因为我不指望从工作中得到好处，有时我不得不应恩人之邀为那些根本与我不相干的人进行辩护。

处理法律案件不是西塞罗这些年的唯一工作。正如他告诉昆图斯的那样，他不能无所事事，在给昆图斯和阿提库斯的信中谈到了正在创作的文学作品。除了寄给恺撒的那首诗和语法著作外，还有一部《论岁月》（*On his Times*）的叙事诗，历数了自己的流亡生活。书中有例行的群神会，借阿波罗之口描述了皮索和加比尼乌斯不光彩地返

回罗马。幸好西塞罗决定不出版这部叙事诗，其表面原因是，他不能在诗中提到帮助过他的所有人，其实真正的原因也许是《论执政官生涯》（*On his Consulate*）一诗所受到的好评提醒了他，阿提库斯可能也对这部叙事诗提出过警告。长篇对话体散文《论演说家》和《论共和国》是西塞罗的两部力作，阿提库斯读后大加赞赏。但是，这两部著作需要更加详细地加以探讨。

第九章　西塞罗论共和国（公元前 56—前 52 年）

146

公元前 1 世纪 50 年代，政局动荡不安，但在其他方面，罗马经历了最辉煌的时期；像不时发生的那样，政治和社会的纷争明显促进了理论和艺术的活动。然而据此评价大诗人卡图路斯和卢克莱修达到了何种重要程度似乎并不恰当。人们给予了他们极大的关注，其中的一个人得益于个人经历和希腊诗歌的启迪，另一个人得益于希腊哲学的熏陶；卡图路斯的诗歌从对恺撒及其支持者的无礼谩骂到名人的逸闻趣事，都折射出了政治与社会的面貌。他所生活的社会是一个见利忘义的狂热社会，这在某种程度上决定了他的个人经历；卢克莱修信仰伊壁鸠鲁哲学，他希望同时代的人能够摆脱邪恶。这些邪恶不仅包括宗教的恐惧，也包括不顾一切的社会政治野心。他对这些野心的描写令人难以忘怀。当然，其他艺术的进步在一定程度上确实依赖于社会因素。然而，众多有钱人的宏大建筑计划受到道德家的猛烈抨击，反之，这些计划也刺激了建筑和其他艺术形式的改观；例如，多彩多姿的壁画式样代表着建筑的基调，我们都熟悉来自庞贝遗址的所谓“第二风格”艺术形式，这种形式植根于这一时期，此时的强烈个人主义也许与塑像的争奇斗艳有一定的关系。

共和国政府的瘫痪对诊断病症和开列处方也产生了某些影响。记载近期事件的史书也许就是其中的一个因素，譬如路凯尤斯的史书，西塞罗希望他能够把历尽沧桑的一生记述下来；我们目睹了西塞罗本人如何采取各种形式解释这些事件的，我们还将看到，别人如何鼓动

他撰写一部正史。另外，还有一些回顾历史的尝试；假如罗马传统陷
147 入危机，则必须弄清这种传统究竟是什么。公元前1世纪50年代早期大概就是瓦罗的第一部古物研究巨著问世的时代，这部著作选取了时下被人忽视的主题，然而这一领域的早期研究活动与公元前2世纪后期政治危机有部分因果关系。我们将发现，这一时期西塞罗的一些作品既有古物研究，也有历史研究。正是《论国家》或《论共和国》中的这些因素促使阿提库斯转向编年史研究。阿提库斯的门客科尔奈里乌斯·奈波斯也着手撰写历史，后来写了一篇关于自己的庇护人阿提库斯的传记（因接受卡图路斯的献诗奈波斯出了名；罗马文坛是个小圈子——西塞罗受到了卡图路斯散文诗的恭维，有的恭维是真诚的，有的则是讥讽。在给弟弟的信中，西塞罗对卢克莱修的一首诗表示称赞；根据后来一种未必属实的传统说法，他纠正了这首诗的不当之处；众所周知，他对诗人一向持鼓励态度）。我们发现，阿皮乌斯·克劳狄乌斯献给了西塞罗论前兆的著作，该作品在某种程度上也许是对公元前1世纪50年代动乱的一种保守的反应。

正如人们对罗马人所期待的那样，多数反应是具体的，并注重过去。就我们所知道的而言，唯有西塞罗在对话录《论演说家》和《论共和国》中更倾向于理论探讨，当然其中也不乏对历史的情趣。这不仅是罗马人的情趣，而且也是西塞罗自己的情趣。对话传统不强调历史的精确性，但西塞罗似乎以热爱过去的风俗习惯和伟大人物而感到满意。他尽可能一丝不苟地重现主人公的背景，路奇乌斯·克拉苏即是一例，西庇阿·埃米里亚努斯则是另一例；与此同时，他喜欢柏拉图的对话录（也许还有亚里士多德的对话录，后者失传了），并经常模仿他的对话录。古代著作家都追求这样的模仿，而不是回避之。西塞罗的对话录在结构上生动地展现了罗马贵族的生活方式。虽然如此，却不如柏拉图的对话录那样逼真，那样富有戏剧性。主人公（*dramatis personae*）是一些罗马显贵和他们的年轻亲属或门客，他

们聚集在宅邸或乡村别墅欢度节日，他们愉快地交谈，并决定就某个严肃的问题进行辩论。在态度上，他们要比柏拉图对话录中的苏格拉底的朋友更加一本正经。

公元前1世纪50年代的西塞罗的两部对话录是献给昆图斯的。对话录所言之事发生在西塞罗所赞美的历史人物当中。当时正是他所鼓吹的阶级联合受到挑战的年代；主人公均被描绘成元老院和“精英”中的开明之士。在《论演说家》中，西塞罗以回顾共和国的繁荣 148
时期开篇，那时的杰出人物可以无忧无虑地参与公共生活，或不失自己的地位安度晚年——退休后的修身养性、悠然自得（*in otiu cum dignitate*）。文章的主题不仅涉及诸如幽默在演说中的适当作用这类技巧问题与艺术问题，而且在某种意义上还涉及政治和教育的全部问题。西塞罗认为，只有把正式的修辞训练同法律知识与历史知识结合起来、同教化或人性（*humanitas*）结合起来，尤其是同哲学结合起来，才能不辜负演说家的名字，才能成为国内演说界的重量级人物。这里所说的哲学主要指伦理方面的原则。虽然路奇乌斯·克拉苏没有实现百科全书式的理想，但他接近了这一理想；在第三卷的序言中，在最后时刻的政治参与，从支持保民官李维乌斯·德鲁苏斯（权贵派鼓动家）到拥护元老院的权利，一直到他最后生病和去世，他所做出的贡献雄辩地证明了他是一位真正的政治家。西塞罗坚决主张著作创新；他给兰图路斯·斯宾特尔写信说，他仿照亚里士多德的风格撰写的《论演说家》一书对斯宾特尔的儿子将是有益的，他称“这些著作破除了常规，收录了先人的所有演说理论，尤其是亚里士多德和伊索克拉底的理论”（特别是后者，他捍卫修辞学，通过赋予修辞学广泛的政治与道德的内涵，遂将这门学问比喻成烹调术，进而反对柏拉图对修辞艺术的蔑视）。但西塞罗成功地给这些著作穿上了罗马人的服装，而所谓罗马人的服装其实也就是他自己的服装；《论演说家》一书有不少罗马法律案件的引文和奇闻逸事，非常贴近罗马的国情。

《论共和国》（书名确实难以翻译，其意有点儿像“论国家与社会”）也较少有意识地提出创新要求。西塞罗谦虚地声称，他借鉴了柏拉图和某些希腊作家的作品。一些学者务求资料来源更加精确，然而他们的努力显然都失败了。在该书的撰写上，西塞罗遇到了许多难题，正如他在一封信中所言，“这确实是一项艰巨而又辛苦的任务”。在动笔前的准备阶段，他通读了大量希腊政治理论和许多历史与古物研究的著作。当他自己的图书馆停止使用后，他就从阿提库斯那里借瓦罗的著作，也许还用阿提库斯的一名博学的获释奴担任顾问和助理
149 研究员。公元前2世纪，旅居罗马的希腊作家提出了一些适应罗马情况的政治理论，这些人与贵族交往甚密，尤其与西庇阿本人，尽管他们仍不是较早的希腊作家，但西塞罗堪称用拉丁文详细探讨政治理论的第一人。

在写给昆图斯的一封信中，西塞罗把自己研究的主题限定为理想国与理想公民。这的确是一些很平常的问题。但是，这个看上去十分抽象的讨论究竟同这部书有多么贴切的关系，我们可以从残缺不全的序言中看得出来，其中包括，保护献身于公共事业的生命乃是第一要务，反对伊壁鸠鲁学派的如下观点：只有坚守个人的小天地，一个聪明人才能维持自己的自由。西塞罗认为，在人的天性中，具有让生命为他人变得更加美好的愿望；政治活动带来的荣誉和满足胜过付出的辛劳和遭遇的危险；我们对国家尽义务甚至高于赡养父母的责任；假如政界存在卑鄙小人，越来越多的人一劳永逸地跻身政府部门是其中的一个原因。他嘲笑伊壁鸠鲁的妥协观点，即在危机中聪明人亦可能介入政治以保护国家的利益；然而没有从政的经历或地位，他能够这样做吗？

这确实是个值得探讨的话题；卢克莱修以慷慨激昂的口才重申了伊壁鸠鲁的观点，也许城中的其他罗马和希腊的伊壁鸠鲁学派作家也重申了此种观点；不必远找，确有许多像阿提库斯那样的能人，他们

在目前的局势中更喜欢宁静，而不愿谋取荣誉。他们以西塞罗的不幸遭遇为例，说明公职生涯中充满了忘恩负义和令人失望的行为。这些人并非都是伊壁鸠鲁派。另一方面，我们发现，内战期间和战后，大量的伊壁鸠鲁主义者在政治中的表现是很活跃的，最著名的人物是喀西约。西塞罗的作品显然很受欢迎，我们没有必要过分夸大这些著作的影响，但是，他的作品反映了真实的形势，这也是不言而喻的。总的看来，《论共和国》是他精心完成的理论著作，以此证明他长期主张的贵族政体与政府包容政策的正确性。

在书中，西庇阿及其友人首先谈到了不久前发现的天文奇观。这
使他们迷上了天文学和与现实生活相左的理论主张——古老的二分
法。莱里乌斯坚持认为，没有什么像政治那样重要。最后，让西庇阿
告诉听众，什么是自己心目中的最佳政体。他描述了希腊思想家划分
的三种基本政体：君主制、贵族制和民主制。这三种政体可以分别蜕 150
变成暴君政治、寡头政治和暴民政治。继许多名家之后，他提出了如
下的主张：三种正规型政体的混合可以防止一种政体形式向另一种政
体形式的迅速演变。这就是著名的混合政体论。在西塞罗详细阐述这
一理论之前，混合政体已经有了较长的历史和光荣的记录，然而它在
未来持续的时间更长，显示的作用更加辉煌。可以发现，混合政体论
在柏拉图和亚里士多德的著作中已经有了雏形，后来一再见于希腊化
时代的许多作家的著作，继而影响了阿奎那和马基雅维里的政治思想
与晚至19世纪的许多英国人的政治理论。像斯巴达和迦太基一样，
罗马实行混合政体，但西塞罗不是将罗马视为混合政体典范的第一
个。在罗马，当公元前6世纪后期的最后一名国王塔克文被驱逐后，
执政官继承了国王的许多权力，代表君主政治；元老院代表贵族政治；
人民大会代表民主政治。罗马人非常崇拜自己的神圣祖先，几乎难以
想象祖先的政体并非完美；运用这种理论，最杰出的希腊思想家似乎
也赞同过他们的观点。在我们看来，混合政体似乎是罗马体制必须与

之相适应的强求一律的制度；例如，当这种理论已经应用于罗马之时，它根本不考虑政治上已经成长为一支重要力量的骑士。混合政体理论强调稳定与包容的作用，它留给我们的印象不像留给西塞罗的印象那样深刻。在各种因素部分重叠和模棱两可的权力中，我们的确见到了导致派性的强大诱惑力和使整个政府瘫痪的主要工具——否决权。

但是，在西塞罗时代，混合政体理论的产生不仅仅是巨大的，而且这种混合政体也是唯一值得称赞的和比较自由的，既可以取代君主制，也可以取代贵族制。公元前5世纪以后，民主政治的理论对知识分子很少有吸引力，随着雅典政治的衰落和整个希腊化世界财富分配日益不均，民主政治的理论进一步衰落。

公元前2世纪，好像就有人主张过，罗马的混合政体经过多年的尝试和许多哲人的贡献而日臻完善，但不是一产生就很完备，而希腊人则认为，他们的制度来自一个立法者的头脑，诸如来自斯巴达的来库古或雅典的梭伦，那时他们的理论就很完备了。西塞罗接受了这种观点。因此他对理想国的探讨变成了一部罗马简史。他的探讨起点很
151 高，并日臻完善（尽管不自觉地流露出形式主义的倾向，但在叙述极其模糊的历史时期时，西塞罗对史料的处理并非完全没有批判）。作为一种对立的理想国理论，柏拉图的《理想国》因不切实际和凭空虚构而被摒弃。

西塞罗赞成森都里亚会议倚重富人，赞成贵族通过宗教控制政治，但这并不意味他反对公正。像柏拉图一样，在他看来，尽管有人对“法律面前人人平等”赞不绝口，但只有保存适当的阶级和阶层，才有公平可言——在帝国时代，由于对富人与穷人量刑不一，公平的原则就消失了。西塞罗批驳了不公乃国之必需的陈腐而又荒谬的论调，颂扬了斯多葛派有关自然法的某种信念，实际上他认为法律和公正是一致的。法学家把法律作为民众的声明，或其他机构和个体的声明。西塞罗与法学家不同，他以这种方式解释法律，为我们展现了他

在公职生涯中的所作所为。他公开声称忠于法律和法律程序，因而他毅然决然地不去理睬那些在他看来不公正或不适宜的法律；必须考虑民众的利益，但是未必征求他们的愿望，这也是西塞罗理念的核心之一。然而，他坚持认为，政府必须谦虚和蔼，不可触怒民众；极少动用死刑是罗马人明智之举，为了和谐，政治家应该体恤民情。他赞成传统的庇护制，理由是：应以这种方式鼓励上层阶级通过建议、支援和资助，保护穷人和救济穷人。

流传下来的《论共和国》的后半部分残缺不全。内容似乎是讨论教育和艺术的影响；西塞罗为罗马上层阶级的以家庭教育为中心的制度进行辩护，相反，许多希腊哲学家追求国家教育的体制。他认为妇女和儿童应在家中单独训练；但是对这个阶段应有严格的法规进行约束，特别是应避免人身攻击，早期雅典喜剧因搞人身攻击而臭名昭著。关于理想公民，书中也有长篇大论。关于西塞罗的意图，存在许多争议。公元前1世纪50年代，对个人权力的适当规范和界定，自 152
然是他应当考虑的。有人曾认为，他设想出准君主式的合法保护人，诸如后来的奥古斯都就变成了这样的保护人；的确，西庇阿说过，君主制，即一位智者的统治，乃是最佳的朴素政体，但这只是一种学术构想，因为它也是不够稳定的政体，容易蜕变为暴君政治，而在所有政体形式中暴君政治是最坏的。因此西塞罗不会把君主制视为可行的主张，如今大家普遍认为，在一个时期的国家中可能存在不止一名统治者（*rector* 或 *gubernator*），这名统治者不具备奥古斯都的实权（主要指军权），完全依靠榜样的力量、法律知识和对公共舆论的影响力。庞培绝不是楷模；我们知道，西塞罗认为，罗马已经没有了危险的敌人，因而宣扬军事威力已经过时。庞培的确不具备他所要求的文化知识。楷模均是过去的大人物，例如西庇阿及其朋友莱里乌斯和其他人。西塞罗认为，他处在幸福的环境中，在政治中确实也能把理论和实践统一起来。然而，西塞罗深深地理解雄辩的危险；他指出，雄辩导致的腐败比金钱导致的腐败还要恶劣，他的指导者似乎要求培养简洁明快的演说能力，得出的结论不同于《论演说家》给出的答案，在该书中，修辞技巧与道德素质的提高是同步的。

西塞罗认为，在危急情况下允许起用独裁官——当然，在使用“独裁官”一词时，他仍坚持罗马人的传统观念：独裁官是一名高级行政官，具有压倒一切的权力，只在一定时期指定，通常任期很短。他暗示说，提比略·格拉古死后，时局动荡，为了使国家长治久安，西庇阿有可能成为独裁官。《论共和国》一书直到 19 世纪才见之于世，此前几乎全部散佚，如果马基雅维里知晓此书，他会发现书中的某些内容颇似自己的改组者（*riordinatore*）理论。

书中的一个断片描述了政治家的基本目标：让公民过上殷实的生活——“兴旺发达、财源滚滚、荣誉满堂、崇尚美德”。除伊壁鸠鲁学派外，大多数早期思想家把国家的目标定得同样高。在他们看来，只有国家能够提供最起码的安全保证。这样的观点必然要求建立一个强有力的、负责任的政府，同时有助于解答斯巴达之所以受人称赞，是因为这个城邦把公民生活的每个方面都安排得井井有条。

153 西塞罗宣称，政治家的付出应得的回报是荣誉；获得荣誉是早期罗马人建立丰功伟业的动机。让我们看看著名的“西庇阿之梦”吧。它模仿了柏拉图《理想国》结尾部分的爱尔（Er）神话。西塞罗的《论共和国》就是以“西庇阿之梦”结尾的。在梵蒂冈发现了重复使用的手稿，最初也包括《论共和国》，此前有数世纪之久，“西庇阿之梦”一直是所能读到的《论共和国》的全部内容。作品以精心设计的对话开篇，主题涵盖天文学和为政治活动所做的辩护。梦将西庇阿带入天堂。在天堂，他遇见了自己的祖父，战胜汉尼拔的老西庇阿·阿非利加努斯。阿非利加努斯对他说，政治家得到的真正嘉奖是神的好感和赐予的不朽灵魂，因为良好的社会秩序令神高兴。从天上往下看，西庇阿感叹地球的渺小，他的荣誉在人世间是多么不值一提。在斯多葛的宇宙论中假想的火灾和洪水一再毁灭众生，从那以后，时间是那样的短暂。如果想到这些，就不会以追求名望或别人的尊敬为荣。在这种生活中，政治活动是利他的——至于其他，西塞罗从不教条：此情此景所展现的也许与梦差不多，关于这类现象的产生他运用了一些怀疑的词语。

公元前 54 年秋，西塞罗在给昆图斯的信中说，他原计划写九卷（九个草纸卷，每卷相当于一大章），他已完成两卷。可是一个朋友建议他，以第一人称撰写会更具权威性。的确，为了不招惹麻烦，他避开了同时代的敏感问题，但是若不能论述西庇阿死后的较近事件，那是令人烦恼的。因此他把这部书的形式改成昆图斯与他本人之间的讨论。实际上，他采取了妥协的态度；最终《论共和国》由六卷组成，以过去为背景。但是，我们还有一部作品的主要残篇，大概也由六卷组成，这就是《论法律》。这部著作采用的形式是西塞罗、昆图斯和阿提库斯在阿尔皮努姆的谈话。《论法律》为理想国规定了一些细则，显然是《论共和国》的续篇；虽然它同柏拉图的《法律篇》联系不太紧密，但确是对《法律篇》的模仿。这一次，在内容的创新上，《论法律》有明确的要求。该书也许从未完成，几乎可以肯定的是，它没有在作者的生前发表；但是，这部作品的问世显然是激情的产物。这样的激情曾为西塞罗撰写《论共和国》提供过动力。早在公元前 1 世 154
纪 50 年代后期，西塞罗似乎已在撰写《论法律》，可是前往西里西亚的被迫出行打断了他的写作；不过，至少内战后他可以重操旧业，继续完成他的这部著作。除了令人赏心悦目的结构外，《论法律》的可读性不如《论共和国》，因为它的内容多为教条式的规则，所用的语言是陈旧的法律术语，后来又加上西塞罗对一些规则的评论；令人讨厌的是，这些规则的主要部分均采用谈话的形式。西塞罗愿意看到罗马引进改革，因此《论法律》是我们了解此类改革的绝好证据。

《论共和国》对完美的混合政体的蜕变原因只字没提，至少在残存的部分中是这样的；我们得到的唯一暗示是，西塞罗对古代的礼仪与美德的没落痛心疾首。在古典时代的历史家和政治家之中，对道德没落的这类解释是极其普通的；我们更希望从社会或经济发展的角度解释道德沦丧（古人主要强调一种经济因素，即奢侈品的涌入）。但是《论法律》暗示，猛烈抨击自己国家的制度对一个罗马人来说是极端困难的，西塞罗的长吁短叹只能是杞人忧天。促使他提出建议的三个因素是：希腊人的理论、现已消失的古代实践和他本人对当代问题的体会。一部法律的背后经常融合上述三种因素。

《论法律》以重申他的思想理论基础开篇，关于他的思想理论基础在《论共和国》中已有详细说明。自然法是法律的依据，天生的道理；就某种意义上说，是神的合理精神。人的智慧同神的智慧是有联系的。西塞罗确信，罗马法同自然法是一致的，他的这种主张可能为罗马政治制度扩展到整个帝国扫清道路有所帮助。自然法的概念还解释了为何他的法律涵盖习惯和道德（如在希腊词 *nomos* 的普通用法中所具有的含义那样）以及他的法律为何以宗教法开篇。这是因为他所用过的希腊著作一般说来都是以宗教法开篇的。

西塞罗对宗教的兴趣直接表现在宗教在社会和道德上的直接作用。他宣扬神对社会兴旺发达的关心和对政治行为的奖惩，这种信念既真实又实用（迷信在贵族制的罗马到处泛滥是司空见惯的）。因为神和人的至理名言都有利于权贵派的统治，即便人们承认这个时期的占卜师的观察至少是凭空捏造的，但利用传统宗教是合乎情理的观
155 点，也许是合乎逻辑的，因为宗教对维护贵族的影响力具有重要作用。事实上，西塞罗甚至反对占卜师掌控死刑（这大概是相当新的现象）；他认为，不仅应当虔诚地保留祖先的仪式，尤其是保留家庭的崇拜，而且应当重新恢复许多公共仪式，不管是已经绝灭的还是几乎绝灭的——例如，那些负责宣战和媾和的专门祭司所主持的仪式。他

还强调，没有正式祭司出席（他们自然都出身贵族），不可以举行私人的仪式，理由是依靠权贵的支持可以提高人们的社会凝聚力。西塞罗谈论过各种祭司团，但无论何处都没有单提大祭司长；他说宗教是阶级的工具而非个人的。另一方面，西塞罗要求仪式简朴，不仅限制富人的奢华（以及奢华产生的恶习和政治腐败），而且确保神明面前和法律面前人人平等，尤其明令葬礼从简；葬礼是最后的试金石，财富的差异将随着死亡而终止，这是“天经地义的”。社会上还有一些其他有趣的成见：如在希腊和东方的神秘宗教中那样，献祭和其他宗教仪式主要在夜间举行，例外的情形是十分罕见的，但这样的宗教活动被视为伤风败俗的传播方式而遭到禁止。禁止牺牲土地搞宗教活动，因为毁田危害农业，肥沃的土地也不可以用作墓地。以宗教为目的的集资多被制止，因为这样的活动鼓吹迷信，导致整个家庭贫困。为使节日与农闲季节同步，西塞罗急于纠正历法的错误（当时的历法已与季节很不一致）；奴隶能够侥幸度假的其他节日也被他指了出来（虽然集市日可以起某些休息日的作用，但尚没有与后来周日相当的休息日）。节日里举行的赛会有竞技、赛车和音乐比赛；没有提到角斗表演和打猎。角斗表演和打猎在特殊情况下举行，但我们无法肯定地说，西塞罗希望举办缺少这两项表演的赛会。如柏拉图所忠告的那样，音乐比赛应受到严格的限制，因为没有什么比靡靡之音更能征服年轻人的心、更具有腐蚀力的了。这是公认的看法。另一个主要革新是废除诸如瘟神（Fever）之类罪恶抽象物的崇拜；只有好人，如伟人和善人，才能称作最神圣的。如果没有哲学传统，希腊和罗马的实
践就会落后。很显然，在这方面，像主张净化崇拜者心灵那样，他想 156
完善和增加传统宗教的道德内容，但是，他走得没有像瓦罗那样远，数年后，瓦罗也受到了斯多葛哲学的影响，出版了一本论古代宗教风俗的巨著，对利用头像和杀牲献祭深表遗憾。

《论法律》第二卷涉及的是会发声的法律——高级行政官。这一

卷在某些细节上规定了元老院的权力。元老院的权力很大，元老院决议具有法律效力，只有元老院可以在危急时刻指定一名独裁官（早期时代的独裁官由执政官提名，而从理论上讲，苏拉是选举产生的）。然而，在危急时刻，执政官也可以采取异常的行动，我们不清楚元老院是否必须事先通过所谓的“最后裁决”。“人民的福祉是至高无上的法律。”[①] 但是，像苏拉时期的元老院一样，西塞罗时期的元老院并非不受制约。在制度上，《论法律》的重大创新是扩大监察官的权力。这一想法是否属于西塞罗的独创，我们不得而知，但是，这似乎是可能的。监察官通常由两人担任（根据传统，每五年都要举行监察官的换届选举，任期18个月，但近期的监察官任命很不规范）。他们应是道德的维护者，尤其应当维护元老院的道德；这是一以贯之的传统。虽然起诉仍是个人的权利，但在离任时，他们应对高级行政官的行为发表意见。在这方面，他们非常类似监督官员行为的监察部。这种监察机构在希腊世界很普遍。最后，应当授予监察官全面捍卫法律的权力，从柏拉图起，希腊哲学家都是这样提倡的。在这种情况下，他们应当监督执法的公正性，法律条文实际上也许都公布了，同时还应当监督高级行政官和普通公民服从法律的情况。这一建议可以提高公共生活的标准，实际上通过增加一个最高的权威机构在一定程度上避免了对宪法的亵渎，因为对宪法的任何亵渎都会给罗马带来灾难。另外还有一些小的改革，诸如最初由路奇乌斯·克拉苏倡导的一项改革。克拉苏是主持会议的高级行政官，负责人民大会的防暴工作。另一项改革完全废除了针对个人的法律；这项改革的目的在于，不准克劳丢斯之流以最后法案的手段攻击西塞罗的事件再度重演。

157 西塞罗认为没必要详尽地论证所有此类建议。当他想到保民官和秘密投票所体现的那部分人民权力时，情况就不同了。他提出了继续

---

① *Salus populi suprema lex*。

让保民官制约执政官权力的主张，因为执政官有时会无视元老院的意志。保民官可以用自己的否决权遏制执政官；他认为，保民官比群龙无首的人民大会更加值得信赖。西塞罗声称，保民官职自设立之日起一直发挥调解的作用；让人民满意是其天职，无论如何，保民官职是不可以随意废除的。至于投票，像苏拉时期的元老院那样，西塞罗时期的元老院由人民大会选出的官员组成，人民大会仍然负责立法。但是，假如没有贿赂和恐吓，秘密投票就没有必要了。于是，让选票保存下来以取悦民众，但是根据要求将会公开选票，因此民众将对自己的“胡乱”投票感到羞愧，同时，他们也会想方设法赢得权贵派的青睐。西塞罗试图把各个阶级捆绑在一起的方法有过于乐观的倾向。

这听起来丝毫不是民众派的危险主张，但是，西塞罗把自己描写成一个无能为力的人，承认自己没把昆图斯和阿提库斯争取过来。“我亲爱的弟弟，你是知道的，在这类对话中，‘的确’或‘完全正确’之类的话乃是口头禅，因此可以转入新的话题了。”

“不瞒你说，我根本不同意，不过请继续转入下一个话题吧。”显然，他们想见到保民官的权力至少削弱到苏拉时的水平，并恢复口头表决。也许多数权贵派认为，只要保民官和人民大会保留实权，那就会永无宁日；独裁者恺撒和奥古斯都后来也同意这些人的看法。

在《论法律》残缺不全的叙述中，我们必须留意西塞罗遗漏了我们所讲过的内容（我们知道，关于个别高级行政官的权力讲得较多，大概还有一个论法庭的断片，以及进一步讨论古代人公认的社会和教育的重大主题）。关于罗马的难题，西塞罗进行了分析，不过我们还难以对他的分析做出最后的评价。我们所能说的是，在他的现存著作中，没有清楚说明在我们看来亟待解决的一些现实问题，譬如，士兵过分依赖自己的将军。这个问题在某种意义上被恺撒和奥古斯都轻易地解决了一部分，恺撒把薪饷增加了一倍，因而减少了对战利品和特殊奖品的依赖；奥古斯都设立了一个军用金库，因此由国家处理老兵 158

退役后的土地或现金要求。然而，这些措施耗资巨大。不知西塞罗认真考虑过没有，内战期间增加的税收甚至强加在公民的身上（最后吞并埃及使罗马的财政困难总算有所缓解），而且还要更加严格地控制行省总督的开支，所有这些措施只不过是基本的尝试。西塞罗认为，外交事务和战争不再是头等大事，这种观点可能导致他无视军事问题和政治问题的相互依赖关系。他似乎也没有考虑到困难。我们认为当时的困难不亚于苏拉宪法所引起的漫长且不断加剧的困难——这就是如何处理拥兵自重的执政官级的总督问题；的确，他一再重申，再次当选执政官之前要有十年的间隔期。如果行省变得很少有利可图和称心如意的话，把指挥权毫无危险地交给最合适的人是可能的，而且给他们提供连续不断的工作（为防止总督在一个行省之内大量培植党羽，仍有必要实行轮换制）。奥古斯都实际上做到了这一点，奥古斯都具有一项优势，即理论上讲他几乎是所有军团的最高统帅，那些在职的人只不过是副手而已，他们对军队的影响力是微乎其微的。此外，正如后来所发生的那样，为了增加更多的岗位和不让行省总督的权力过大，可以把行省划小。当奥古斯都开创了一年之内有两对执政官的先例后，疯狂竞选执政官的气氛有所缓和；但是，毫无疑问，这种做法是非常笨拙的，缺少了他亲自规定的连续性。此外，西塞罗避而不谈下面的重大倾向，这种倾向是从社会基本制度中产生的，同时也来自他所倡导的制衡和否决权，因为寡头政治惧怕改革的发起者赢得民意，竭力阻挠一切改革。在这一点上，大权在握的恺撒和奥古斯都拥有巨大的优势——但他们发现自己面临的任务是严峻的。西塞罗也没有涉及迫切需要的警察部队；奥古斯都创立了警察部队，还增设了一名颇具影响力的城市长官（city governor 或 prefect）——并且像控制禁军一样控制军队。关于平民及其怨言，西塞罗做了某些描述，通过掌握“保民官权”和亲自把人民的忠诚集中到保民官身上，他试图把平民的怨言最终减少到微不足道的程度。

但是，当我们谈论奥古斯都的解决方案时，应当牢记，他所建立的国家逐渐变成了一个毫不掩饰的军事独裁专制统治，与此前的国家相比，只是在腐败、欺压穷人和行省居民方面略有不同。这个国家同它所依靠的上层阶级的关系并不融洽；同时政治自由的丧失是一个时代文化衰败的因素之一。在艺术、科学和社会领域，这个时代过于注重权威，对人及其社会和道德的潜力持极端悲观的态度。这种悲观情绪污染了政治空气，在不同程度上有利于新宗教的传播。许多善良的人和最不幸的人都到新宗教中寻求解脱，最后新宗教冲破旧的形式，创造出新的文明。 159

让我们把话题重新回到西塞罗。他没有想到，如何着手创造一个万象更新和道德纯正的罗马正是为了他自己。他对法律进行了评论（很难说是我们所理解的法律，可是我们应当记住他给这一术语所下的定义），在他看来，元老院肯定是“没有缺点”的，它是其他公社机构的楷模，然后他让阿提库斯尖刻地说：“你必须让我讲话，不仅监察官，而且城中的每个陪审员，在推动此项法律通过的过程中，都将不遗余力。”西塞罗答道：“不用担心；我们正在谈论理想的未来。”

诚然，我们不必强求每位理论家都成为实践的改革者。因为没有航海图相伴，乌托邦的地图并非一文不值。但是，如果在不同的背景下引用西塞罗的话，那我们或许可以把这个特殊的乌托邦看作是柏拉图的理想国与罗慕洛的秽物堆之间的不太令人满意的折中方案。如果我们用他的罗马人概念衡量真正的罗马人，那么这样的一群罗马人乍看上去就像是半极权主义的寡头集团，整天忙于恐吓和欺骗自己的臣民。但是，寡头集团自然不意味着就是这种情形。寡头集团的元老们温文尔雅，常常能够发现不折不扣的公正需要什么，并能迅速按公正的原则办事；元老们是由纯朴可爱、应当予以尊重的人民选出来的。在我们称西塞罗无视人性之前，让我们记住，直到近期，同样的批评也指向了他的伟大先师柏拉图及这位先师的许多原则，在实践上理想国不会那样运作；像柏拉图一样，西塞罗也知道这一点。

无论西塞罗的政治著作有多少不足之处，但没有证据表明他的同时代人清楚地理解该时代的问题，实际上也没有人像他那样为解决这
160 些问题做出如此积极的贡献。加图的谴责似乎并未超出对统治阶级道德的一般性谴责——对于不愿批判传统框框的保守人士而言，这总是一种诱人的解决方法——为使这种谴责得体而进行不懈的斗争；尽管我们应该谨防低估一位严肃的哲学研究者（斯多葛学派确实造就了一些政治理论家），但与许多同时代人不一致的是，西塞罗可不是一位文学家。我们迫切需要的是民众派或恺撒关于危机的观点。尽管恺撒本人的作品妙趣横生，但没有填补这一空白。除了记录他自己的军事成就之外，他把这些著作主要用于自我辩护。他声称自己的声望建立在军事成就之上。在《高卢战记》的第一卷中，他避开了自己可能受到的叛国罪指控（因为未经授权擅自进攻日耳曼国王阿里奥维司都斯）；同时在《内战记》中，当战争似乎仍在进行的时候，他不断地征求他人的宝贵建议，尤其是征求意大利人的建议，以此表明，维护宪法尊严和财产权利的代表是他，而不是他的对手；然而那些对手则以发动苏拉式的公敌宣告并与苏拉及其死党保持世代联系相威胁。作为独裁官，恺撒提出了怎样的应对措施呢？如果他果真提出了解决方案，那我们会在适当的时候见到。

萨琉斯特对喀提林阴谋时期进行了回顾。当时他对所有政治家都丧失了信心。他的分析充满了道德说教的色彩；很可惜，归于青年时代的两封《致恺撒书》在真实性上也是十分可疑的。特别是第二封书信，给人最初的印象（*prima facie*）属于公元前 51 年或公元前 50 年，即使这封书信是模仿一位早期作家的笔法所进行的修辞演练，但却是一篇很有意义的文献；在那个时期，恺撒的拥护者提出了一些比较激进的主张。萨琉斯特的第二封书信可能以这些思想为基础，对加图及其“派系”（faction）进行了猛烈的抨击，说他们应对苏拉的恐

怖统治负责（也就是说，他们使大批克劳丢斯的支持者被判刑），并指责他们刁难高级行政官和其他官员。信中还抱怨说，人民陷入了奴隶制的火焰；但是，广泛授予公民权将有助于改变这种局面，新老公民共同组成的殖民地将为军队提供更多兵源。在罗马，森都里亚会议必须按平等的原则进行改革，就像盖约·格拉古曾经设计的那样——让百人队按抽签的顺序进行投票，而不是以财产的多寡决定投票的顺序，这也许意味着森都里亚会议的改革将迈出稳健的一步。早在公元前63年，享有崇高威望的法学家塞尔维乌斯·苏尔皮奇乌斯曾经提 161
倡过这样的改革，理由是森都里亚会议的投票方式使贿赂越来越肆无忌惮。陪审员应该出自更加广泛的阶层，元老院应该扩大，应该变得更加任人唯贤，并允许秘密投票。同罗马所有的改革家一样，作者萨琉斯特至少在一定程度上把自己的建议描绘成对美好过去的一种向往。在他看来，那时人民是自由的，元老院是有权威的。显而易见，萨琉斯特绝不是民主主义者。根据他所处地位和时代，在那样的社会、经济、文化和教育环境中有这样的民主主义者确实有点儿难以想象。然而，他的构想将削弱古老家族的力量。将国家的管理建立在有产阶级更加广泛的基础上，可能会带来许多好处。但是，人们会怀疑扩大的元老院是否便于管理；奥古斯都竭力缩减元老的数量，在许多问题上绕开元老院，向较小的顾问委员会（councils）征求意见。在《论法律》中，尽管西塞罗本人对如何缩小元老院不完全清楚，但他确实打算压缩元老院的规模，措施是将营造官以下的元老排除在元老院之外。这是可能的。尽管受益者欢迎，但总体上看，普遍授予公民权将使罗马投票人的代表性不如过去的罗马人民，因此很少得到政治家的重视。恺撒和奥古斯都时代的变革使这一点更加清楚了。在这个意义上，罗马已经冲破了城邦制的藩篱，这个用得不够严谨的说法至少是正确的。尽管恺撒可能看到了这一点，但西塞罗没有意识到。即使君主制有一些不可否认的优点，但是君主制同样是可以避免的；如果出台某些改革措施，元老院的统治肯定会延长。在某种意义上说，西塞罗“对共和国从未绝望”，在汉尼拔战争的最黑暗的日子里，罗马民众曾因这种表现向自己的一位统帅表示过敬意。如果西塞罗从未发表，也许从未完成《论法律》，那么这样的事实难道表明他真的绝望了吗？

如果我们可以接受《论法律》的序言是在公元前1世纪50年代晚期完成的，那么就可认为西塞罗正在构思另一部著作，可是他始终没有动笔。这是一部罗马史。罗马的知识分子都清楚地知道，在艺术和科学领域，罗马要比希腊略逊一筹——不过差距正在缩小（希腊人大概也清楚这一点，虽然普鲁塔克讲过一个动人的故事，但我们也许不必当真。这个故事说，在罗得岛，听罢西塞罗的演讲后，莫洛说道，他为希腊感到悲伤，因为留给希腊的唯一光荣正在转向罗马）。
162 无论如何，人们普遍认为，拉丁著作无法与希腊大史学家的著作相比。不过至少有些人认为，西塞罗是填补空白者。这个诱人的目标的确令西塞罗摩拳擦掌。在《论演说家》中，他讨论了历史著作，认为历史著作是修辞学的分支。这经常带来严重的后果，因为戏剧性的描写可能忽视真实情况的探讨和理解，戏剧化描写充满了似是而非的虚构细节以及同样虚构的演说——即使像修昔底德那样的演说，也缺乏分析的严肃性，仅仅说明作者熟悉修辞规则罢了，同时历史解释的唯一形式可能是单纯的道德说教。但西塞罗认为，历史是真正演说家值得承担的一项崇高任务。真正演说家应具有广博的知识和深刻的政治洞察力。在关于路奇乌斯·克拉苏之死的那篇题外话中，他为自己的著作风格提供了某种范例。尽管这篇题外话以高屋建瓴的雄辩结尾，但在时间和地点的交代上却非常精确，并清楚地指出了所依据的史料。西塞罗绝不隐瞒自己的政治观点，但在描写自己主人公的对手时没有怨恨之意（后来他写了一部充满魅力的文学史。他在《布鲁图》中指出，他对某些人的政治态度表示惋惜，但他对这些人的艺术评价却是宽宏大量的，丝毫不带任何偏见）。正如我们所见到的那样，在《论共和国》中，他涉及了早期的历史；在《论法律》中，有一些古物研究的生动段落，其中与埋葬习俗有关的那一段显得更加精彩。这些段落几乎全靠西塞罗自己的研究——虽然他的研究没有瓦罗的研究那么广泛，但也许更加强调评论的可信度。

在《论演说家》的序言中，西塞罗让昆图斯建议兄长写一部罗马建城以来的历史，即"从勒莫和罗慕洛"写起，因为现存的编年史无法引起读者的兴趣；同时阿提库斯希望他撰写近期的历史——确实，研究这段历史是他最能胜任的。西塞罗可能感觉到了，模糊不清的罗马早期历史不可能成为非专业学者的研究课题，因为只有专业学者才甘愿献身这样的研究。但是，由于各种不同原因，研究近期历史也应慎重，近期军事史也可能令他感到为难。可是他没有断然拒绝这一要求；他只打算把这项任务推迟到晚年再说，那时他不再到法庭上发表演说了，有足够的时间从事大量的写作。实际上，那样的时间从未出现；虽然公元前1世纪40年代的多数时间他是相当悠闲的，但他在 163
哲学中发现了心灵上的更大慰藉，在某些方面找到了一个比较容易的工作，特别是在远离档案的乡下从事同样多的写作。不过，在生命的最后一年，在阿提库斯帮助下，西塞罗认真地考虑了开始撰写历史的问题。近来阿提库斯已经表明自己是一名历史学家了。以往每当西塞罗撰写对话录需要资料时，阿提库斯多次证明自己是一位令人称赞的研究助手。我们同科尔奈里乌斯·奈波斯一道感到惋惜，因为西塞罗的这部历史著作从来没有问世；李维的罗马史尽管内容翔实、文笔生动，但缺乏对材料的严格批判，最重要的是作者缺少政治生活的经历，而西塞罗却可以把自己的体验注入到这项任务中来。在《论演说家》的题外话中，他对元老院辩论的描写充分地说明了这一点；可是，在我们看来，像所有古代历史家一样，李维无疑会过分强调道德的榜样作用、道德和政治的因果关系以及个人的作用，同时其本人理解的局限性也很明显。结果，罗马只好期待塔西佗为她撰写一部历史著作了。这位历史家在写作上的确具有独特的风格，善于把严谨治学的公正态度与政治家的远见卓识和令人难忘的辩才结合起来，因而使古代的历史编纂达到了最高水平。但是，西塞罗毕竟留给了我们一些书信，正如科尔奈里乌斯·奈波斯所言（在他那个时期非常引人注目），这些信件几乎可以取代那部从未写成的历史著作。

第十章　西里西亚总督（公元前51—前50年）

此时，西里西亚是罗马东方的最大行省（公元前58年，克劳丢斯大概希望把这样一个美差交给加比尼乌斯，可是最终给他安排了其他职务），组成行省的各个地区是很难统一的。西里西亚位于地中海东部的最远一隅，具有很高的战略价值，因为那里处在险峻的陶鲁斯山隘和阿马努斯山隘之间，陶鲁斯山是安纳托利亚高原的延伸，而阿马努斯山绵延至叙利亚北部和美索不达米亚，因此西里西亚是连接东西方的重要纽带。隶属于它的有“高低不平的西里西亚”和几乎全部小亚细亚南部荒凉海岸的其余部分（长期以来那里是海盗出没的地方）；内陆高原的大片地区以及通往爱琴海岸的许多要道；此外还有塞浦路斯岛。实际上，那里不是一个可以久居的接合部。行省的大部分地区以城市为点缀，虽然在种族上那里很少有希腊人，但当地人说希腊语，采用希腊的政治制度，许多行政人员是委派的；他们的地盘包括大部分市郊，乡下人仍说本地方言，但是一些更加荒凉的地区仍保留部落组织。罗马总督负责保卫和全面监督，尤其要对罗马公民的安全负责。

罗马当局允许西塞罗有很大的行动自由，部分原因是那里与罗马之间的交通很不方便。但是，一般说来，总督们的行为受某些法律的约束；涉及吞并问题时由一个元老委员会起草最初宪章，规定每个行省应有的基本权利和义务。宪章中还有希望总督遵循的某些传统方针，在正式布告中，总督需要宣布任内打算奉行的原则。但是，假设总督尊重法律和按自己颁布的法令办事，那他仍有很大的自由；很难保证他都能一一兑现。

这个时期，除警卫人员外，各个行省没有常设的随员，一些警卫
165 人员起初可能协助管理工作。每名总督随身携带的大部分人员都是他所需要的——人们会认为，这种安排不仅需要巨大的开支，而且缺乏连贯性。在这些人中，既有他的财务官，又有他的副官或“副将”。财务官为正式的行政官，副官或副将是总督在各个领域中的代理人。此外还有一些元老，尽管这些元老由总督提名，但他们是元老院委派的；另有一些级别较低的随员：文书、扈从、信使和其他低级官吏，也许除文书外，通常都是获释奴。最后，所有这些人都从国家那里领取薪水。实际上，一些正式的随员是总督自己的获释奴；依据个人地位，总督还会让自己的大批奴隶和获释奴相伴。此外，他可以选拔可信赖的人，主要从骑士阶层中选拔，让他们以“长官”（prefects）的身份从事行政和军事工作；经常伴随总督的还有一些出身高贵的年轻朋友，在法庭上他们可能充当总督的顾问或者总督的助手，但是他们在那里的主要目的是亲自体验生活和接受教育。

后来，西塞罗一身三职，既管军事和部分行政事务，又管司法。他对自己的军事才干不抱一点儿幻想，所以他谨慎挑选副将。其中一名副将是他的弟弟昆图斯。在高卢，昆图斯曾在当时最杰出的军人手下受过训，现在是离任总督；另一名副将是庞普提努斯，公元前63年任大法官，曾是西塞罗的一名左膀右臂；从那以后，他治理高卢，成绩斐然，尽管面对很大阻力，他还是举行了凯旋式。另外还有两名副将，其中至少有一名是经验丰富的军人。在西塞罗的其他助手中，亲属和阿尔皮努姆的同乡占很大一部分，这一点被认为是非常合乎情理的。在他的家属中，有个叫提洛的人，担任他的秘书；他的儿子和小昆图斯年纪尚小，谁都不能担任任何职务，但他们同自己的希腊教师一道伴随着西塞罗的团队。一名在岗总督居然没有女眷陪伴。

西塞罗于公元前51年春离开罗马，临行前他做了如下安排：让凯里乌斯向他报告不断发生的一切，因为阿提库斯将离开意大利很长一段时间。虽然如此，他同阿提库斯仍保持密切的联系。在西塞罗离开罗马后的南行期间，双方又开始了新的书信往来。在第一封信中，他描写了阿提库斯的妹妹庞波尼娅在阿尔皮努姆附近与丈夫昆图斯分手的无礼之举（“因此你会发现，你我都需要总结教训和提出忠告”）；在库迈（Cumae）停留期间，霍腾西乌斯的辞行令他感到高兴（“一个身体多病的人，经过长途跋涉前来辞行，他就是霍腾西乌斯”）；在 166
他林敦（Tarentum），西塞罗遇到了庞培，希望从他那里得到有关东方的建议，但是，因不清楚阿提库斯是否仍在罗马，因而西塞罗没有信守诺言，即“一定给你写信，详述我与庞培论国家的谈话”。可是，他给凯里乌斯寄了一篇非同寻常的颂扬词，正像与庞培的谈话所揭示的那样，西塞罗赞美庞培的远见卓识。他在布林迪西逗留一段时间，等待自己的副将庞普提努斯与他会合，外加他自己的身体也不太舒服；像西塞罗一样，庞普提努斯显然也不愿离开罗马，这也许与他在那里的恋情有一定的关系。这一点是他后来透露的。最后西塞罗继续向前航行，6月下旬，他从雅典写信称，仍没有庞普提努斯的消息，他说他很喜欢雅典，在那里，他受到了友好接待，但是他补充说，哲学处于混乱状态，他在一位学者家中留宿，这位学者代表着哲学的最高水平。在致阿提库斯的多封信中，他对图里娅的新婚问题进行了讨论（此举对罗马社会中的未婚妇女不起什么作用，未婚妇女是很少的），因为她最近同自己的第二任丈夫离婚了。像写给其他所有人的信一样，他几乎每封信都恳求阿提库斯注意，官职的任期“这个极其讨厌的事情”没有超过庞培的法律和后来元老院决议中明确规定的一年时间：“我无法告诉你我多么思念罗马，多么难以忍受现状的枯燥乏味。”这一点似乎已经很明显了。凯里乌斯不久的确警告西塞罗，所有行省总督的选派都由拥护恺撒的保民官负责，这些保民官竭力避免向高卢派遣总督的继任者，在那里，恺撒额外增加的总督任期不久即将结束。

主要是为了阿提库斯的缘故，西塞罗利用在雅典的一些时间给一位罗马流亡政治家麦米乌斯（Memmius）写信，此人有一块一度属于伊壁鸠鲁的地产，伊壁鸠鲁学派急于收回这块地产；这封信让我们看到的是，卢克莱修把一篇热情洋溢的伊壁鸠鲁学派的诗歌奉送给了麦米乌斯，可是麦米乌斯对这篇诗歌的命题并不特别赞同。最后，庞普提努斯出现了；财务官也到达了；他们一行人几乎一个不少地登上了敞篷船，然后这支小船队便出发了，并穿过了爱琴海。西塞罗说，"即使在7月，航海也是一件大事"；不是风力过大，就是逆风。但是，"我们于7月22日到达以弗所，那是波维莱（Bovillae）之战后
167 第六百天（克劳丢斯被杀）"，在另一个城市，他们受到了当地希腊人和罗马商人的极其热情的欢迎；不久，西塞罗乘坐马车，沿着"热浪滚滚和尘土飞扬"的道路，穿过了罗马的亚细亚行省，遂于7月的最后一天抵达自己行省之内的劳迪塞亚（Laodicea）——他写道，从这天起，对自己一年的任职必须精心安排。在劳迪塞亚，他把别人赠给他的钱都花光了，但他没有拖延自己的行程。

夏天自然是作战的季节；夏天很少提前到来，因为日历与季节的变化不一致。为了与他的军队会合，西塞罗向东进发，在沿途的每个城市，都要倾听代表团和司法管理的简短陈述。西里西亚行省由两支军团驻守，从理论上讲，每个军团6 000人，但兵力远远低于这个数字；一些士兵正在哗变，尽管阿皮乌斯·克劳狄乌斯最近镇压了哗变，发放了拖欠的薪饷，但他率领一部分精锐部队撤到行省的边远地区，"我不知道他们到了哪个具体的地方"。其他不满的士兵，没有任何指挥官，分别扎营。元老院不愿把庞大的军队委托给行省的总督——这种做法的好处是，基本上可以减轻罗马军队给行省带来的过重负担——但是，元老院已经认识到东方的形势岌岌可危，为支援西

里西亚和叙利亚，试图批准在意大利征集新兵的决定，但遭到一名执政官的否决。克拉苏的惨败震惊了全国，西塞罗认为，除了庞培忠实的朋友、加拉提亚人（凯尔特人，于公元前3世纪侵入小亚并在那里定居下来）的国王戴奥塔鲁斯（Deiotarus）外，像行省人一样，没有哪位同盟国王和王公真正忠于罗马，以往他们治下的地盘一直充当罗马行省的缓冲国。这是可以理解的；密特里达提战争结束仅仅十年，叙利亚和西里西亚的大部分地区最近也并入了罗马的版图，总督没给他们带来任何福祉；尤其严重的是，为了支持军团兵，罗马人至少要靠地方征税养活多数的骑兵和轻装步兵，军团兵为重装步兵，使用一流的铁制投掷武器，并配备短剑。西塞罗抱怨说，行省居民不配当兵，他们不是那块料，根本不值得信任。

起初，没有听到帕提亚人的任何动静，但8月下旬从一位同盟君主那里传来了消息，帕提亚人成群结队地越过幼发拉底河进入靠近西里西亚边境的叙利亚；同时亚美尼亚国王企图入侵臣服于罗马的卡帕多奇亚，以支援帕提亚人。由于上述同盟国的君主向元老院报告了情况，毕布鲁斯此时也应该到达叙利亚了，而且能够向元老院报告同样 168
的消息，因此西塞罗给加图去了封短信，明确表示他会以自己的行动确保同盟者的忠诚，以此弥补军队不足的缺陷。西塞罗向卡帕多奇亚王国挺进，当他这样行动时，得到了有关帕提亚人的更加可靠的消息，他占领了通往西里西亚的各个山口，控制附近便于供应粮食的要地，完全可以防止亚美尼亚人从北部长驱直入。他给阿提库斯写信说，他的军队和行省居民都充满了必胜的信心，一支罗马公民组成的新军正在征集之中，同时加拉提亚的戴奥塔鲁斯率领的军队正在路上，这支增援部队将使他的兵力增加一倍。实际上，戴奥塔鲁斯是以罗马人为榜样武装自己的军队的。西塞罗发现加拉提亚人和一些行省辅助军队实际上都是精锐之师。有趣的是，后来奥古斯都把加拉提亚军团编入罗马军队名单。历史将证明，小亚细亚南部是帝国时代征兵的重要地区。

西塞罗补充说，男孩们被送到戴奥塔鲁斯王宫的安全地方，如果必要的话，就送他们去罗得岛；他希望下一年元老院不再阻止庞培抛头露面。他收到一封阿提库斯的信，这封信在路上仅用了 46 天，他认为这是一封快信；西塞罗回信说："我很高兴，你的小女儿目前在罗马给你带来了欢乐，虽然我从未见过她，但我会非常喜欢她，相信她一定讨人喜欢。"

他寄给元老院一份报告，这份报告是此类官方文件的很有意义的范例。在报告中，他全面叙述了自己对待卡帕多奇亚的年轻国王阿里奥巴尔查尼斯（Ariobarzanes）的政策。阿里奥巴尔查尼斯称自己"既虔诚又亲罗马"，元老院通过了一项决议，把关注他的任务专门托付给西塞罗。这位国王前来迎接西塞罗，称其父王刚刚被谋杀，并向西塞罗揭露了有关拥立其兄为王的阴谋，抱怨王后一手促成亲罗马顾问的流放，以及科马纳（Comana）的大祭司几乎成了独霸一方的王公，蓄谋武装暴动。尽管不能按国王的要求提供军队，但通过软硬兼施的办法，西塞罗觉得似乎控制了局面。他为自己的努力感到高兴，这也许并非不合情理，在对待外国君王的态度上，罗马人很少愿意像他那
169 样和颜悦色，通情达理，这也是很可能的。（大概在公元前 61 年，西塞罗款待了一位来自高卢的德鲁伊［Druid］教著名大祭司狄维提亚库斯［Divitiacus］，并给这位大祭司留下了美好的印象，所以他为自己感到自豪。狄维提亚库斯是为自己的部族寻求帮助而出使罗马的，但并不成功。狄维提亚库斯必须借助翻译进行会谈，在高卢他与恺撒的会谈也是这种情形；但是，人们希望西塞罗能把他们谈话的更多内容记录下来，当时的情景似乎是，他们还讨论了德鲁伊教的信仰与习俗。）

人们会设想，西塞罗在西里西亚的战略决策在某种程度上应归功于昆图斯和庞普提努斯。虽然他没有向阿提库斯承认这一点，但这的确是有道理的。在几乎同一时间，他给元老院寄了另一封信，力劝元老院尽快派出足够的军队，只有这样罗马经济所依赖的行省（亚细亚

和庞培新建的行省）才能安全无恙。他派骑兵越过陶鲁斯山四处打探消息并确保西里西亚人对罗马的忠诚；在那里，他们和当地的一支罗马步兵小分队一道歼灭了入侵西里西亚行省的一些帕提亚骑兵。不久，他听说这支帕提亚军队逃到安条克（叙利亚首都）城外，他亲率主力部队跟踪追击。于9月5日到达他自己行省的主要城市塔尔苏斯（Tarsus），数日后来到陶鲁斯山的山脚下；几乎与此同时，逃到叙利亚的帕提亚人撤走了。我们很快将发现西塞罗描述了他对阿马努斯山区的敌对部落的突然袭击，阿马努斯山是叙利亚和西里西亚的分水岭。向敌军首先发起猛攻者很明显是庞普提努斯，然而最高统帅西塞罗却赢得了“英贝拉多”（*imperator*）的称号，通常获胜的军队都要这样欢呼自己的将领。西塞罗表示不赞成，他给阿提库斯写信说：“我们在伊苏斯扎营数日，与以前的亚历山大驻扎在同一个地方……他可是比你我强百倍的将军。”他不太谦虚地补充道，是他的到达引起了敌军的恐慌，结果迫使安条克城外的帕提亚人撤退了，同时他的到达也鼓舞了喀西约的斗志，他穷追猛打溃逃之敌，因而大获全胜：“在叙利亚我的名字是伟大的。”如此自鸣得意的西塞罗也许理应受到嘲笑；但实际上，这不能证明他犯了错误。他觉得可以派人给戴奥塔鲁斯送信，说他目前没有必要去加拉提亚了。

这时，毕布鲁斯姗姗来迟，总算到达了叙利亚。西塞罗有点骄矜地说：“我猜，他有与我争‘英贝拉多’这个虚名之意，就在这座阿马努斯山上，他开始寻求插在糕饼上的月桂枝。”结果，毕布鲁斯遭受了严重的打击，损失了一个联队（约600人）；与此同时，西塞罗用坡道、攻城塔、大炮等罗马军事技术的各种手段围攻品德尼苏斯 170
（Pindernissus）城堡（“可你会问，‘该死的，这些品德尼苏斯人是何许人也？我从未听说过他们呀’”）。[1]

---

① 在我们的地图上是找不到他们的。

这座城堡于12月陷落，按照罗马通常的习惯，应给士兵分发战利品（“农神节*对他们来说确实是一个愉快的时刻”），战俘不分配，为了给国库增加收入需要把战俘卖掉。从军事观点来看，西塞罗的这场战役可能是无可非议的；但毫无疑问，他也在寻求元老院的正式表决，使元老院通过他在罗马举行感恩祈祷的决议，然后在他归来时允许他举行凯旋式。举例来说，凯里乌斯已公开呼吁，说他“有充分的理由赢得凯旋式”，在最近风云多变的政治形势中，西塞罗对恢复自己以前的权威是急不可耐的，他认为，争得凯旋式也是一条可行的路。他给加图去了一封长信，细数了自己近来的活动，要求加图支持自己的上述“祈求”（他给其他有影响的人发去了短信，并声称，除两位元老外，实际上他给所有的元老都写了信）。

元老院进行了辩论，决定下一年5月是否按西塞罗的建议举行感恩祈祷，然而，加图投票反对；可是，不管怎样，提案最后还是通过了。加图写了一封长信，“比我通常采用的篇幅更长”。加图说，他很高兴这样的结果，但他又说，西塞罗应该更加喜欢正直、友善的行为得到了证明，因为是西塞罗本人让元老院通过了决议。但是，西塞罗向阿提库斯抱怨说，他没有提过这样的要求；他特意恳求加图支持感恩祈祷。加图继续说，西塞罗不该对凯旋式寄托太大的希望。西塞罗很客气地答复了加图的自命不凡、字迹潦草的来信——在我们所掌握的书信中，西塞罗写给加图的信是其唯一率直的评论——他指出，如果多数公民对感恩祈祷的投票不闻不问，他会比较容易地赞同加图的看法。关于加图的不友好行为，恺撒不失时机地写信表示理解，而西塞罗则称加图此举别有用心。不幸的是，加图以保民官身份重申了一项旧的法律，反对不符合条件的凯旋式；但是，如今让人无法容忍的是，他后来居然提议为毕布鲁斯举行为期20天的感恩祈祷。据西塞

* 在西塞罗时代，农神节从12月17日开始，共7天。——译者

罗记载，毕布鲁斯完全避开了帕提亚人，损失了一个联队，关于自己的行动他居然寄出了一份令人匪夷所思的辩解。但毕布鲁斯是加图 171
的女婿。在造成极大的对立之后，加图的原则性有时也会丧失殆尽。对此西塞罗不会完全不知情。（但是，毕布鲁斯与帕提亚缔结了和约。）

到品德尼苏斯陷落之时，作战季节已经结束。“我把军队交给我弟弟昆图斯，让他到人烟稀少的乡下冬营。”西塞罗又亲自向元老院写了另一份报告，“由于海路危险，我派了两批送信人”（古代人都惧怕冬天航海）。他在塔尔苏斯逗留了数日，派一名使者前往塞浦路斯作为自己的全权代表，然后他再次穿越陶鲁斯山前往劳迪塞亚处理司法事务。在冬季的晚些时候，他从这里对阿提库斯说，喀西约的报告夸大了他的胜利，但毕布鲁斯寄出的报告显得神经过于紧张；帕提亚军队在叙利亚过冬，根据戴奥塔鲁斯的可靠情报，帕提亚国王将在夏天亲率所有军队渡过幼发拉底河。西塞罗深感恐惧。由于西方的形势，庞培将留守国内，元老院做出决定，叙利亚和西里西亚总督应亲自继续控制自己管理的行省。无论如何，“杰出的庞普提努斯”已经按他的安排离开了国内，昆图斯不是理想的代理人，因为他不讲策略，性格暴躁，他儿子的性格又太逞能（目前昆图斯因冰雪封堵山口被阻隔在另一侧，不能参加小昆图斯的成年仪式）。西塞罗越来越忧心忡忡。就敌情的严重程度而言，6月和7月是西塞罗的忧心季节。然而，在任职期满前，毕布鲁斯也许能够顶住帕提亚人；然后又会怎样呢？时而他盼望庞培到来，时而又认为他不会来。尽管留代理人的做法不被禁止，但到5月份庞培或其他合法继任者的问题才得以解决（为了恺撒的利益，所有的行省事务都受到了阻挠）。庞普提努斯走了，昆图斯也急于离开，西塞罗同意他的想法，“没有什么让人更加不快和厌倦的了”；一无所获的一年过去了，自己打算离开行省，还要炫耀一番，他觉得不妥。如果把弟弟留下来，他会担心弟弟陷入危险。论级别，其他唯一可能成为代理人的是财务官，可是财务官在性格上又不太合适。

6月上旬，西塞罗回到塔尔苏斯。“在那里我发现了许多让我震
172 惊的事——叙利亚爆发了一场大战；西里西亚土匪猖獗；因为我留下来的天数屈指可数了，所以管理上的困难无法解决。”毕布鲁斯的副将们、财务官和朋友都恳求他去叙利亚；西塞罗感到欣慰的是，毕布鲁斯本人（这个可怜的人哪，两个儿子在埃及的遇害令他悲痛欲绝）没有提出这一请求；但是，西里西亚的军队确实必须驻守在边界附近。下一步怎么办？某个天神会解决问题的希望突然实现了。新的财务官产生了，他的任命没有受到阻挠，但他的到来已不是什么新闻。帕提亚人溜掉了——他们的国王害怕暴动，遂将他们召回国内。在这种情况下，把权力移交给年轻人是完全正确的，虽然这个年轻人像他自己一样没有什么名气，也没有经历过考验，但西塞罗觉得这样的移交是完全正确的。确实，除了卸任大法官昆图斯外，没有谁的官衔能够高过贵族出身的财务官。最后，西塞罗离开了自己的行省；他沿海岸行走了一段路程，然后在锡德（Side）登船。“我的朋友的来信一再呼吁我举行凯旋式，由于凯旋式是我的‘第二次生命’，所以我想我不应错过这次机会。你也不会错过这样的机会，我亲爱的阿提库斯，必须开始竭力争取，否则显得太蠢。”也许西塞罗认为，阿提库斯会同意下面的一席话，这些话是西塞罗借对手的口说出来的：“你会问，战车前的被虏将军、城市模型、金银财宝、马背上的副将和官员以及整个游行队伍的确切含义是什么呢？”

西塞罗对自己较为满意的是行政和司法方面的工作。此时，加图似乎正在密切注视着行省的管理；西塞罗在行省管理上大概也变得自觉了，关于这个问题他在多篇演说中谈到过，在写给公元前60年的亚细亚总督昆图斯的短文中也谈到过；根据最近出版的西塞罗政治对话录也可以看得出来，因为谁都知道他是骑士之友，包税人和企业家

都在骑士之列，监督和阻止他们的活动是他的义务。他给阿提库斯写信说，“我相信，你理解我多年来的工作正在接受检验”，很显然，阿提库斯提醒他时时刻刻都要谨慎从事。在行省，他只想待一年，原因之一是，摆脱那里的困难局面和避免贪欲的滋生。

由于行省自身的原因，他对自己管辖的行省兴趣索然；诚然，他的信没有提到有关西里西亚或卡帕多奇亚的历史、社会、经济或艺术的状况，须知这些地区具有丰富多彩的传统。可是，他自然全神贯注 173
于自己所从事的工作和家务事，即使他很少记述前希腊民族的遗迹和习俗，那也是不足为怪的。后来西塞罗把这些民族描写成未开化的民族（然而，同时代的许多人已开始接受东方宗教和观念的影响，西塞罗在后来的一篇论文中也说，他和戴奥塔鲁斯彼此探讨过罗马和加拉提亚的迥然不同的占卜制度）。虽然他勤于管理，但管理事务的琐碎令他生厌，他认为忙于这些琐事对他来说乃是大材小用。但在某种程度上，他对行省管理的理论还是感兴趣的。

有些人常说，罗马人赢得一个帝国几乎没有什么规划，他们开拓一个帝国无须任何正当理由。这两种说法不完全正确。早在公元前2世纪，就有了这样的观点：罗马废除了国王，给予了被征服地的城市和上层阶级一种特殊的自由，并在那里重建和平和秩序，因此罗马的影响有利于这些地区的发展。罗马甚至不时地减少税收。公元前60年，西塞罗无意间向昆图斯阐明了一个原则，那就是总督的宗旨是为行省人民谋福祉。显而易见，从那时起，这一原则已被比较开明的罗马人所接受，其中包括西庇阿·埃米里亚努斯和他的朋友。归根结底，这是希腊哲学家为统治者倡导的。有趣的是，在西塞罗看来，昆图斯的公正管理不仅取决于他的性格，而且也取决于他的哲学素养；的确，认为道德依靠哲学研究的真正想法与西塞罗及其许许多多的同时代人对下层阶级的鄙视有关。

首先，征服的正当理由是什么？这是一个迫切需要回答的问题，

图 5 西塞罗，采自伦敦阿普斯利大楼。唯一命名的西塞罗半身像，西塞罗其他的半身像均来自于此

因为罗马人非常关心正义战争的定义，起初他们寻求战争的宗教理由，后来又去寻求战争的哲学理由。《论共和国》主张一个国家只有在自卫或保护同盟者与依附者的情况下才可以进行战争；进而又补充说，正是通过支援同盟者罗马才创建了自己的帝国；这种信念需要政治家和历史家们提供大量的伪善理论，这些人有时不惜诉诸于彻头彻尾的杜撰，以此显示罗马的战争完全是以这样的精神进行的。

另一个实用的思想是希腊人的，即有些民族不配享有自由。古典时期的希腊竟然认为蛮族渴求和需要君主制。现在这种观点也适用于
174 希腊人自己：他们过去习惯于受奴役的地位，长期受国王的统治。甚至像西塞罗这样的亲希腊人也藐视当时的大多数希腊人，尤其是所谓的东方希腊人。虽然他承认“高尚的古希腊人”是存在的，但公元前60 年，他提醒昆图斯，在其管理的行省中，结交朋友时不可以掉以轻心。我们不由想起了 18 世纪的一位英国人，此人认为，尽管当时

的意大利居民可以绘出美丽的图画、创作出动听的音乐，但是他们颓废、腐败，缺乏尚武精神。罗马人的态度也许不完全受偏见的激励。公元前2世纪，有一位造诣很高的希腊人，他就是历史学家波里比阿（Polybins）。波里比阿认为，罗马人的公共道德比希腊人的公共道德高尚得多，西里西亚城市事务的腐败和混乱令西塞罗感到震惊；在帝国的统治下，东方行省争取自尊的历史、经济和文化的重新复苏也伴随着道德败坏——必须承认，对此，罗马的征服负有一定的责任。然而，尽管希腊人有不足之处，但西塞罗提醒昆图斯，希腊人当然是讲文明的，必须以同样的态度对待他们；除此之外，我们还应当感谢他们。实际上，在西方，罗马人的记录大概是最差的，那里的当地居民难以组织抗议示威，也难以影响公共舆论。

在给昆图斯的信中，西塞罗的主张涉及了更多的实际问题，他自己的总督生涯为这些主张提供了生动的注解。在他看来，如何解决行省人与罗马包税人及企业家之间的争议是个大问题："这是件大事，需要周密考虑。"他写道，如果你严于律己，你就能够控制不法商人或贪婪的包税人，尤其是当他们对这两类人产生影响的时候。他说，昆图斯还必须提醒希腊人，税总是要征的，苏拉之后削弱包税人权利的尝试失败了；正如罗得岛的臣民所显示的那样，他们想要转归罗马人的直接控制，希腊的税收种类远远超过罗马的税收种类；金钱大都花在防御外敌和维护内部安全上了。无论如何，所谓内部安全不适用于昆图斯的亚细亚行省。然而，我们可以加以补充，关于司法权和财政权严格分离的情况应当有所说明；到了帝国时期，皇帝的财务官开始拥有了司法权。但是，在共和国时期，特别是当骑士控制了罗马的 175
法庭时，总督们会不情愿地接受大包税公司的控制，这些包税公司在行省拥有庞大的机构（并开设了通达罗马的最佳驿递业务）。

公元前51年，西塞罗希望讨好双方的政策获得了成功。他把这项政策称之为"阿提库斯政策"；令他欣慰的是，在他到达西里西亚之前，这一年的什一税（包括谷物和其他农产品的什一税）合同转包已经结束。这是罗马强加给部分行省乃至所有行省的直接税；另外还要索取放牧税和关税。总的看来，他似乎成功地实现了自己的目标。他对债务、行省乃至罗马自身的灾难很少表示真正的同情。但他宣布，他能够让城市的财政重新恢复元气，这样，城市就能够偿还债务、缴纳税款，包括还清提供给它们的低息贷款。他说，他通过两项措施完成了这项任务：一是追缴卸任高级行政官挪用的公款；二是不再征用有限的粮食储备和给士兵安排的住处（公元前59年恺撒的改革法允许这类征用)。“我们拒收朱里乌斯法规定的饲料和其他实物，甚至拒收木材，没人接受超过四张床和一个屋顶以外的任何东西——其实经常连这些东西都不接受，因为我们通常都住在帐篷里。”他抱怨说，处处都要花钱，尽管如此，他仍能够从消费基金中拿出一大笔钱储存起来以备不时之需，人们只能得出这样的结论：这样的基金数额高得惊人。

有时，人们推测，他在其他方面特别照顾罗马商人社团。其实，他也受到了大多数商人社团的好评，但是他仍坚持认为，这主要因为他特别注重礼貌待人和经常邀请他们赴宴，同时约定大家都不伤害任何人。他坚决反对把长官之职授给商人，因为商人由此可能控制军队，一旦商人担任长官变成常规，就可能成为万恶之源。他把写给其他总督的推荐信交给商人中的一些人；但我们知道，西塞罗认为总督们感兴趣的是可信赖的人（他确实认为，目前在东方的所有商人都表现得很好，这一事实可能为我们提供了有关腐败平均发生的可靠统计数字，但同加图影响的证据相比要少些)。在这些信件中，有一两次，西塞罗提醒接到信的人不要让他去做任何有辱自己名誉的事。如果由
176 于他们，商人在勒索金钱的过程中遇到了麻烦，那么至少在西塞罗看来，这样的过错不完全是商人自己造成的。

根据写给昆图斯的信不难看出，第二个重要问题是如何管好自己的属下。首先是管好由元老院任命的高级官吏——财务官和副将。在

法纪松弛的年代，不可能特别严格地监督他们，但至少可以阻止他们滥用总督的旗号。应该补充一句，因为副将实际上是总督自己挑选的，所以副将要为总督尽责，这是一个非常重要的事实，在众人眼里，财务官应该把自己的总督视为父亲。其次是管好低级官吏。西塞罗特别留意扈从的一举一动，绝不允许他们为释放囚犯而受贿，他要求下级侍从必须坚守自己的岗位。最后是管好个人的朋友和奴仆。关于不让奴隶和获释奴变得趾高气扬，西塞罗有许多话想说；即使奴隶忠心耿耿、值得信赖，可是为了避免麻烦和流言蜚语，也不要把行省的事务交给他们办理。在这些问题上，再现了英明的忠告、古人的感受；这在昆图斯所处的情况下，是非常需要的。

公元前51年，这些担忧再度出现了。除提洛身体不佳外，奴隶和获释奴似乎没有给西塞罗添麻烦。“有一次西塞罗郑重放弃了征用请求唯一机会，除此之外，副将们做事很规矩——长官也一样：一次征用请求对于他的‘节制’而言算是‘奇迹’。”财务官不完全令人满意：心存侥幸，手脚不老实。但是，西塞罗遭受的一些苦恼显然来自对待行省人的方法，不过，他的这套方法是诚恳的；他甚至在临终前写道：“不管他们说那么多话或避免说那么多话，每天都在以烦躁、无礼、愚昧无知、粗鲁和傲慢和自高自大的方式讲话。”他说，这使他极为伤心；他为什么还不从工作中摆脱出来？他多么不适合工作呀！一个人应当“做自己分内的事”，这是多么正确呀！不难想象，普通罗马人粗暴对待行省居民是无法容忍的。最后他彻底失望了。一切公正廉洁的外观都是虚假的。

我决定从每年拨给我的款项中拿出一年的钱留给我的财务官，另将一百万塞斯特斯*还给国库，这样做是正确的，

---

* Sesterce源于Sestertius，古罗马钱币，1塞斯特斯＝1/4迪纳里。——译者

可我手下的人都抱怨说所有的钱都应分给他们……我仍坚持自己的观点，因为我把自己的名声看得比什么都高贵。可是无论什么事均不与别人商量那也不怎么光荣。

177 公元前60年，西塞罗向昆图斯发出了最后的忠告，这证明了西塞罗的一贯特点，那就是宽容：当然，宽容一定要与坚定结合起来，特别是反对那些行贿受贿的人。但在行省，宽容是特别必要的，那里没有绕过总督向陪审团的上诉。这是一个很好理解的观点。西塞罗坚持认为，如罗马人在所有行省的一贯做法，无论何时何地总督必须支持权贵派，换言之，必须支持上层阶级，但西塞罗称赞昆图斯体贴下层民众的苦衷，在这里他对法律平等的同情跃然纸上。

公元前51年，西塞罗继续庆幸自己的宽容与公正并与阿提库斯分享了自己的喜悦。他允许多个行省在各自的法庭上审理不涉及罗马公民的案件。这些城市欢迎这种好意，因为这等于把自治权赠给了它们。在同一封信中他向阿提库斯报告："对行省居民而言，接近我通常比较容易：任何接见都不通过管家。天亮前，我起床后在屋里走动走动，就好像以前我是执政官候选人那样。对他们来说，这是受民众欢迎的大事，然而对我来说，迄今都不是什么苦恼的事情，因为我是一个老竞选者。"然而，在处理陶鲁斯山北部其他地区到劳迪塞亚的司法事务时，他总是为自己的便利着想，而不考虑诉讼人的利益。

他昧良心写的唯一有籍可查的文章是大人物们促成的。马尔库斯·布鲁图是一位可敬的人，可是塞浦路斯岛的萨拉米斯城所发生的丑闻让人觉得他有些不可理解。布鲁图同舅舅加图一起到过塞浦路斯，后来在西里西亚任阿皮乌斯的财务官，他自然对这个行省感兴趣，关于这些兴趣他曾寄给西塞罗一封便函。他说，他推荐过两个人，这两个人把钱贷给萨拉米斯人。西塞罗见到了其中的一名，答应自己亲眼见他把钱拿到手，但拒绝他继续使用阿皮乌斯·克劳狄乌斯授予他的长官头衔，并命令他将带来的骑兵从塞浦路斯撤走，这些骑兵是阿皮乌斯拨给他的。稍后，萨拉米斯的一支使团来到塔尔苏斯与西塞罗面见。他们透露，他们的债权人要求复利的48%，即便按古代的标准这样的利率也过高，相当于西塞罗文告所规定的利率标准和元老院最近批准的利率标准的四倍："这意味着城市的毁灭。"不过，他允许延缓支付利息，而不是强行降低利息支付。令他十分吃惊的是，后来他发现真正的债权人是布鲁图本人，为了绕过不向驻扎在罗 178
马的行省人贷款的法律，布鲁图曾收到两项元老院决议；倘若布鲁图继续抱怨西塞罗，"我会因他生我的气而感到遗憾，但更遗憾的是，他不像我想象的那样"。西塞罗愤慨地指出，以前骑兵曾把萨拉米斯元老议员包围在议事厅中，五名元老被困死。他甚至严厉谴责阿提库斯恳求他按布鲁图的意愿行事。"如果我做了任何那样的事，我还敢阅读或触摸我的那些书吗？你对我的那些书是赞不绝口的呀。我最亲爱的阿提库斯，在这件事上，你太关心布鲁图了，你对我恐怕就不怎么关心。"无论如何，布鲁图的舅舅加图会赞成布鲁图的行动。但西塞罗不让使者们把钱存放在一座神庙里，以免利息继续累积，虽然他很担心下任总督是布鲁图的姐夫，但他还是把处理钱款的事留给了下任总督。他写信痛斥卡帕多奇亚国王，这位国王甚至不能偿还欠庞培的债务利息（一群庞培的代理人一再向他逼债），还向布鲁图借债，西塞罗认为这个国王是一名一贫如洗的叫花子；而他把长官的职位授予布鲁图的卡帕多奇亚代理人，因为他们在其本人的行省里没有经商活动，有担任官职的资格。结果，虽然西里西亚的下一任总督不是布鲁图的姐夫，但伴随总督的副将却是百折不挠的布鲁图本人；究竟这件事给阿里奥巴尔查尼斯国王和萨拉米斯人带来多大影响，迄今还是个谜。

前任遗留给西塞罗的问题甚至更为棘手。在离开罗马之前，西塞罗曾以友好的措辞给阿皮乌斯写信，希望双方保持联系。在旅途中为试图会面和确定会面时间一直保持联系。但是，关于自己回国的行期阿皮乌斯一再改变主意。抵达行省后，西塞罗发现自己的前任仍在塔尔苏斯召开立法会议，须知在新任总督到来后采取这种行动是很不合适的，此外，没有来自他的消息和精锐军团的消息。虽然最终他们的交往很密切，但那个时候西塞罗真心打算会见他，可阿皮乌斯却继续回避与新任总督的会面，后来居然抱怨西塞罗不懂礼貌。

西塞罗发现自己的前任对待行省居民的行为十分恶劣，并公开向阿提库斯描述了这一切：阿皮乌斯“不是人，而是一头凶残的野兽”；
179 他强征特别税，从那些不想为军队安排住所的城镇勒索大量钱财。“阿皮乌斯在回国的路上给我寄来了两三封抱怨信，因为我取消了他的一些决定……他建立了一套阴森的行省制度，吸干了它的血液，尽其所能地盘剥它，结果留给我一个破败不堪的行省，他不愿让我使之恢复元气。”但是，西塞罗试图尽可能地为阿皮乌斯掩盖真相，甚至允许歌功颂德的使团安慰有关的城市。起初阿皮乌斯禁止使团歌功颂德，后来又要求他们歌功颂德。不过，西塞罗清楚地意识到这种做法不仅不仁不义，而且没有任何益处，因为元老院常常没时间听取使团的汇报。他给阿皮乌斯写了一些恭维信，尽管有时带有含沙射影的讽刺腔调，但这些信件给人的印象不太深刻（“政见的不同”不应该影响他们的友谊，所有的难题都是麻烦制造者酿成的；然而，有一次他被激怒了，解释说，他并非只对出身贵族的人完全表示尊重）。

但是，在下述两种情况下，西塞罗陷入困境。在保护人和他的依附民之间进行调停谈何容易。众所周知，布鲁图一直是萨拉米斯的保护人；阿皮乌斯则不仅是克劳狄家族的一员，而且在这些角色中他本人是一名年轻人，在这个地区，他无疑也建立了广泛的庇护关系。有时，一位实力强大的保护人可以保卫行省居民反对总督的压迫；但这种制度在这里不起这样的作用。

此外，布鲁图和阿皮乌斯都是显赫贵族。西塞罗最近对布鲁图越来越了解，他此时30多岁，有望成为年轻有为的权贵派（布鲁图是加图的外甥，才华横溢，爱好哲学，个性很强），甚至是一名倔强的人；恺撒对他的评价是，“他想做什么，就一定孜孜以求之”，这种倔强的性格可以解释他在萨拉米斯的行为，然而大可不必假定他允许自己的代理人为非作歹。西塞罗发现，他的书信即使在提出请求时仍很“唐突、傲慢和不友好”（不幸的是，这段时期他与布鲁图的通信均已散佚）。阿提库斯自然是这位重要人物的挚友之一。尽管布鲁图和西塞罗的年龄差距较大，但阿提库斯仍渴望他们俩的关系越来越密切，他在信中写道，即使西塞罗从行省没带回任何东西，但只要带回布鲁图的心愿，他也会感到心满意足；的确，后来西塞罗很想与布鲁图建立良好的关系，如果可能的话，甚至影响布鲁图。至于阿皮乌斯，庞培使他与西塞罗和好了，正如我们所见到的那样，阿皮乌斯是庞培与 180
权贵派联盟的重要纽带。布鲁图和庞培竭力维护阿皮乌斯的利益，他们俩都与他联姻，此时西塞罗再度忠于庞培。因此，他与布鲁图或阿皮乌斯对抗就很困难了。特别是阿皮乌斯给他出了一道难题：西塞罗很快听说，图里娅和特兰提娅显示出罗马妇女的相对独立性，她们偏偏挑中了多拉贝拉做他的女婿，多拉贝拉是一名性情狂热、雄心勃勃、富有魅力的年轻贵族，如今他正在指控阿皮乌斯叛国；稍后他还发现，原先私交不错的阿皮乌斯和凯里乌斯反目成仇了，他们互相指控对方的邪恶行为。

然而，有这样一个问题，西塞罗准备在这上面得罪一些无太大权势的有用朋友。这个问题就是“营造官的税收”和相关要求。很显然，为了支付举办赛会的花费，任何即将成为营造官的朋友都可能要求（至少经常要求）总督征税，或是为实现此目的要求他们号召社会捐资。公元前60年，西塞罗祝贺昆图斯免除了自己行省的税收，不惜让兄弟俩与贵族结下深仇，西塞罗称此行省税是“不公正的沉重税收”。凯里乌斯于公元前51年夏当选为营造官，如今他计划举办一届别开生面的赛会。他死乞白赖地要求西塞罗为他提供豹子——最近库里奥从西里西亚为朋友弄到了一些豹子。西塞罗认为，为了猎豹打扰行省居民的生活是很恶劣的行为，不过他说，猎豹可以雇用专门的猎人；但是，西塞罗开了一个带有讽刺意味的玩笑，他写道，由于豹是行省内通过陷阱捕获的唯一动物，因此它们好像做出了迁徙的决定。凯里乌斯还希望得到现金，但一无所获——于是警告说，指控别人的人，应当注意走好自己的路。他的一名同僚也就猎豹的事与阿提库斯打交道。“我很高兴，你说没有想到我会反对猎豹。但对于所有不正当的请求，将来总要坚定地说：不。”

西塞罗从未说过的话是（除了需要把违法乱纪者更加成功地载入另册之外）必须大力加强法纪并严格限定总督的职权。确实，迄今为止，他自觉地依法办事，赢得了“清廉”的美名。他不仅撤销了许多
181 可允许的征用项目，只接受不劳民伤财的个人荣誉，拒绝行省人尊奉他为救世主，为他竖立塑像和建造神庙，他得到的其他荣誉都是完全合法的。像在罗马一样，他在自己的行省没有开始持久而又彻底的改革。但他朝着变革的方向做了一些尝试性的努力。在公元前 63 年担任执政官期间，他试图取缔“自由使者”，于是在行省私自经商的元老们再也不能靠“自由使者”的身份为自己谋取正式特权。这项建议被否决了，只在限制“自由使者”的期限上有所建树，但《论法律》重述了这个旨在保护行省居民的主张。他可以通过自己的布告让这一主张永久发挥作用。效仿前辈的主张是习以为常的事，但对前辈的主张加以补充和修正也是可能的。这的确是罗马法在共和国时期发展的大体情况。西塞罗仿效早期的最佳典型，特别是他年迈的老师斯凯沃拉的法令，斯凯沃拉以亚细亚的模范管理而闻名，但西塞罗增加了一些鼓励城市缩减开支的新规定，他以这些新规定而感到骄傲；我们可以确信，他正式取消了“营造官的税收”，因为昆图斯此前已有此举。让这样的规定成为正式法规的构想是合情合理的。

在担任总督期间，西塞罗只追求清正廉洁（*abstinentia*）和高风亮节（*elegantia*）的美德，这一点也可能成为有人反对他的理由。农业歉收和随之而来的饥馑居然被他轻描淡写地说成“对我来说，实际上是求之不得的”，因为劝说商人不要囤积居奇能够增加他的人望。但是，西塞罗正确地指出，在谈论名望或荣誉时，古人往往把名望或荣誉称作某种客观的东西和身外之物。有一次，在他任期即将结束时，他向阿提库斯断言，样子仿佛很惊奇：“在我的一生中，只有确认我的行为正确时，我才感到莫大的快乐：使我快乐的不是我的巨大声望，而是事情本身。简言之，我的行动与我的声望是相称的；我不了解自己，也不知道这样一来我能做什么。我确实按捺不住自己的喜悦心情；没有什么能令人更加荣耀的了。”

这话并非没有私心；也许这不是西塞罗的最后结论。随着东方任职之年行将结束，他给凯里乌斯写信称：“罗马，我亲爱的凯里乌斯，罗马！要忠于罗马，要尽享它的光辉！早在年轻时我就意识到，对于一名能在罗马城中大显身手的人来说，行省中的所有差事都是枯燥的、肮脏的。”在实践上（不然的话就是在理论上），对于野心勃勃的罗马政治家来说，多个行省居民、军队和独立的国家均可成为牺牲品。即使恺撒不同意他的说法，但在这方面，恺撒的罪过无人能比，182
因为他不仅征服了高卢，而且还企图征服不列颠，他的动机几乎全是为了获得荣誉、财富和权力，为了对抗庞培。

183 第十一章　内战的不确定性（公元前 49—前 48 年）

西塞罗对凯里乌斯说，他不知道还有更具政治才干的人；他让别人写信把时局的状况或动向报告给自己——凯里乌斯可以向他报告事态的发展趋势。尽管“很忙，如你所知，懒得写信”，凯里乌斯仍尽力遵守诺言，把罗马事件的评论寄往西里西亚——首先谈的是西塞罗在去行省途中遇刺身亡的流言。其内容生动的信件为我们讲述了动荡时期的许多丑闻和各种伎俩。在这个时期，恺撒和庞培的内战日趋临近，但遗憾的是，他们都没有阐明形势中的一些最重大的法律问题与政治理论。关于这些问题学者们各抒己见，可谓仁者见仁，智者见智，但是没有达成一致的意见。据后来的史料记载，加图和他的朋友也许宣布了自己的意图，一旦恺撒交卸代行执政官的权力，他们就立即起诉恺撒（起诉他在公元前 59 年任执政官期间的非法行动，或者起诉他在高卢的背叛行为），因为此刻起诉恺撒才是合法的。因此，恺撒打算直接竞选第二任执政官（毫无疑问，一旦如愿，就会拥有新的指挥权）；公元前 52 年，保民官们通过了一项法案，准许他缺席（*in absentia*）竞选，可是后来的立法把形势弄得混乱不堪。他好像一度考虑过，准备于公元前 50 年竞选公元前 49 年的执政官；但是他很快便改变了主意，决定于公元前 49 年参加竞选，那一年是他第一次任执政官后的十整年，他的指挥权似乎于公元前 49 年的 3 月到期（如果不是更早到期的话），这样一来，他将利用一位保民官否决指定继任者或留在高卢直到大选，甚至到公元前 49 年年底。他本人没有谈到受审的危险，但是如果他被召回或禁止他缺席竞选的话，他说这将有辱他的尊严；无论如何，到公元前50年年底，权贵派绝不允许他再度当选执政官。不久，舆论普遍认为，这一事件是恺 184
撒与庞培之间的斗争。两个人钩心斗角，谁都不肯甘拜下风。

公元前51年夏，庞培与加图的朋友的合作会多么密切仍不十分清楚，恺撒及其宣传机构称这群人为"小集团"。可是选举的结果对这个小集团似乎相当有利；直到一名当选保民官遭受起诉为止，年轻的库里奥一直想决定取代恺撒的位置。凯里乌斯写道："许多人并不了解他（库里奥）是一名放荡的家伙，这可把他们吓坏了，但是，正像我所希望的那样，也像他自称的那样，他会支持'精英'和元老院。"人们认为库里奥会有这样的心结：近来恺撒不打算争取他乃是对他的侮辱。与此同时，似乎有一种企图，即在恺撒的指挥权尚未结束之前，将他召回——与此同时，庞培前往北方，大有同恺撒的代表们会晤之意，于是召回恺撒的意图只能自生自灭。凯里乌斯就西塞罗本人在西里西亚的处境提醒他说："一般情况你是知道的：关于高卢人将出台一个决议；有人将否决这个决议；然后有人会出面阻止元老院就任何行省做出决议，因为元老院不可以决定所有行省的问题。"恺撒指挥权的问题因无法达到法定人数而拖了下来；但庞培同意下一年（公元前50年）的3月1日再决定这个问题。后来元老院投票让他和恺撒各交出一个军团，然后把这些军队派往东方对付帕提亚人，庞培立即决定交出他从前借给恺撒的一个军团，这样一来，恺撒就被夺走了两个军团。结果，这两支军队仍留在意大利，根本没有派往东方。

罗马在等待。2月，已是营造官的凯里乌斯写信称，新执政官很不积极，"库里奥的保民官任期犹如冰霜……如果我不同商铺老板和供水官员做斗争，那么这座城市就会处于休眠状态"；但凯里乌斯不得不在后记中补充说，库里奥的保民官任期热情突然升高了："他轻率地倒向了人民大会，开始代表恺撒讲话了。”凯里乌斯认为，这可能与他和大祭司们的争吵有关；后来的史料都说，恺撒收买了他。还可以补充一句，库里奥的权贵派父亲去世了，他娶了自己的好友克劳丢斯的遗孀富尔维娅；此外，年轻一代多为恺撒的仰慕者，可能都在反对加图的那个小集团。凯里乌斯写道，“为此库里奥遭到了猛烈的攻击”。遗憾的是，凯里乌斯的下一封信没有告诉我们 3 月 1 日发生的事；可是那封信告诉我们，“除非两天内他被捉奸两次”，否则没有
185 人会相信“某位元老与人通奸。你问，在哪里呀？我也希望弄清最后的地点，留给你问问别人吧——我喜欢一位‘英贝拉多’的主意，四处打听一下，一个男人究竟同谁一起被捉奸了”。

下一封信告诉人们，凯里乌斯通过与库里奥的妥协促使元老院批准西塞罗的感恩祈祷，关于这次感恩祈祷我们已经听到很多说法。如今庞培一再坚持说，恺撒应在 11 月份离开高卢，库里奥表示反对。“我告诉你：如果他们对库里奥采取极端措施，恺撒将保护他并捍卫他的否决权。如果他们害怕了（好像就是这样），那么恺撒想在高卢待多久就待多久。”大概就在那年夏天，库里奥否决了一项要求恺撒放弃自己行省的建议，他说，庞培（公元前 52 年延长了西班牙的指挥权）也应该放弃自己的行省；大多数元老表示赞同，可是加图小集团不同意。与恺撒相比，庞培是否更愿意接受这项提议？对此我们并不清楚。随着夏季一天天地过去，庞培得了重病；整个意大利都为他早日康复举行祈祷。后来的史料暗示，同恺撒的内战随时可能发生，庞培指望得到整个意大利的支持，但意大利的祈祷使他错误地估计了形势；实际上现代学者并不清楚庞培的体力是否真正恢复了。在自己回归的问题上，虽然西塞罗说，他没有发现庞培的态度有明显的变化，但时过不久，他却慨叹庞培精神不振，并怀疑庞培身体欠佳。大约就在庞培患病的同时，派往高卢负责抽调两个军团的官员们极不真实地报告说，恺撒的士兵对自己的统帅不忠，不会在内战中为恺撒卖

命；有些人可能已经知道或怀疑，最糟糕的情况是否已发生在恺撒的首席副官（*chief lieutenant*）拉比努斯的身上，此人是否会像从前那样重新忠于庞培，根据公元前63年他所担任的保民官职，我们对他记忆犹新。如果是这样的话，那可是权贵派求之不得的唯一期盼。

公元前50年8月，缺乏责任感的凯里乌斯遗憾地写道，如果错失在罗马城内举行感恩祈祷这一壮观场面，即使俘获帕提亚国王、攻占他的都城都难以补偿。他认为和平不会持续一年。他不知道该怎么办，他想西塞罗也同样困惑："一方面，我有一些关系和影响，另一方面，我恨那些人——但均不是理由。"他认为，在一般情况下，应该诚实守信；但在战争中，应该安全至上。庞培将让元老院和政治舆论站在他一边，而那些害怕正义或渴望掠夺的人则支持恺撒，恺撒拥有更强大的军队，"无论如何，是评估双方的实力和做出选择的时候 186
了"。凯里乌斯玩世不恭，却很明智，他将选择恺撒。

此时，不顾行船逆风，西塞罗率领随行人员踏上了回国的行程，他的扈从手举饰有月桂花环的斧头，以此向他的"英贝拉多"头衔表示敬意。在途中某个地方，他们听到了霍腾西乌斯的死讯；很可能航船在罗得岛暂时停靠了，以前西塞罗曾要求孩子们参观这个岛屿。提洛身体时好时坏，只好在希腊停留一段时间，在那里他接到了许多感情真挚的慰问信，来信者关心他的饮食起居情况，恳求他在身体没有完全康复之前不要离开希腊，也不要在治疗上吝惜金钱。但是，凯里乌斯估计得没错，西塞罗对自己应当采取的行动方针感到焦虑。在雅典，他再次暂住在一位哲学家的家里，在卫城上，他感到心潮澎湃。他从雅典不断写信，向阿提库斯征求建议。他指出，劝他与斗争双方的头面人物保持密切联系的人是阿提库斯。

> 每个人都把我看成是自己人——除非他们之中有人在说假话。庞培对我没有怀疑，他坚信我十分赞成他目前的政治

> 观点。我同时收到了他们俩的信以及你的信，他们对我的了解似乎比对任何一个人的了解都多。我该如何是好？我不问最后的决定——如果最后的决定导致对抗，我坚信，与庞培一起被打败要比与恺撒一起胜利更好些——但是我要问，当我到达时，将发生什么事情以及关于他缺席参选和遣散军队的情况。最后，当执政官说："请发言，马尔库斯·图里乌斯。"我就说："请等一下，让我见一见阿提库斯好吗？"

西塞罗认为，举行凯旋式的一个好处是必须暂驻城外，因而不能出席元老院会议，正如他承认的那样，主要出自对毕布鲁斯的嫉妒他才有了举行凯旋式的想法。"但是，他们将试图从我的口中打听我的意见。也许你会觉得这件事好笑，可我多么希望继续留在自己的行省啊！"

西塞罗怀疑特兰提娅的一名获释奴骗取他的钱财，他从西里西亚写信把自己的怀疑偷偷地告诉给了阿提库斯；但是，如今他给妻子写了一封饱含深情的信，恳求她在身体允许的情况下前来迎接他，以便他们能够协商一些计划。结果，他们同时到达布林迪西，并在中心广
187 场会面。由于西塞罗途经意大利，信使很容易到访，于是他写给阿提库斯的信越来越频繁。（可怜的阿提库斯每隔三四天都要发烧，毫无疑问是疟疾在折磨他。整个秋冬他可能都需要西塞罗耐心等待，因为几乎每封信都要求回答并附上建议。）现在，西塞罗一再为自己离开西里西亚进行辩解，他说，假如能有助于和平解决或"精英"的胜利，他甘愿挺身而出；他会以独立的理想政治家为榜样（这样的政治家在《论共和国》中有专门论述），如果这有悖于争取凯旋式的游说，那凯旋式可以暂停；尽管暂驻城外可能有利于保留自己的大权（*imperium*，意指他的官职级别和军事指挥权），他也在所不惜。阿提库斯告诉过他，他也告诉过自己：实际上恺撒对待他可不像他那样

大度。但尴尬的是，恺撒和他的代理人巴尔布斯继续寄来一些很有礼貌的信。欠恺撒的可悲人情束缚了他的手脚，他能还清自己欠下的人情吗？

他向阿提库斯宣布，他将公开支持庞培，“但私下里我会极力劝说庞培讲和”。西塞罗对自己的事业越来越缺乏热情，因为他认为战争的危险性很大；所有的声名狼藉者都支持恺撒，而且西塞罗发现，意大利的贫民百姓对战争深恶痛绝。在这个阶段反对恺撒实在很可笑：“现在我们不得不对付十一个军团和他可能征集的大量骑兵、不得不对付波河以北的高卢人、所有的保民官、城市下层民众、不得不对付我们的那些没有责任感的年轻人和一名极富影响力和勇敢精神的领导人。”

一些事件加速了危机。12 月 1 日，库里奥让元老院表决，结果 370 票对 20 票，通过了拥护两名君王（dynasts）同时交卸兵权的决议。这似乎表明以加图为首的小集团该有多么微弱；恺撒没有打算真正交卸兵权。但是，仅凭恺撒正向意大利进军的流言，执政官马尔凯路斯便前往庞培的住处，把目前驻守在意大利的两个军团交给庞培指挥，并鼓动庞培进一步征兵。他的这一举动虽有两名当选执政官的协助，却没有得到元老院的授权。这自然给恺撒的宣传提供了一个绝好的机会。12 月 10 日（就在这一天，马可·安东尼接任了自己的朋友库里奥的职务和政策，他是公元前 63 年西塞罗的声名狼藉的同僚的侄子，和朱里娅之子），西塞罗到达坎帕尼亚，他发现，庞培正在那里征兵。庞培很友好，鼓励西塞罗举行凯旋式。“他坦言，至于政治，毫无疑问，我们似乎应当开战”；他说，现在恺撒与他彻底分道扬镳 188
了。不久，西塞罗写道：“政治形势让我惶惶不可终日；因为那些所谓的‘精英’没有联合起来。我发现那么多的骑士和元老严厉谴责目前的事态，尤其谴责庞培的坎帕尼亚之行！我们要和平。胜利会带来许多罪恶，也肯定会带来一名专制君主。”这段话暗示，甚至庞培都会成为君主；西塞罗坚信，恺撒将把秦纳和苏拉的残暴和贪婪集于一身。（公元前1世纪50年代中期的这种狂热是多么的虚伪啊！）恺撒的一些支持者高呼废除债务、分配财产，然而他们的保护人明显不会答应他们的要求。尽管西塞罗对庞培存有疑虑，但在公开场合他仍打算支持庞培："在如此重大的问题上我尤其不能体面地与庞培产生分歧，否则对国家来说，那将是另一个巨大的不幸。"不久，他一再说，他会像一头离群的公牛追赶畜群——对贵族来说，这可不是一个非常讨人喜欢的比喻。

12月25日，他和庞培进行了一番长谈，他说，在任何情况下，恺撒想再度出任执政官都将是不能容忍的，如果恺撒丧失理智，诉诸武力，那就难免遭受制裁。西塞罗的一席话几乎把庞培说服了。庞培指出，安东尼是一个严重的威胁，但他"像政治家一样"大谈假和平的危险。两天后，西塞罗给阿提库斯写信，仍坚持强硬方针，他详细地列举了各种可能性——包括已经发生的事情：恺撒以一名保民官的否决权受到阻挠为借口，对尚未做好准备的庞培和元老院进行严厉谴责。但是不久，恺撒的态度似乎发生了一百八十度大转弯，由严厉谴责改为鼓吹和解。

西塞罗似乎没有匆匆忙忙赶回罗马，他在福尔米埃的自家别墅住了一段时间，计划于公元前49年1月4日抵达罗马——出乎庞培仆人的预料，他推迟一天到达庞培的阿尔巴别墅，他将在那里稍事停歇，因为庞培的仆人即将庆祝一个节日。他确信，罗马居民无不以极大的兴趣等待他的到来。他按计划到达了罗马，受到了高规格的欢迎；按原来的计划他停留在城墙之外。元老院似乎愿意批准他举行凯旋式，但根据普鲁塔克所记，西塞罗说，如果能够达成和平协议，他宁愿徒步走在恺撒的凯旋式上。他忙于私人会谈。但是，正如他后来
189 所写的那样："我哪儿都不能去；我回来得太迟了，我很孤立，人们认为我不了解事实真相，把我列为战争狂人。"普鲁塔克暗示，西塞

罗支持恺撒的新提议：放弃山北高卢、保留山南高卢和伊利里库姆行省，以及两个军团，哪怕只保留一个军团；但正如致提洛的一封信中所显示的那样，理论上，西塞罗甚至反对恺撒的这种要求。普鲁塔克说，庞培将会同意这样的妥协（毫无疑问他会前往自己的西班牙行省，如他对西塞罗所说过的那样，如果恺撒成了执政官，他也会成为执政官）；可是，加图——近来经常在幕后活动——使这种妥协被拒绝了。加图小集团认为，让恺撒的超期任职侥幸成功和对其无法否认的违规行为不予惩罚，那将意味着承认他们重建的共和国已经无足轻重、回天乏术了；他们还认为，目前，不管恺撒在何种情况下再次担任执政官，他们的人身都将陷入危险。看来，有这样的想法是可以理解的。在加图-庞培体制中，西塞罗没有真正的支柱，他一贯善于妥协，根本不会受到恺撒的伤害，所以他的感受将会有所不同，这也是可以理解的。很明显，庞培及加图小集团相信，他们会在战争中获胜，而西塞罗对此表示怀疑。另有几个人试图进行调停，最明显的是恺撒的岳父、西塞罗的宿敌皮索。但是“双方都有一些主战的人”。至此，元老院似乎变得强硬起来，进行多次敌视恺撒的表决。7日，安东尼和另一名保民官被迫离开元老院。西塞罗说，他们逃出了罗马城，不过无人对他们施加真正的暴力。元老院通过了“最后裁决”，支持庞培的行动；意大利各个地区的指挥权进行了分配（把负责卡普亚的权力交给了西塞罗）。元老院给各个行省指定了总督，最后，由多米提乌斯接管山北高卢。消息传来，恺撒越过了卢比孔河（Rubicon）。这条小溪现在已经无法考证，当时是山南高卢行省与意大利的界河；恺撒高声宣布，“色子掷出去了”*。来到阿里米努姆（里米尼）后，恺撒发现了前来投奔的那两名保民官，他们与库里奥和凯里乌斯在一起。

---

* 意为“大局已定”或“木已成舟”。——译者

恺撒素以神速而著称。虽然他只率领一个军团，但不存在军队拒绝追随他的问题。意大利各城镇没有任何抵抗，甚至庞培的家乡皮塞努姆也没有抵抗。“疯狂使恺撒不能自拔，他忘记了自己的名字和拥有的荣誉，占领了阿里米努姆、皮索鲁姆（佩萨罗）、安科纳和阿雷
190 提乌姆。所以我们放弃了罗马——不管辩论多么明智或多么勇敢，都是徒劳的。”庞培、两名执政官及许多元老于17日逃离罗马——他们甚至来不及带上国库里的金钱。次日，西塞罗给阿提库斯随便写了一封短信：“我突然决定黎明前离开，为的是避开别人的目光和谈话，尤其带上这些扈从和他们的桂冠。关于下一步的打算，我真不清楚该做什么或将要做什么，我们的这种轻率而又愚蠢的行动令我惊恐万状。”

退到坎帕尼亚之后，他每天都给阿提库斯写信，反省自己的过错，“每当给你写信或读你的来信时，我都觉得舒畅多了”。恺撒的行为使他感到震惊：“恺撒说，他的所作所为都是为了维护自己的尊严——但是，没有廉耻，何以能够立足？”庞培离开罗马的决定同样使西塞罗感到震惊，他推测，庞培的决定对意大利舆论的震撼可能是有好处的。“至于你让我告诉你庞培在做什么，我想连他自己都不清楚，你我就更不知道了。”庞培离开罗马是为了召集一年前从高卢抽调的军团，这些军团正驻扎在南方：“然后，他究竟想抵抗还是想渡海，没人知道……如果他想渡海，我不知道他将往哪里去，走哪条路以及我该怎么办。”关于最后这个问题，西塞罗夜以继日地苦思冥想了几个月的时间；实际上，这些信什么都没有谈，阿提库斯推不掉西塞罗的请求，这里不可能追述各种思想变化或记录每次征求建议的全过程；在罗马，阿提库斯仍在与疟疾做斗争。

第一个问题是特兰提娅和图里娅是否应该留在罗马（图里娅的丈夫多拉贝拉是一名狂热的恺撒派，他可能比她年轻，长得很帅，也很聪明，但西塞罗对他不太满意）：看来去与留不是什么不忠吧？结果，

他们俩来到了福尔米埃的别墅，昆图斯和他的儿子也到了那里。然而，孩子们的老师是阿提库斯的获释奴狄奥尼修斯，此人不愿把赌注押在这个家庭身上（西塞罗写道："在所有的麻烦事中，没有比这件事更令我烦心的了。"一时的气愤终于消了，他每次生气都是这样）。有人主张把孩子们送到希腊的安全地带，西塞罗没有认真考虑这个主意——他认为，如果庞培前往国外，目的地将是西班牙，在这个紧要关头他也会去那里。与此同时，他在权贵派的会议上仍发挥某些作用：1 月 26 日，他和昆图斯在卡普亚遇见了执政官和许多元老。如今恺撒正在起草和谈条件，这些人都准备与恺撒谈判。"连加图都宁 191
愿屈服而不愿战争，但是他说，如果恺撒同意撤兵，自己愿意出席元老院会议参加议和条件的讨论。"西塞罗担心，在这种情况下，加图可能成为阻力。"在我们的争论中有许多异议。大多数人不相信恺撒会信守诺言，他们说，为了阻止我们做必要的战争准备，恺撒才提出了这些要求。但是，我想他会撤走驻军的。"稍后西塞罗写道，"不接受恺撒的要求将是极其愚蠢的"，议和条件确实不太苛刻（恺撒将担任执政官并举行凯旋式，庞培放下武器，前往西班牙）；但是，此刻西塞罗不太相信双方会同意这些条件。最后协议没有达成，其原因不是缺乏充分的担保，就是恺撒一心想争取时间和声望罢了。

西塞罗对庞培说，自己既无军队又无金钱，无法落实自己的指挥权，于是他交卸了卡普亚的指挥权而接受了海岸地区的另一指挥权，这使他能在自己的一两处别墅里舒舒服服地生活。他仍没有积极尽责，一是因为征兵不受欢迎，那似乎达到根本无法实现的程度，二是因为直到现在他仍认为，即使不妥协，他仍然可以促成双方的谈判。西塞罗从多拉贝拉和凯里乌斯那里听说，恺撒赞成按兵不动，不过，任何一方都不予以谅解，这使西塞罗深感忧虑——最好不要送特兰提娅和图里娅回罗马。可是，他要不要离开坎帕尼亚？要不要加入庞培的队伍？庞培好像"没有精神，没有计划，没有资金，没有活力了"。

目前庞培在什么地方？也许还在意大利的一个地方，尽管怎样，只要走海路就能安全到达那里。

不久，西塞罗收到了庞培的一封信，信中建议西塞罗到意大利东南部的路凯里亚，庞培说，他本人也在那里。西塞罗记载了离开坎帕尼亚海岸的无奈心情，一些罗马的运粮船停泊在那里，但已做好了起航的准备。他比以往更加心急如焚："假如我能入眠，我不会写这样长的信打扰你。"庞培的行为一度令他十分反感——"我认为，没有哪个国家的政治家和将军有过如此不光彩的行动"——他对庞培的健康情况能否依靠是那样的不清楚，对执政官们是那样的蔑视，对自己被排除在他们的顾问之外是那样的恼火（也许不是非常令人吃惊）以
192 及对滞留在罗马和罗马附近的人数是那样的惊讶，"与此同时，我们同老婆孩子在艰难困苦中游荡"（他仍住在福尔米埃的自家别墅），甚至险些决定在暂住的地方停留下来，阿提库斯建议他随庞培一起前往希腊，然而这一建议竟被他拒绝了。在其他时间，阿提库斯的建议似乎截然不同；很明显他不能像自己的朋友那样下定决心。然而，2 月 17 日，西塞罗起程前往路凯里亚；但是，当听说恺撒封锁了通向那里的道路之后，他颇感欣慰地回到了原地。他还告诫自己，在这样的季节他不能经海路去东部意大利，的确，古时候整个冬天几乎全部停航。后来他承认，他没打算死心塌地地投奔庞培。

真真假假的流言继续将坎帕尼亚搞得人心惶惶。2 月 20 日，有消息称多米提乌斯·阿赫诺巴尔布斯决心在意大利中部进行抵抗。西塞罗认为，一时深受鼓舞的庞培一定会支援他。但是正如庞培在信中所说的那样，不可能为了支援他用原属于恺撒的军团反对恺撒。这些信件的副本转给了西塞罗，后来西塞罗又把这些副本寄给了阿提库斯。在庞培看来，命令多米提乌斯撤退也是不可能的，多米提乌斯是一名独往独来的代行执政官。结果，多米提乌斯被迫投降，不料却被恺撒慷慨地释放了；当时所有的人都非常害怕被剥夺公民权，可是，

图 6 恺撒的肖像，可能是当时的样子

恺撒就利用这个众目睽睽的机会证明自己不打算实行人人万分惧怕的剥夺公民权。对恺撒来说，这段插曲是宣传上的巨大胜利。

西塞罗认为庞培未能援助多米提乌斯是难以洗刷的耻辱，毫无疑问，这种说法是不公正的。并不是庞培此举使多米提乌斯归顺了恺撒（“我让人家逃走，但没人理睬”），恺撒想方设法争取西塞罗和一名执政官站到自己一边。可是，西塞罗说，如今他一直在思考理想的政治家，他在《论共和国》中描述过这样的政治家，让自己的同胞生活幸福是他们的追求。然而，他说，庞培和恺撒都没有这样的追求，“从一开始，庞培就是想挑动天下大乱、就想鼓动蛮族国王，让蛮族携带武器进入意大利，以便尽可能组建最强大的军队。他早就想建立苏拉式的君主制，许多人也想效仿他的榜样建立君主制”。只要恺撒和庞培希望缔结和约，他们就能达成和平协议；但是“两人都想称王称霸”。

许多人的理想被庞培化为泡影，西塞罗只不过是其中的一个，他一度认为，理想的破灭可能给他提供了一个促成谈判的机会。他兴致勃勃，摩拳擦掌，连工作和阅读都进行不下去了，整天与一名老态龙钟的卸任执政官泡在一起消磨时光，这名卸任执政官就住在附近。现
193 在则不然，西塞罗让阿提库斯寄给他一本论和谐的希腊文著作。恺撒尊重生命财产的政策让人交口称赞："城乡的居民对我讲了许多心里话：他们什么都不计较，只关心自己的土地、农场小屋和零星的资产。""请注意事情是如何颠倒的吧：他们惧怕从前信赖的人，喜欢从前畏惧的人。"可是，西塞罗仍没有完全成为他人的俘虏。阿提库斯给西塞罗写信称，一些元老似乎已经决定留在罗马了。西塞罗回信说，对他本人来说，他不认为这些元老是令人赞美的榜样，因为他们对勇敢或荣誉无动于衷。其实，思前想后，西塞罗深感自己应该一如既往地追随庞培——甚至那些留下来的人都攻击他不追随自己的恩人。巴尔布斯来信，恳求他调解庞培与恺撒的争端，西塞罗的确对阿提库斯酸溜溜地说过，他把这封信的副本寄给了后者，让阿提库斯看看他是怎样被嘲弄的。恺撒可能前往坎帕尼亚，这大概意味着将举行一次会晤。会晤的前景令人担忧：也许前往阿尔皮努姆会更好些？西塞罗对昆图斯也很担心。他认为，让弟弟卷入自己的事是不公平的，同时恺撒也会十分生气，因为他失去了一名老部下的支持。昆图斯好像说过，他会服从兄长的决定。据一些书信判断，他甚至可能拒绝谈政治：西塞罗从未提及昆图斯在想什么，也无人过问昆图斯在想什么。很明显，离开自己的兄长，昆图斯没有重要性可言。

阿提库斯建议西塞罗留在意大利，同时声称恺撒会允许他不参与政治。但西塞罗将信将疑，关于这一点，家人的意见恰恰相反。有谣言称庞培从布林迪西出发逃往国外，他感到非常难过，因为不与庞培同行是可耻的。"重读你的来信（这封信建议他留在意大利）多少让我感觉好受些，实际上所谓'好受'也只是在我读信的片刻。"但是，他的确不能马上离开；他采纳了阿提库斯关于恺撒巡视坎帕尼亚的建

议："我会听从你的建议，留在福尔米埃，既不大张旗鼓地欢迎他去罗马，也不故意回避他。"

为准备即将举行的会面，恺撒的代理人奥皮乌斯和巴尔布斯不断对西塞罗施压。他们把恺撒来信的副本寄给了西塞罗，这是一封通情达理的信，正如他所承认的，"在这疯狂的时刻只要能够保持头脑清 194
醒，就是神态正常"。他们保证，恺撒不会要求他对抗庞培。很容易理解为什么恺撒如此迫不及待地争取西塞罗的支持；正如我们在《内战记》中所见到的那样，在这个时候恺撒试图把自己描写成最合法的领导人（为了维护保民官的权利和赢得完全合法的第二任执政官职，他能否不进行战争呢?），他希望罗马有足够多的元老被召集起来，然后让他们承认自己的合法地位。西塞罗的忠诚将有极大的价值，因为他是卸任执政官、律师、占卜师、《论共和国》的作者和庞培的旧友；在恺撒的阵营中有许多贵族，但他们大都是年轻人或无名之辈。西塞罗将是一个很大的筹码。可是，西塞罗却无精打采地写道，他会追随庞培，因为恺撒的胜利所导致的无节制是十分可怕的。"打动我的不是理想，而是我有负于他，就像在米洛案件中那样。"（我们永远不要忘记人情债在罗马政治中的重要性）他认为，执政官同庞培一起出逃使和谈无法举行；因此他把那本论和谐的书寄回原地。稍后，他收到了一则重申的消息：恺撒希望他帮助议和；这一次，他写信恳求允许开始谈判。然而，3 月 20 日或 21 日，西塞罗听说，事实上，恺撒正在围困仍然驻守在布林迪西的庞培："泪水使我眼前一片模糊，我无法继续写下去了……为什么我们不与庞培共命运呢?"西塞罗是否应该努力动员该地的城镇呢？不，那是无济于事的。他动情地宣布，就像从前他的老师斯凯沃拉被杀那样，他希望自己也被恺撒杀死。但是，仅仅两天后，他不知道来自布林迪西的消息是否属实，深感无法做出决定。不过，由此观之，西塞罗追随庞培的决心越来越坚定了，"不是在战场上，而是在出逃中"。

实际上，庞培已让军队登船，并越过了亚得里亚海。恺撒进入布林迪西，而今他正在返回罗马的途中。令西塞罗惧怕的会面发生了。

> 我在两个问题上采纳了你的建议：我这样说是为了赢得他的好感而不是他的感谢，我一再坚持我不会去罗马。但是，如果以为他摇摆不定，那我们就错了；我从未见过这么坚定的人。他说我的决定是对他的一种谴责，如果我不去罗马，别人也不会急于到那里去。我回答说，他们的情况有所
> 195 不同。经过一番长谈，他说：“来吧，为和平而奋斗。”我问：“按我自己的条件吗？”他回答说：“我是对你发号施令的人吗？”我说：“我将采取与元老院同样的方针。元老院不会赞同你去西班牙或率领一支军队去希腊。”我补充说：“最终我将强烈谴责庞培的立场。”对此他大声说：“我不想让这样的事情像人们说过的那样。”我回答：“我是这样想象的，但这就是我不想去那里的理由——我必须这么说或者干脆不到这里来；如果我在罗马出现了，我对许多事都不能保持沉默。”谈话末尾，他让我仔细考虑考虑，我们的谈话就以这种方式结束了；他的建议我不能拒绝。于是，我们分手了。因此，我想，恺撒对我很不满意。可是我对自己很满意，我很长时间都没有这样高兴了。至于其他，例如他有怎样的一支队伍——如你所称呼的那样，这是一支“该死的军队”……我差点儿忘了他那最不愉快的部分：如果他不能得到我的建议，他会采纳别人的建议，不会一无所获就善罢甘休。

西塞罗对阿提库斯说，他正在前往阿尔皮努姆，此外有一项决定再也不能拖下去了。阿提库斯一定（自不必说）给他写了回信并附上建

议。到达阿尔皮努姆之后，西塞罗打算“围绕自己心爱的别墅巡视一下，他不指望再见到这些别墅了”。

阿尔皮努姆之行不算太愉快，在那里他为儿子举行了成年礼；那里的每个人都心情低落，而且有利于恺撒的征兵正在进行。眼下（平时也一样）西塞罗很清楚，他不能留在意大利了，他认为自己犯了一些难以忍受的错误：“目前我的行动路线很不光彩、没有安全保障。”但究竟去哪里他没有马上决定下来，至少起初是这样，因为他不知道庞培在什么地方。应该前往雅典呢，还是去希腊的某个宁静的地方？或者改道去马耳他？他返回福尔米埃，听到的一则消息令人深感震惊，消息称，昆图斯的儿子不仅给恺撒写信，甚至去罗马拜见恺撒，这还不算，他还向恺撒报告说，自己的伯父牢骚满腹，打算离开意大利。西塞罗认为这是背信弃义的行为：“在我的一生中没有什么比这更痛心的了。”这个年轻人的父亲也“崩溃了”。但愿这个故事被夸大了。情况似乎是这样的：小昆图斯实际上没有见到恺撒，只见到了恺撒的副官希尔提乌斯。然而，西塞罗怀着忧郁的心情给小昆图斯的表叔阿提库斯写信，详述了这个年轻人的非凡天赋和不能令人满意的性格。“我希望你开导开导这个年轻人。他父亲把他宠坏了，我再坚持也没用。如果这孩子是我的，我会管教他。”人们感到惊讶的是：西塞罗的所有被保护人都要求脱离。

在福尔米埃，西塞罗接待了几位来访客人，听到了一些司空见惯 196
的流言。流言中最耸人听闻的是，庞培从希腊出发，绕过亚得里亚海的北端，正向意大利挺进。来访者中有库里奥，他想投奔恺撒，正在前往西西里的路上，“你知道他像什么样的人，他非常直率”；他讲述了恺撒召回流放者的故事（根据西塞罗的说法，为犯人恢复名誉）和恺撒的战争计划；在离开罗马前往西西里对付庞培的副手之前，恺撒是如何同一名保民官发生冲突的，因此他对支持过他的人民大会很反感；恺撒甚至伤害了他所召集的残余元老院，这个元老院是由留守罗马的部分元老组成的。库里奥补充说，恺撒的仁慈只是一个政治手腕。毫无疑问，这话多少有些道理：人们可能还记得，在高卢，恺撒对日耳曼部民的可怕大屠杀负有责任，因此加图建议，应把恺撒交给敌人；据记载，恺撒对角斗比赛津津乐道。他可能深深感到本阶级内部成员的分化；但西塞罗仍不相信他是可以理解的。"让西班牙的结局听天由命吧，我要离开。"库里奥答应在西西里援助恺撒，并说恺撒会同意他离开意大利。

但这太过于轻率。不久，图里娅恳求父亲等待西班牙即将发生的事情，声称阿提库斯赞成她的想法。"但我不同意"，西塞罗认为，在恺撒被打败之前离开是明智之举，在这种情况下"甚至连库里奥"也会抛弃恺撒，倘若恺撒胜利了，他会返回意大利开始大屠杀。西塞罗还认为，为了围困和蹂躏意大利，庞培率领舰队正在启程回国。让他感到欣慰的是，像所有的暴君一样，恺撒必将很快灭亡；但他同时也承认，所有的预言都无法确定。他继续向阿提库斯吐露心声：

> 我把所有我关心的事都交代给你了，你的深情厚谊使我的这番交代显得多余。我实在找不到有什么好写的——我一直坐等远航。可是就连这点东西也不必写，由于你对我的大力援助，特别是你对我女儿图里娅的无微不至的关怀，让我感到无比欣慰。你的关怀使她高兴，自然也使我高兴。她的勇气令人感到惊奇；她以何等的毅力经受住了国家的灾难和个人的疾苦啊（她怀有身孕，多拉贝拉是个不称职的丈夫）。面对我们的离别她显得多么勇敢！她心地善良，富有同情心，可她希望我秉公办事、受人称赞。这个话题就到此为止吧，否则我将自惭形秽。

197 尽管个人陷入苦闷，但西塞罗再次对图里娅进行赞美，从这时起他对女儿的评价越来越高，越来越频繁。她对父亲肯定表现出了很大的耐心，她非常像父亲，所以能够理解他，而特兰提娅显然对他缺少理解。到目前为止，图里娅本人有不遗憾和失望；她似乎也有很强的求知欲，因为前不久西塞罗声称，她的头脑和相貌都与他相像，她死后，西塞罗在一篇颂词中对她赞美有加，称她知书达理，多才多艺。我们对她所受的教育一无所知，不过阿提库斯的女儿后来肯定受过良好的文学训练。遗憾的是，图里娅（以及特兰提娅）亲手写的东西一点儿都没有保存下来；也许是过于强调父亲反对清一色的奇闻逸事，因此很难想象她总是步履匆匆，甚至不像女性走路的样子。与图里娅相比，小马尔库斯似乎继承了母亲的务实态度和能力。

然而，西塞罗仍未离开意大利；刚刚引述的书信内附安东尼和恺撒本人的短信，安东尼有点儿急躁和粗心大意，曾作为恺撒的代理人驻守意大利（寄给阿提库斯的此类书信是他们俩唯一保存下来的信函）。他们俩都提醒西塞罗不要到国外去。但在下一封信中，西塞罗仍考虑去马耳他，义无反顾地告别斗争之路。但是，

> 亲属们恳求我等待西班牙的消息，他们的眼泪有时让我心软。我们的仆人流着泪水痛苦地阅读凯里乌斯的悲天悯人的来信，他们也求我等待，不要鲁莽行事，免得牺牲自己的家产、自己的独生子和自己的全部亲属；可是，在两个孩子中，我的儿子显得更加勇敢（由于这个原因，对我影响更大），他什么都不担心，只担心我的名声。

凯里乌斯写道，他正在启程去西班牙；他提醒西塞罗说，恺撒的宽容政策不会持久，并恳求西塞罗不要伤害多拉贝拉和他本人，因为恺撒对西塞罗离境的愤怒也会把他们牵扯进去。

尽管如此，西塞罗请求安东尼允许他去一个中立地区——安东尼

告诉他，也许恺撒会让他离境，但西塞罗的请求还是被拒绝了。此时此刻，西塞罗被激怒了，于是打算偷偷离境——不过他说，他很担心，来一只小船漂泊是在拿孩子们的生命冒险。到如今，尽管西塞罗认为小昆图斯对家人无爱可言，但毫无疑问，不能撇开他们单独离
198 境。耳闻目睹恺撒追随者的种种行为坚定了他的决心。“大慈大悲的神明啊，难道连巴尔布斯也想挤进元老院吗?”至于安东尼，

> 他坐在一台敞篷的肩舆里，带上赛特丽丝（女演员）一起兜风，好像她是他的二太太。还有七台肩舆伴随他们，这些肩舆是为他的情妇们准备的，另有一些肩舆是为他的男性朋友准备的。请注意我们正在死亡线上挣扎，这样的死该有多么耻辱啊，你尽可怀疑，不管恺撒以胜利者返回，还是以失败者返回，他都会大开杀戒。如果我找不到大船，我会乘坐划艇摆脱这伙罪犯的魔掌。

他不得不承认恺撒的一些支持者是比较可敬的，律师特莱巴提乌斯即是一例。

5 月 5 日，他心烦意乱地写道：“我的结局是什么？现如今谁的处境比我的状况更加可怜和耻辱呢?”安东尼立刻回答说，他已接到不让西塞罗离境的特别命令，还说“我在各个方面受到了监视”。这没有让西塞罗改变主意。他接待了老朋友塞尔维乌斯·苏尔皮奇乌斯的最后来访，苏尔皮奇乌斯的恐惧和疑惑的可悲相使西塞罗的决心变得不可动摇了，但没有使他泄露自己的计划。

> 苏尔皮奇乌斯说，庞培正在生他的气，恺撒又不是他的朋友：他们俩不管谁胜利了都是可怕的，因为一个残忍，另一个不计后果，两个人都缺钱，只能搜刮私人的钱财。提起

> 这一切他饱含热泪，我感到惊讶，经历如此漫长的不幸居然没有把眼泪哭干。对我来说，眼疾也没有让我流泪，这种病甚至使我不能亲自动笔给你写信，但是眼疾使我急躁，主要原因是我睡得太少。所以请搜集任何能使我开心的读物并寄过来——不要从哲学和书籍中挑选，这些我家里都有，不知道为什么药物对这种病症无济于事。

他想要的是恺撒在西班牙失败的消息。

有一个进退两难的最后选择，一个不可思议的可能性，那就是西塞罗将卷入“凯里乌斯”的作战计划，并担任一支庞培部队的指挥官——不清楚是哪支部队，也不清楚在哪里，可能在阿非利加（这里涉及的可能不是西塞罗的朋友凯里乌斯，因为这个凯里乌斯目前大概与恺撒一道同在西班牙）。但很快他便放弃了这一选择。西塞罗回到庞贝（Pompeii）的宅邸，为解除他企图从海岸地区溜走的疑心，有人告诉他，当地驻军的百夫长们希望把这座城市交给他指挥，他仓促逃离该城，并于黎明前回到库迈。他问自己，仅有三个联队能做什么呢？另外，这可能是个陷阱。眼下妨碍他的是恶劣天气，后来这鬼天气才逐渐平静下来。他写信给阿提库斯，谈起图里娅的早产，生下一 199
个弱智的婴儿；他说，为提防密探监视，他不会再谈自己的计划。然而，6 月 7 日，他突然在木板船上给特兰提娅写告别信；当时还没有完全错过航行的最佳季节，航行季节不像日历错位所显示的那么晚。

> 我给你带来了痛苦和麻烦，令你极度忧伤（对此我很抱歉），我也一样担心小图里娅，她比我的生命还宝贵，现在所有的痛苦和麻烦都已解除。我们分别后的第二天我就认识到是什么引起了那些不幸。我在夜里发泄愤怒，马上感到轻松许多，仿佛神明治好了我心灵的创伤。你会一如既往，以

> 虔诚和圣洁的心情感谢那位神明。我希望我们得到一艘非常好的船——我在出国前匆匆写了这封信。然后我还要给我们的朋友写许多信，真诚地把你和我们的小图里娅委托给他们。如果我发现你们不如别的男人勇敢，我会劝你们俩勇敢起来……首先，你必须照顾好自己的身体。其次，如果你同意，不妨到远离特遣部队的别墅居住。如果食品价格上涨，从城里带些仆人前往阿尔皮努姆农场也是一个不错的选择。无比爱你的马尔库斯愿你安康。万万保重，再见。

尽管此前西塞罗有去马耳他的想法，但他好像直接去了庞培安营的马其顿。最后，他迈出了虽说不是最勇敢但至少是最令人担忧的一步。他让自己的弟弟和孩子们同他在一起，没有提到那些携带桂冠的伴随扈从，但是他几乎完全告别了阿提库斯、图里娅、“心爱的别墅”以及意大利的一切心爱之物。下一个时期他的信件很少，这可能是因为他懒得动笔。“你可能问我为什么不写信；我觉得没什么值得写的，这里发生的事没有让我满意的。”大概信使也很少为他送信。

很明显，他在庞培的营地里并不开心。普鲁塔克说：“庞培的其他支持者见到他很高兴，但加图与他见面后，却私下谴责他亦步亦趋地尾随庞培的身后。”加图宣称，虽然西塞罗本人不能抛弃过去的方针，但他留在意大利对国家和朋友会更有用——也更安全。有趣的是有人为西塞罗那年冬天的迟缓行动进行辩解，但一些现代学者把他的这种表现说成是背叛国家。

> 如同庞培不重用他一样，这些话也动摇了西塞罗的决
> 200 心。但这是他自己的过错，因为他不否认来这里是遗憾的，他瞧不起庞培的准备工作，流露出不赞成庞培计划的郁闷心情，他嘲笑和挖苦外国的分遣队；他本人围着军营转来转

去，不带一丝微笑，弄得其他人不由自主地哈哈大笑。

普鲁塔克补充了一些不太可信的笑话。最有趣的笑话出现在恺撒第一次打败庞培之后（恺撒从西班牙凯旋而归，他最后当选为执政官，然后转战马其顿）；庞培的一名官员满心欢喜地发现，庞培仍有七个军团的鹰旗。西塞罗说："如果我们同乌鸦作战，那可就太壮观了。"庞培、拉比努斯和其他许多人用神谕和预言给自己打气，西塞罗对这样的信仰嗤之以鼻。无论在实践上还是在前途上，他都非常讨厌庞培利用东方人的军队——在他看来，这是雇用蛮族反对罗马公民。两年后，他向一位朋友概述了他在庞培军营中的经历。

> 首先，庞培的兵力不是特别充足，士气低落；其次，除了最高统帅和其他几位将领外（我指的是领导核心中的人），其他人在战争中敲诈勒索，贪婪成性，他们的谈话充满了血腥味，我一想到胜利就不寒而栗。这些大人物也深陷债务之中。为什么还要继续打仗？唯一美好的东西就是事业本身。当我看到所有这一切并对胜利感到绝望时，我首先迫切要求和平，争取和平是我的一贯主张；后来，庞培断然拒绝了这项建议，我试图劝他从战争中脱身。他一度差点儿被说服了，好像同意了我的建议。如果他对作战的军队不抱信心，他也许会这样做；从那时起，在这个大男人身上再也看不到将军的气质了。

西塞罗的军事判断力也许太差了，但恺撒也认为，公元前48年7月，在亚得里亚海岸的都拉基乌姆附近，庞培胜利地摆脱了自己的不利地位，这一胜利使庞培错判形势。

回到意大利后，西塞罗还告诉阿提库斯说，留在意大利半岛上的每个人都因宣布公敌或没收财产而少报财产的数额——“是的，即使是你也不例外，阿提库斯”。这比恺撒的“该死的军队”更加可怕。简言之，在这场战争中，没有西塞罗的地位；他接触的每一方都令他作呕。后来的致庞培的朋友瓦罗和其他人的书信表明，虽然他比其他
201 人更加直言不讳和照例无法约束自己的舌头，但他不是唯一深陷痛苦之人。在后来的一篇演说中，他声称，尽管他一点儿都不宽恕庞培，但他始终与庞培保持良好的个人关系；当有人尖刻地问他，他的女婿多拉贝拉在哪里，他回答，“和你的岳父在一起”。据说，庞培最后抱怨道，如果西塞罗倒向了敌人一边，至少对他会有所畏惧。加图身穿丧服，声称没有什么比内战更糟糕的了，西塞罗与加图似乎重新和好了，然而，这未免太晚了。

公元前 48 年冬天，西塞罗收到了凯里乌斯的一封坦诚的信，此刻凯里乌斯在罗马担任大法官，他与恺撒的罗马代理人发生了争吵，看样子，争吵的主要内容是关于恺撒对债务问题继续不温不火的态度。凯里乌斯写道：“我对恺撒的胜利没有丧失信心，但我让你相信，见到这些人还不如一死了之好些。要不是担心你那边的残暴行为，我们在这里早就被抛弃了。除了几名贷款人外，这里的所有社会等级和个人无不支持庞培。”毫无疑问，这是西塞罗从这位朋友那里收到的最后一封信，后来的一位历史学家说他的这位朋友“一文不值”。凯里乌斯准备在南部意大利公开发动反对恺撒的暴动；他把米洛召回来充当自己的帮手，此前恺撒没把米洛和其他的被流放者召回国。这次暴动没费吹灰之力便被镇压下去了，凯里乌斯和米洛两人死于非命。

数月后，西塞罗的女婿多拉贝拉也从恺撒的营帐中给他写信：根据恺撒的提议，如果他逃出自己的所在地，劝他不要追随庞培（此建议是在上述的庞培胜利之前），至少要退到像雅典那样的和平地区，并要相信恺撒的宽宏大量。西塞罗对庞培派表现冷淡的新闻大概已经过时；无论如何，另一个挤走他的计谋即将炮制出来。

显而易见，西塞罗没有参加法萨卢（Pharsalus）决战，在这场战役中向东追击恺撒的庞培反被打得一败涂地，庞培的军队死伤惨重，他本人只好仓皇逃跑；可以想象，没有和兄长在一起的昆图斯参加了这场战役，甚至连17岁的马尔库斯也出现在战场上。马尔库斯指挥一支骑兵，按照他父亲的说法，他驾驭这支军队游刃有余；在他看来，指挥骑兵似乎比慷慨激昂的演说更加容易。与此相反，西塞罗与加图一道躲在都拉基乌姆；据普鲁塔克记载，他身体不好，但这可能是一个借口。那里仍有相当多的军队，附近还有舰队。在这里流言 202
和预言使他们不知所措。我们可以重述一遍下面的插曲。在稍晚的一段对话录中，昆图斯讲述了一个从兄长口中听来的故事：

> 科波尼乌斯（C. Coponius）以大法官的身份担任罗得岛分舰队的指挥官，他是一个非常通情达理、受过良好教育的人。他到都拉基乌姆拜访你们，向你们讲述了一名罗得岛船员编造的预言。30天内，希腊将血流成河，都拉基乌姆将有大灾大难，舰队将仓皇出海；回头望去，逃亡者将目睹城市淹没在火海之中的惨状。但罗得岛的分舰队将迅速、安全地返回国内。你对我说，你有些惴惴不安，连瓦罗和加图这两位知识渊博的人都感到十分惊慌（人们可能相信这一切：加图是一名斯多葛学派，斯多葛派通常相信预言，瓦罗是一位非常虔诚的人）。实际上，拉比努斯数日后到达这里，他怀揣军队惨败的消息从法萨卢逃了出来。这个预言的其余内容不久都应验了。

庞培率残军逃往海军基地克基拉岛，加图将剩余军队的指挥权交给代行执政官西塞罗。普鲁塔克说："但是，西塞罗拒绝接受这一指挥权，他根本不想参与接下来的战斗。庞培的儿子及其友人称他为叛徒，他们拔出短剑，因而西塞罗差点儿被杀；然而，加图出来调停，费好大的力气才救了他的命，并把他护送出营帐。”西塞罗本人对这个丢人现眼的场面只字不提，当然这件事也可能被夸大了。直到此刻，他的弟弟才来投奔他，接着我们听说他在伯罗奔尼撒半岛的帕特雷（Patrae，帕特拉斯），与阿提库斯的罗马好友提洛在一起，阿提库斯曾在那里照顾过提洛。但在这里，发生了最后一次不幸，西塞罗与昆图斯可能就金钱和政治问题争吵起来，迄今为止昆图斯至少在表面上是忠诚的。也许就他们所处的地位问题上，昆图斯严厉地谴责了兄长马尔库斯，他提议同恺撒接触，因为恺撒向所有请求宽恕的人张开了双臂。昆图斯甚至希望与恺撒保持更加密切的合作关系，就像布鲁图和其他人同意接受宽恕那样；同时恺撒仍迫切需要有能力的副官。对于纯粹的宽恕，马尔库斯也准备予以接受。西塞罗接到了多拉贝拉的一封信，信中称，恺撒允许他返回意大利，于是西塞罗二话没说就踏上了回归之路。公元前 48 年 10 月中旬，他在布林迪西登陆，像以前那样，他登陆时的心情是比较愉快的。这一次没有见到特兰提娅或图里娅前来迎接他。

第十二章　个人的不幸和政治上的苦恼（公元前48—前45年）

阿提库斯在信中对西塞罗返回意大利深表惊讶。西塞罗几乎立即给阿提库斯写回信，承认自己的行为是出于一时冲动，而没有深思熟虑。起初，得知阿提库斯和其他人都赞成他的行动，因而陷入“身心崩溃”的西塞罗还能够得到一些安慰；可是，他现在认为，如果像塞尔维乌斯·苏尔皮奇乌斯和其他人那样，无声无息地待在海外，直到形势安定之后再返回意大利的话，就不会招来那么多的议论和麻烦。必须牢记，他仍是代行执政官。

> 在布林迪西受阻，周围的一切都令人悲伤……但是，我如何才能像你建议的那样，不带扈从，靠近这座城市呢？扈从是人民大会授予我的，同时我仍保留公民权，这些扈从不可以从我身边被带走。当我进城时，我让他们混入人群，以免士兵攻击他们。从那时起，我一直待在室内。在信中，我把这一切都告诉给了奥皮乌斯和巴尔布斯。

阿提库斯建议他夜间出来走动走动，这项建议没有引起他的注意。

他给特兰提娅写了一封短信，告诉她没必要来布林迪西，那里没有她能够做的事。听到图里娅患病的消息比听到庞培的死讯更让他感到震惊。庞培逃到埃及，在登陆时被谋杀。他给阿提库斯写信说：

“我对庞培的结局没有感到吃惊，每个国王和国家都发现他的事业是毫无希望的，我想无论他走到哪里，这事都会发生。我不能不对他的命运表示哀悼，因为他在我的心目中是个诚实、正派和严肃的人。”这是在颂扬庞培与人相处的美德，此番赞美之词是一位最早的政治伙伴为庞培“大帝”所能说的全部。

奥皮乌斯和巴尔布斯写信，告诉西塞罗保留身边的扈从，瓦提尼乌斯没有找他的麻烦，此人是恺撒阵营驻布林迪西的指挥官和西塞罗的敌人，现在二人已经重新和好；的确，从此我们发现，他们俩的关系异常亲密——这是西塞罗的某些仇恨与热情同瓦提尼乌斯的友善表
204 面化的一种迹象。瓦提尼乌斯是一名充满活力的人，总喜欢嘲笑自己和自己古怪的长相。但也有困难的时候，在法萨卢战役中，安东尼统率恺撒的左翼部队，之后再次正式负责意大利。他传达了恺撒的一封来信，信上说，由于担心动乱，追随庞培的人不应返回罗马或意大利，而且还说，他不得不强化这一原则。西塞罗派遣一位朋友前去解释多拉贝拉的信件，最后，在关于这个问题的布告中，安东尼把西塞罗和另一位元老的名字删掉了——西塞罗对这样的做法很不满意。他可能已经感到，无论回罗马，还是再次离开意大利，都已经不可能了；在布林迪西，他的健康状况不佳，精神萎靡不振。（大概住在租用的房子里，早些年他的房东很善良，如今我们没有听到有关这个房东的任何情况。）

至此（公元前 48 年 12 月），庞培的军队在阿非利加行省重整旗鼓，准备东山再起，其中包括加图和其他领导人。西塞罗感到，由于没有与他们为伍，自己正在受到谴责。他根本没有这样做的想法；他们仍依靠蛮族国王，主要是努米底亚国王。没有理由假定他们在其他方面出现良好的转机。但是，如果他们胜利了，他们会怎样惩处西塞罗的变节行为呢？西塞罗写道，他当然后悔自己的行为，但巴尔布斯和奥皮乌斯肯定不这样想。12 月末，他与另一方的关系也为自己的

焦虑提供了理由。他听说，昆图斯把儿子派到恺撒那里，为换取自己和父亲的太平竟然中伤自己的伯父，对此他感到十分震惊；他还听说，昆图斯声称，西塞罗一再向恺撒诋毁自己的弟弟，可是恺撒矢口否认这种说法。其实，正像西塞罗向阿提库斯讲的那样，他曾致信恺撒说，昆图斯一向支持恺撒阵营，没有建议自己倒向庞培——假如西塞罗不愿让恺撒以为他拿不定主意也是真实的话，那么此时此景，乃是一次有雅量的行为。“在我所有的经历中，这是最令人难以置信的，在所有的劣行中出卖亲人是最坏的行为。”人们曾听说，昆图斯在希腊公然辱骂自己的兄长。“你了解他的作风，你甚至可能领教过这种作风；那完全是向我发动突然袭击。”

数日后，关于昆图斯的态度他得到了确凿证据。昆图斯寄给意大利各界人士的信函落到了他的手里。

> 如果像这样的事情没有发生的话，我永远不会拆开这些信。我接到一个包裹。我把它打开了，看看有没有我的信。包裹里没有我的信；但有一封写给瓦提尼乌斯的信和另一封写给利古里乌斯[①]的信。我吩咐把这两封信移交给他们。有 205
> 两封信很快寄到我手里，信中充满了对昆图斯恶行的愤怒和抱怨。他们给我读了这些对我充满诬蔑之词的信函。利古里乌斯对此大为恼火；他说他知道恺撒讨厌这个家伙，但由于我的原因，开始对他高看一眼，甚至给他钱。这个令人痛心的一幕过后，我想知道昆图斯给他人的信是怎么写的，因为我想这种讨厌的行为一旦张扬出去，那会毁了他。我发现，其他信件也如出一辙。我正要把这些信件寄给你；如果你认为寄这些信会使他变好，我就寄给你；这不会令

① 恺撒的一名低级官吏。

我伤心。至于破损的印章，我想庞波尼娅有他的印章。在我们旅行开始时他让我体会了同样的辛酸，此后他让我苦恼到卧床不起的程度；据说，他现在为自己工作并不像反对我那样卖力。

因此，我受到多方困扰，几乎难以自拔；我简直无法忍受了。一想到将要同那个失去父亲和遗产、现已一无所有的可怜女孩分别，我就愈加苦不堪言。因此，如你许诺的那样，我真想与你见面。我发现，同样的命运也在等着她的母亲，也在等着我，除了把她托付给你，我再也找不到别人了。如果你再也找不到我，全当这是对你的嘉许，你要尽量让她的叔叔待她好一点。

写此信时恰逢我的生日。我多么希望老天爷不赐我生命，多么希望我母亲永不生第二胎呀！泪水使我无法再写下去了。

昆图斯到底说了些什么我们确实不得而知；但稍后不久，昆图斯在一封信中牢骚满腹，抱怨西塞罗一直让他缺钱，西塞罗认为这是在无理取闹。有关图里娅的一些事情令西塞罗忧心忡忡，其中有现任保民官多拉贝拉追随凯里乌斯继续鼓动反对债务，并同安东尼发生了冲突。因此，他可能失去对恺撒的影响力，而这种影响力已使他们之间形成了相当密切的关系。如今多拉贝拉的鲁莽行动让西塞罗感到震惊。对图里娅来说，多拉贝拉从哪方面讲都不是一个称心如意的好丈夫。

到了5月份，从海外传来的消息称，恺撒追击庞培来到了埃及，随即卷入了当地的政治纠纷，并陷入了年轻女王克里奥帕特拉的情网和一场可怕的小规模战争，因而恺撒被封锁在亚历山大里亚，断绝了与西方的联系；当聚集在阿非利加的“精英们”日益强大起来之时，明眼人都以为他们会入侵意大利。西塞罗听说，迄今流落在希腊和亚细亚的前庞培追随者纷纷前往阿非利加与他们会合（一种观点认为，昆图斯也离开了希腊），这自然使他自己返回意大利的行动变得更加引人注目。西塞罗陷入了深深的绝望。他认为，即使恺撒宽恕他，但恺撒的追随者会失掉战争，他本人与特兰提娅将被胜利者剥夺公民权。他大概把财产转给了阿提库斯或另一个人，通过这样的办法力图为孩子们的将来留条后路；但在对待自己的遗嘱问题上特兰提娅的所作所为“令人作呕”，阿提库斯试图劝她改弦更张；细节不大清楚，但令西塞罗担心的莫过于孩子们的事情。他给特兰提娅写了许多短信，但都没有与她直接争论这个问题；这些信透露，除财务问题之外，西塞罗对她的判断力仍坚信不疑——她能断定多拉贝拉是否愿意离婚和他的势力是否过于强大——这些信还透露，旧的习惯仍有某些影响力；他写道，虽然杳无音信，但他仍乐意给她写信并期盼收到她的回信。 206

时间一个月一个月地过去。恺撒无限期地滞留在埃及；后来亚细亚发生骚乱需要他前去处理。意大利局势也陷入动荡之中。西塞罗绝望地写道，迅速实现和平没有希望了，在罗马，由奥皮乌斯和巴尔布斯领导的恺撒追随者似乎正在开始反对他。初夏送来的一丝温馨是什么？他告诉阿提库斯说，“我女儿图里娅于6月12日来到我身边，对我说，你对她的关怀是无微不至的”；她经历了一次既漫长又危险的旅行，这样的旅行西塞罗曾向特兰提娅描述过。普鲁塔克告诉我们（不过其中的一段话有某些错误），西塞罗认为，特兰提娅没有为图里娅的旅行做好充分的准备。“我理应为有这样一个无与伦比的女儿而高兴，但她的勇气、同情心和忠诚远没有给我带来愉快，当我想到如此高贵的女孩有着如此不幸的处境，以及想到绝不能一个劲地责备她，一切都是我自己的过错时，她的这些优秀品质反倒使我非常难过。”两天后，他写信称，他将把马尔库斯派往恺撒那里（虽然在其他地方没有提及，但有一段时间或全部时间，马尔库斯似乎与西塞罗在一起），而且只要图里娅愿意，他会让她回到特兰提娅身边，因为图里娅和生父的心情都相当苦闷。但实际上，西塞罗改变了关于马尔库斯去向的主意，尽管他曾委托一名年轻朋友带信给恺撒，但没有派
207 马尔库斯去恺撒那里。阿普利亚的炎热夏天一点也没有使图里娅和慈父的心情好起来，不过，她还是留了下来。西塞罗认为，“任何煎熬都比留在这里好受些”。特兰提娅的决定仍使他心神不定；他说，图里娅不怨天尤人的态度无人能比，这使他无地自容。他向阿提库斯建议说，他的一些动产——银子、衣物和家具——可以藏在某个地方，一旦父母的财产被没收，图里娅可以靠这些动产维持生计：当然，目前变卖地产是不可能的，因为无人购买。现在到了与多拉贝拉离婚的时候了——在他索要第二笔嫁妆之前早就应该离婚：“既可省下自己的嫁妆，又可显示巾帼不让须眉的气魄。”有许多离婚的理由：一是他那不光彩的政治行为（他正试图为克劳丢斯竖立一尊塑像——西塞罗深感震惊，万万没有想到自己的女婿会干这种勾当）；二是他与人通奸和放荡不羁的生活。尽管时间拖了几个月，但终于还是离婚了。

夏季一天天地过去，西塞罗收到了来自恺撒的一封“宽宏大量”的书信，信上说，他很快就将到达布林迪西；此外，西塞罗获悉，小昆图斯已见过恺撒，他和自己的父亲都得到了宽宥。虽然西塞罗觉得“另有不测风云”，更不必说恺撒随时都有权改弦更张了，但他不能不感到高兴。也许由于阿提库斯的规劝，昆图斯最近给西塞罗写信的态度还算友好。西塞罗的怒气一点点消了，可是，由于他看到了一封信的副本，再度火冒三丈，这封信是前一段时间昆图斯写给恺撒的；西塞罗不太希望阿提库斯将此信再转给别人。毋庸置疑，昆图斯的所作所为太欠考虑，根源在于他脾气暴躁；不过，多年积压的怨恨似乎再也按捺不住了：他一恨自己的兄长将其当成工具的手法，尤其在高卢和西里西亚，然而他没有见到真正的投桃报李；二恨自己的不幸婚

姻；三恨西塞罗蔑视他所信赖的斯塔提乌斯，若进一步追究下去，也许还恨他自己的矮小身材和低能。

听说，恺撒一改原来的计划，打算从希腊直接前往西西里，于是西塞罗最后决定离开布林迪西。但人们很快恍然大悟，原来为了对付哗变的军队，这位独裁者不得不绕过那座城市。西塞罗写道，若果真如此，他将不得不在那里恭候，然后与恺撒见面；阿提库斯会寄来忠告吗？他能否亲自来一趟？

不管阿提库斯是否真的到了南方，但两人的来往信件大约中断了 208
六个月。然而，我们从普鲁塔克的记载中得知，恺撒在他林敦上岸，西塞罗离开布林迪西前去迎接他，

> 并非完全没有希望，不过，当着许多见证者的面试探获胜敌人的态度是很尴尬的。但西塞罗没有必要做任何不体面的事或说任何不体面的话，因为恺撒发现西塞罗捷足先登，抢在他人之前迎接他。恺撒屈尊向他致意，还私下同他促膝谈心，两人继续走了相当长的一段路。

恺撒明确表态，允许西塞罗返回罗马或者去他所喜欢的任何地方；大概还允许他遣散那些可怜的扈从——除了进入罗马时最后遣散扈从外，这样做也是合法的。

近一年的百无聊赖和无所事事的生活结束了，西塞罗立刻动身回家。途中，他给特兰提娅寄了一封信，这是他留给妻子的最后一封信，也是最简短的一封信。“我想我将在 7 号或第二天抵达图斯库伦。现在一切准备就绪。也许将有许多人随我一起动身，大概还要逗留一些时日。如果浴室里没有浴盆，就安上一个吧；至于食品或有益于健康的其他东西也是必要的。再见！10 月 1 日，于维努西亚附近。”

西塞罗回到了发生巨变的罗马。他的许多老朋友和冤家对头都已

作古；许多晚辈也告别了人间。庞培死了。毕布鲁斯倔强到最后一刻，他不肯向疾病低头，在指挥庞培的舰队时身亡。阿皮乌斯·克劳狄乌斯患绝症死于希腊，多米提乌斯·阿赫诺巴尔布斯在法萨卢阵亡，他俩都为庞培尽忠。凯里乌斯和米洛在注定失败的暴动之后被杀；一度为恺撒英勇战斗过的库里奥也在阿非利加被杀。不久，加图也在阿非利加殉难了；当共和派的主力部队失败后，加图无法劝说乌提卡城继续战斗，索性帮助那些想要活命的人逃亡，而他本人却自杀了，因而他把自己的名字与葬身的城市永远连在一起了，同时，加图以身殉国的壮举告诫世人：切莫听信被恺撒说得天花乱坠的“仁政”（*clementia*）。

从公元前1世纪50年代起，还有另外一些变化。首先，多拉贝拉随即被召回，罗马的街道上不再混乱不堪；但是，无论在法庭上还
209 是在元老院，均没有独立活动的机会。铺张浪费的现象有所减少；许多人在斗争中耗尽了钱财，其他人似乎也不敢显富。不久恺撒出台了反奢侈法。即使这部反奢侈法最终照样失败了，但它对娱乐和服饰却产生了暂时的影响。人们的欣赏水平也发生了变化，至少在文学领域。在修辞方面，掀起了反华丽之风的运动，即使西塞罗绝不是华丽风格的偏执代表，但也是雄辩风格的集大成者，然而他赞赏“雅典式”（Attic）的朴实风格，公然声称以公元前4世纪的雅典演说家为楷模。

此时，西塞罗已60岁左右——按他那个时代的标准衡量也算是一位老人了。即使他不能适应这个新的世界，甚至退休养老、一往情深地回忆过去，那也不足为怪。但这样的考虑忽略了他的旺盛精力。事实上，西塞罗的最后五年在许多方面都是丰富多彩和引人注目的。他很快从布林迪西的消沉与病态中恢复过来；他不仅没有忘记老朋友，而且还结交了新朋友；至少他一度比以往更加热心于社交活动。他反驳雅典主义者（Atticists），并对他们的批评做了某些说明。对这些批评采取更冷静的态度才是恰当的，无论作为结果还是由于他的

年龄，他创作了至少在我们看来是最上乘的散文作品。这些散文比以往更加洗练，更加简洁。对文体的继续关心导致他再次著书立说，尤其对雄辩术的论述情有独钟；他找回了早年对哲学的热爱，撰写了一批著作。这些著作即使不够独具匠心，算不上一流学术精品，但也有许多令人称道的特点，极大地拓宽了拉丁语的哲学素材。最后，在危机四伏的时刻，他在六个月的时间里几乎是罗马政策的领导者。的确，他经常怀旧，在某些方面有点不合时宜，他的人生道路确实没有摆脱烦恼和绝望。不过，最后几年他却是硕果累累的。

这些年的信件多数尚存。我们一定不能忘记，除了与阿提库斯的通信外，他同首要人物的通信几乎遗失殆尽，如今只有写给那些无足轻重者的书信尚存。但无论如何，我们发现，早在公元前46年，他
又开始怀念自己昔日的生活；例如，他给布鲁图（此人曾受恺撒任命 210
掌管山南高卢）写信推荐朋友或请他在自己管辖的行省内保护阿尔皮努姆自治市的财产和利益——偶尔提到自己的儿子和侄子以及一名私人朋友，此人被任命为那座城市的官员以负责重新组织该城事务——这是家中和睦的最早迹象。他还和其他人打交道：与一名年轻的恺撒派熟人保持联系（西塞罗对这个人说，他反对恺撒乃是受了他人的影响），另外还与公元前51年的权贵派卸任财务官交往（相反，西塞罗对这个人说，目前闯进他家的那些恺撒派朋友对他来说是不受欢迎的）。尤为重要的是现存许多写给瓦罗的有趣信件。瓦罗是一名庞培派和大学者，西塞罗最近一次见到他是在法萨卢战役期间的都拉基乌姆，如今瓦罗已经返回意大利，因此西塞罗欣慰地发现瓦罗的处境颇像他自己的处境——不过，他与瓦罗融洽相处从来都不是很容易的，虽然西塞罗仰慕瓦罗的学识，可他不看好瓦罗的散文风格也是无可非议的；而今，西塞罗试图与瓦罗建立更加密切的关系，他写道，

我必须告诉你，回到这座城市以后，我与“自己的老朋

> 友”言归于好了，我指的是“我的书”；我抛弃书的陪伴不是因为我生书的气，而是因为我感到羞耻。我认为我没有遵守书的教诲，竟然与那样一群不值得信赖的盟友一道卷入了动乱。书原谅了我，书呼唤我回到从前的习惯上来；书还告诉我，在手不释卷的问题上你比我英明。

那年春季，他一直考虑前去拜访正在海边的瓦罗；但他正等待阿非利加战争结局的消息，西塞罗深感，还不是在坎帕尼亚沿海休闲胜地露面的时候。他左右为难：一方面希望恺撒战败，另一方面却又坚信，假如恺撒胜利了，他会更安全些。不久，恺撒获胜的消息传到了罗马；西塞罗写道，他不敢离开罗马城，唯恐别人以为他吓破了胆，或者以为他打算流亡国外，根本无法忍受恺撒派在罗马的所作所为；西塞罗声称，他对这些人的行为已经麻木了。但是，待在罗马他无愉快可言；他抱怨说，胜利者正在他和自己友人面前弹冠相庆，同时失败者则对胜利者的安然无恙愤愤不平。

处境非常艰难，最后会发生什么仍是未知数。西塞罗再次给瓦罗写信：

> 让这一点在我们之间达成共识吧，也就是说让我们一起参与学术研究。以前我们从研究中只是寻求快乐，而今研究
> 211 是我们的生命。假如有人想利用我们重建国家，即便我们是工匠而非建筑师，也不要以为我们不够格，更何况我们都肯于毫不迟疑地奉献自己。如果没人求助我们的支持，我们仍将致力于政治问题的研讨和写作；倘若不能在元老院和广场上这样做，那我们将像古代的智者那样在文学创作上探讨习俗和法律，以此为国效力。

这段话说明西塞罗可能重新开始撰写《论法律》了；但是，在他俩看来，甚至与严格政治主题无关的作品在这个时期都带有某些政治色彩。《布鲁图》是西塞罗重新振作后的第一部作品，也是他的最有意义的成果之一。我们讨论过这部著作，因为它是具有很高学术价值的罗马演说术的发展史，其中涉及西塞罗本人的教育和生平的材料尤显珍贵。西塞罗说，布鲁图和阿提库斯的近作激励他重新拿起笔来（《布鲁图》是一部对话集，除西塞罗本人外，布鲁图和阿提库斯是书中的另外两名主人公）。这里说的布鲁图的近作可能是他的《论美德》（*On Virtue*）；阿提库斯的近作肯定是《编年史》（*Annals*），这是一本罗马年代记的小册子。此时，西塞罗不能完全致力于哲学或历史的研究；作为一部演说术的历史，《布鲁图》一书也是为了同雅典派论战。此外，当演说术在法庭之上和元老院里受到适当的嘉奖时，该书成了共和国到了苟延残喘之日的挽歌。西塞罗证明说，演说术只有在自由的国度里才能繁荣。在内战前夕咽气的霍腾西乌斯该有多么幸福啊！由于对恺撒演说风格多有赞美之词（也许是公正的），这部作品确实有吸引恺撒注意的动机，这一点似乎是可能的，因为该书几乎为恺撒起草了一个纲领。迄今为止，一想到苏拉褫夺公民权，人人都不寒而栗，如今与苏拉的对比有了新的意义：苏拉终于恢复了共和国。在要求恢复共和国的问题上，西塞罗大概还试图让布鲁图与自己联手，因为他们俩同是这部作品的主人公和受奉献者；西塞罗的确还打算让布鲁图与雅典主义者划清界限，这是因为布鲁图的风格可能与该派有千丝万缕的联系；我们知道布鲁图对西塞罗的手法及其“婉约”韵律有过批评。

西塞罗有许多理由急于同这位声名显赫、大有作为的年轻朋友保持密切联系，但《布鲁图》不是西塞罗在这个时期献给他的唯一作品。继此书之后西塞罗又写了“一本小册子，这是近几个夜晚的成果”。在这本小册子里，西塞罗试图让演说术发挥威力，使斯多葛派 212

的伦理矛盾说（ethical paradoxes）为广大听众所接受，可是斯多葛派自己则看不起文学修饰。在序言中，他让自己和布鲁图同斯多葛派哲学划清界限，用他自己的话说，他把这部书主要看作妙语集（*jeu d'esprit*）；然而事后发现，我们可以把它视为过渡性著作，也就是说，视为通向哲学的第一步。但是，值得注意的是，为了论述，西塞罗选择了斯多葛哲学自相矛盾的不太极端的观点，他认为苏格拉底也坚持这些自相矛盾的观点，同时这些矛盾观点是"非常真实的"。有一种极端观点认为，唯有智者才是真正的国王，才是真正慷慨大度和从不感到遗憾的人，等等，他与这样的极端观点毫无关系；但是，美德足以使人快乐，智者永远不会真正变成背井离乡的流浪汉，永远不会失去自由或饥寒交迫。读罢这些见解可能对失败的"精英"有所安慰。同时那也是令人赏心悦目的作品。西塞罗对失去政治自由永远不能甘心。他说，真正的自由是精神上的自由，而且，古人对荣誉的热爱、罗马对名望或尊严的重视，以及他自己的性格都难免使他对别人的看法过于敏感，如上述写给瓦罗的书信所显示的那样，这封书信正是这个时期写成的。但在生命最后几年，他试图自我安慰，越来越觉得问心无愧。这篇小论文避免涉及时事，也许是明智的，但突出罗马最近的楷模才最适合广大听众的口味。因此专注于克劳丢斯和其他人似乎赋予这篇论文一种向后看的外观，令人迷惑不解。

《斯多葛派的悖论》（*Stoic Paradoxes*）以赞扬加图开篇。加图的演讲曾使元老院接受了斯多葛派的哲学。当加图的死讯传到意大利后，布鲁图请求西塞罗为自己的舅父写一篇颂扬传，也许这就是其中的一个原因——这样的颂扬传是葬礼颂辞的替代品，以前从未有过。西塞罗给阿提库斯写信称，

> 《加图》（*Cato*）的问题是一道阿基米德难题。我绞尽脑汁也写不出让你的晚宴朋友平心静气阅读的作品，更不用说

> 令他们心情舒畅了。即使我不谈加图在元老院的演说和他所有的政治理念与政策，仅仅赞美他坚定的意志和顽强的性格，那也不会使你的朋友洗耳恭听、津津乐道。但是，不对下列话题逐一展开，难以给予这个人物应有的称赞，其中包括：他是如何看待目前的时局和预见将来的事态的，为阻止这种事态的发生他是如何进行斗争的，以及如何抛弃生命而未能见到这一切的。

最后，西塞罗对自己的作品相当满意："我喜欢我的《加图》；不过，那时路奇里乌斯·巴苏斯（Lucilius Bassus）也喜欢自己的著作。"[①] 213
也许布鲁图不太满意，于是他亲自写了《加图》一书，同西塞罗的《加图》相比，其著作的风格显得拘谨而又呆板。恺撒盛赞了西塞罗这部大作的雄辩力（遗憾的是，除了无关紧要的只言片语外均已散佚），但他对西塞罗著作的素材不太喜欢，毫无疑问，对布鲁图的《加图》也持同样的态度；于是，他着手写《斥加图》（*Anticato*），他在书中一味地谩骂主人公的吝啬和嗜酒如命，这显然不会给作者的名望带来什么好处，因为论人品，许多恺撒的追随者都不及加图给人的印象好。

尽管自己的作品相对直言不讳，但西塞罗没法保卫自己的地位。一方面，他给瓦罗写信，略显惊慌地提起恺撒的一名亲戚被处死的事，不知是否经过这位独裁官的授权。"所以我继续外出与目前的主人们共进晚餐。唉，我该怎么办？一个人必须考虑周围的环境呀。"出席这些宴会可得慎之又慎，因为宴会的东道主都受雇于希尔提乌斯。在高卢，希尔提乌斯是忠于恺撒的官员，他出身相当卑微，对自己的文学抱负不太张扬；他负责为恺撒的《高卢战记》续写最后一

① 显然是一位不知名的作家；可能不是路奇里乌斯·巴苏斯，而是路奇里乌斯笔下的巴苏斯（Lucilius' Bassus），也就是公元前2世纪后期著名讽刺诗人所提到的那位巴苏斯。

卷，他对西塞罗好像非常推崇，同样西塞罗也很喜欢他。另一个让人小心谨慎的举动是把一大笔钱借给恺撒的一名秘书——事实证明，要想讨回这笔钱比登天还难。

6月，西塞罗和瓦罗在图斯库伦待了些时日；这次拜访促使西塞罗好像进一步燃起了对哲学的兴趣——不管怎么说，后来，他给瓦罗写了一封充满哲学笑话的书信。稍后，他宣布，恺撒即将归来。他现在对自己的地位很有信心；他说，他现在已加入恺撒友人的顾问行列。毫无疑问，对他和瓦罗来说，在恺撒获胜之时急流勇退比在他的敌人获胜后离开政坛要好些。

大约在同一时间，他给另一位朋友帕皮里乌斯·佩图斯(Papirius Paetus)写信(除了这些信能够提供的内容外，关于此人的情况知之不多，他可能是一名伊壁鸠鲁学派的哲学家和一位美食家，在最近的动乱中钱财被洗劫一空)，他在信中的用词多少有些雷
214 同：令人惊奇的是，佩图斯由恺撒的朋友抚养长大，因而他没有理由惧怕这个大人物的任何行动。可是，西塞罗补充说，当然，没有法律就不可能有安全。西塞罗主张约束自己的舌头，但他不得不对各种犀利、诙谐的评论负责；他比较安心地继续评论，他推测恺撒把自己视为鉴定这些评论真实性的法官，而且下令向他禀报所有评论及当天的其他新闻。我们可以设想，西塞罗的俯首听命令恺撒志得意满；我们亦可以设想，恺撒将在某种程度上把自己的威望寄托于这种制度，同时又在某种程度上像一名得到许可的小丑施展反对此制度的行动。至于瓦罗，他后来把一部论宗教的古典研究著作献给了恺撒，并接受了筹建罗马公共图书馆的委派。

西塞罗继续对佩图斯说，希尔提乌斯和多拉贝拉在演说术方面成了他的学生，而在美食方面却成了他的老师。然而，他急忙打消自己朋友的顾虑说，尽管如此，当他前去拜访朋友时，虽然喜欢洗个热水澡，但不是难招待的客人。同前期相比，目前这个时代很少使西塞罗

感到震惊，当多拉贝拉同图里娅离婚后，西塞罗仍同他保持友谊，毫无疑问，其中掺杂着政治考虑。在图斯库伦，他抽空写了另一封信，在信中，他希望启程前去迎接恺撒的学生，顺便为他本人说句好话。他声称，他的所作所为如同西西里的僭主狄奥尼修斯二世（Dionysius Ⅱ）所做的那样，人虽然被流放了，但还开办了一所学堂。

> 办学计划同样使我高兴；它有许多优点。首先，现在什么是最重要的，我避开了时代的危险……随后，我先在健康方面受益了，一旦放弃锻炼身体就会遭殃。其次，如果我不以这种办学方式进行练习，我虽具备演说能力，那也会一事无成。最后一件事你可能把它排在了第一位——我吃的孔雀比你吃的幼鸽多。

他给另一位朋友写信说，喀西约（他从恺撒那里得到了副将的职务），也跟他练习演说。如果恺撒允许，他打算完全投入文学创作。

事实上，继《加图》之后，西塞罗又立即转入论理想演说家的长篇写作，他把这部著作同样献给了布鲁图。虽然他声称他不是以教师的身份而是以评论者的身份写作的，但该著作明显地反映出他的研究新动向。他问道，为什么在罗马人的眼中教雄辩术不应像教法律那样荣耀呢？“当然，前提是你不要摆出校长的架势，而要通过循循善诱 215
的启发传授你的知识，有时还要与你的学生一起阅读或听课。”从这部书的侧重点来看，我们可以猜想，希尔提乌斯和其他人听到了许多驳斥雅典主义者的言辞（除了没有听说他们给自己的韵律打拍子、摆弄手指和做鬼脸之外）：诸如，这个学派甚至不能真正地掌握朴实无华的风格，他们居然利用幽默给演说增加风趣，他们也不能根据主题的要求，使演说风格升华到恰如其分和炉火纯青的高度；另外，仅仅由于不能掌握随机应变的节奏，因而他们对此表示反感。西塞罗承认：无知的小亚细亚雄辩家不值一提，他们是韵律的奴隶。韵律运用不当反而给人一种矫揉造作的虚假印象，当他们发表演讲时，往往陷入“吹捧”或“吼叫”；他强调，庄严的风格在不恰当的地方也会变得滑稽可笑和令人作呕。他坚持认为，风格必须多变，必须适合主题；他指出，雅典演说风格的真正典范当是德摩斯梯尼，他能把优雅和淳朴融为一体。西塞罗的论证无懈可击，历史证明他是对的；雅典主义者什么都没有留下来。

除了对韵律进行大篇幅的学术性探讨之外，这部《论演说家》还有许多有趣之处，探讨韵律导致了广泛的争论，部分原因在于西塞罗的做法似乎与自己的理论不完全相符；此外，这部作品大量吸收了亚里士多德和后期希腊人的成果，他们的术语在拉丁语表述上产生了歧义。在两种可供选择的词形上有一些考虑，他往往根据谐音进行选择，不打算始终如一。总的说来，他的批评还算善解人意，富有同情心，尤其明显的是根据绘画艺术阐明相似之处。值得注意的是，西塞罗仍旧关心适合于法庭和政治方面的演说术——展示演讲能力和历史写作功底居次要地位；实际上，在帝国时期，演说术转入了朗诵厅，例如，塔西佗深知这种发展与丧失自由是紧密相关的。虽然在这部论著中西塞罗对自己的才能与首创精神讲得很谦虚，但他的怀旧心情也是不言而喻的。他说，每当自己谈到那些古老而又鲜为人知的事情时，人们往往以为是他的独创。在序言和结尾部分，还能发现他对哲学的兴趣：在序言中，他概括了当代人对“既古老又模糊的”柏拉图
216 理念学说的理解（与原作相比，当代人的解释较少敌视人文学科），目的是借一位理想演说家之口传达他的想法；在结论部分，他很谦虚地向布鲁图承认，他的这一理想可能是错误的，他本人可能改变了关于这种理想的见解；他始终认为，可以实现的是可能性，而非真理，甚至在不涉及大众认可和听觉满足的问题上亦是如此。

这部著作总结了他有关演说风格的许多最终看法，也许就在同一时期，出于类似的辩论目的，他给德摩斯梯尼和埃斯奇尼斯（Aeschines）的某些译文作序。下年初，他给一位朋友写信说："你高度评价我的《论演说家》，令我感到非常高兴，我认为，有关公共演说艺术的所有评论我都写进了那本书。如果你觉得拙著确实像你所说的那样，那我也算是有价值的人了。如果不是，为维护自己的声望，我准备用本书同样的篇幅再辛苦一回，以争取良好的评价。"总之，西塞罗和《论演说家》都通过了测试；西塞罗多么想成为一代宗师啊！但是，不管在文风上还是在政治上，布鲁图从未完全接受西塞罗为自己的导师。

与此同时，西塞罗的社交生活仍在继续。他的一些风趣盎然的信出自这一时期，不过难以确定这些信的精确时间。我们手头上有致帕皮里乌斯·佩图斯的一些热情奔放的信，他在信中讨论了帕皮里乌斯家族的早期历史，评论了低级下流的语言（斯多葛派认为这些语言根本不存在），他为罗马真正幽默的庸俗化而悲伤，意大利人的迁徙把这些幽默变成了低级趣味，如今来自阿尔卑斯山北部的穿长裤的高卢人（trousered Gauls）甚至使这种幽默变得更加糟糕。他吹嘘说，他敢为希尔提乌斯举办一桌答谢晚宴，

> 虽然没有孔雀；除辣酱外，我的厨子还能烹制各种菜肴。这就是我目前的生活。早上，我在家中接待大批郁郁寡欢的"精英"，也接待那些踌躇满志的胜利者，他们对我极尽尊重和关爱。每当客人走后，我便开始埋头研究，不是阅读就是写作。百姓们把我当成大学问家，听我谈天说地，因为我知道的东西比他们多一点点。然后我把每日余下的时间用于健身养性。本人忧国忧民的赤子之心绝不亚于任何母亲对独生儿子的牵挂之情。

西塞罗向佩图斯更加详细地描述了一次宴会的情景。席间，他发现自己竟然与安东尼的情妇、女戏子赛特丽丝在一起。

217 我在写信，请出席下午三点①的宴会，坐我的座位，然后你在我的那张餐桌旁将读到这封信的副本。你问，在哪儿会餐？在沃伦尼乌斯·尤特拉佩路斯（Volumnius Eutrapelus）的府上。你的朋友阿提库斯和维里乌斯（Verrius）斜躺②在我的左右……且听下文。赛特丽丝躺在尤特拉佩路斯身旁。你说，“怎么回事？”“西塞罗竟然出席这样的宴会，西塞罗呀，

他们两眼盯着谁呀，
希腊人把脸转过去观察谁的表情？”③

我向你保证，我没有料到她会在那里。但是，当有人指控苏格拉底学派的阿里斯提普斯（Aristippus）让拉伊斯（Lais）做情妇时，他甚至脸都不红。他说，“我驾驭拉伊斯，但我不受她的控制”（这句话用希腊文翻译更好些；如果你愿意，就自己翻译吧）。对我来说，哪怕年轻时，我也从不受这种事的诱惑，现在我老了，就更不动心了。我喜欢的是交往。我时常谈论意外发生的各种奇闻逸事，而且经常由叹息转为放声大笑。

人生的这个阶段毕竟存在着危险。正如西塞罗给另一位朋友写信所说的那样，也许是关于这个时期的，

① 通常宴会在这个时间举办。
② 男士（通常还有名声不好的女人）斜躺在卧榻上用餐。
③ 引自一部拉丁悲剧。

最近十天，我的胃不舒服，但因为我不发热，所以那些需要我帮助的人不相信我真的病了，我无法说服他们。于是，我到图斯库伦暂避一时，长达两天完全禁食，甚至滴水未进。我又饿又乏，期待向你求助，而不是盼望你向我求助。我被各种疾病吓怕了，包括你的导师伊壁鸠鲁的病，斯多葛派们竟然粗暴地对待这位生病的人；他（指伊壁鸠鲁）抱怨自己的肠胃和膀胱出了问题；他们认为：一是暴饮暴食的结果，二是放任无度，缺乏应有的节制。我确实害怕痢疾。但我想最好改变陋习，也许还要注意休息；病魔有可能自生自灭。但是，如果你想知道疾病是怎样发生的和我应受怎样的惩罚，反奢侈法已经对我产生了约束力，因为这部法律旨在倡导节俭的生活方式。你的美食家们用菌类、草药和各种禾本科植物烹制美味佳肴，力图在法令的监督下使免检的蔬菜推广开来。在兰图路斯的祈福晚宴上，由于我吃了餐桌上的一些蔬菜，因而患上了严重的腹泻，我想，直到今天腹泻才开始缓解。如今我迷上了甜菜和锦葵，很快便习惯于吃那些没有牡蛎和鳗鱼的饭菜了。所以今后我要多加小心才是。

另有许多非常严肃的和正式的信函，这些信函是在恺撒回归后的 218
那些月份写的。除了写各种介绍信和推荐信外，西塞罗还把与众多流亡者保持联系当成自己分内的事，他帮助他们恳求赦免，并许诺在帮助他们的过程中发挥自己的影响力。毫无疑问，他的动机是复杂的；他希望另一些渴望赦免的落魄之士也能支持自己，同时希望炫耀一下自己对新政权的影响力，并通过笼络著名人士扩大自己的影响；但他也想消除过去的裂痕，既想尽可能促使恺撒恢复宪法，又想确保：一旦他这样做了，周围将有一些情投意合的人支持他。在这个问题上，倒不能说他是一名彻头彻尾的乐天派；他给佩图斯写信说，甚至连恺撒也不知道未来会发生什么："我们受制于恺撒，而恺撒则受制于时代。"他还特别给那些担心能否安全回国的友人写信。

在恳求和好的那些人中有一名叫马尔凯路斯（M. Marcellus）的人，他曾是公元前 51 年的权贵派执政官，现居希腊莱斯博斯（Lesbos，莱斯沃斯岛），如《布鲁图》一书所证实的那样，他是一名性格坚强、学识渊博的人，堪称仍然活下来的权贵派首领之一；此外，还有一名叫凯奇纳（Caecina）的人，他是老诉讼委托人之子，在伊特鲁里亚颇有影响，写过论伊特鲁里亚宗教传统的文章——并将矛头对准恺撒。西塞罗对凯奇纳说，恺撒特别尊重知识分子，而且还让他相信，这位独裁者一向敬重庞培，并把大量的前庞培派人士提拔到重要的指挥岗位。他不得不向其他人承认，恺撒很少宽恕在阿非利加负隅顽抗的人；但是，他认为（至少在一个时期），恺撒越来越通情达理了。公元前 46 年 9 月发生了一件事，这件事似乎令人充满了无限希望。在元老院的会议上，恺撒的岳父皮索（L. Piso）讲述了马尔凯路斯的案件；犯人的堂兄马尔凯路斯（C. Marcellus）跪倒在独裁者的脚下，元老们不约而同地站起身来，请求恺撒的宽恕。恺撒一边抱怨马尔凯路斯是个"刺儿头"，一边很不高兴地让步了，这是出人意料的。恺撒的这一行动是向元老院的真正让步。在致塞尔维乌斯·苏尔皮奇乌斯的信中，西塞罗描述了当时的情景，此前苏尔皮奇乌斯已从恺撒那里接受了希腊总督的任命；西塞罗决心打破自己不在元老院发言的惯例，当念到他的名字时，他发表了感谢恺撒的简短致辞，后经修改他把这篇致辞出版了。

219 《为马尔凯路斯辩护》（*Pro Marcello*）的演词尽管十分精彩，但在我们看来，似乎走上了肉麻吹捧帝国时代的道路；但是，西塞罗呼吁恺撒珍爱荣誉，他的话确实很公正。他说，军事成就可能令人震惊，但并非是光荣的。荣誉与军队以及运气平分秋色；真正的声望是公民的扩大。恺撒好像说过自己对阴谋的恐惧。最近几个月，苦闷萦绕在他的心头，他一再喃喃自语：他为天理和荣誉奋斗得太久了。西塞罗认为，所有的人都在忠于恺撒而且无不满怀热情地忠于他，因为只有他才能使各个派别言归于好并恢复共和国，因此他必须活下去。没有必要回到过去。“我们现在不必对比两种事业，而要对比两种胜利”，人人都会同意，只有时刻准备赢得胜利的人，胜利才会垂青于他。让恺撒通过古制的恢复给自己的成就佩戴花环吧，这些古制包括：法庭、元老院的自由等。不管西塞罗的话语多么雄心勃勃，但在这些话语中明显可以看出他是诚心实意的。他过去倡导的和谐和团结政策发现了新内容。但他表达的只是希望，而不是愿景。

听到这个消息后，马尔凯路斯（M. Marcellus）没有急忙启程回国，但他给西塞罗写了一封很有礼貌的信，收到这样一位大贵族的来信，西塞罗肯定满心欢喜（在演讲中，西塞罗夸耀这名大贵族对他的挚诚）。其他人也以感激涕零的措辞给西塞罗写信，恳求他支持他们的事业。下面引用凯奇纳的一段话：

> 我亲爱的西塞罗，无须等待我的儿子。他年轻好胜，涉世不深，考虑不周。你必须负责全部竞选活动；我把希望全都寄托在你身上了。你有智慧，懂得如何讨好恺撒，如何赢得他的信任：一切靠你开始，靠你结束。你对恺撒很有影响力，对其同伴的影响力更大……为了自己朋友的利益你总是不遗余力，他们的莅临不仅是期待你的帮助，而且也像我一样要求你的帮助。

西塞罗继续尽心竭力地帮助别人；只有一名通信者他拒绝给予帮助，他对此人的答复有些粗暴，我们不知道此举后面的隐情。但他写信告诉一个名叫昆图斯·利加里乌斯（Q. Ligarius）的求情者："今早我拜访了恺撒，与他会面和谈话使我总觉得耻辱和不舒服。"当利加里乌斯的兄弟们跪倒在恺撒的脚下时，西塞罗实际上已经求过情了。
220 独裁者恺撒的谈吐和表情是令人鼓舞的，可是目前只能说这些了。后来，在广场上西塞罗为利加里乌斯发表了一篇正式演说。根据普鲁塔克的一个不太可信的说法，事前恺撒问道："就因为裁定利加里乌斯为恶棍和敌人，我们就不再倾听西塞罗的演说了吗?"但人们发现，面对西塞罗的雄辩口才，恺撒的脸色变了，浑身颤抖，文件掉了一地，不过，那些颂扬他的仁慈和慷慨的话语却把他征服了。西塞罗并没有为了恭维自己的新首领而辱骂自己的老首领；内战是对命运的捉弄，两位领导人的声望旗鼓相当。他暗示，庞培追随者的声望略胜一筹。

因为我们掌握的信件多有中断，更何况西塞罗在某种程度上回避国事，他对国事的某些方面一无所知，所以有关恺撒的活动我们从他那里知之甚微。为感谢恺撒的凯旋，授予他一系列史无前例的荣誉：首先是，为期 40 天的感恩祈祷，为期 10 年的独裁官权，72 名扈从，3 年期的"道德总监"；其次，是 9 月下旬举行的四重凯旋式，大张旗鼓地犒赏他的士兵，给符合救济条件的穷人分配谷物；为纪念已故多年的女儿朱里娅举行赛会（外加长颈鹿狩猎）；建成朱里乌斯广场，西塞罗曾参与修建这座广场，广场内建维纳斯神庙，维纳斯是朱里乌斯氏族的女祖先，此外还有一尊骑在马上的独裁者塑像，这匹马是从一座亚历山大的纪念碑上移过来的。其他美轮美奂的建筑物也在筹划之中。克里奥帕特拉及其朝臣在罗马出现了，暂居郊外的一处别墅或台伯河对岸的"御苑"。西塞罗与她有些纯文学性质的交往，如他所说，他非常讨厌她及其朝臣的傲慢态度。

恺撒着手实施一项重要的社会和政治的改革计划。这项计划来得太迟了，西塞罗对这样的计划显然兴趣索然，或者说这项计划没给他留下深刻的印象。在一些地区安置士兵（尤其是安置在政治对手的土地上）的庞大计划必然触犯全部土地所有者的利益；但是，即使这时，西塞罗仍不以为然。佩图斯问他将在何处分配土地，西塞罗对其付之一笑，因为这些天来，除了直接向巴尔布斯打听外，他什么都不知道。危险的活动离图斯库伦不远了，可是西塞罗提议：大可不必惊慌。只要有可能，他会好好享受地产给他带来的快乐；他说："我这辈子的最近四年真是大难不死啊！"

恺撒对城市人口进行了普查，虽然他向家父们（fathers of 221
families）做了让步，但他还是削减了享有免费救济粮的人数。为了稳定秩序他再次取缔社团（*collegia*），并决定将大批穷人安置在海外殖民地；但是，他力图吸引医生和教师到罗马定居。为减少奴隶暴动的危险，他还试图限制用于农村劳动的奴隶比例。他似乎起草了一项有关债务的温和法令；他改变了陪审团的人员组成，然而不算太激进。虽然这些措施同样没有取悦富人之意，但可以表明他不是一个令人畏惧的社会改革家，而且在某种程度上等于否定他过去的民众派面孔。大体说来，这些措施把政治家的风范完全折射出来了。关于历法改革，我们仅有西塞罗的评论（这项改革把公元前46年变成了具有三个闰月的超长年）：当有人提出天琴座（Lyra）将在第二天出现时，他说，"是的，法令定的。"如果属实（遗憾的是，我们手边没有恺撒宣布该天象真实与否的证据），这种说法概括了西塞罗的态度：在他看来，罗马绝对受"法令"的直接约束，没有什么能改变这样的事实。

关于自己政治上的无为，西塞罗向佩图斯做过自我辩解，让我们听一听他是怎样说的吧。

> 你想想看，如果我在那不勒斯，元老院决议会少吗？当我身在罗马和经常出入广场时，元老院决议是在我的崇拜者和你的朋友（巴尔布斯?）家中起草的。如果我的名字闯入他的脑海，那别人就认为我是一名见证人，而且我知道：一

> 条据说由我提出的决议在我获悉有关它的任何消息之前已经到达了叙利亚和亚美尼亚。不要以为我在开玩笑。我向你保证，我接到了远方国王的来信，他们感谢我为承认他们的头衔投了一票，可我那时还不知道他们已被批准为国王，我甚至没有注意到他们的存在。

至于恺撒是否仍在考虑恢复过去的政体，是否把东方式的君主制心甘情愿地视为唯一的解决办法，学者们各执一词。“苏拉的隐退表明他根本不懂得政治上的基本常识”，这话恺撒真的说过吗？无论如何，在任何方面采取决定性的措施之前，为了对付庞培之子，恺撒必须在公元前 46 年的年底再次离开罗马，因为庞培的两个儿子从阿非利加逃到了西班牙，他们在那里成功地集结了大批军队。这位独裁官
222 带上希尔提乌斯和西塞罗的其他近期宾客离开了罗马，前往西班牙，打算与自己的副手骑兵长官会合，并接见一些城市长官。城市长官是一个重要官职，自古以来好像就有了先例；那里的普通高级行政官均不是选举产生的。虽然如此，这一次西塞罗一点儿都不希望恺撒失败。他对庞培的两个儿子不欠什么——其实，假如庞培的长子真的想在克基拉岛杀死他，那情况可就截然相反了——他瞧不起他们。毫无疑问，他将同意喀西约的观点，早在公元前 45 年的初期，喀西约就从布林迪西寄来一封友好而又坦诚的信，这封信开了许多哲学玩笑，要求听到来自西班牙的消息，信中写道：“如果我不着急，那就谴责我吧。我更喜欢我们仁慈的老主人，不喜欢选择一个残暴的新主人。你知道，愚蠢的格奈乌斯·庞培是个怎样的人，他如何把残暴想象成美德的。你知道，他总以为我们在嘲笑他。我担心，他会像乡巴佬一样报复我们的嘲笑——用剑报复。”

但是，西塞罗很快便不再积极打探西班牙的消息。现在该考虑一下自己的家庭生活了。

这一时期他通常只给阿提库斯写短信，这些短信不仅隐晦而且多为口语，无疑字迹很潦草，难以辨认，为此他向阿提库斯道过歉。西塞罗承认，他往往抓起手边的笔和其他材料就给人写信（相反，阿提库斯的笔体却很端庄典雅）。从精心写成的书信中他们发出了不同的声音。这些信件常常属于公认的通信类型，诸如推荐信、慰问信等，有时他们抱怨说，既然这样，一些书信类型被人认可是不容易区分的；甚至在致佩图斯和其他人的充满笑料的信中，我们仍能觉察到，在西塞罗的心目中，充满笑料的书信也是这些公认书信的类型之一。从公元前46年开始，仅有春秋两季写给阿提库斯的信，所以很难追溯一个阶段的家务事。在这个阶段中，双方的伤心事接踵而至。在西塞罗回到罗马后的某个时期，尽管图里娅再次怀孕，可她和多拉贝拉终于离婚了；现在要从多拉贝拉手中索回她的嫁妆可不容易，但正如我们所见到的那样，西塞罗与权势不减当年的女婿依旧保持着良好的关系。西塞罗本人和特兰提娅也离婚了，这是发生在他家的第二桩离婚事件。这个痛苦事件的真相是无法查清的；特兰提娅自然要保卫自己的各种金融交易。另一方面，从表面上看，西塞罗同昆图斯的关系总算缓和了。但是，在这一年的书信中，仅有一次提到昆图斯，语气几乎全部酸溜溜的；昆图斯为自己的儿子弄个小小的祭司职务就如此
骄傲，瞧他有多么丢人，为买这个官职他竟然乞求阿提库斯捐款，这 223
又有多么厚颜无耻呀！这段话没有十分明确地涉及获释奴斯塔提乌斯，但明显蔑视这名获释奴；显而易见，昆图斯依旧依靠斯塔提乌斯。

随着这些亲密关系的破裂，西塞罗把较多的注意力转向阿提库斯和图里娅。大概就在那年夏天，他写道：“我亲爱的阿提库斯，我不考虑自己的生活——我不会谈论图斯库伦，可是，至于其他方面我在那里还是很愉快的，但是即使整天没有你陪伴，幸福群岛（the Islands of the Blest）也是值得光顾的。噢，这三天我们都必须坚强起来——自然是面对你所感到的痛苦，可以想象，你我的感受是同样

的。”阿提库斯的小女儿给父亲的生活增添了新的欢乐，她被亲切地称作阿提卡（Attica），这是以她父亲的名字命名的，现在她大概五岁左右，可是这个活泼可爱的小姑娘常常发热，让人担心。至于西塞罗自己的儿子小马尔库斯，似乎不能让父亲总是注意自己，但是，大约就在这个时期，西塞罗以问答形式为他写了一篇有关修辞的短文。可是马尔库斯不想学习；他在那年秋天，通过阿提库斯小心翼翼地试探父亲的想法：他可不可以跟随恺撒去西班牙，他能否得到体面的许可？至于后者，西塞罗很愿意向其重复自己的某些熟人对晚辈们所说的话：“关于西班牙，我提过两点意见。首先，我已跟你说过，我害怕恶语相加；‘脱离一方还不够吗？难道我们还要加入另一方？’其次，我还说过，堂兄弟的帮助与影响使他黯然失色，他会觉得丢人现眼。”尽管这项计划最终没有实现，然而西塞罗没有立即拒绝，还是同意了。

这一年的秋天，西塞罗巡查了自己的乡下地产。稍后，他写信说，他不像从前那样急于离开罗马，因为不再有什么商业活动让他分心，他可以在城镇家中从事自己的工作，这个家像其他别墅一样令他感到快活；也许是老之将至的缘故，他开始感到疲倦了，也许这只是一种心态。近来他曾考虑在那不勒斯买一处地产，后来又考虑买一处幽静的栖居地，在氛围上像最初那样仍是希腊式的；如今他正在沿海岸南下的途中，落脚于小镇阿斯图拉（Astura）附近的一处新购置的别墅，伴随着宁静和“别墅周围的美色、沙滩和海景”尽情地写作；这座别墅矗立在海角上，一定“在水中”，通向安提乌姆和奇尔切伊（Circei）沿岸的景色一览无余，屋后是林地。他继续前往库迈，也许
224 还是秋天，从那里他给佩图斯和另一位原打算拜访的朋友写信；两人都在遭受痛风的折磨，在罗马人中这种病很常见。最后，他从坎帕尼亚前往阿尔皮努姆。从那里他用短短的几段话叙述了返乡行程的详细安排。

> 我多么希望能够马上拥抱我的图里娅并亲吻阿提卡呀！但愿你给我写信谈谈阿提卡的情况，那样的话，即使我在图斯库伦，我也可以知道她在谈些什么，如果她在乡下，那她是如何给你写信的。同时请代我向她和皮丽娅问好，用书面的形式或口头的形式都行。尽管我们马上就要见面，但如果有什么消息，务请马上给我写信。
>
> 正当我折叠此信之时，一个连夜赶到的信使捎来了你的信函。读罢，我当然对阿提卡发低热深感痛心。你的信给我带来了我所盼望的其他消息。但当你写道，“早上的一场小火灾说明人已经步入老年”，我想，记忆力的减退更能说明人已老矣——我确定12月1日到达阿克西乌斯（Axius）处，2日到你那里，我抵达昆图斯那里的日期是30日。我想跟你说的就是这些，没什么新内容。“那时还需要写信吗？”想想看，当我们畅所欲言，无所不谈之时，那情形是怎样的呢？

不过，西塞罗打算再娶位妻子，他的朋友们也在为他物色中意的新伴侣。可能在此之前，希尔提乌斯提议自己的妹妹做他的未婚妻；西塞罗拒绝了，理由是一个人同时把自己献给妻子和哲学是不可能的。几天后，他写道：“至于庞培之女，我给你回过信，目前我还没有这个想法。另一位你经常提起的女士我想你是了解的。我从未见过如此丑陋的女人。我几乎都待在家里，所以我们见面再聊。”毫无疑问，他们讨论了这件婚事，在即将告别那一年之时，西塞罗打算娶富有的受其监护的年轻女郎普布利里娅（Publilia）为妻，消息一下子传开了。据普鲁塔克记载，特兰提娅说他头脑发胀，成了老色鬼，但是，她又说，他这样做实际上是遵照亲朋好友的建议，完全出于金钱的考虑：按照罗马的标准，在所有的考虑中，金钱动机是压倒一切的。一位现代学者令人信服地指出，普布利里娅的亲属也都积极维护恺撒的利益。现存西塞罗本人的唯一解释是含混不清的；他用下面的话答复一封贺信：

> 如果在我归来后没有发现自己的家事同国事一样糟糕的话，那我不会在如此痛苦的时刻做出任何新的决定。在自己的家里我没有一点安全感，没有摆脱阴谋的避风港，因为有些人不顾我对他们的大恩大德，为非作歹，我的安全和财产
> 225 对他们而言本应是最为宝贵的。所以，通过新亲戚的忠诚对付旧亲戚的背叛以保卫自身的安全，我以为是明智之举。

我们无法说出特兰提娅及其获释奴的这种最终的背叛是什么原因。

我们可以设想，阿提库斯对这个新起点的赞许；这也许跟阿提库斯的年龄有关，他几乎像西塞罗一样已是一个年迈之人，可是仍然缔结了婚约，晚年再婚显然给他带来了美满的家庭生活。但不是每个人都是那样称赞的；在婚礼上，有人就西塞罗一类的高龄男子与年轻姑娘结婚大发议论。新郎立刻答道："明天她就会成为一名妇女。"

但这种不匹配的婚姻仅维持了几周。公元前 45 年 1 月初，图里娅在罗马生下了一名男婴。开始时她的身体逐渐在恢复元气，可是几周后，她却死在图斯库伦的父亲家里。我们无须描述她的病情，也无须细说其父寝食难安的忧伤，但不难想象，他的心中很少有自己的新娘。据普鲁塔克记载，他甚至认为普布利里娅对图里娅的死幸灾乐祸。他对她说，他想独自一人生活，遂打发她回娘家去了。

图斯库伦或罗马中心区的寓所实在让西塞罗无法忍受，最初几周他跑到阿提库斯的家中暂避，在他家的图书馆里阅读希腊哲学家论苦

恼的著作。他第一次直接露面是在3月初，在阿斯图拉他一直待在寂静的新宅里面。尽管他每天都给阿提库斯写信，但他去那个地方的目的是为了回避所有的交往。至少有一次，他竭尽全力控制自己的感情，或者至少将这种感情隐藏起来。他请求阿提库斯以身体不佳而非悲伤为由，为他的所有婚约进行辩解。男人应为女人服丧似乎难以想象，也难以得到赞扬，不过，西塞罗却一如既往敢于冒天下之大不韪，不怕别人说他感情脆弱和行为不轨。

为寻求安慰起见，他埋头写作，用时超过了阅读。

> 你可以作证，为了自己的利益我没有玩忽职守。在你家里，我读遍了战胜苦恼的著作；但我的忧伤压倒了所有的安慰。我相信，我甚至做了前人没做过的事。我给自己写了一本论安慰的著作。如果抄写员誊写完毕，我将把这本著作寄给你。我向你保证，没有什么安慰是这样奏效。我整天写个不停，倒不是我做了任何好事，而是这样做暂时分散了我的 226
> 注意力——没有完全分散我的注意力，因为我的痛苦把我压垮了，但这样做使我的痛苦暂时得到缓解。只要我能，我就尝试我所知道的一切方法以求表面平静而非内心平静——有时这样做似乎是一种罪过，有时不这样做也将是一种罪过。独身在某种程度上是有益的，不过，如果你在那里，会更好些。你不在是我离开那个地方的唯一原因，因为那里的环境无可挑剔。可是正是离开之事令我很痛苦——你无法同样体会我所面对的痛苦；在我身上你喜欢的一切都荡然无存了。

那的确是一个风和日丽的春天；3月9日，他写道：“在这个人烟稀少的地方，我找不到说话的人；早上我躲进一片茂密的树林，直到晚上才出来。除了你，没有比寂静更好的朋友了。在寂静中，与书交谈是我的全部活动，寂静常被哭泣所打破，我尽最大努力同寂寞做斗争，但迄今为止这样的斗争是不寻常的……”第二天，他继续写道，“我不想让你丢下自己的事来看我。如果你有空，我宁可去见你。除非我根本不需要任何帮助，我不会离开你的视线。假如可以得到解脱，那只有靠你了；假如我能在某个人身上找到安慰，那我一定到你那里去找。甚至现在，我也不能没有你。”像平常一样，西塞罗把每天写信当成精神寄托；他想见到的另外一个人只能是布鲁图，布鲁图从高卢寄来的书信“虽有见识，但却没大用”。值得注意的是，只字没提昆图斯和马尔库斯。

包括恺撒在内的其他人都及时写来礼节性的安慰信；有一封信很晚才寄到西塞罗的手中，但毕竟保存下来了。这就是他的老朋友塞尔维乌斯·苏尔皮奇乌斯从希腊写来的著名书信，信的措辞明显是以恺撒的一名雇佣者和一名像他那样担惊受怕者的口气写的。有些人失去了如同亲生子一样的心爱之物，也就是失去了自己的家乡、地位、官衔和荣誉，难道他们不应对周围的一切冷眼相看吗？图里娅能够找到一个地位般配、值得信赖的丈夫吗？在如此混乱的局势下，她能见到自己的孩子在茁壮成长吗？然后写道：

> 在离开亚细亚的回国路上，当航船从埃吉那（Aegina，埃伊纳岛）驶向麦加拉（Megara）时，我开始观察周围的海岸：我身后是埃吉那，前面是麦加拉，右面是比雷埃夫斯（Piraeus），左面是科林斯：曾盛极一时的城市现在却在我们眼前呈现出七零八落的残破景象。我思绪万千——哦，如果我们中的一个人死了或者被害，我们这些小人物会造反吗？当一个地区的众多城市变为废墟时，注定短命的我们会铤而走险吗？塞尔维乌斯啊，你难道无法控制自己吗？你怎

能忘记自己生来就是个男子汉呀？

在阿斯图拉期间，西塞罗就萌生了一个想法，他好像跟阿提库斯还商量过这个想法。他打算为图里娅修一所祠堂；他说，这是个有意义的举动，有好多作家表示赞成，在拜读这些作家的著作上西塞罗花费了许多时间。他想要的建筑样式和建筑师都已经定下来了，但地址还没有选好。 227

> 我仿佛感到誓言和承诺几乎把我捆得死死的，对我来说，死后的漫长时间要比这短暂的一生更加重要，然而这一生对我来说似乎太长了。我一切都尝试过了，我没有找到安宁。以前我跟你说过，每当我忙于工作时，我都不停地根治自己的创伤，而现在我拒绝一切事情，我发现一切都像孤独那样难以忍受。

《论自我安慰》（*Self-Consolation*）一书在古典时代是非常出名的著作，可惜现在已经失传了，但一位基督教作家援引的只言片语有助于我们理解西塞罗修建祠堂计划的用意。希腊人相信，许多神明最初乃是具有杰出品行或非凡业绩的人；对这些男女“英雄”的原始崇拜被诡辩论和哲学理论搞复杂了，这些理论大谈神性及其与人类灵魂的关系。大约在几百年前，甚至一些罗马的伟人曾经一度受到崇拜，至少在他们死后是这样的。毫无疑问，西塞罗没有想象过后来人向图里娅的灵魂祈祷；他甚至不相信有什么来世，的确，在这一时期的书信里，他从未谈到来世的可能性。为他说句公道话，他也不希望为自己的不幸竖立一座纪念碑——正如我们所见到的，与他交往的人均不赞成那样的不幸。他确信的唯一的不朽是荣誉的不朽，他希望把这样的不朽给予图里娅，他希望尽其所能为她的卓越品质赢得最高荣誉。

他郑重地断言，她的品质是出类拔萃的。

> 光荣使卡德摩斯（Cadmus）或安菲特律翁（Amphitryon）或廷达瑞俄斯（Tyndareus）[①] 的孩子们复活升天了。如果这种说法是正确的，那么图里娅肯定也应享受同样的殊荣，我将把这样的殊荣献给她。最优秀的才女啊，怀着不朽的神明之祝福，我将把你安放在圣地的众神中间，希冀万众同赞，有口皆碑。

228 西塞罗打算把祠堂建在阿斯图拉、阿尔皮努姆或图斯库伦的自家土地上；然而，他想要的是一处常有客人光顾的地方。不久，他打算在罗马郊区的梵蒂冈购置一处地产。阿提库斯受托进行洽谈，可是他对这项计划很不热心。尽管西塞罗获悉工程的进展已到搜集建筑石柱的阶段了，甚至打算动员奥皮乌斯和巴尔布斯提供财政支持，但是实际上洽谈很复杂，最后没有成功。过了一段时间，西塞罗认为那块地产可以作为自己安度晚年之用；由于多种原因，他既不能忍受广场附近的喧闹，又不希望离阿提库斯和自己的家人太远。

与此同时，从一开始外界就不停地打扰阿斯图拉的寂静，一些书信显示，西塞罗可以发表指示和评论。特兰提娅对西塞罗抚养小外孙（没活多久）的新遗嘱大吵大闹。如我们上文所见，布鲁图在自己的《加图》一书中暴露出惊人的无知，他居然不了解公元前 63 年 12 月元老院重大辩论的过程。西塞罗向阿提库斯咨询可用于《论安慰》（*Consolation*）的各种历史资料。看得出为小马尔库斯去雅典读书的安排正在进行之中。小马尔库斯大概不太喜欢这个计划，他宁愿去西班牙作战，他还提出了在罗马购房的另一个想法；可他一向

① 他们都是希腊传说中的英雄。

很听话，现在也许特别不愿让父亲烦心。目前，有许多商业活动须由西塞罗提出指导意见；可他仍然“牵挂我们的阿提卡的健康”。3月28日，

> 我斗胆提笔给你写信，务请注意你能帮什么忙。普布利里娅给我来信说，她母亲同普布利里乌斯（Publilius）[①]谈过了，她将随他一起前来跟我谈一谈，如果我允许，她母亲会与他们同行。普布利里娅苦苦地哀求我，最后让她回到我这里并予以答复。你瞧这是一件多么令人烦心的事。我回信说，我上次告诉过她我想单独生活，如今我的心情比那时还要难受；因此我不希望她现在来到我的身边。我想过，如果我不答复，她会和自己的母亲一起来的。直到现在我并没有答复；很清楚，这封信不是她自己写的。但是，我发现，我需要避免即将发生的事情，也就是避开其他人的来访。唯一的回避方式就是离开；我不太情愿，但别无选择。现在我想让你猜猜，在无人纠缠的情况下我在这里能待多久。用你的话说，你会猜个“八九不离十”。

事实上，没过几天西塞罗便离开阿斯图拉，行至罗马附近，停了下来，寄宿于阿提库斯的一个农场。5月初，他怀着更加平静的心情 229
返回阿斯图拉，可是他仍然念念不忘祠堂的事：“我要把祠堂建起来，谁都无法劝阻我。我竭力避开像坟墓一样的不祥之物。”然而，几个月后，恺撒打算在梵蒂冈地区开发一个大项目，于是修祠堂的计划彻底泡汤了。

西塞罗长时间的隐居显然引起了人们的议论；的确，我们手头有

---

① 可能是普布利里娅的叔叔或兄长。

一封朋友的来信，以评论的方式责备他。西塞罗致函阿提库斯，请他证明最近几周他在连续不断地与群众会面和亲切交谈；他指出，不管素材有多少，也不管素材难到何种程度，他都成功地完成了写作任务。5 月 5 日，他听说庞培的儿子们正在向西班牙逃亡。“希尔提乌斯写信告诉我，赛克斯图斯·庞培已离开科尔杜巴（Corduba）[①]，逃到了近西班牙，至于格奈乌斯逃往何处，我不清楚；我的确不太关心。”他又回到哲学著作的撰写上来。

① 科尔多瓦（Cordova）。

第十三章　哲学的慰藉　（公元前 45—前 44 年）

约公元前 46 年秋，或更早些，西塞罗萌发了一个念头：把自己的一些哲学作品献给罗马；在图里娅离世前，似乎已有几篇作品开始构思了。西塞罗绝不是哲学领域的开拓者。在罗马文献中，经常引用哲学家和哲学理论已有上百年的时间；但现存的论文主要是关于伊壁鸠鲁学说的散文（卢克莱修的诗歌和我们听说的另一首哲学诗除外，因为西塞罗发现这首诗难以理解）；西塞罗既不欣赏这些散文的风格，也不欣赏它们的主题——事实上，他不肯在阅读这些作品上下功夫——原因之一是这些作品毫无新意，伊壁鸠鲁主义者故步自封，对创立者的言论（*ipse dixit*）亦步亦趋；原因之二是西塞罗蔑视这些作品。但正如我们所见到的那样，至少还有一部布鲁图论伦理学的著作，即《论美德》，这是献给西塞罗的，西塞罗不止一次简述过这本书。实际上，他没有对自己的朋友做全面评价也是可能的。后来的评论家昆体良（Quintilian）认为，布鲁图的哲学作品胜过他的演说，给人很深的印象，“你可以发现，他所说的就是他的本意”（这话多少反映了恺撒对布鲁图的评价！）；但是他的《论职责》（*On Duties*，拉丁原名：*De Officiis*）一书可能晚于西塞罗论述同一主题的作品，由于该书对一些特殊事件的处理没有遵循普遍原则，因而遭到批判。于是，西塞罗雄心勃发，想要超过布鲁图，自然是可以想象的。此时，他站在两条道路之间，沿着这些道路走下去，他的两名主要朋友的榜样在呼唤他。阿提库斯提供一些传记和家族史的著作，从而使西塞罗的《编年史》(*Annals*)更加完美，显而易见，阿提库斯仍希望西塞罗撰写历史：在几部哲学作品中，西塞罗继续为自己的借口进行辩解。因为与阿提库斯通信讨论的是历史问题，所以没有讨论哲学问题。即使西塞罗在几篇对话中让阿提库斯担任一名主人公，但那是一
231 名沉默寡言的主人公。只能通过他人之口为伊壁鸠鲁主义进行辩解。然而，阿提库斯对西塞罗新作品的付梓和传播乐不可支，他当时的高兴劲儿与我们初次见到的情景一模一样。

一些人认为西塞罗承担的任务无足轻重。在《学术论文集》(*Academic Treatises*)一书中，令瓦罗反感的是好像任何对哲学感兴趣的人都可以读希腊哲学了。但西塞罗断言，不管那些人懂不懂希腊语，他们都会发现拉丁哲学是有价值的；他还认为，罗马诗歌和演说词毕竟深受希腊风格的影响，因而值得一读。但西塞罗面对的是没有希腊人的读者群，因而我们不必想象，西塞罗想让自己的主题适合真正广大的听众；他认为，他的主题"完全不适合于民众"，值得注意的是，他的多数作品是供那些严肃学者布鲁图和瓦罗等人阅读的，确实不可以称之为通俗读物。西塞罗引以为荣的是，原来用希腊文表达的某些思想经过他的处理变得更加明确了（相比之下，斯多葛派的悖论从"犬儒派的抨击"中借用了某些东西。犬儒派哲学家向公众发表演说，从而创造了一种通俗的说教文学，这就是所谓的"犬儒派的抨击"）。

西塞罗著书立说主要供年轻人阅读："我认为，所有的人都致力于哲学研究是不可能的，也是不可想象的；但我相信少数人可以从事这样的研究，他们的影响也可能遍及整个文坛。"看样子，在新一代的读者中，西塞罗其实没有赢得许多人——就像我们所见到的那样，他的哲学观点很快就不再时髦了；但是，他告诉我们，一些老人令他感到惊讶，他们读他的著作，深感受益匪浅；显而易见，他的朴实结论和生活阅历比较适合成年读者的口味。

他对自己写作目的的解释，证明他的作品具有强烈的政治倾向；

此外，在他看来，伦理观是哲学的王冠，除伦理道德没落外，究竟是什么原因导致共和国的衰亡？从另一种意义上说，他的行为带有政治性：因为他被排除在公职之外，“我向元老院和人民大会发表演说均收录在我的书中，我认为，哲学是政治活动的替代品”。然而，他对这一新工作大力辩解，其中，有一则自嘲的评论：在最后的哲学著作中——值得指出的是，这篇著作是在图里娅去世的危急期之后很久才发表的——他说，西庇阿·埃米里亚努斯称自己的休闲时间不仅很忙 232
而且有利可图，但是任何作品都没有写出来，可是却赢得了较高的赞誉：“由此观之，在脑力活动和有关问题的研究上，他一向忙忙碌碌，从不感到寂寞。然而，我振作不起来，无法将内心的孤独忘得一干二净，于是，我把自己的全部心血都倾注到这部作品的撰写上了。”

他还认为，研究如此重要和严肃问题的著作能为罗马增光。同时，在语言方面，让希腊哲学披上拉丁外衣乃是一种挑战，这样的挑战吸引着他。他否认拉丁语不如希腊语丰富的说法。他认为，对于尚未研究的主题来说，应当利用拉丁语所具有的巨大潜力（阿提库斯对这种哲学视野很感兴趣）。像卢克莱修一样，西塞罗经常抱怨论文和信函中的困难，为找到拉丁语与希腊语的对应术语，他的钻研精神让我们大开眼界。事实上，主要问题不在于词汇而在于他很少论述的句法。他没有完全解决这些问题。拉丁语是一种铿锵悦耳的语言，虽不如希腊语温柔细腻，却比希腊语刚劲有力，迄今希腊语作为哲学思想的交流工具已有四百年的时间（柏拉图时代面临的难题一点也不亚于西塞罗时代）。犹如语言缺乏生动活泼的隐喻那样，拉丁语中缺乏定冠词之类的简单问题也是一个严重的缺陷，因此，难以在新的隐喻意义上运用词汇。较之希腊语而言，拉丁语排斥复合词和新语词。事实上，西塞罗对语言特色的极端敏感和对习语的尊重被视为一种缺点；即便一些语言听起来似乎很刺耳，他也不会更新语言的表达形式。他不想逐词硬译希腊语自然是无可非议的；虽然他有时让一个词与希腊词相吻合，但他经常认为，用描述性的意译或者在不同的上下文中用不同的方法翻译同一希腊短语是必要的，因而必然损害论点的清晰度和简明性。不过，他扩大了拉丁语的范围，他亲手造出的大量新词语流传至今。我们常用的“*qualitas*”（品质），“*essentia*”（本质）或“*moralis*”（道德）等拉丁单词直接仿照希腊语，可是，我们往往忘记这些拉丁单词首次见于西塞罗的著作，后来它们才得以延续下来。

233 西塞罗的希腊语翻译十分严谨，从中我们可以清楚地发现他在语言方面的成就和局限性。他的翻译大部分是柏拉图或伊壁鸠鲁的短篇作品。正如西塞罗在最初发表的一篇论文中所述，他没有排除只译柏拉图和亚里士多德作品的可能性，他认为这些译著将是献给同胞的最佳礼物，但他所从事的翻译旨在为自己“诠释古拉丁哲学的著名体系”。对话自然是他选择的形式，既有美化知识内容的意图，又有展示辩论双方才艺的目的，从柏拉图时代起，这种对话形式就已经被采用了。像公元前1世纪50年代修辞对话和政治对话一样，西塞罗的几篇哲学作品的结构是相当迷人的；在罗马贵族的图书馆和大别墅花园中举行的彬彬有礼的正式讨论与柏拉图式的无比生动的遭遇战不同，后者是在雅典的街道、商店，甚至监狱中发生的，在这些遭遇战中，每天的交谈不知不觉地变成了哲学论辩。然而，最后，西塞罗对这种对话形式好像失去了兴趣；在《图斯库伦谈话录》（*Tusculan Disputations*）中，对话的作用微乎其微，在他的最后一部作品《论职责》中，对话形式全然不见了。

西塞罗的哲学著作写得极其神速，几乎全部作品不到两年（公元前46—前44年）就即告完成。“这些著作只不过是抄录，费力不多；我所提供的是词汇，我掌握很多词汇。”在给阿提库斯的信中西塞罗如是说（这些信的内容几乎都是关于他的一些论文）。诚然，尽管他的话流露出撰写神速和疏于校对的迹象，但这种谦虚是对学者的误导；然而，无法证明西塞罗一味抄袭公元前3世纪至公元前1世纪已故希腊哲学家的著作。毫无疑义，他利用了自己青年时代的回忆录（也许还利用了听课笔记）；在写作时，他确实查阅了各种资料——在寄给朋友的信中，我们发现，他要求提供一些与哲学不太相干的著作。他甚至强调，在此期间，他从未放弃阅读哲学。他按照古代的标准，大量引用史料（那时脚注尚未出现）。他任意出入朋友的图书馆，其中的一些图书馆很有名气（这些图书馆通常是东方战利品的产物。在罗马建立了第一个公共图书馆，可是，在希腊一些城市中，这样的文化设施早已屡见不鲜；在罗马，像雅典学院［Schools at Athens］那样藏书逐年增加的学术机构尚不存在）。事实上，他不打算在哲学 234
上有所创新："我在哲学知识上甘拜下风；但是，坚持实事求是、旗帜鲜明和格调高雅的文风是演说者的职责，我把毕生的精力都耗费在文风的研究上了。我认为，我不应当妄称这样的文风是自己的创造，但在一定程度上，我也需要有自己的风格。"西塞罗关心介绍他人的思想；事实上，西塞罗所属的学派是怀疑论的新学园（New Academy），该学派既强调熟悉和批判已有的观点，也强调自身的发展。

在西塞罗看来，这是"古代的哲学体系"；他认为，这种哲学体系是由苏格拉底、柏拉图和亚里士多德创造的（这种说法不完全正确）。更确切地说，是通过"新学园"从他们那里发展来的，"新学园"的最伟大的代表人物（虽然他不是最激进的）是公元前2世纪的卡尔尼亚德斯（Carneades）；卡尔尼亚德斯认为，人不可能确切了解一切事物。他以雅典使者的身份出访罗马，通过演讲诋毁罗马。在演讲中，第一天他拥护正义（*Justice*）是立国之本，可是第二天他却反对这种观点。他拒绝做像写书一类的任何教条事情，但他的论点被支持他的弟子保存下来了。新学园倡导的与其说是一种教条，不如说是一种方法。它远离虚无主义和悲观主义，因为这个学派同所有希腊化时代的哲学一道极力主张消除人们的疑虑——怀疑论者对信仰的怀疑是一种冷静而又洒脱的思维方式，斯多葛派哲学家和伊壁鸠鲁主义者也试图赋予人生这样的思维方式。拒绝相信或拒绝怀疑任何言论的人都将避开使人神魂颠倒的情绪、愿望和野心，但西塞罗意识到怀疑主义在希腊已经不再时髦了。① 他的启蒙老师菲洛不仅接受而且还发展了卡尔尼亚德斯所承认的观点：不管各种说法是不是真理，但至少能够形成百花争艳的局面；菲洛的继承者安条奥库斯作为该学派的领头羊走得更远，他引进了斯多葛派哲学和更加教条的其他主张，声称自己正在恢复昔日的柏拉图学园。可是，安条奥库斯于公元前 1 世纪 60 年代初期就与世长辞了，西塞罗对此后发生之事鲜有说明。
235 如我们所见，公元前 51 年，西塞罗路过雅典，那里发生的一切没有给他留下深刻的印象，此时安条奥库斯的兄弟是柏拉图学园的主要掌门人。当小马尔库斯到达雅典时，那里的人认为他是著名的逍遥学派学者或亚里士多德的追随者，没有把他当作柏拉图学派的人加以款待。

有人认为，西塞罗完全忽视了哲学发展的新趋势。这样的说法是不公正的。公元前 1 世纪，最抢眼的事件是重新发现亚里士多德的所谓密传之作、学术论文和讲稿。这些作品与半大众化的或“通俗的”著作形成鲜明对比。如今后者已经散佚，只有密传之作尚存。但是，亚里士多德辞世后的某个时期，他的著作和手稿流入不懂哲学的个人手中，结果被遗忘了。幸好，苏拉把一个图书馆迁到了意大利，这些著作最终成为该图书馆的一部分，学者们对这些著作进行编目和校订是在意大利完成的。② 西塞罗可能阅读过其中的一些作品，因为他至少了解一名相关学者；《论界限》（*De Finibus*）第二卷的序言令人大开眼界，该序言指出，西塞罗访问过图斯库伦，去过路库路斯别墅的

---

① 在西塞罗死后的复兴的伟大时代，某些怀疑论的形式复兴了；但这些复兴只是后古典时代历史文化的一个次要现象。

② 通常认为，这一著名的故事过分夸大了重新掀起的亚里士多德研究。

大图书馆，在那里借过图书（同时发现加图也“迷恋”过那里的斯多葛派论著）；但西塞罗从未用拉丁文传播过亚里士多德的学说。也许他发现亚里士多德的学说太深奥，有点力不从心。

这一时期的第二大哲学发展变化是新毕达哥拉斯主义（Neo-Pythagoreanism）的兴起，中期柏拉图主义受这种进展变化的影响，不仅关注毕达哥拉斯这位大师著作的形而上学观点，也部分关注毕达哥拉斯著作本身的立场。毕达哥拉斯的禁欲主义信条及其奇特的数学和音乐神秘主义起源于意大利南部的希腊城市，从早期时代起，在罗马也有过一些影响。西塞罗认为，这种影响是一种历史现象，他对此很感兴趣，在“西庇阿之梦”一文中，他运用了毕达哥拉斯的某些格调（诸如天体音乐的理论）；在别的地方也利用了毕达哥拉斯的一些观点，例如再生的思想。在一篇论文中，西塞罗说，有一天他可能撰写这一主题；但事实上，由于对话录业已散佚或根本就没有写过，因而他从柏拉图的《蒂迈欧篇》中翻译了一大段深奥的对话，他承认自己没有完全理解这段对话；在这篇精心构思的作品中，一名谈话者是他的朋友尼吉狄乌斯·菲古路斯（Nigidius Figulus），此人死后，人们把他视为一位术士和毕达哥拉斯的信徒加以纪念。这种情景在希腊也出现过，一个谈话者是希腊人和哲学家，这在西塞罗的著作中也是空前的——这是对此人的由衷赞美，因为他是小马尔库斯的老师。但 236
是，总的说来，毕达哥拉斯学派与西塞罗的见解相左。据许多学者记载，波西多尼乌斯（Posidonius）是当时斯多葛派的达人、在知识界最具影响力的人物，西塞罗至少涉猎过他的一些大部头著作，但波西多尼乌斯不寻常的宗教观无法征服西塞罗。

西塞罗仍忠于以菲洛为代表的新学园的观点，不过这种观点经过了修正，带有某些折中主义（主要是斯多葛派哲学）的色彩。我们发现，不仅菲洛本人，而且整个怀疑主义与雄辩术有密不可分的关系，雄辩术也倾向于论证事物的两个方面，人们早就认为雄辩术的研究对象是可能性而非现实性。因此有一种观点认为，西塞罗是一个折中主义的怀疑论者，这种说法不完全是公正的，因为无论在哲学上还是在生活上，他先天就是一个不敢下决心的人。在政治行动上，他却并非一向优柔寡断；他明显不善于发现“精英”之敌的策略。在政治理论上，他对自己的信念从未有过任何怀疑。在《论共和国》和《论法律》两部著作中，西塞罗旗帜鲜明地驳斥了卡尔尼亚德斯及其怀疑主义，他强调，可以了解何为正义以及如何以正义立国。不管他有多么焦虑，其主张上的这种基本矛盾是难以预料的。他的确不介意严格哲学作品之间的矛盾；有一次他让另外一名主人公（通常让此人赞美他）指出这一矛盾，只是为了不想亲自理会它，因为“一天又一天地苟活人世”的学园派无须关心此事。从安条奥库斯那里得知，他也有一个相当可疑的倾向，那就是断言不同的理论归根结底都是同样的东西。

西塞罗的怀疑主义和折中主义的立场对他的教学使命有某些益处。怀疑论者必须善于解释和批判那些对立的观点；西塞罗坚信，对于年轻人来说，凭借导师的威望过早地接受封闭式教育实在是太幼稚了。他的读者不时抱怨他隐瞒自己的观点。西塞罗反驳说，他试图循循善诱，以理服人，绝不靠自己的威望吓唬人。相反，他们不服气地说，作为一名学园派，他永远不应提出像他自己的那种观点，但是，他可以这样回答：他只说明什么是可能的。虽然逻辑上必然有所失，也就是说，虽然放弃信念使他自己的文明形象严重受损，但精神上的某种解脱对未来的长远发展非常有利。《学术论文集》是
237 这一时期的首批作品，这部作品从虚心承认无知开始，强调新学园派执着地探索真理，可是“不知为什么多数人宁愿误入歧途，宁愿拼命地维护自己所迷恋的主张，也不愿抛弃顽固的立场，不愿探求最符合实际的观点”。在西塞罗的哲学著作中，看不到任何谩骂政治生活的蛛丝马迹；他不蔑视伊壁鸠鲁主义者，相反，待之以礼，西塞罗坚信，他会尽其所能，如实再现他们的观点。他认为，在人格上，伊壁

鸠鲁及其信徒是高尚的，只不过有点迂腐而已（如此礼貌待人源于柏拉图）。

《霍腾西乌斯：哲学的劝勉》（*Hortensius*）是西塞罗引领读者接触哲学的重要入门之作，这篇对话是以亚里士多德的《劝勉篇》（*Protrepticus*）为基础创作出来的，如篇名所示，受它的启迪，读者必将对哲学产生兴趣。《霍腾西乌斯：哲学的劝勉》成书于公元前1世纪60年代后期；作者让书中的卡图路斯赞美诗歌，让路库路斯赞美历史（事实上路库路斯是一部历史著作的作者），让霍腾西乌斯赞美演说；还让后者对哲学展开猛烈的抨击，同时详述许多哲学家的卑劣行径以及斯多葛派哲学家和伊壁鸠鲁主义者的浮夸理论，最后西塞罗亲自为哲学进行辩护。奇怪的是，这部后古典时代的畅销书失传了。这部著作及其残篇令圣奥古斯丁激动不已。这表明，该部大作在倡导远离野心和享乐方面是感人至深的。该书断言，在当今世界，一心追求真理足以使人感到快乐（西塞罗不能许诺一定获得真理），其最后的建议（也是最好的建议）是：倘若灵魂是神圣的、不朽的，那么一生中的灵魂越是纯洁、越是理智，就越能摆脱肉体的反复循环，重归天堂之家。

继《霍腾西乌斯：哲学的劝勉》之后，西塞罗开始考虑理论问题。《学术论文集》与认识论有关。假如二者有任何关联的话，我们可以了解哪些东西呢？据普林尼所说，这部著作是在那不勒斯湾普特奥利的西塞罗别墅中完成的，这座别墅以柱廊和森林而闻名，别墅的主人实际上称它为学园；事实上，这样耐人寻味的名字是很时髦的。如果普林尼的说法确凿，西塞罗在普特奥利写作的时间也许是在公元前46年的秋天，并设计了最后离别的情景：演说者离开霍腾西乌斯的海滨别墅乘船各奔他乡。公元前45年夏天，西塞罗仍在阿斯图拉 238
和别的地方赶写对话录。像《霍腾西乌斯：哲学的劝勉》一样，起初对话是在同样的谈话者中进行的，西塞罗为那些政治名人的财产进行辩护，这些人与哲学密切相关；但是，从西塞罗写给阿提库斯的信中我们发现，他最终意识到竟然莫名其妙地把他们变成了饱学之士。他决定把日期向后推几年，首先考虑让布鲁图和加图成为主人公（很显然，够资格的罗马人并非很多）。但阿提库斯对西塞罗说，瓦罗也想担任某个角色，瓦罗曾答应送给西塞罗一本论拉丁词义的著作，如今他正在编写（速度非常缓慢）。西塞罗有点不情愿地答应了瓦罗的请求：他希望像以往那样宣扬自己喜欢的观点，但又恐怕多刺的瓦罗不甘担任次要角色；西塞罗说，正如他观察的那样，他能很好地想象出瓦罗的全部表情。虽然就其本人而言，西塞罗打算为更加严格的怀疑主义立场进行辩护，但他自我安慰说："安条奥库斯的论点非常有说服力。"

难以理解的是，早期译本分为两卷，我们拥有其中的第二卷（经常称之为《路库路斯》[*Lucullus*]），后来的第二个译本共四卷，只存断片，其译者认为，这个译本"更精确、更简洁、更完美"。西塞罗与安条奥库斯在看法上有一致之处，二者都认为，认识论和伦理学是哲学的两个重要主题："有人渴望得到知识，却不知道知识的来源和归宿，也不知道自己来自何处和归于何处，这样的人可能并不聪明。"但是他稍后写道，"我认为哲学方法不要盛气凌人，而要始终如一、雅俗共赏"，这就是他想在这部作品中加以证明的；或许他感到，在斯多葛派哲学家与怀疑论者之间，争论哪些东西是可以"被领悟的"（*comprehensio*，这是西塞罗用来表达希腊术语的拉丁词），在方法论上为其解释和权衡对立的观点提供了特殊视角。的确，关于这个主题的论述表明他是一个纯粹的怀疑论者，斯多葛哲学或安条奥库斯的部分斯多葛哲学对他的影响是微乎其微的。他还利用这种机会对苏格拉底以来的哲学流派的发展进行简要说明。西塞罗在另一个地方这样说道，苏格拉底"是第一个把哲学带到人间的人"，这位哲学家对伦理道德的潜心研究给希腊化时代的所有哲学留下了印记，这些哲学包括柏拉图创立的学园派哲学、亚里士多德的逍遥派哲学及其后继哲学以及斯多葛哲学（后面的这些哲学都与学园派哲学密切相关）；他概述了他们在伦理学、科学和认识论方面的理论以及正在探讨的哲学 239 主题。他的这种说明可作为哲学初学者的入门教材（用希腊文提供学派史的此类文献手册是很普通的）。

总之，在《学术论文集》一书中，虽然存在某些令人棘手的话题，但西塞罗从头到尾提出了极其鲜明的复杂论据。他对自己的成就感到非常自豪；他对阿提库斯说，他的这本希腊文著作是绝无仅有的。他称这本文集为“我的心爱之作”，并说他关心的是精益求精和符合时尚。很显然，他绝不盲目照搬任何希腊史料。

几乎在同一时期，西塞罗撰写了《善恶界限论》（*De Finibus Boni et Mali*），或《至善至恶论》（*On supreme Good and Evil*）。他把这部作品献给了布鲁图。从最初之日起，伦理学是其最终的研究目标，在《学术论文集》中，他称伦理学是“哲学的极其重要的部分”。此外，他主要关心的是如何指出“每个哲学家说些什么和说了哪些反对他的言论”。在他看来，最容易理解和反驳的学说是伊壁鸠鲁主义，于是，他以这种学说作为论文集的开篇。在《学术论文集》中，他介绍了以前没有讨论过的伊壁鸠鲁学派，宣布自己反对这个学派有关科学和逻辑学以及伦理学的教条。他反驳说，伊壁鸠鲁主义的原子论不是新的创造，一些坠落的原子因外力导致转向是荒谬的，这种转向说意味着允许任意推测；存在无数相同天体的理论和太阳只有约一英尺宽的观点是不可信的；伊壁鸠鲁主义者的逻辑性不强，缺乏严密性。西塞罗强调，他不因伊壁鸠鲁缺少风度而心怀偏见，他说，“伊壁鸠鲁善于表达自己的意图，容易被人理解”；西塞罗肯定自己对伊壁鸠鲁学说的阐述以及年轻时期研究这一学说的正确性。他让一名主人公详细和相当公正地描述了伊壁鸠鲁的观点。伊壁鸠鲁认为，人的一生最值得向往的是快乐，但这种快乐不包括庸俗的享乐主义，更确切地，快乐是简朴、美德和超脱的养生法。在第二卷中（有一段话他认真做了记号，这段话以苏格拉底的反诘法作为范例），他抱怨说，伊壁鸠鲁宣扬的快乐实际上不应称作快乐。伊壁鸠鲁比自己的学说要好些。西塞罗拒绝承认追求美德只是为了获得它的实用价值。事实上，这是伊壁鸠鲁主义的观点，西塞罗对这种观点耿耿于怀，他甚至称这种观点是可耻的。

240 该书的第二卷给加图增强斯多葛派的信仰提供了机会，我们自然希望该信仰是美德，这样的信仰足以使人快乐。但西塞罗再次提出异议。斯多葛派的伦理道德观是从天性开始论证的，以奇怪的斯多葛悖论收场，令人不快的是，这位哲人回避一切情感并全盘否认万物的动力。在最后一卷中，折中主义与安条奥库斯的部分逍遥派观点跃然纸上，据说布鲁图赞成这些观点。安条奥库斯宣扬，在人的天性中，有对知识、行动和美德的渴望；对幸福生活而言，虽然物质财富和肉体的需要不如美德重要，但也不能完全忽视这些东西。尽管西塞罗与怀疑论者的观点再次产生共鸣，但最终安条奥库斯的上述观点没有遭到驳斥。顺应天意会使我们生活幸福的观点与论点的预想有所偏离；但是，关于天性的模糊概念不是西塞罗严格检讨的主要对象；与柏拉图不同，西塞罗从未研究过美德的基本属性问题。

在这段时期内问世的另一部作品是《图斯库伦谈话录》。在性质上，它与前几部作品稍有不同。目的确定之后，便是应当采取的手段：五卷《图斯库伦谈话录》教导读者鄙视死亡、忍受痛苦、节制悲哀和避免精神不安，相信道德足以使人幸福——《论界限》一文对这一说教表示过怀疑，但在这里被描绘成哲学的光荣。这显然是一种修辞风格，一种“雄辩”或修辞实践；西塞罗坦言，到了晚年，他与自己的朋友和学生们都在运用这种修辞风格。通过经常引用诗人的作品（以及经常引用西塞罗本人译自希腊文的著作）或运用生动的奇闻逸事，这种修辞风格变得颇受欢迎。阿提库斯发现，这样的风格比较容易流行，为了获得安慰，他至少重读了第一卷。实际上，第一卷是全书最吸引人的部分。西塞罗没有在地狱受惩的神话上破费口舌；现在无人相信这些神话，伊壁鸠鲁主义者在同这些神话的斗争中不断浪费自己的时间。唯一真正可以选择的观点是：灵魂（至少智者的灵魂）是天赐的，必将升入天堂；或者死后永不再生。前者是西塞罗的主张和希望，不过他没有坚持。他说这话时，“不像德尔斐的阿波罗……而像一名微不足道的小人物”。无论在哪种情况下，难道有可怕的东西吗？西塞罗详述了苏格拉底和加图渴望岁岁平安、万事如意的生活目标。

有人觉得，在西塞罗的众多哲学著作中，《图斯库伦谈话录》主 241
要是为他自己而写的一篇著作；这位感情真挚、易于动情的人力图说服自己像圣贤那样镇定自若，希望自己远离恐惧、奢望、痛苦和忧愁，不让这些情感长期折磨自己。他承认，女儿之死表明，他绝不是这样的圣贤；他还回忆了自己的其他变化。但是，哲学是“医治灵魂的灵丹妙药”，亦是灵魂的避难所。他继续抵制斯多葛派的张扬，但是明显可以看出斯多葛派的理想给他留下了多么深刻的印象：“恐怕最终将证明，只有他们才是真正的哲学家。”亚里士多德认为，适当控制激情是有益的；气愤、忧愁、性爱和恐惧，所有这一切不全是可鄙的。西塞罗拒绝接受亚里士多德的上述观点。他追随柏拉图的旧理论（斯多葛派进一步继承了这一理论），即理智可以战胜激情，因为激情对于人来说是变态的、非理性的。如此坚定的唯理主义的伦理观只能使精英集团感兴趣：“美德不易与愚钝者相伴”；但是，美德也向精英集团提出了很多要求，许多依靠这种哲学的人结果发现自己上当受骗了。于是，人类越来越多地求助于宗教就不足为怪了。

西塞罗继续进行神学研究，出版了《论神性》（*On the Nature of the Gods* 或 *De Natura Deorum*）一书。他把神学视为“物理学”的一个分支或自然界研究的一部分，这样的看法在他那个时代是很普遍的。神学完全独立于认识论或伦理学；没有神的启示告诉我们什么是神学或者我们应当做什么；在一定程度上，神学与天文学和宇宙学紧密相连。这多少因为，神所形成的物体充满魅力，很少有人把神想象成无形的。

神明（gods）存在吗？如果存在，近况如何？在什么地方？神明对人类关心吗？这些均是对话者感兴趣的问题（在西塞罗的青年时期再次开始了这种对话）。这一次对话也是伊壁鸠鲁主义者开始的，“该学派总是那样自信地”详述自己的幸福之神，对人则丝毫不感兴趣。这些神居住在浩瀚的宇宙空间，人可以毫无畏惧地崇拜他们。对话者怀着极其矛盾的神学信仰进行编造，即使经常怀有偏见，但对泰勒斯（Thales）以来的早期制度进行了生动的描述，对柏拉图和斯多葛派进行了猛烈的抨击。假如像柏拉图所理解的那样，为什么神会突然创
242 造宇宙？如果像斯多葛派所断言的那样，神如何能够一下子变成了宇宙？西塞罗认为，这两个学派的神学概念与我们常用的“神”（god）这个所表示的意思相去甚远，他认为，“神”反映了人的先天观念。科塔（Cotta）通过广泛研究埃及人的动物崇拜和其他特殊种族的崇拜轻易证明：这种先天观念并不存在（阿提库斯称科塔适合扮演学园派的角色）。神人同形同性论是荒谬的假设：神明没有人的功能，怎会需要人的器官？如果伊壁鸠鲁心中的神明是懒惰的，他们怎能幸福呢？（亚里士多德认为，幸福是活力）如果他们不以慈悲为怀，怎能成为善神？（我们知道，罗马人的道德以义务互惠为基础）如果神明是由原子组成的，不管呈现多么特殊的形状，他们又怎能永生？科塔得出结论：伊壁鸠鲁是真正的无神论者，却又不敢承认这一点。科塔坚持认为，伊壁鸠鲁的观点是社会的一种破坏力。

另一位学者是斯多葛派哲学家路奇里乌斯·巴尔布斯（Lucilius Balbus），他再次断言神明的存在（路奇里乌斯·巴尔布斯不是恺撒的朋友科尔奈里乌斯·巴尔布斯的亲属）。随着文明的进步，对神明

的信仰不但没有削弱，反而加强了；神明以预言和其他方式（斯多葛派哲学家相信占卜）已经融入了历史。斯多葛派的观点基本属于泛神论；因为在整个自然界中火或热能是生命的本原，所以世界（宇宙本身）是神圣的，它行使神眷顾人类的职能。巴尔布斯通过强词夺理的诡辩得出了上述结论，例如，这些诡辩试图证明：因为世界的各个部分是有理性的，所以作为一个整体的世界也必然是有理性的。但是，还有另外一些神；天体的运行肯定是自动的，因此天体本身是有意识的。巴尔布斯还讨论了被人们称之为神圣的其他势力、思想和人物，他否认神话，但试图从众神名字的含义中找出神明的真实本性。这是一种典型的斯多葛派手法，不足为信。从提出世界神性的构思中，巴尔布斯特别重视这一论据。他宣称，大自然的运行如此合情合理和尽善尽美，可见它是有灵感的；此时西塞罗也写了几篇论宇宙之美与合理性的作品，虽然篇幅过长，但论点很精辟。正如当时人们所理解的那样，地球是核心，一切都围绕地球旋转。试问伊壁鸠鲁主义者，偶然相撞的原子怎能产生这样的造型？

> 首先让我们把地球视为一个整体，地球位于宇宙的中
> 心，因各方压力，坚硬的实体形成了一个大球，鲜花、杂
> 草、树木和庄稼将地球装饰得千姿百态，变化无穷。此外， 243
> 还有幽香四溢的泉水，清澈见底的江河和仿佛穿上了深绿色衣裙的两岸风光，以及那深邃的山洞，嶙峋的岩石，巍峨的山峰，一望无垠的平原，外加蕴藏的金银矿脉和取之不尽、用之不竭的大理石。请想象一下那些野生和驯养的各类动物吧！想象一下那些自由飞翔和尽情歌唱的鸟类，以及那些放牧的牲畜和森林动物的生活！至于人类，我需要说什么呢？应当说，人类是土地的耕种者，他们绝不能忍受自己的土地遭受猛兽的践踏，也不能让荆棘蔓延导致土地荒芜；人类通

> 过自己的辛勤劳动，用房屋和城市把山川、岛屿和海岸装点一新。就像我们心中所想象的那样，此情此景均可映入我们的眼帘，只要欣赏一下那多姿多彩的大地，无人会怀疑造物主的智慧。

西塞罗的视线离开了地球，转向了环绕地球旋转的月球和其他星体，他的创作也从风情并茂的散文转向韵文——他自己的韵文。从较早的年代起直到现在，即卡图路斯等“新诗人”的时代，阿拉图斯的天文诗的译著大概像他的哲学一样不再时髦了。但毫无疑问，凡读过这篇原文的人，确能感到西塞罗的散文非常接近真正的诗歌。

怀疑论的角色再次由科塔扮演，科塔宣称，“作为一名科塔和一名牧师”，他认可祖先的宗教；他确实在为自己的全部著作、自己担任的执政官和占卜师进行辩护。但是，科塔一心证明，作为论据，斯多葛派的主张是难以令人信服的。不管是偶然的原因，还是虚伪的誊写员图谋不轨，科塔列举的许多事例没有保存下来。他的论据（或其资料来源者的论点）与巴尔布斯的论据似乎完全相左。很显然，科塔强调，还应让人发现世界上存在邪恶和不轨的现象，同时彻底驳斥了斯多葛派的企图，因为他们想凭借传统神名的词源学获得有关神的知识（如果你认为海神涅普顿［Neptune］源于 *natare*［游泳］，那你比他还要迷茫）。最后，参会者不欢而散；西塞罗认为，对伊壁鸠鲁主义者而言，科塔的论据似乎是可信的，可是在他看来，巴尔布斯的论据“似乎更接近于类似的真理”。

《论占卜》（*On Divination*）和《论命运》（*On Fate*）两部书是《论神性》的补充，主要针对科塔所忽略的问题。在这两个补充读物中，西塞罗坚决反对斯多葛派的观点。在第一部书中，尽管仅有一两
244 处不可知论的言论，但他公开宣布反对各种占卜，这也许是勇气十足

的表态。“如果我能根除迷信的话，我想我应尽力为自己和自己的同胞做点儿什么。”他强调，这不是宗教的毁灭；他再次呼吁，世界之美和天空的井然有序可以证明某种神性的存在。他坚持认为，宗教和科学有助于了解世界，二者是紧密相连的（对他，乃至对几乎所有的古代人而言，科学就是对自然界的深刻观察）。[①] 迷信是与科学截然不同的某种东西（应当允许继续存在的祖先做法也与科学不同），迷信使人的心情无法平静，每时每刻都在用赤裸裸的欲望和恐吓困扰我们。

西塞罗没有反对这些荒诞不经的信仰。他认为，不值得在这些的信仰上破费精力，但他反对斯多葛派，斯多葛派中的大多数人接受了众多的占卜形式，甚至全部加以接受——尤其应当指出的是，他的同时代人波西多尼乌斯也是这样做的。这些占卜可分为人为占卜和自然占卜两种形式，前者以伪科学的一套体系为基础，如通过观察动物的内脏、卜兆或占星术预言吉凶祸福，后者通过梦幻直接预言。这一次昆图斯·西塞罗成了其兄长的攻击对象；起先他支持斯多葛派，后来重新回到逍遥派的立场上来，他认为，自然占卜是唯一正确的，通过自然占卜，灵魂与神直接沟通。卡尔尼亚德斯认为，西塞罗的许多论点是直接对抗斯多葛派的——西塞罗说，这些论点取自卡尔尼亚德斯和折中主义的斯多葛派哲学家帕奈提乌斯（Panaetius），在占卜问题上，卡尔尼亚德斯拯救了哲学的荣誉——例如，西塞罗声称，斯多葛派哲学家关于占卜的观点与自己对命运的信仰是不相容的。如果一切都事先决定好了，那他们怎能确定占卜预知偶发之事呢？西塞罗对待命运大有绅士风度，但在《论命运》一书中又回到命运上来了。接下来，他紧紧抓住昆图斯拒绝解释人工占卜如何是可能的：的确，自然界中存在一些无法解释的关系——例如，月亮与潮汐、磁铁与铁的关

① 对比18世纪的阿瑟·扬（Arthur Young）：“不虔诚的天文学家是疯子。”

系——但一个动物的心脏怎能与发现宝藏联系起来呢？人出生时星座的位置对人一生的影响怎能超过遗传基因和当地气候条件的影响呢？
245 昆图斯曾列出若干已经应验的预言。西塞罗抱怨说，昆图斯想争辩，却又无例可举；但他坚信多数预言是虚构的，或可能是虚构的。当然，少许预言偶尔也会应验，但是极其罕见；占星家们都预言说，克拉苏、庞培和恺撒将会死在他们的床上（3月15日之后不久，西塞罗连篇累牍地写道）。他指出，从占卜中学不到任何有用的东西，例如科学或艺术问题的答案、阅读方法和符合道德的行动准则等（语言的天赋似乎不是他所遇到过的渴求物）。西塞罗强调，他的道德观和审美观经常左右他的文化信倾，如果认为神与人之间以如此荒唐而又模糊的方式进行沟通，那这样的看法与神的身份是不相称的。他根据亚细亚的经历特别指出，各式各样的占卜与观察动物内脏的形式是多么的矛盾；尤其可笑的是，有人说，我们怀着某种特殊的同情选择了一只与我们的事例有关、五脏俱全的动物，甚至还说在动物临死之时，神妥善地处理了这些内脏，例如让心脏一起消失等。然而，他主要蔑视的是占星术。在他那个时代，占星术是一个舶来品，一个非罗马人的新理论："多么不可思议的蠢行啊——因为绝非一切错误都将被描绘成纯粹的蠢行。"人们对自然占卜不仅较少持轻视的态度，而且依旧十分坚定；医生们好像能够通过圆梦论断某人的病情；除此之外，占卜不可能有其他任何意义。但是，西塞罗反对国人迷信的思想斗争是注定要失败的；试图遏制神秘信仰的浪潮犹如重建共和国一样是徒劳的。

《论命运》一书如今已经残缺不全了；这是西塞罗与希尔提乌斯之间的对话，主要考察自由意志与宿命论的问题，长期以来这些问题一直困扰着哲学家们。在献词中，虽然希尔提乌斯肯定会受到赞美，但很难想象他能够解决宿命论的问题。在这本书中，西塞罗再次利用卡尔尼亚德斯攻击斯多葛派的命运观，而且经常采用极不寻常的现代手法，例如，他认为，坚持未来事件的可信性不是断言宿命论的必然性，而是说明所获信息的内在含义。他指出，斯多葛派哲学家混淆了“cause”（“原因”）一词的不同含义，环境等外部因素可能影响我们的倾向，但不能束缚我们的意志。

就在恺撒被刺杀前后，西塞罗撰写了两篇感人肺腑的随笔《加图 246
论老年》（*Cato on old age*）（这里的加图指的是著名监察官老加图）和《莱里乌斯论友谊》（*Laelius on Friendship*），并献给了阿提库斯。阿提库斯与他交流了这两部著作的心得体会。西塞罗非常熟悉哲学家就这些问题所发表的文章，然而这两篇短文则是他自己的创作。在这两篇随笔中，他心潮澎湃，最后一次让人想起了公元前2世纪和西庇阿·埃米里亚努斯的时代。他为这个时期而感到无比骄傲。在第一篇著作中，他利用了加图著作的某些细节。他指出，老年人要像真正罗马贵族那样，可以在著书立说和农业生产中、在教育青年和为国献言方面找到职业和责任，通过欣赏权威弥补年轻时错失的快乐——这也许是一个非常值得深思的提示。如果老年人能够这样行乐，他们在精神上就会永葆青春而不衰老；但他们必须顺应自然法则。在第二篇著作中，他反对以实用为基础的友谊，坚持以见解（古代唯理智论?）和愿望（指的是善良愿望）的沟通为基础的友谊，这样才能把真正维护友谊的人团结起来。西塞罗把友爱和善意说成是生活的真正乐趣之一。哲学家可能赞同这种友谊；但西塞罗还发现这种友谊是真诚的。

公元前44年的夏天，西塞罗开始撰写现已散佚的《论荣誉》（*On Glory*）和《论职责》，这两篇著作是他写给正在雅典攻读哲学的儿子马尔库斯的。他说，他希望儿子了解学园派的学说和逍遥派大师的理论，同时通过学习拉丁哲学和希腊哲学，提高语言的表达能力。这样，马尔库斯就不必阅读父亲威逼他阅读的一系列附加著作了。

西塞罗承认，《论职责》一书吸收了斯多葛派哲学家的思想，特别是帕奈提乌斯的思想，但他没有亦步亦趋地追随他们。事实上，书中讨论的许多内容均与实际问题有关，这些内容也许可以作为《论界限》的理论伦理学的补充。罗马的状况和西塞罗自己的经历明显为这部著作提供了依据。帕奈提乌斯为西塞罗提供了框架：职责自然被视为与本性相一致的举动，这里即指一个人的特性，也指人类的共性，因为坚持独善其身的帕奈提乌斯对理想的圣贤（*Ideal Sage*）不感兴趣。但是，帕奈提乌斯的疏忽受到了批评；首先，他承诺要讨论正当手段和权宜之计的明显不同之处，但他从未兑现自己的这一诺言，其继承者对这个问题的处理也没有使西塞罗感到满意，因此，西塞罗开始“竭尽全力”填补这个空白。空白是在第三卷中填补的，这一卷既
247 没有很好地论证，多半也未加修改。该卷借助大量罗马史和修辞学派的例证（非常武断地！）强调，鉴于美德是唯一令人向往的品质（如斯多葛派哲学家所认为的那样），或者至少是最值得向往的品质（如逍遥派认为的那样），正当的手段和权宜之计永远不能发生冲突，实际上，有时无法分清哪一个是正确的。列古鲁斯（Regulus）的例子是最好的说明。列古鲁斯宁愿返回非洲遭受折磨，死在迦太基人的手中，也不肯为保住自己的性命而提出有损罗马利益的建议。一部分斯多葛派哲学家赞成宽宏大量，甚至不排除一时的冲动。西塞罗一向同意他们的意见，不过，在对待慷慨的问题上，斯多葛派中的其他人则更加尊重法律。

《论职责》一书使我们看到了西塞罗对各类政治家的最后评价，例如，克拉苏贪婪，恺撒毁灭自由；此外他还评论了罗马政治生活的各个方面，诸如举办挥霍无度的赛会，要求政治家关心各个阶级并要求国家在保护财产方面发挥调节作用。全书贯穿一条红线：为国尽职尽责是第一要务。这种思想以下面的信念为基础，即社会同情心自然把所有的人连接起来。人的天性必然归于四个基本美德，社会同情心

是其中的最高美德；因此，我们对外邦人和奴隶也要承担某些义务。在这里，我们再次看到了古典时代的观点：美德乃人之天性。后来的数世纪是悲观的世纪，在心理上较为敏感，但经常容易轻信，感情压抑和痴呆，在政治评论家、伦理学和形而上学的研究者中，古典时代的上述观点在某些方面淡化了。

248

第十四章　恺撒生前的最后几个月（公元前45—前44年）

恺撒去世前几个月的书信表明，西塞罗的注意力不仅仅局限于哲学。公元前45年5月，西塞罗看了希尔提乌斯对《加图》一书的答复，他认为希尔提乌斯提供了某些暗示，从而可以了解恺撒对这个主题的看法。因为希尔提乌斯赞扬了西塞罗的文学技巧，所以西塞罗便让阿提库斯宣传这篇文章。阿提库斯有点疑虑；于是西塞罗为自己进行了一番理由不太充分的辩解，声称这些人的辱骂将为加图赢得更大的荣誉，同时他本人也乐观其成，愿意看到希尔提乌斯的才华得到承认，但他发现自己的论文受人嘲笑了。稍后出现这样一则新闻：恺撒说，他从西塞罗的著作中学会了雄辩术，但是通过比较，布鲁图所著的《加图》使他感到自己也有不错的辩才，他对死敌的猛烈抨击传到了罗马。

同时，阿提库斯试图劝说西塞罗写一篇政治谏言献给恺撒，以示尊敬与同心之诚意。西塞罗听从了这位挚友的劝告，捧出了亚里士多德和其他人给亚历山大的上书，这些上书是公认的文学精品。“但是，我和他们的相似之处在哪里呀？他们的上书可以为自己增光添彩，因为他们的谏言在亚历山大看来是可以接受的。此情此景你能想到吗？对我来说，这样的谏言根本无法想象。”西塞罗写了一篇建议稿，阿提库斯完全赞成把它寄出去，西塞罗一度也想这样做。“文章中不存在与忠诚公民不相称的内容——这里所说的‘忠诚’是时代所承认的——所有的政治理论家都异口同声地说，我们应向那个人低头。”他坚持首先把建议稿推荐给奥皮乌斯和巴尔布斯，但他们拒绝接受。“他们很直率，尤其是要想做这样大的更动，我在修改过程中连一个细节都保不住”；事实上，建议稿通篇是阿谀奉承之词，西塞罗说，如果他提出的建议是诚恳的，就不会出问题。整个建议稿是毫无必要的，恺撒可能认为这是一种行贿，因为作者想恳求他不要刁难《加图》这部作品。恺撒打算发动帕提亚战争，西塞罗要求恺撒在出征前修改宪法，结果他的这一要求似乎惹了麻烦；据说，此时恺撒计划做 249
的实际上正是这件事。

阿提库斯索要了一份信件的修订本；但“我发誓，关于这篇呈递给恺撒的信，我不能修改，它不是让我望而却步的耻辱，虽然它特别应该……但我不打算做任何修改”。他说，让我们保持沉默吧，至少做一名半自由的人。此后，阿提库斯让步了；西塞罗一度考虑过政治对话，早在公元前146年希腊的科林斯毁灭期间，这种政治对话已经很成型了。他一个劲儿地向其朋友索取历史见闻。“不管从哪里，都请你为我搞到谁是穆米乌斯时期的十人团成员，因为波里比阿没有指出他们的名字。我记得执政官阿尔比努斯（Albinus）和斯普里乌斯·穆米乌斯（Spurius Mummius）；我想，我没记错，霍腾西乌斯谈论过图迪塔提乌斯（Tuditatius）。但在利博（Libo）的《编年史》中，穆米乌斯担任十四年执政官后，图迪塔提乌斯才当上大法官；这与我听到的根本对不上号。”人们议论纷纷，各执一词，通过查寻以往元老院的决议，这二人的历史谜团才得以解开，至少某些前因后果有了头绪。“你做事真周到！既照顾这些事情，又安排我的事情，你关心我的事情几乎胜过你自己的事情！”但这篇对话也化为泡影了。阿提库斯还劝说西塞罗为多拉贝拉写点什么，西塞罗曾是多拉贝拉的岳父，这时他们之间的关系相当友好；西塞罗认为，普通人与政要是相对的。稍后，西塞罗为加图的妹妹[1]写了一篇颂词，她是不久前离世的，其他几位友人也为她写了颂词。他似乎想出版自己的通信集，他保存的该书副本现由提洛经管。正如他所展望的那样，如此精心筛选的通信集将超出我们的预料，必然显得格外珍贵。

5月中旬，经过一番周折，西塞罗决定返回图斯库伦，那里是图里娅离世的地方。

> 我想，我应该战胜自己的感情，应该离开拉努维乌姆前往图斯库伦；除非那里永远没有我的住处，否则我必须去（我的悲伤依旧，只是不太显著罢了），我不知道现在去或十年后去有何不同。值得回忆的事情绝不会比白天和晚上折磨我的那些东西强多少。你会说，“君不行善，学有何用？”在这个问题上，我担心学识起相反的作用，因为没有学识我的意志也许会更加坚强。

250 不久，他写道：“我发现图斯库伦更加方便些，因为我可以频繁地收到你的来信，事实上有时还可以与你会面，在阿斯图拉需要更多的忍耐力。的确，这里的一些令我恼火之事给我造成了很多伤害，但不论我到哪里，这些不遂心的事总是纠缠着我。”不久，阿提库斯拜访了他，他甚感欣慰，但阿提库斯一经离去，西塞罗再次陷入苦闷之中。然而，到了月底，他用旧文体撰写了较多的文章，责备阿提库斯带着一本新读物只身扬长而去，这本读物论的是希腊文重读音节的鲜见主题。

这一时期西塞罗的信件多与个人和商业活动有关，行文非常简略；西塞罗一再抱怨琐事缠身（他把哲学作品归于这类琐事：他说，

[1] 不是依然健在的加图同父异母妹妹塞尔维里娅。

如果不写这类作品，他不知道自己该做什么)。我们可以从6月初的一封信中引用几段话作为例子。

关于输水道你做得很对。我想，虽然我从卡米路斯那里得知，法律已经改变了，但你可以发现我不欠任何圆柱税。

我们对皮索的答复怎能超过对加图的可怜状况的答复呢？如你所知（因为你和我已经讨论了这件事)，不仅为赫伦尼乌斯的共同继承人，而且也为小路库路斯：在希腊，加图以监护人的身份借了钱（因为这样做也是恰当的)。但加图的行动像一名绅士，他说，他不会干那些违背我们意愿的事。因此，如你所言，当我们见面时，我们再决定如何安排这件事。对你来说，会见其他的共同继承人[①]是非常正确的。

你向我索要寄给布鲁图的那封信，但我没有保留该信的副本。但是，那封信是没有危险的，提洛说，你应该有一份；我记得，当我把他的那封谴责我的信寄给你时，我在信中附上了我对他的答复。你将看到我是如何摆脱陪审团的琐事的。

小马尔库斯率领大量随从正在前往雅典的路上，这是一个不太令人满意的消息；更确切地说，是一个微不足道的消息——他似乎错失了写信的机会。关于小昆图斯的消息更加令人失望。“阿西尼乌斯·波利奥（Asinius Pollio）给我写信，细数了我们这个无耻侄子的劣行；他非常公开地说，最近小巴尔布斯对此直言不讳，而多拉贝拉则向我们暗示。如果再添新的烦恼，我的精神就要错乱了。”小昆图斯

① 阿提库斯和西塞罗可能是加图之子的监护人，而后者好像欠路库路斯之子和赫伦尼乌斯的钱，他的地产已经转给了皮索（公元前58年的执政官?）和其他人。

251 因得到恺撒的青睐，试图让恺撒反对自己的伯父，就某种程度而言，他连自己的父亲也不放过；他最近的这种行为有助于西塞罗兄弟俩的和睦相处（*rapprochement*）。这个鬼头鬼脑的年轻人试图摆脱名人家庭的控制。如果我们非要对他表示内心的同情，那我们也应当记住，在古代，不忠于家长是严重的犯上作乱（不过，很少听说有这等事）；我们还应当记住，多拉贝拉不久报告了某个极其不忠的行为，“如果全军不知道这个行为，我不敢亲自把它写出来，更不用说口述给提洛了”——事实上，也许这个不忠的行为被阿提库斯删掉了。

普特奥利的一位富商留下大笔遗产的消息令人津津乐道。然而，因昆图斯再次缺钱，西塞罗似乎打算把一大笔财产转给他；西塞罗说，他本人现在不在乎财产（可怜的马尔库斯非常不在乎！）。这样的想法加速了西塞罗与普布利里娅的离婚。当年夏天，阿提库斯为他们办理了离婚手续。“让我知道人们对我们离婚的事都说些什么。‘民众对此事好像很关心！’不，我想他们不关心；那出闹剧总算收场了。”

外部世界有时也卷了进来。令西塞罗感到讨厌的是，一尊恺撒的塑像居然建在罗慕洛的神庙中；令他欣慰的是，人们不赞成把恺撒的另一尊塑像与其他神像并列的设计。一个冒名顶替的骗子自称马略的孙子，他纠集一大批党羽，给西塞罗写信，请求以亲属的名义为其辩护。西塞罗委婉地拒绝了，他指出，恺撒也是亲属啊！但是，获悉卡帕多奇亚国王的兄弟即将访问罗马后，西塞罗认为，鉴于以往与该国宫廷的关系，有必要请他留下来。“我猜想，他打算从恺撒那里弄到一些管辖的地盘，因为在目前的情况下，他没有自己的一寸土地。”但是，毫无疑问，令西塞罗感到宽慰的是，这位亲王的访问已经达成了另外一些协议。此时，其他人正为恺撒的归来做准备。有一个永远无法回到罗马的人，他就是最近获得赦免的马尔库斯·马尔凯路斯；有消息称，马尔凯路斯在比雷埃夫斯被突发精神病的同伴杀死了。塞尔维乌斯·苏尔皮奇乌斯碰巧就在肇事地点附近，他致信西塞罗，生动地描述了他所见到的实况：聚会的营地陷入一片混乱、多数奴隶仓皇逃跑；他还讲述了他在学园附近安排葬礼和下令建造大理石纪念碑的经过。

布鲁图不再担任高卢总督，他的归来令西塞罗大为惊讶。原因之 252
一是他与妻子、阿皮乌斯·克劳狄乌斯的女儿离婚了，新婚将难免成为政治筹码。西塞罗对布鲁图的母亲塞尔维里娅的态度突然发生兴趣，当他选定布鲁图的表姐波尔奇娅之后，似乎很满意，波尔奇娅是加图的女儿和毕布鲁斯的遗孀。但是，即使在这种情况下，他和布鲁图的思想仍不合拍。6月底，西塞罗离开图斯库伦，原因有二：一是为了躲避布鲁图的一再拜访，因为当时布鲁图正在图斯库伦的家中，他认为拜访西塞罗是一种礼貌；二是打算签订阿尔皮努姆农场的新租约。在阿尔皮努姆，西塞罗感到无法与阿提库斯取得联系，“为了减轻自己生活的压力，我一直在寻找涓涓的溪水和幽静的山林，可我还是足不出户；这里滂沱大雨下个不停”。但他还是找到了舒心之地，在那里可以工作了。为利加里乌斯的成功辩护使他兴奋不已，阿提库斯高度评价了这篇演说，大概在一次重要人物的晚宴上，他让人高声朗读了这篇演说；奥皮乌斯和巴尔布斯“非常喜欢这篇演说”，遂把它寄给恺撒。但西塞罗很快发觉这样的欢欣鼓舞是非理性的，遂决定放弃这篇演说。然而，令西塞罗大为恼火的是，在《论界限》尚未校对和受献者布鲁图没有接到之前，巴尔布斯便从阿提库斯的誊写员那里取走了该书的部分副本，而凯列里娅（Caerellia）竟然取走了全书的副本（凯列里娅是一位上了年纪的贵妇人，与西塞罗有通信联系，据说她是一个多嘴多舌、不太体面的女人，可我们希望她继续活在世上）。

小昆图斯也在回家的路上。回到图斯库伦后，西塞罗收到一封信，“非常无礼，但是，也许他鬼迷心窍，不能自拔”，信以这样的话开头："至于我自己，无论什么不利于你的丑事都可以声张出去……"（显然是在暗示写信者不赞同这些丑事），甚至抱怨，别人没有留意他在罗马租房子的愿望——因为他不能忍受自己的母亲（他的父亲是这样解释的）。然而他给母亲写信的措辞却很恭敬。"多么难以置信的浪荡之举。"小昆图斯的诡计更加令人吃惊，为此西塞罗招致了一名恺撒食客的憎恨，此人是一名乐师，名叫提格里乌斯（Tigellius）。但太多的忧虑是不必要的，因为绝大多数恺撒的追随者都非常友好："如你所知，就这件事来说，这些人更像是我的奴隶，如果谦虚是奴颜婢膝的话，那我就是他们的奴隶。"最后，昆图斯的亲属一起商议，如果他娶妻生子，安顿下来，大家决定不去计较他的过失。但前来迎
253 接他的父亲仍然满腔怒火，于是西塞罗只好亲自出面平息怒气。然而，这个年轻人继续在罗马独来独往，自行其是。

> 小巴尔布斯来到这里。小昆图斯一个劲儿地到处游逛，特别是出席晚宴，当他不与我作对时，除希尔提乌斯坚决反对他为我辩护之外，绝对没有消息传到他父亲那里。小昆图斯的最有说服力的指责是，我们彻底背叛了恺撒，不再有人信任我们了。我确实有些害怕，如果我们的君主不知道我胆怯的话，那会令人担心的。此外，我的儿子也受到威吓，但只要他喜欢说什么，他就可以说出来。

布鲁图试图教训小昆图斯，他再次北上迎接从西班牙返回的恺撒。恺撒热情地接见了他，并答应让他担任下一年的大法官，然后再让他担任执政官，大概还批准了他的婚姻。布鲁图写道："恺撒加入了精英们的行列。"西塞罗不高兴地评论道，除非让他上吊，否则他不知道恺撒会在何处找到他们；还说，如此轻信别人，这与布鲁图的出身是不相称的（布鲁图认为，路奇乌斯·布鲁图是自己的祖先，据

说，在路奇乌斯·布鲁图的领导下，罗马人推翻了王政时代最后一名国王高傲者塔克文的统治，后来“诛杀暴君”成了一些历史阶段的重要事件）。

最后，西塞罗又根据阿提库斯的劝告，继续致信恺撒，渴望谈一谈恺撒的《斥加图》。“我把一个副本寄给了奥皮乌斯和巴尔布斯，如果他们赞同这篇著作，希望他们把这个副本转给多拉贝拉。”这本书通过了监察官的审查，西塞罗向阿提库斯保证，他能够做到所写的内容“没有阿谀奉承之词，但我想，他会以浓厚的兴趣阅读我的评论”。他说，他确实赞美过《斥加图》这本书；但恺撒死后，他称该书为卑鄙无耻之作。

恺撒的归期指时可待，西塞罗担心的是迎接恺撒该走多远的路程，甚至可能跟恺撒在一起暂住一段时间。这时与阿提库斯的通信中断了。直到10月初举行凯旋式，恺撒才算真正进入罗马，这次凯旋式给公民造成很大的伤害；尽管在名义上恺撒为凯旋进行了一番粉饰，但实际上，内战的胜利是对公民的胜利。一名保民官发动民众示威，令恺撒十分恼火。西塞罗对政治问题比以往更加心灰意冷；他写 254
道，恺撒不赞成的事件连续发生。但西塞罗对公共事务并非完全不积极，独裁者的骑兵长官雷比达（Lepidus）不止一次请他参加元老院的工作或占卜活动（我猜，雷比达想让卜师们支持神庙的献祭仪式）。瓦提尼乌斯是西塞罗的宿敌，也是新近的朋友，他从伊利里库姆写信要求为自己的胜利举行感恩祈祷，希望得到西塞罗的支持（作为回报，他会帮助西塞罗抓捕一名潜逃的奴隶，此前就是这名奴隶从西塞罗图书馆里盗走大量珍贵书籍）。为维护加拉提亚的戴奥塔鲁斯国王的声誉，西塞罗还发表了一篇简短的正式演说（这名国王是西塞罗和庞培的旧盟友，有人指控他在东方蓄意暗杀恺撒）。尽管西塞罗对恺撒有溢美之词，但他勇敢地谴责了不正常的调查细节，因为被告缺席，恺撒既是法官又是本案的特定受害人，而且是在恺撒自己的家中审理此案的；西塞罗还公开地赞扬了庞培。这后一行动绝不能说是迂腐之举。几个月后，恺撒允许为宿敌庞培重建塑像，这是那个时期绝无仅有的一项举措，为此西塞罗在元老院中起身喝彩。他把为戴奥塔鲁斯辩护的演词副本寄给了多拉贝拉，谦虚地称这篇演词为雕虫小技。

西塞罗也不得不承担庇护人的各项义务。这一年西塞罗写了大量推荐信，他把行省的熟人，特别是西西里的熟人，推荐给他们的总督，另外一些书信的内容是，干预有关官员把土地分给恺撒的老兵和殖民者。在伊庇鲁斯有一个叫布特罗敦（Buthrotum）的城镇，这座城镇靠近阿提库斯的大地产。西塞罗对这个城镇特别担忧，因为它面临丧失土地的危险。西塞罗利用与恺撒共进晚餐的机会，向恺撒递交一份求请书，结果得到恺撒的许诺。恺撒答应，如果布特罗敦人支付所拖欠的税款，就饶了他们；阿提库斯垫付了这笔钱，但令人担心的是，恺撒企图拖延，直到集合起来的殖民者离开意大利之前，才肯告诉他们必须去的另一处地方。恺撒死后，西塞罗和阿提库斯仍然非常牵挂这件事。这类的插曲表明，恺撒对西塞罗是很通情达理的；恺撒辞世后，西塞罗的确承认这位独裁者对他极其宽容。大概在生前的最后几年，恺撒对西塞罗的赞美之词达到了无以复加的地步；他写道，提振罗马人的精神要比扩大罗马帝国的边界更加伟大。

12 月，两个人来到坎帕尼亚，也许恺撒为视察老兵殖民地而来，西塞罗写了一封邀请恺撒出席晚宴的著名书信。无法确定这封信写自他的哪座别墅，这里全部予以照抄：

> 255 多么不好招待的客人啊！然而对那场晚宴我一点都不感到遗憾，因为那是一次非常愉快的宴会。但是，农神节的第二天傍晚，恺撒来到菲利普斯（Philippus）[1] 的住所，这座

---

① 恺撒外甥女的丈夫，这个外甥女与前夫生了屋大维乌斯（C. Octavius），即人所共知的屋大维（Octavian），后来的皇帝奥古斯都。

别墅挤满了士兵，几乎腾不出为恺撒本人进餐的空房间。事实上，足有 2 000 人。我真担心第二天会发生什么事情。喀西约·巴尔巴（Cassius Barba）前来帮助我，布置了岗哨；在庭院架起帐篷，别墅四周设卫兵把守。恺撒在菲利普斯处一直待到农神节第三天的一点钟，一个人都不接待——我认为，他只允许跟巴尔布斯结账。在此期间，他到海边散步，然后洗澡。即便他听到了马穆拉（Mamurra）[1] 的事情，他的脸色也没有变化。涂油后，他躺下用餐，他正在服用一个疗程的催吐药，因此他可以放开肚皮尽情地吃喝。这顿饭菜极其丰盛，服务也特别周到，不仅如此，而且

佳肴可口，酒醉宾朋，
谈话投机，其乐融融。[2]

在另外三个餐厅中款待他的随从。地位卑微的获释奴和奴隶也可以量腹取足——我对重要客人的招待很得体。简言之，我很清楚如何尽地主之谊。有的客人临别时，主人会对他说："请下次再来。"但我的客人可不是这种人。来一次就够了。我们不谈严肃问题，多谈文学问题。事实上，他对自己很满意，也很尽兴。他说，他将在普特奥利和巴亚各停留一天。

关于访问或宿营的事你现在知道了吧，如我所说，这次经历遇到了一点麻烦，但并不觉得讨厌。我将在这里待上一段时间，然后前往图斯库伦。当他经过多拉贝拉的别墅（以及那些不熟悉的地方）时，整个武装力量都紧随其左右。这

---

① 也许他在抱怨自己的一个随从？
② 引自讽刺诗人路奇里乌斯。

> 条消息来自尼奇亚斯（Nicias）[1]。

这时帕提亚战争的准备工作开始成为人们关注的焦点。小昆图斯郁闷地说，他必须继续参战。"'你为什么必须参战？'我问。'因为欠债，'他说，'可我甚至连旅途的费用都没弄到。'这时，我模仿了你的某种雄辩手法：保持沉默。"小昆图斯继续说，遗憾的是，他的舅舅阿提库斯对他仍很生气；他会按照阿提库斯和自己母亲的要求去
256 做，也就是结婚，以此搞好相互关系。"'我想，在你离开之前就应当结婚，那时你父亲也肯定会感到高兴'，'我一定按你的建议办。'他说。我们的谈话就这样结束了。"西塞罗冷淡地说。

但关心罗马未来的前途要比关心小昆图斯的前程重要得多。早在几年前，恺撒就为自己离开罗马牢牢地控制了高级行政官；同时他扩大了元老院的规模，其中包括渴望荣誉的铁杆支持者、获释奴之子、百夫长和高卢人，但保守的罗马人认为这些人不配进入元老院。12月的最后一天，一个突发事件表明，恺撒很想奖励自己的追随者，相比之下他不太关心政府的组成。那天早晨，传来一名执政官去世的噩耗；恺撒仅用一个下午的时间就迅速地补选了已故者的继任者。

> 因此，卡尼尼乌斯（Caninius）任执政官期间，无人吃早饭。然而，那段时间也没人犯罪；执政官的警惕性实在太高了，以至于在其整个任职期内都未合过眼。你可能会笑，那是因为你不在其位；如果你见到当时的情景，你会忍不住落泪。还要对你讲述其他的事情吗？像这样的事情是不计其数的。

---

① 希腊学者，西塞罗和阿提库斯的朋友；他所报告的上述消息也许表明他对多拉贝拉的敬意。

在同一场合，西塞罗还开了另外一些玩笑，诸如：卡尼尼乌斯担任的执政官一职像伊壁鸠鲁所说的原子一样，对于肉眼来说，实在是太渺小了；卡尼尼乌斯能否记得在何人担任执政官期间他是执政官啊？西塞罗还写道："你无法想象此时我生活在罗马所感到的耻辱。"

这是可以理解的；他不敢投票反对恺撒的超常荣誉，他甚至认为，这样做不值得，因为这些荣誉是元老院不断加给恺撒的，须知元老院的成员多数是恺撒的拥护者；唯独喀西约和另外几个人敢于站出来反对。一些人给恺撒增加特权，他们不怀好意，可能让他不得人心；另一些人则认为，如今全盘希腊化的老百姓都忠于王者和超凡的人物，就像忠于东方的君主那样（实际上，这个时期的人民对恺撒的忠诚似乎不是全心全意的）。恺撒本人到底想干什么并不明朗；[①] 他是否愿意让位给一个继承人而把自己的甥孙屋大维乌斯（Octavius）过继为子呢？他拒绝接受一些狂妄的称号，当一些人尊称他为国王时，他拒绝了。但是，他对保民官施加压力，因为他们逮捕了那些称 257
他为国王的有关人士；此外，正当全体元老院的成员焦急地等待他到来时，有些保民官居然没有起立，这令他感到恼火；最后，还有一些保民官公然指出他决心夺取永久权力。在新的一年里，他不仅是执政官，而且也是终身独裁官（*dictator perpetuus*）。传统的罗马独裁官的本质特点是任期短。他的肖像出现在钱币上，迄今为止，将罗马活人的肖像铸在钱币上还是第一次。现在不能有幻想；国王头衔只能是更具挑战性的目标。2 月 15 日是牧神节（Lupercalia），在这个古老的节日里，恺撒走上讲坛，他头戴花冠，身穿紫红色的托迦，在近期元老院授予他的金椅上入座。他的执政官同僚安东尼三次献给他一顶王冠，即波斯和希腊国王的白色头饰，恺撒拒绝接受这顶王冠，命人

---

① 如果我们接受帝国时代的史学家狄奥的观点，恺撒想成为东方式的国王是可能的。虽然恺撒接受神化已经很清楚了，但西塞罗没有十分明确指出恺撒打算接受"国王"的头衔，他只通过引申或隐喻的手法把"国王"的头衔归于恺撒。西塞罗的评论是同时代人唯一的史料。

把它送到卡皮托山上的朱庇特神庙。恺撒上演的这一幕旨在让人理解他是拒绝国王头衔的；如果真是这样，那就大错特错了——有些人坚信，如果民众当时鼓掌，恺撒就会接受王冠。西塞罗大概目睹了当时的情景，后来他说，安东尼的举动反而使他成了杀害恺撒的真正凶手。一些流言蜚语满天飞：有一个神谕说，只有国王才能打败帕提亚人，一项授予恺撒国王头衔的动议即将上报元老院；此外，流言还说，恺撒献祭时遇上了凶兆。看来，恺撒的妄自尊大（*megalomania*，用罗马的术语解释，就是对自己的命运坚信不疑）和他对罗马政体的坚决蔑视导致了他的一意孤行，后来的事件是他无法控制的。他知道有人恨他。有一天，西塞罗带着请愿书前往恺撒的宅邸，结果遭到冷遇，只好在门外久等；这可不是一个罗马执政官级的大人物应受的礼遇。恺撒已经注意到了西塞罗的来访，他对一位朋友说："当马尔库斯·西塞罗在门外久等而没能在他方便时进来见我时，我怎能不怀疑我不是一个讨人喜欢的人呢？如果有谁易于通融的话，那就是他了。但我一点都不怀疑他非常恨我。"恺撒死后，这些话传到西塞罗的耳朵里。

布鲁图一心效仿自己的祖先，他感到压力越来越大；我们没有理由认为西塞罗也加入了效仿祖先的行列，但普鲁塔克提到一封匿名信，一向一丝不苟、坚忍不拔的喀西约放弃了伊壁鸠鲁主义的不偏不倚，不再认为恺撒是一个可以容忍的主人，据说，他极力怂恿自己的姐夫。但是，如果布鲁图对恺撒逐渐感到绝望，那他的基本信仰就不
258 必怀疑。他曾说，在庞培时期，不奴役别人的人完全可以受人尊敬地活着，一个失去自由的人是无法生活的。对他而言，帝国毫无意义，共和国就是一切。在古代，诛杀暴君受到了人们的普遍赞扬。有一次西塞罗发表评论说，他在希腊发现，人们为过去诛杀暴君的著名人物一再举行庆典和祈祷，他们把各种荣誉和赞歌献给这些英雄。罗马人也有类似的传统。弑君者与暴君的血缘关系（或友谊关系）越近，就越显弑君者的美德光彩照人。恺撒心中有一个改造国家的蓝图，尤其

是计划完成一批公共工程，例如排干庞普廷（Pomptine）沼泽，开凿科林斯运河等，所有这一切与摧毁贵族自由相比是微不足道的，更确切地说，这些工程是专制君主好大喜功的象征；兴建这样的工程是专制君主迫使人民流血流汗、甘当奴隶的明显标志。难道亚里士多德不正是这样断言的吗？

阴谋的策划者是马尔库斯·布鲁图和喀西约，两人均为大法官；在主要的阴谋者中，还有戴奇姆斯·布鲁图（Decimus Brutus，马尔库斯·布鲁图的远房堂弟，深受恺撒的宠爱，在恺撒的遗嘱中提到了他的名字），以及特列波尼乌斯（Trebonius）和在恺撒手下任职的其他官员。内战双方的成员都参与了这场阴谋。除与恺撒本人接触外，马尔库斯·布鲁图不允许任何一个阴谋者与外界保持联系；这样一个决定可以证明，巧妙的弑君行动在实践上没有遵循法规原则。3月15日，即恺撒按计划准备离开罗马的前三天，元老院议事堂成了阴谋者杀害恺撒的地点。有一个故事说，当罗慕洛变成残暴的统治者后，元老们把他撕成了碎片。选择这样一个地点可能是为了部分呼应这个故事。阴谋者没有邀请西塞罗参加这次行动；很明显，他的年龄太大，神经容易过分紧张。但他在不断激励阴谋者的思想方面发挥了巨大的作用。3月15日，西塞罗出现在元老院议事堂的席位上。

西塞罗所目睹的场面全部来自普鲁塔克的描述，莎士比亚也基本沿用普鲁塔克的说法。恺撒差一点没有出席会议；他身体不舒服，他的妻子卡尔普尔尼娅（Calpurnia）劝他留在家里（也许她确实做了一个噩梦；流言和猜测比比皆是）。但戴奇姆斯·布鲁图劝他出席会议。在恺撒看来，执政官安东尼的忠诚犹如他的体魄和勇敢一样是不容置疑的，但安东尼被特列波尼乌斯挡在门外。一群角斗士被安置在附近地区。其余的阴谋者请求恺撒宽恕他们的一位朋友，以此为借口把他团团包围起来；恺撒拒绝了他们的要求，于是，阴谋者亮出了匕首。恺撒被刺数刀，倒在血泊中。当时恺撒真的朝马尔库斯·布鲁图 259

方向呼叫了吗？难道这是浮夸的历史学家的一个讽刺说法？难道预告事件发生的征兆与罗马街道上鬼哭狼嚎的奇怪现象一样都是不可相信的吗？西塞罗指出，元老院会议是在庞培剧院的议事堂举行的，恺撒倒在了庞培塑像的底座旁。[①] 尽管前因后果带有修辞色彩，但这可能是真的，因为后来西塞罗和安东尼都坚持说，布鲁图举起匕首并呼喊西塞罗的名字，祝贺他恢复了自由。实际上，西塞罗迅速表示赞同，这是值得称赞的。但在布鲁图向他们发表长篇讲话之前，西塞罗像大多数元老一样可耻地逃走了。如西塞罗再次证实的那样，恺撒的尸体在大厅里摆放了很长时间，无人敢接近它。“解放者”（*Liberators*，凶手这样称呼自己）试图让广场上的人们平静下来，有一个史料告诉我们，“解放者”继续呼喊西塞罗的名字。正如一些学者所认为的那样，在这种情况下，虽然向一名阴谋者祝贺的简短文字记录都没有保存下来，但西塞罗的反应也是不容置疑的。天黑之前，西塞罗上山与占领卡皮托的布鲁图等人共商国是。

稍后，恺撒的一位私人朋友对西塞罗说：“如今连具有雄才大略的恺撒都走投无路了，又有谁能找到出路呢？”

① 在《论占卜》Ⅱ，23 中，关于这一场面的简短说明实际上是我们最早的史料来源，这段说明也许是在事发后仅几周的时间内写成的。

第十五章　抨击安东尼（公元前44年）

从公元前44年3月15日到公元前43年夏共15个月左右，这段时间无疑是罗马史上文献最为丰富的时期；该时期的通信多达200多封，其中包括政治舞台上的许多重要人物的信件往来。此外，西塞罗也发表了14篇抨击演说《腓力比克》（*Philippics*），皆是他在公元前44年秋和公元前43年春向元老院和人民大会发表的演说（除著名的第二篇外，其他可能是以小册子的形式出版）。在反安东尼的斗争中，这些演说是大部分重要阶段的标志。公元前44年后期，西塞罗着手撰写一系列理论著作，在某种程度上反映了他的偏见。最后，帝国时代的历史家们亦详细地论述了这场大危机和屋大维（Octavian，未来皇帝奥古斯都）时期的文献资料；虽然他们掌握的证据在价值上各不相同，且经常带有偏袒或辩解的倾向，但许多证据是可靠的。在他们描写的事件中，所用的两部著作（现已散佚）均是由事件中的活跃分子写成的，值得注意的是，这两部著作都不同情西塞罗。一部是奥古斯都本人的自传，另一部是阿西尼乌斯·波利奥撰写的著名历史，这部历史在贺拉斯的一首颂歌中受到了称赞。我们已经提到过，波利奥曾向西塞罗提供了小昆图斯在西班牙的消息；此人是一名恺撒派，后来由于言辞过激和直言不讳成为奥古斯都手下的一个臭名昭著的人物，公元前44—前43年，他治理过远西班牙。

在卡皮托，西塞罗建议“解放者”召集元老院开会。会议的地点大概是卡皮托朱庇特神庙。尽管布鲁图和喀西约均为大法

图 7　安东尼的头像，大概最近才得到证实

官，可实际上布鲁图的地位较高，他是“城市”大法官，在执政官不在的情况下，宪法赋予的动议权转归城市大法官，假如幸存的执政官安东尼逃跑了，城市大法官行使动议权的行动就是完全合法的。立即宣布恺撒为暴君或公敌自然成了头等大事。西塞罗从未怀疑过这项建议的正确性；可是，如果不马上举行元老院会议，那安东尼就可能取消会议，因为夜幕降临后举行的所有会议均为非法。然
261 而，不是因为胆怯和犹豫，就是因为时间流逝得太多，阴谋者竟然决定与安东尼谈判。西塞罗后来说，由于阴谋者的这一行动，他拒绝做任何事情。就是否应当杀死安东尼一事他是否宣布过？当然还不能肯定——但不可否认的是，后来他是这样认为的。此外，也很难确定西塞罗的主张是否正确：有理由认为安东尼是可以接近的，然而杀死一名执政官，哪怕是杀死非正式任命的执政官，与杀死一名终身独裁官相比，完全不是一回事；这样的做法未必能够赢得舆论的赞许。

在采取任何实际行动时，“解放者”的疏忽或无能都是致命的。对许多人来说，那是一个不眠之夜，恺撒的骑兵长官雷比达率领军队进入广场，直接驻扎在卡皮托山下。大概他还宣布自己的行动是奉执政官的命令；安东尼已经接管了恺撒的文件和私人金库。16 日，安东尼以执政官的身份召集元老院于次日开会。老兵把元老院开会的神庙围了个水泄不通，主动权落入安东尼之手，但他利用元老院会议赢得了妥协。恺撒的所有法律和政令一律予以批准——因此，安东尼的个人官职也得到确认——但是，没有追究凶手。“解放者”仍停留在卡皮托山上；西塞罗发言支持会议的决定，提醒大家不要忘记公元前 403 年雅典民主政治恢复后的著名大赦。后来他对阿提库斯说，因为理想已经破灭，所以他只能这样做。

事实上，很难确定安东尼的意图究竟是什么。他是一个天生的士兵，大胆老练。据普鲁塔克所言，安东尼临危不惧，深受军队的欢迎。他与士兵同甘共苦，尊重士兵的爱好，通过慷慨激昂的小亚细亚演说术激发他们的斗志。在慷慨和生活作风上，他也很有派头。他的爱好是饮酒、追女人以及与男演员厮混，不过，这些爱好没有损害他的魁梧身体。从新近发现的肖像看，他的身体确实像西塞罗所描写的那样“强壮得如同角斗士一般”。但这些爱好经常分散他的精力，使他无法专注于自己的抱负。对于恺撒死后这一时期，一些历史家没有一味追随西塞罗和此后奥古斯都及其喉舌们的观点，他们另辟蹊径，试图恢复安东尼的温和派形象：后来“解放者”试图在行省征集武装力量，这才迫使他采取暴力行动。这些历史家指出，批准恺撒的全部安排是稳住老兵、保持意大利和行省安定的唯一办法，同时“解放者”的霸道行为会疏远许多恺撒派，甚至会酿成内战。保持克制可能 262
是安东尼的唯一手段——使“解放者”和恺撒派相安无事的一种手段，同时，安东尼着手建立广受欢迎的军事独裁。归根结底，3 月 16 日的暴力只能有利于雷比达，因为要想对付当前的暴力，必须依靠他的军队。不久，雷比达（接替恺撒出任大祭司长）前往近西班牙和高卢行省。与此同时，安东尼坚持为恺撒举行国葬，并在葬礼上宣读恺撒的遗嘱，其中有向民众发放大量赠品。安东尼声泪俱下，悲痛万分，他克制住了自己的情绪，没有马上恢复秩序，直到布鲁图和喀西约被迫逃离罗马和放弃城内的职务。安东尼就这样控制了形势——除年轻的多拉贝拉外，无人敢向安东尼挑战。多拉贝拉的执政官职是恺撒前往帕提亚之前许诺的，3 月 15 日，多拉贝拉顺理成章地填补了执政官的空缺。一些“解放者”，特别是戴奇姆斯·布鲁图和特列波尼乌斯，也离开罗马前往指定的行省；令西塞罗拍手称快的是，克里奥帕特拉不久也“逃回”了埃及。

西塞罗深感无能为力，在这个平常的季节，他离开了罗马前往乡下和海岸地区。关于他的反应，我们现在开始有了较多的了解，因为他几乎每天都给阿提库斯写信，这意味着他必须在宴会上口述或在船上亲自动笔。在有关商业问题的指示和质疑中，有抱怨自己的侄子小昆图斯的内容；无论因公还是因私，小昆图斯的行为始终不能令人满意。小昆图斯不孝敬父母，公然声称他把未来的宝押在了安东尼的身上（后来他的行为突然来了个一百八十度大转弯，但这种转变没有打动自己的伯父）。西塞罗经常寄给小阿提卡的书信也保存下来，这些书信满怀着深情厚谊。此外，还有不少有关政治问题的调查和评论。

西塞罗说，恺撒之死令乡镇居民感到高兴，但他对高卢的动乱深表担心，对这样的动乱，已故独裁者的朋友们有过悲观的预言。铺天盖地的流言证明，那里的动乱并非空穴来风，但没有具体的实例。起初，西塞罗认为，安东尼对宴会的追求超过了对公共事务的关心，但不久，他对事态进展显得极为不满，执政官安东尼的行为令他感到震惊。他一再评论说，暴政的寿命长于暴君，恺撒的一切安排仍然是有
263 效的，恺撒的党羽霸占了昔日庞培派的乡村别墅——未来两年，是否依旧保留恺撒指定的高级行政官呢？

亲爱的阿提库斯，我担心，除了给我们的仇恨和悲伤带来安慰之外，3月15日不会带来任何东西了。我得到了一些来自罗马的报告！我看到了这里发生的事情！……你知道，我很喜欢西西里人，做他们的庇护人是一种荣誉……但来到这里的安东尼为了掠走大量金钱，张贴法律布告，把西西里人变成罗马公民。这项法律是“独裁者在人民大会上提出来的”。恺撒在世时，关于这件事没有任何结果。我们的朋友戴奥塔鲁斯的情况怎样呢？难道二者不是很相似吗？他的确应当拥有一个你所喜欢的王国——但得到这个王国不是通过富尔维娅。

（富尔维娅先后是克劳丢斯和库里奥的遗孀，如今成了安东尼的妻子；她是一个女强人，戴奥塔鲁斯鬼迷心窍，居然被这个女人给缠住了。）

安东尼挖空心思地捞钱，有些钱不仅来自东方君主和其他人的贿赂，而且还来自恺撒私人的金库；他还挪用了为帕提亚战争预备的现金，这笔钱储存在欧普斯（Ops）* 神庙中。安东尼还控制了恺撒的文件，从而为他赢得了极大的庇护权；把公民权作为赠礼授予西西里人好像受到了极大的欢迎（西塞罗主张，非意大利人，特别是操希腊语的人，不应授予他们公民权，他的这种保守观念将会得到广泛的共鸣；但是，将公民权授予西西里人的措施大概已经开始实行了）。到了4月底，安东尼视察了老兵殖民地，赢得了那里的支持。西塞罗发现，这些行动使昔日安东尼的恺撒派朋友希尔提乌斯和潘萨（Pansa）感到震惊。作为下一年的当选执政官，现在他们赢得了意想不到的重要地位（他们重新开始跟西塞罗学习演说术，“因此我甚至在海边也

* 欧普斯是农神（saturn）的妻子，罗马人的富裕之神。——译者

得不到休息；我的过错是太随和了”）。不久，当布鲁图和喀西约恳求西塞罗把希尔提乌斯争取过来时，西塞罗不怎么乐观。布鲁图和喀西约用乡镇的年轻人为自己组成一支卫队，驻扎在罗马南部的自家庄园。难道与希尔提乌斯吃顿饭就能使之幡然悔悟吗？西塞罗犯了嘀咕；这个念头太荒唐了——须知，所有的人都想战争啊！在这样的一次宴会后，西塞罗写道：“他们重复的话题是，一个伟人已经被杀死了，于是，整个国家陷入了混乱；只要我们敢作敢当，我们就会废除这个伟人的法律（*acta*）；他的仁慈就是他毁灭的原因。”人们可能怀疑他们是否希望战争，但他们对“解放者”无爱可言。希尔提乌斯
264 说：“他担心来自我们的暴力，同样也担心来自安东尼方面的暴力；为保护自己，双方都有很好的理由拥有一支武装，但他对双方都很担心。”后来希尔提乌斯写信恳请西塞罗注意，他说，布鲁图和喀西约既没有采取行动，也没有离开意大利，直到安东尼的执政官任职结束前一直在平静地等待。西塞罗跟布鲁图和喀西约的接触非常密切，他认为，这两个人的心中没有任何计划，同他本人一样只是一味地期待和平。首先，西塞罗认为，“没有任何人，或者只有那种不堪一击的人”才会在内战中追随布鲁图，因为布鲁图缺乏军事经验，对恺撒的老兵没有影响力。不过，毋庸置疑的是，他和自己的朋友们密切注视着戴奇姆斯·布鲁图，此人是一名“解放者”，拥有一支强大的军队和一个行省，目前正在山南高卢巩固自己的地位，同时他也在密切注视着庞培的小儿子赛克斯图斯·庞培。据报告，赛克斯图斯·庞培再次成为西班牙军队的统帅。这样，安东尼就可以为自己找到借口，称他采取的行动是自卫。

在这一时期，安东尼对西塞罗相当客气。在从流放地召回克劳丢斯的一名心腹之前，他非常热情地给西塞罗写信，请他高抬贵手。西塞罗同样很热情地写了回信，不过毫无诚意地说，在这个世界上他没有反对的任何理由。安东尼对布鲁图和喀西约也很客气，可布鲁图和

喀西约之间的互通情报是以安民告示的方式进行的。所有的人都需要时间。首先，恺撒继承人的政策会是什么？生前，恺撒曾提出甥孙屋大维乌斯为继承人，在遗嘱中，恺撒把屋大维乌斯过继为子。18 岁的恺撒·屋大维亚努斯（Octavianus，那些承认过继的人就是这样称呼屋大维乌斯的）刚好从马其顿回到了意大利。他智商出众，身体羸弱；也许恺撒早就发现了屋大维乌斯的超常耐力、政治手腕和冷酷无情，尽管屋大维乌斯不是一名了不起的军人，但依靠这些特点他把自己逐渐变成了罗马世界的主宰。那年 4 月，西塞罗会见了他，这次会见可能不是第一次："屋大维乌斯在这里与我会面；他非常有礼貌，非常友好。他自己的手下均称他为恺撒，他的继父菲利普斯不这样称呼他，我也不这样称呼。我认为，他不会成为一名好公民，因为他身边的许多人以死刑威胁我们的朋友，甚至说那种死刑的滋味是难以忍受的。"尽管屋大维不赞成"解放者"的行动，但他好像是作为安东尼的对手出现在世人面前的，因为后者独吞了恺撒留下的全部金钱。此外，多拉贝拉的情况怎样呢？4 月末，在安东尼离开罗马期间，多
拉贝拉自告奋勇，充当了共和派的勇猛斗士，他推倒了建在广场上的 265
恺撒纪念柱，这个石柱是为纪念恺撒举行崇拜活动的主要标志。西塞罗拍手称快，认为多拉贝拉最终可能成为一名领导人，而对布鲁图来说，罗马不久将是安全的，因为贫穷阶级对多拉贝拉的行动并不怨恨。西塞罗给多拉贝拉写信，对从前的这名乘龙快婿赞美有加，甚至表示愿意成为他的一名顾问，做"阿伽门农（Agamemnon）的内斯特（Nestor）[*]"。阿提库斯比较谨慎，提醒自己的朋友说，多拉贝拉仍欠他的钱；最后欠钱之事不了了之。

西塞罗打算返回罗马参加 6 月 1 日的元老院会议，此外在那里还有一些商业事务需要替阿提库斯处理（布特罗敦的商业事务亟待解

---

* 内斯特是派罗斯（Pylos）的王，老年在阿伽门农指挥的特洛伊战争中为希腊担当顾问。——译者

决)。但他一直在考虑事成后马上离开那里的计划。“从正在进行的备战来看,我认为,3月15日取得的成果是微乎其微的。因此,我每天考虑的多是希腊的事情,因为我不知道如何帮助可爱的布鲁图,正如布鲁图来信所说,他正在考虑流亡海外。”西塞罗主要想看一看儿子在雅典的生活情况。由于他作为父亲的地位和为儿子的方便着想,西塞罗多次请求阿提库斯关照他的儿子,务必让他的儿子生活得体面些。但马尔库斯的消息不完全令人满意;他的一位家庭教师慎之又慎地写信说,“眼下”,马尔库斯的表现很不错;但另一位家庭教师却杳无音信。然而,西塞罗却收到了马尔库斯本人的几封书信,这些书信写得很长,措辞文雅。对父亲来说,马尔库斯的观点非常重要。父亲的回信经常在语言的运用上责备儿子。可惜,这些信件没有保存下来,保存下来的只有两封马尔库斯的书信,这两封信是寄给足智多谋的中介人“最最亲爱的提洛”的,不仅祝贺提洛得到了一小块地产,而且对“我这个年龄所犯的错误”表示遗憾;此外,马尔库斯对一些相关的做法同样感到遗憾:盲目服从“最和蔼、最亲切的父亲”和遵照父亲的命令辞退了希腊修辞学教师,在父亲看来,是这名修辞学教师把他引入了迷途;信中,马尔库斯一再证明他的生活作风是无可指责的,同时要求雇一名秘书为他抄写听课笔记。途经雅典的朋友们发回的报告使西塞罗放心,特列波尼乌斯就是其中的一个。特列波尼乌斯在去小亚细亚行省赴任的途中路过雅典,但这位朋友所关心的好像不是战争,而是文学。西塞罗写道:“关于儿子的问题我很容易上当受骗,同时也说明,我自己容易轻信他人。”但是,西塞罗仍想去希腊。因此,他总想避开可能发生的内战。他知道,这一次不允许他再保持中立了——他与布鲁图和“解放者”的关系太过于折中了,时代
266 的特点比五年前更加严峻;他也知道,像过去一样,军旅生活不适合他的秉性,更不必说现在这把年纪了。

实际上,至于自己应该做什么,西塞罗还是一筹莫展。他认为,

政治形势每时每刻都在变化。此时有人主张布鲁图应当返回罗马并向人民大会发表演说。阿提库斯希望西塞罗能为布鲁图写一篇演说词，西塞罗也认为，这样做会使布鲁图感到难堪（这种看法无疑是正确的）。然而，即使布鲁图希望有人给他献言献策，但西塞罗也深感无能为力。他发现，布鲁图在卡皮托发表的演说，不仅雄辩，而且大义凛然，是无须加工的，如今这篇演说拿出去发表却遭到了批评。“在这篇有着美好追求的演说中，他所喜欢的风格体现得淋漓尽致。他认为，风格是演说术的精华。不管正确与否，我已经把目光放在某种风格上了。请你告诉我，你是怎么想的。”他仍不断地给阿提库斯写信，重申自己在《论演说家》一书中的观点：“……但是，如果你的演说能像德摩斯梯尼的演说那样振聋发聩，那你必将发现，成为真正的雅典式演说家是可能的。”因此，阿提库斯建议西塞罗就这篇演说写一篇评论，因为他会承担这项任务——但出于策略，阿提库斯的另一个建议被他拒绝了。

现在，就是否返回罗马一事，西塞罗开始感到焦虑，因为罗马城内布满了士兵。除此之外，希尔提乌斯决定不出席6月1日的元老院会议，他建议西塞罗也不要出席；瓦罗转来了一封信，没有署名，向恺撒的反对派发出警告，声言恺撒的老兵将是很危险的。西塞罗发现，他不能随意旗帜鲜明地反对安东尼，因此他决定，最好离罗马远一点；此外，应当牢记的是，一位德高望重的执政官在元老院的发言将被排在第二位或第三位，这是很糟糕的，他的立场会彻底暴露给别人。他请求两位执政官授予他副将的职权，以便让他能够名正言顺地出使国外（元老可能需要这样的特许）。结果，西塞罗如愿以偿，接受了多拉贝拉授予的副将职权。

大概在6月2日那一天，为了取悦老兵和平民，安东尼通过了一项土地法；不仅如此，他还颁布了另一项法案：用前景可观的马其顿行省交换山南高卢，然而现驻马其顿的军队则继续归他调遣，这些军

队原是恺撒发动帕提亚战争的预备军团。安东尼的目的很明确，就是
267 要剥夺戴奇姆斯·布鲁图的军权。安东尼的立法是非法的，因为他不仅没有发布相应的公告，还使用了暴力；此外，雷电交加的天气预示：人民大会的召开是不吉利的。西塞罗早就说过，这将意味着战争；但战争似乎不会一触即发——首先，安东尼必须把军团带回意大利，直到执政官任职期满，他才可以考虑接管高卢。马尔库斯·布鲁图和喀西约的行动仍很谨慎；他们按照安东尼的建议解散了由乡镇年轻人组成的卫队。此后不久，在安东尼的影响下，元老院委派他二人分别到小亚细亚和西西里购买粮食。西塞罗认为，从这样的地区被迫接受任何委派，特别是接受这种无足轻重的职务，是很丢人的；但征粮的职务比在乡村庄园中游手好闲好得多。西塞罗仍不想提任何建议，“布鲁图听从母亲的建议和恳求，我为什么要插手呢？但我还是要考虑应该给他写什么内容的信”。布鲁图的母亲塞尔维里娅仍是政界中很有影响的人物。西塞罗很谨慎，不敢轻易冒犯这位德高望重的贵妇人。几天后，他屈尊拜访了布鲁图，这次拜访充分表明西塞罗的谨慎。关于此次出访，在他的一封著名的书信中有如下的描述：

> 我于中午前到达安提乌姆。布鲁图见到我很高兴。当着许多人的面，他问我有何看法。在这些人中有塞尔维里娅，亲爱的特尔提娅（布鲁图的妹妹，喀西约的妻子），波尔奇娅（布鲁图的新婚妻子）。法沃尼乌斯也在场（他是加图的旧盟友和效仿者，有时以模仿加图而闻名）。如在路上事先想好的那样，我告诉他应该接受小亚细亚购粮的委派，因为除了看到他安全之外，我们现在还能做什么呢？接受这一委派也是为了维护国家的安全呀！当我打开话匣子之后，喀西约进来了。我重述了自己的想法。喀西约的态度看上去很坚决——你会说他气冲牛斗——他说，他不打算去西西里。

“难道我会视侮辱为恩赐吗?”“那你打算做什么呢?”我问。喀西约回答,他要去希腊,“你呢,布鲁图?”我问。“如果你同意,我去罗马。”布鲁图回答。“我当然不同意了,你去那里很不安全。”“如果安全,你会建议我去吗?”“会的,无论现在,还是大法官任职期满后,你都不应该去行省;但是,如果你把自己交给罗马城,那我可不负责任。”我列举了他不会安全的理由,毫无疑问,你也会这么想。此后他们俩一个劲儿地抱怨说,机会已经失去了,特别是喀西约,他的怨气更大,他们还严厉地谴责了戴奇姆斯。我嘴上说他们不应反复检讨过去,可我却同意了。我开始大谈应当做什么(我的话没有新意,都是老生常谈),却没有涉及是否应当接触各种人的问题,只是说应召集元老院开会,尽管人民的情绪很高,但应当更加积极地鼓动他们,同时还应当接管整个国家。这时你的朋友塞尔维里娅突然大声喊叫起来:“像你 268
说的这种话我可从来没有听说过!”我不再言语了。但是在我看来,喀西约要到国外去——因为塞尔维里娅答应,她将负责从元老院决议中删掉购粮委派的提名——而我们的朋友布鲁图也放弃了去罗马的愚蠢想法。因此,他决定以他的名义举办他本人不参加的赛会。在我看来,他打算从安提乌姆出发前往小亚细亚。简言之,在我的这次旅行中,除了尽到自己的一点义务之外,再也没有什么令我感到愉快的了。他不让我见一面,就将离开意大利,他的这种举动可是不怎么恰当。

人们发现,西塞罗要求朋友不要谈论过去,可他完全没有意识到,他所谈论的恰恰都是过去,同时塞尔维里娅的愤怒并没有使人感到奇怪。人们还发现,如果一位伟大的贵妇人能在事后改变元老院决议，那么不管有没有安东尼，共和国这架机器都在照常运转。

此时，人们开始担心赛克斯图斯·庞培可能从西班牙起兵攻打意大利，西塞罗则毅然决定前往希腊——也就是说，倘若先处理完自己的商业事务，又能赢得自己人的积极支持，那他时刻都不会改变自己的决定——从而开始担心自己的行程了。假如马其顿军团在布林迪西登陆，那他最好避开这个地方。但是，如果从意大利西部前往希腊走较长的海路，那遇到海盗怎么办？与布鲁图一起航行可能是一种保护措施。他希望出席奥林匹克赛会和埃柳西斯的神秘仪式，可是这两个节庆何日举行呢？阿提库斯能在秋天莅临吗？如果1月1日出现政治新动向，西塞罗本人要不要返回意大利呢？像西塞罗一样，阿提库斯似乎也拿不定主意，甚至更加担心西塞罗。西塞罗给提洛写信说："我亲爱的阿提库斯知道我以前容易遭受突然的惊吓。他认为，这一次也不例外，他没有发现我的心胸是豁达的，实际上，他自己胆小怕事，陷入恐惧之中了。"西塞罗补充说，他没有与安东尼争吵的意图。不久他和阿提库斯有一次短暂的会面，后来西塞罗写道："当你我分别之时，你落泪了，我感到很难过……但我高兴的是，一想到我们不久还要相会时，你的心情总算好了许多。事实上，这样想也给了我很大的支持。我的这封书信肯定不会使你失望。"很显然，西塞罗与意大利难舍难分的原因有两个：一是阿提库斯的友情，二是"那些意大利的宝物，即自家乡村的小别墅"在他心中的地位。

269 不过，离开故土的滋味仍很不好受；为了使离境久拖不决，他尽可能推迟启程的时间。他的行程逐渐向南。途中，他留意形势变化，不断对时局发表评论，别人对其计划的反应是他关注的焦点。赛克斯图斯·庞培在西班牙好像正在溃败；布特罗敦的商业活动最近有何发展？令人惊奇的是，公告称，以布鲁图的名义举办的赛会定在朱里乌斯（Julius）月，即7月（July）——这是为纪念恺撒给昆提里斯（Quintilis）月起的新名字；这使布鲁图非常恼火。为了与布鲁图和解，小昆图斯与伯父同行远至坎帕尼亚。西塞罗对他的悔过没有任何信心，有人说，西塞罗的未来要靠这个年轻人，这显然是对小昆图斯的恭维，可是，西塞罗给阿提库斯写信，希望自己的这位朋友不要理会这类溢美之词。在一份宣言中，小昆图斯从安东尼的身上抓到了证据（也许他打算调查安东尼在财政方面的违法行为）。但是，小昆图斯提供的证据还不足以说明他的政治心肠改变了。接下来，他试图与屋大维结盟，但一年后，他和家中的其他成员一起被流放了。后来的史料表明，他在拷打面前拒绝说出自己父亲的行踪，因而为其反复无常的一生洗刷了一些污点；这种说法得到了普遍认可。

西塞罗写道，至于布鲁图，“如我所想的那样，他不急于让我陪同他前往希腊”。于是，西塞罗决定，新年之前留在国内。每当旅行时，西塞罗都不停地写作和构思；当他沿意大利西南岸航行时，有人发现他把《论荣誉》一书寄给了阿提库斯（目的是让后者在宴会上高声朗读），同时还附上其他书中用过的前言；在甲板上，他赶写了一篇新的前言，然后把它寄了出去：“请把原来的前言拿掉，换上这一篇。”

直到最后一刻，西塞罗才决定往回走。实际上，他已到达叙拉古，但逆风又把他乘坐的船吹回了意大利。后来他听说，8月1日召开了元老院会议，布鲁图和喀西约请求执政官级的高级行政官和卸任大法官出席，声称有望与安东尼达成协议；他们还说，与会者谴责西塞罗缺席会议。阿提库斯也改变了主意，写信称加图的亡灵不会赞成他离境出走——这句话好像触动了西塞罗。更有甚者，恺撒的岳父路奇乌斯·皮索在元老院的会议上攻击安东尼，这表明出现了分化某些恺撒派的企图，此前，时而过分悲观、时而过分乐观的西塞罗从不相信会有这种可能；他自己似乎一直在回避斗争，可是当他发现自己的宿敌正在大动干戈时，他感到非常苦闷。在回国途中，西塞罗再次遇 270
到布鲁图。布鲁图对这一新的决定非常满意；但他对自己的可敬长辈隐瞒了一个看法：在这个紧要关头观看奥林匹克赛会是错误的。西塞罗公开赞扬路奇乌斯·皮索。但西塞罗向阿提库斯强调说，像布鲁图所希望的那样，他回国不参加政治。“能怎么办呢？还有谁支持皮索吗？第二天他重返元老院了吗？”

在参政的问题上，在自己的行动上，西塞罗没有很好兑现自己的诺言；也许，他对此心知肚明。他不断地给阿提库斯写信，主要目的是让这位朋友恢复信心。好像命运之神进行过干预似的，逃走是毫无希望的，他必须悬崖勒马，因此，在整个夏天即将爆发的危机中，他必须发挥自己的作用。难道他果真没有意识到这一点？

为了了解西塞罗面对的形势，我们必须回顾一下那年秋天政坛上的各种势力。安东尼在回到意大利之时，拥有执政官权，率领四个军团。尽管一些小行省由阴谋集团的成员或同情者控制，但是，“解放者”为了得到直接的支持，只能指望驻扎在山南高卢的戴奇姆斯·布鲁图率领的两个军团；与此同时，庞培的残余势力，特别是赛克斯图斯·庞培及其军队可以指望与他们联手；如果布鲁图和喀西约决定采取大胆步骤，他们俩可能取得明显的战绩，因为对于喀西约来说，争取叙利亚的军队可以不费吹灰之力，在那里他的指挥有过成功记录，而布鲁图在东方有一定的政治影响和关系网。此外，还有年仅 18 岁的屋大维，他是恺撒的名字及其财产的合法继承人（也是恺撒亲密顾问的后继者，在恺撒的这些顾问中，有形影不离的奥皮乌斯和巴尔布斯），他迅速赢得了平民和老兵的支持。雷比达和多拉贝拉是少数幸存的两个名门望族的后裔，如西塞罗所认为的那样，尽管 15 日事件后雷比达曾与安东尼合作，多拉贝拉受贿后也与安东尼合作，但雷比达赢得了西班牙和高卢部分地区的支持，多拉贝拉正在前往叙利亚的路上。他们俩都是不受他人左右的政治家。最后，当选执政官希尔提乌斯和潘萨，以及路奇乌斯·皮索等许多其他人士都是非常值得尊敬的前恺撒派，他们不同情“解放者”，但他们已经开始不信任安东尼了，他们与屋大维的关系也不是特别密切。在此类人士中，他们算不上英雄（整个秋天希尔提乌斯都患有严重疾病）。结果，大多数元老都同情“解放者”，元老院的成员自然也包括一些安东尼的人。

在这种情况下，必然会出现结盟的现象。西塞罗的重要性不仅在 271
于他的资历和威望，而且因为他与许多政治集团保持非常密切的关系。近来，这些集团的所有成员都显得特别谨慎，对他无不毕恭毕敬。一开始西塞罗就很清楚：在罗马，要想对抗安东尼，只能依靠持不同政见的恺撒派，其中包括即将上任的执政官。正是由于这种原因，西塞罗在罗马重新受到热烈的欢迎，但他以身体疲惫为借口，拒绝出席9月1日的元老院会议。安东尼提议把一些荣誉授予已故的恺撒。很显然，西塞罗是不会支持这些建议的，但是，如果反对这些建议，那就会疏远恺撒派。安东尼对西塞罗的缺席深表愤怒；盛怒之下，他甚至认为西塞罗的行动可能是一种计谋。然而，第二天，在安东尼缺席的情况下，西塞罗发表了一篇抨击演说，这就是后来众所周知的第一篇《腓力比克》（源于德摩斯梯尼鼓动雅典人反对马其顿国王腓力的演说）。这是一篇非常精彩的演说，风格独特，语气温和，继承了8月1日皮索演说的批判精神。他指出，安东尼的行为不仅是违法的，而且不受人民欢迎，这些行为与恺撒的意图背道而驰。这篇演说针对谁是非常清楚的，但只有一名执政官级的元老敢于支持西塞罗。安东尼的猛烈反击表明，他对这篇演说是很重视的。

西塞罗稍后写道，出席元老院会议不可能有安全感，此时的国内已没有法律和自由可言。这封信和其他几封信都表明，不仅整个夏天，就是其余时间，他也都做好了采取某些行动的准备；不管这些书信流露出多么沮丧的情绪，但都想使共和国行省总督挺直腰杆。他们中的某些人必须对付那些试图取而代之的安东尼的使者。不久，从东方传来了消息：庞培派的运动或拥护“解放者”的运动在那里风起云涌，西塞罗燃起了新的希望。按照西塞罗的说法，9月19日，安东尼同他的酒友进行了长时间的谋划，随后便在元老院的会议上对西塞罗进行了猛烈的攻击。他这样做并没有违背罗马的传统，但此举必然向世人昭示：从此以后，他们成了公开的敌人（*inimici*）。西塞罗又没有出席会议。安东尼的谴责可从第二篇《腓力比克》的杰出演说中推测出来，这篇演说未能立即传播或出版。安东尼对西塞罗最近二十
272 年造成的全部政治灾难进行了谴责。他指责西塞罗唆使克劳丢斯行凶、促使庞培和恺撒反目成仇，尤其不能容忍的是杀害了恺撒；安东尼声称，西塞罗挑拨离间，把庞培派、恺撒派和所有的人都给激怒了。很明显，安东尼试图孤立西塞罗，特别是煽动恺撒派憎恶西塞罗。在元老院，当谈到“解放者”和布鲁图时，安东尼仍表示尊重；但是不久，在向人民大会发表的演说中，他把自己描绘成“解放者”和布鲁图的死敌。

西塞罗此时惊慌失措，他给仍在意大利南部的喀西约写信，揭露安东尼正在寻找大屠杀的机会。为了煽动老兵，安东尼声称，追查杀害恺撒的凶手是其义不容辞的职责。西塞罗继续写道，他本人、路奇乌斯·皮索和那些大义凛然的执政官们现在所能做的就是，要让天下人知道安东尼绝不会让他们拥有言论自由。其他有威望的执政官级元老不是生病，就是逃之夭夭；因此，全部希望都寄托在布鲁图和喀西约的身上了。应当注意的是，此时的西塞罗似乎还幻想布鲁图和喀西约能在一些行省中采取积极的措施。稍后，西塞罗写道，安东尼变得越来越嚣张，执意要为恺撒之死报仇。喀西约的一名副将公然倒戈，意欲支持一名公敌，但由于喀西约的措施得力，他的叛逃被阻止了；然而，这一事件令西塞罗心烦意乱，坐卧不宁。

与此同时，西塞罗必须让第二篇《腓力比克》发挥应有的作用，这篇抨击演说驳斥了安东尼的指控，尽管不太可信，但它描绘了指挥炮制者的暴虐和放荡的难忘形象。这是一篇义正词严、振聋发聩的演说；在一篇译文中，我们可以发现这篇演说的一段引文，尽管译文的

描述不够生动，但那段引文还是很有价值的。

> 马可·安东尼，请你永远不要忘记国家；想一下你的祖先，他们不是你的同伙；你可以随心所欲地对付我，但你要与国家休战。不过那可都是你的事；我要为自己说几句。当我年轻的时候，我就为共和国战斗了，虽然我老之将至，但我不会抛弃它。我蔑视喀提林的匕首；在你的匕首面前我也不会颤抖。如果通过我的死，民族的自由能够恢复，罗马人民在劳动中长期忍受的苦日子能够拨云见日，我宁愿让自己的身体任你们宰割。大约二十年前，我在这座神庙里说过，对于一名荣任过执政官的人来说，不能说死亡提前了；既然我已经老了，在我看来，死亡是理所当然的。元老们啊，对我来说，死亡甚至是求之不得的，毕竟我已经功成名就。我只有两个愿望，一是在临死之时，我能自由地离开罗马人民——不朽的神明能够赐我更大的恩惠；二是只要为共和国建功立业，每个公民都可以大展宏图。

西塞罗仍未受到伤害，但还是不知道该做什么，10月末，他回到普特奥利的海滨别墅，通过撰写《论职责》一书聊以自慰。这部作 273
品坚持把个人的友谊与仇恨置于为国尽责之下，这对紧张的时局也许具有重要意义，因为反对恺撒派与“解放者”的任何联盟的主要异议是，罗马人强调个人的忠诚。难道对解放者进行报复不是恺撒派的职责？最主要的是，这难道不是屋大维的职责？

实际上，几周前西塞罗曾读过一篇论个人关系至高无上的动人报告。马提乌斯（C. Matius）是恺撒的朋友，西塞罗一直对他很尊敬；可是，整个春夏两季，马提乌斯对恺撒之死深感悲痛，并公然预言，国家将陷入灾难。西塞罗对此深表愤怒，只是最近他才勉强以通信的方式与马提乌斯和解。在一封著名的书信中，马提乌斯是这样答复西塞罗的：

> 我知道，自从恺撒遇刺以来，人们对我的指责始终不绝于耳。我哀悼亡友、对所爱之人遭受的悲惨命运感到愤慨，他们对我进行无端指责；因为他们说，国家的存在应当胜过友谊——好像他们已经认定恺撒的死有利于国家。但我简直没有什么好说的；我承认，我达不到那样的哲学水平。我没有在内战中追随恺撒，我只不过是他的一个朋友；我不喜欢他的行为，但我不会抛弃他。

他指出，与其他人不同，他没有从恺撒的胜利中捞到好处，既没有升官，也没有发财；他竭尽全力拯救生命——就像恺撒利用自己的权力所做的那样。“他们肆意炫耀自己的行为，却不让别人自由地叹息，这样的傲慢真是闻所未闻！他们总是随心所欲地让奴隶恐惧、欢喜和忍受痛苦，而不听其他人的劝告。那些自称‘自由的缔造者’的人试图通过恐怖手段剥夺我们的这种自由。”

这些朴实无华的语言可与西塞罗的雄辩演说相媲美；当西塞罗对一个人的死幸灾乐祸之时，这些话使我们对西塞罗的行为感到很不舒服，因为西塞罗长期以来都很了解这个人，不仅如此，他还高度赞扬过这个人，并从这个人那里获得过好处；值得注意的是，一些令人钦佩的人士可能与西塞罗的感受截然不同。马提乌斯继续说，他自己的政治观点始终是正确的，并声称，最近为纪念恺撒，他支持屋大维举办赛会；此外，虽然他接近和支持安东尼，但没有政治野心，西塞罗可能举出他没有责任感的事例，因为他的这些行动在政治上产生了影响。

274 那年秋天，塞尔维里娅奔走相告，四下传播激动人心的消息：在

图 8　屋大维年轻时的肖像，也许过于理想化

东方，布鲁图和喀西约受到人们的热烈欢迎。这个时期，在老兵的强烈要求下，安东尼和屋大维实现了具有重要意义的短期和解；随后，由于安东尼谴责屋大维企图谋害他，二者之间的短期和解也就结束了；此时西塞罗对政治谋杀已经不感兴趣，甚至感到遗憾，他说，所有的精英都深感遗憾。他愁眉苦脸地说，此前的政治谋杀没有成功。西塞罗认为，屋大维是一名有前途的年轻人；但是，在政治上，目前没有任何希望可言，为了接管马其顿军团，安东尼已经启程前往布林迪西，西塞罗担心安东尼企图用金钱收买这些军团，然后把他们带到罗马，让他们"充当我们脖子上的轭"（也许，他更想利用他们对付戴奇姆斯·布鲁图）。为了打消阿提库斯的疑虑，西塞罗说，他会谨慎从事，不会挑头；他要继续完成自己的文学计划。他正在考虑离开多事的普特奥利前往庞贝，"不是因为那里的一切比这个地方更优美，而是因为那里很少有令人烦心的干扰"。但是，就在他动身的前的11 月 1 日，屋大维寄来一封令人吃惊的书信。这个年轻人利用巨额的

赏赐，争取了许多驻扎在坎帕尼亚的老兵，似乎已经做好了攻打安东尼的准备。屋大维请求西塞罗给予支持，并建议举行一次秘密会谈。“他以为会谈能够秘密举行，这有点过于天真了。我在一封信中对他说，会谈是不必要的，也是不可能的。”屋大维的使者告诉西塞罗，安东尼正率领一个军团向罗马挺进，并向沿途的城镇勒索金钱。

> 使者问，屋大维是否应当率 3000 名老兵前往罗马？是否应当占领卡普亚阻击安东尼还是到其他马其顿军团那里去？目前这些军团正在向亚得里亚海岸挺进。屋大维希望这些军团将是他的；因为按照他的说法，他们拒绝安东尼的施舍，甚至还侮辱了安东尼。当安东尼试图向他们演说时，他们只给他留了一个站脚的地方。简言之，屋大维把自己打扮成一个领导人，认为我会支持他……实际上我建议他去罗马；我想他会使城市的暴民站在自己一边，如果他能使精英们相信他，那他们也会支持他。布鲁图啊，你在哪里啊？你错过了怎样的机会呀！我没有预见到这一点，但是我想会发生某种事情。

还是那个老问题，“我应当回罗马呢，还是留在这里？还是逃往阿尔皮努姆？那个地方可是一个安全的避难所呀！如果一切顺利的话，我想回罗马，免得那里的亲友牵挂我。请指点迷津吧，我从来没有这样犹豫不决”。

275 屋大维一再写信恳求西塞罗回罗马，还说他想通过元老院采取行动。西塞罗回信说，新年之前元老院不敢做任何事情。

> 我不相信他的年龄，我不知道他在忙什么；如果没有你的朋友潘萨，我不想采取行动。我担心安东尼处于有利地

> 位，我也不想离开这个海岸，我生怕自己一离开罗马就会发生某种大事。瓦罗不赞成那个毛孩子的计划，但是我不这样想。屋大维有很强的影响力，他可以让戴奇姆斯·布鲁图站在自己一边……我发现，战争已经迫在眉睫了。盼复。

不管西塞罗的心情有多么焦虑，但他仍能够跟阿提库斯探讨文学著作；过了一段时间，他似乎“拿定了主意”，决心前往罗马。“我宁愿待在那里无所作为，也不愿在需要我的时候不见我的踪影。我担心自己与罗马城断绝联系。我宁愿和你在一起而不愿意离开你。我为我们俩感到焦虑。”然而，启程后，西塞罗深感恐惧，生怕安东尼在阿皮亚大道上抓住他，遂改变行程，逃往阿尔皮努姆——哎呀！他忘记给第二篇《腓力比克》加上长长的结语了。毫无疑问，这段精彩的结语是他的肺腑之言，他甚至把哲学也忘到脑后去了，此前他经常兴致勃勃地给提洛讲解哲学，如今此人仍在他的身边。在阿尔皮努姆他停留了一段时间，但仍急切地向每个信使寻求建议。屋大维向罗马人民发表了一篇彻头彻尾的恺撒派演说，这个消息使他感到震惊。他不清楚谁的势力更胜一筹，是屋大维呢，还是安东尼？他写道：

> 奥皮乌斯劝我拥抱这个年轻人，接受他的整个事业并欢迎他的全体老兵。他对奥皮乌斯说，除非我相信屋大维能够表明自己不是诛杀暴君者的敌人而是他们的朋友，否则我不可能那样做。奥皮乌斯回答说，他会让我相信的。我说：“那急什么呀？”1月1日前，屋大维不需要我的帮助，我要亲眼看到12月15日之前在对待卡斯卡（Casca）的问题上屋大维持什么态度（卡斯卡是诛杀暴君者，除非受到阻挠，否则到了那一天他会当上保民官）。

与此同时，《论友谊》（*De Amicitia*）一书分散了西塞罗对政治的注意力，他把这本书作为献给阿提库斯的礼物。不久前，阿提库斯写信说，那本论老年的小册子是对他的一种安慰。西塞罗还写道，阿提库斯以前经常劝他从事历史研究，在阿提库斯的帮助下，他现在急于承担这项任务。但是，除了书信和演说词外，《论友谊》这部书是其传世的最后著作。这部作品是献给阿提库斯的，虽然该书的哲理不是非常深奥，但相当动人。该书再次以西庇阿的时代为背景，借助莱里乌
276 斯（西庇阿的忠实朋友）之口，反复证明小西庇阿的灵感，从而也可以看出西塞罗本人的灵感。

12 月 9 日，西塞罗终于返回罗马。在写给阿提库斯的最后那封信中，西塞罗说，他回罗马的主要原因是自己的财政状况过于拮据（公元前 48 年，战争的前景使银根紧缩，他发现，无论还债还是讨债都非常困难）。至于共和国，“连希波克拉底（Hippocrates）都禁止在病人膏肓的情况下进行医治”。此时，军队不愿意同恺撒派的其他老兵作战，于是屋大维被迫撤退到伊特鲁里亚，并在那里扩充自己的军队。令他高兴的是，两个马其顿军团宣布支持他（他还得到了这支军队的大象）。当探明罗马市民的政治倾向之后，安东尼便挥师北进，因为他所剩下的军队也不愿意同屋大维作战，所以北进的行动不是对付屋大维，而是为了在这一年即将结束和新的高级行政官上任之前，从戴奇姆斯·布鲁图的手中接管山南高卢（要想把这个行省授予安东尼，必须依据法律，新上任的高级行政官可以通过否认此举的合法性予以干涉）。元老院吓得惊慌失措，虽然西塞罗没有得到元老院的命令，但他一再致函戴奇姆斯，并以威胁的口吻劝说他抵抗安东尼，同时让他欢迎屋大维及其军队给予的支持。西塞罗指出，戴奇姆斯犯过两次不可饶恕的罪行：一是参与了 3 月 15 日的谋杀事件；二是组建了新的军队。这些信件的后果是什么我们无法知道。但是，12 月 20 日，鉴于两位执政官离开了罗马，于是保民官们挺身而出，召集元

老院开会。西塞罗是这样说的：获悉他要出席元老院会议，那些举棋不定的元老们坐满了议事大厅。戴奇姆斯·布鲁图的一份布告传到了罗马，这份布告宣称，戴奇姆斯·布鲁图将会坚守自己的行省，并让自己和自己的手下听命于元老院和罗马人民。因此无须等到1月份。第三篇《腓力比克》坚持让元老院相信（不像西塞罗所断言的那样，这个元老院的人数也许不是很多并且缺乏代表性）：安东尼的行动是内战之举，同时必须承认屋大维和他的军队；此外，他还让元老院告诉戴奇姆斯·布鲁图和其他总督，在没有得到进一步通知之前，一定要坚守自己的行省（顺便提一句，这篇抨击演说还证实了：驻守在近西班牙和南部高卢的雷比达已不再一心一意地忠于元老院）。第四篇《腓力比克》是西塞罗向人民大会作的报告。虽然西塞罗认为，元老院所做的一切没有什么两样；但元老院不会像西塞罗所要求的那样走得太远，它不会宣布安东尼为公敌。西塞罗对自己的成就沾沾自喜，他说："我为宪法奠定了基础。"经过数月的犹豫之后，他终于为自己的果断行动而兴奋不已。

一位近代历史学家称西塞罗的这种行动是对政府合法领导人的背 277
叛。但是，这个结论有点过于简单。西塞罗认为，执政官应当与元老院合作；把高卢赠给安东尼的法律是不正常的（须知，在这些日子里，大多数法律均不正常）。他还认为，与其说安东尼是一个执政官，莫如说是一个暴君；他甚至认为，权比法重要，更确切地说，权就是法——很明显，这是《腓力比克》抨击演说不断重复的圆滑理论。众所周知，此乃西塞罗长期坚持的信念；但我们只能承认，"作为宪法的基础"，这种理论是靠不住的。

278 # 第十六章　胜利与灾难（公元前 43 年）

接下来的六个月是西塞罗一生的“英雄时代”，希腊人称之为“*aristeia*”。在此期间，西塞罗与外界始终保持通信联系，许多半官方的非私人信件显示，他在这段时期所表现出的英雄气概似乎更加光彩照人；另外，较晚发表的《腓力比克》是一些言简意赅的演说词，如此气势恢宏的雄辩演说定会使你想到德摩斯梯尼的说服力和感染力。

公元前 43 年 1 月 1 日，由于希尔提乌斯和潘萨最后成为执政官，元老院在武装卫队严密保护下的卡皮托朱庇特神庙举行会议。在西塞罗看来，潘萨首先邀请他的岳父弗菲乌斯·卡勒努斯（Fufius Calenus）是一个不吉利的开端，因为卡勒努斯曾在恺撒手下任指挥官和执政官；西塞罗非常讨厌他，只是最近才勉强与他重归于好。卡勒努斯是安东尼的朋友，竭力主张举行和谈。在一次演说中，西塞罗答复说，他正在修改第五篇《腓力比克》，他对卡勒努斯的观点不屑一顾，因为这种观点不仅与 12 月 20 日的决议相悖，还会给罗马和意大利的士气以及各项备战带来灾难性的后果。他再次认为，安东尼的行为，特别是他的六月立法，是违反常规的，同时坚决谴责安东尼的追随者贪图金钱和土地的卑劣行径；他坚持认为，将山北高卢授予安东尼的建议是愚蠢的；他主张，应当立即通过“最后裁决”，大赦逃离安东尼军营的所有官兵。同时，奖励忠诚的指挥官和士兵的问题也应提到日程上来。西塞罗赞扬了戴奇姆斯·布鲁图，但目前好像不再敢称赞杀害恺撒的凶手；鉴于雷比达与赛克斯图斯·庞培议和有功，所以应当为其竖立一座塑像以示嘉奖；此外，“那位天赐的年轻人”屋大维担任大法官级的指挥官应当予以承认，并在元老院中授予他一个席位，同时允许他早日担任行政官职。对元老院而言，虽然轻易吸收一名成员是罕见之举，但上述的一些惠赠并非没有先例，实际上，西塞罗的提议比较温和，因此得到其他与会者的接受。

在演说结束时，西塞罗轻率地提供了个人担保，他说，屋大维为 279
保卫祖国已经牺牲了个人的一切。“元老们啊，正像我们所希望和恳求的那样，我发誓，我担保，我保证，小恺撒（C. Caesar）一定会像今天一样，永远保持一个公民的本色。”

授予各项荣誉的建议顺利地通过了，但关于宣战和遣使的激烈辩论历时三天，潘萨和皮索支持卡勒努斯；富尔维娅和安东尼家族的其他人似乎一致恳请批准卡勒努斯的建议；第四天，大概根据塞尔维乌斯·苏尔皮奇乌斯的动议，元老院同意派使者前往安东尼的军营，不过带去的要求颇似最后通牒。三名使者是从德高望重的前执政官中选出来的，他们分别是皮索、菲利普斯（L. Philippus，屋大维的继父）和苏尔皮奇乌斯本人。虽然担任使者有违苏尔皮奇乌斯的本意，加之他的身体状况不佳，但他还是把西塞罗和自己的儿子拉到一旁说，既然使者的名单都已经提出来了，那他就不能再拒绝了。总的来说，对玩火者和元老院而言，安东尼的土地法被宣告无效可能是一个回报（*quid pro quo*）。当元老全体起立之后，一名保民官立即请求西塞罗向民众发表演说；第六篇《腓力比克》坚信这个使团注定失败。像往常一样，西塞罗竭力向民众讨好，他回忆了自己的卑微出身和对人民的忠心，他把自己的地位归于人民，说他自始至终都在为人民的福祉进行战斗；他还说，他见过许多集会，然而，目前他所面对的则是最大的公共集会——在他为自由进行的最后斗争中，好像整个意大利都团结起来了。“别的族群可以忍受奴役，但自由是罗马人民与生俱来的权利。”如果我们可以相信他本人的这番表白的话，那么这个时期的民众是热情支持他的。

元老院优柔寡断、拖拖拉拉，执政官潘萨的能力经常让人大失所望。此时此刻，西塞罗在很大程度上成了罗马的真正主宰。希尔提乌斯和潘萨采取了与西塞罗合作的方针；但他们办事可能有些拖泥带水（在晚近写给提洛的信中，昆图斯·西塞罗公然以过激的言辞辱骂他们俩是窝囊废），然而两人对西塞罗却崇拜得五体投地；西塞罗还称呼屋大维为“我的恺撒”，虽然这样的称呼不够恰当，但他终于接受了最初拒绝承认的恺撒过继。西塞罗的精力令人感到惊奇；他向罗马世界的各个角落投寄了大量信件，但其中只有部分信件保存至今，尤其令人遗憾的是，他写给马尔库斯·布鲁图的大部分信件均已散佚，写给屋大维和其他执政官的信件也遭受了同样的命运。另外，有一些书信寄给了远西班牙的阿西尼乌斯·波利奥、高卢的普兰库斯（Plancus）和雷比达、穆提纳的戴奇姆斯·布鲁图、阿非利加行省的
280 总督和东方的“解放者”，但邮递速度经常慢得惊人（波利奥曾抱怨雷比达拦截了他的信件）；这些书信的内容主要是提供信息、鼓舞斗志和表达敬意。针对每个人的特点，他采用了非常得体的语言——写给前恺撒派波利奥或普兰库斯的信与写给“解放者”的信迥然有别。特别是西塞罗以恭维和恳求的话语对普兰库斯进行百般的讥讽。普兰库斯是西塞罗的一位老友之子，但他同自己的一个兄弟一起跑到安东尼的麾下供职，此时他正在山北高卢指挥五个军团。可是，普兰库斯的回信却相当文雅，承诺支持元老院。事实上，有大量信件是给西塞罗的。指挥官要向西塞罗和元老院汇报、申诉和辩解。西塞罗声称，为了忠贞报国，他夜以继日地工作。的确，他的大部分声明是真实的。他将感到，他是自己年轻时的伟大执政官的后继者和旗鼓相当的政治家，那时的执政官是“靠点头统治世界”的斯考鲁斯和不久后的卡图路斯；公元前63年后，他曾感到，他已经功成名就了。共和国

的领导人（*rector reipublicae*）。从那时起，他著书立说，不断思考共和国领导人的职责和必备的条件，并全力以赴扮演这一角色。

不久，希尔提乌斯抱病来到北方，接管了军队；潘萨则断断续续地为征兵和筹款而奔波。国库入不敷出，一些宗教庆典只好取消。富人们则试图逃避新税；最近数年，他们身上的油水几乎被榨干，因此他们渴望和平是不足为奇的。实际上，安东尼的追随者也为争取和平和挽救公民的生命大声疾呼；随着西塞罗的影响与日俱增，他要应对大量的自由呼声。

谣传安东尼的提议被罗马执政官——大概还有弗菲乌斯·卡勒努斯——接受了，月末西塞罗在元老院再次发表演说[1]，他声称，"他是和平的哺育者"，为何现在急于战争：因为意见分歧太大，争取和平是根本不可能的——安东尼成了所有"精英们"的反对者和利欲熏心的腐化堕落之徒（*improbi*）的首领，他的弟弟路奇乌斯的怂恿尤其让他利令智昏（路奇乌斯居然把自己描绘成骑士们的保护人，从而使安东尼的孤立处境雪上加霜）。西塞罗说："我不惧怕和平，但我惧怕披着和平外衣的战争。"

在使团到达安东尼的驻地之前不久，塞尔维乌斯·苏尔皮奇乌斯便离开了人世，除此不幸外，使团一无所获。戴奇姆斯·布鲁图被安东尼围困在穆提纳。安东尼不肯放弃对这座城市的围攻，但也做出一些让步，并提出各种对抗元老院的条件，其中包括：只要布鲁图和喀西约继续为官，他将率六个军团驻守山北高卢，为时五年。西塞罗宣布，这些要求显然是无法忍受的。元老院拒绝宣战，但是根据安东尼的叔父路奇乌斯·恺撒（L. Caesar）的提议，元老院宣布国家处于紧急状态（*tumultus*），卡勒努斯和潘萨支持这一提议，而西塞罗则认为，此项提议是换汤不换药，与拒绝宣战没有什么两样；元老院似 281

① 第七篇《腓力比克》。

乎通过了“最后裁决”。当会议的辩论难解难分之时，传来了希尔提乌斯的军队和安东尼的军队首次交战的消息；第二天，元老院再次开会，听取西塞罗宣读第八篇《腓力比克》。西塞罗指出，不承认战争在即或重提再派使团的建议均是荒唐可笑的；他宣布，安东尼是卑劣的罪犯、一切有产者的危害者，现在各个阶层都在联合起来反对他。西塞罗承认自己对卡勒努斯有点“粗暴”，但否认对卡勒努斯发脾气；他宣布，不管以何种借口，他都将穿上军装（特别是战袍［*sagum*］）以应对紧急状态。后来的一位语法学家保留了一封写给屋大维的书信断片，这是偶然发现的，上面有这样一句话：“当其他执政官打算穿托迦前往广场时，西塞罗却穿上了战袍。”

西塞罗利用各种机会鼓动元老院敌视安东尼，甚至利用塞尔维乌斯·苏尔皮奇乌斯之死大肆炒作；虽然死者生时西塞罗经常认为他胆小怕事和优柔寡断，但目前他可以被誉为共和国的殉道者。在第九篇《腓力比克》中，西塞罗宣读了一曲庄严的葬礼颂歌。塞尔维乌斯出版的法律著作是其一生的不朽丰碑；此外，罗马人民不仅应当通过国葬悼念他的牺牲，而且还应为他竖立塑像，正如祖训所要求的那样，凡是为国建功立业而遭受杀害的使者都要享受此项殊荣。他的塑像应当用普通的青铜铸成，而且表现他正在跨步向前，塞尔维乌斯的旧式简朴就是这个样子（前不久，元老院通过了给雷比达和屋大维建造镀金骑士塑像的决议；但雷比达不以为然，他对元老院没有感激的表示）；正如西塞罗所希望的那样，作为反安东尼斗争的庄严纪念物，这位大律师的塑像伫立在罗马的市中心长达数百年之久，然而对子孙后代来说，却不像他所希望的那样。

西塞罗致函喀西约，向他通报了最近的事件，后者正在东方的某个地方，但确切位置不详。

我多么希望你邀请我出席3月15日的宴会呀！肯定会

> 吃得精光，不会有残羹剩饭。你的离开使我很忙，简直忙得不可开交。我们有两位令人敬佩的执政官，但是，一些执政 282
> 官级大佬却是无耻之徒。元老院很坚定，但是最坚定的是那些地位最低的人。没有谁比罗马人民和意大利的全体人民更坚定、更优秀的了，也没人比菲利普斯和皮索两名使者更卑劣、更无耻的了；元老院派遣他们向安东尼传达命令。当安东尼拒绝听从命令时，他们竟然从他那里带回一些令人无法容忍的要求。因此，民众一改对我的态度，认为我的所作所为有益于国家，于是我得到了民众的大力支持。

许多元老院的要员之所以能够荣升，是因为他们都是恺撒的百依百顺的追随者，如今这些人决不能容忍西塞罗对公元前63年之后诸年执政官旧元老大放厥词，这是不值得大惊小怪的，因为在这段时间，西塞罗对他们进行过严励谴责；但是，对贵族精英们的统治，这些元老至少是相信的；同样，在那些年代，西塞罗本人再次成为妒忌和嘲讽的对象也是不值得大惊小怪的。但他有足够的理由证明，真正的威胁来自安东尼，他总是劝说元老院宣布废除安东尼的措施。像夸大意大利支持的重要性一样，西塞罗夸大了团结的作用。乡镇的情况表明，那里的居民对罗马贵族间的纷争或法制观念漠不关心。西塞罗在意大利大量征兵，但毫无疑问，安东尼的部下也会不断增兵；如果西塞罗认为新兵能与安东尼（和屋大维）统领的恺撒老兵相抗衡的话，那他就大错特错了；像他即将发现的那样，没有什么力量能与这些老兵相抗衡。

2月上旬的某个时候，从东方传来了令人欣喜但不太稳定的消息。秋天，马尔库斯·布鲁图在雅典出席了哲学讲座——鉴于时局的发展不断向战争转化——他希望赢得学生们的支持。毫无疑问，西塞罗的儿子巴不得丢下手中的书本；未来的诗人贺拉斯当时是一名很有潜质的学生，虽然其父是获释奴，但布鲁图给了他一个官职。布鲁图从霍腾西乌斯之子的手中接管了马其顿和临近行省伊利里库姆的军队，该行省位于亚得里亚海岸，然后他包围了安东尼之弟盖约·安东尼乌斯，盖约是前来接管马其顿的；小西塞罗收编了盖约军队的一些投诚者。布鲁图写道，包括当地征集的新兵在内，他拥有八个军团，且只听命于元老院和罗马人民。对此元老院做何感想呢？实际上，潘萨原准备提出布鲁图的合法性问题，大概在西塞罗雄辩演说的鼓动
283 下，元老院不顾弗菲乌斯·卡勒努斯的反对及其宣读的精彩演说，通过了潘萨的提议。于是，布鲁图获得了筹集资金和军需品的广泛权力，并竭力要求在意大利附近驻扎一支军队。西塞罗把他的演说连同1月1日的演说寄给了布鲁图，并半开玩笑地称这些演说为《腓力比克》；布鲁图回信说，这些演说是名副其实的《腓力比克》，结果，西塞罗把其余的演说也寄给了他。

遥远的东方问题不太容易解决。有关喀西约的传闻满天飞，但消息仍然不够确切，事实上，喀西约已经成功地接管了叙利亚的所有军队，外加恺撒留在埃及的军队，总共11个军团。有消息称，多拉贝拉在前往叙利亚的途中停留在亚细亚，他逮捕了该行省的总督和"解放者"特列波尼乌斯，特列波尼乌斯受尽了皮肉之苦，最后被杀。这一次，整个元老院空前地团结起来了：近来西塞罗曾对自己的女婿称赞有加，对此弗菲乌斯·卡勒努斯表示深恶痛绝，在他看来，多拉贝拉现在已经堕落成"人类有史以来最卑鄙无耻的"两人之一。他敦促元老院将多拉贝拉宣布为公敌。这样一来，谁去管理叙利亚呢？弗菲乌斯建议，一旦穆提纳的围困被解除，便由执政官抓阄决定；其他人则建议，派一个特殊司令部进行管理。在第十一篇《腓力比克》中，西塞罗反对这两种建议，他主张承认喀西约的合法地位，根据自然法，他断言喀西约应在那里指挥军队，并赞成授予喀西约管理整个东方的最高权力。很明显，虽然西塞罗没有颂扬谋杀恺撒的凶手，但他

称赞了喀西约，因而他不得不面对由此引发的敌意；他也必须面对老兵的警告，因为将这样的权力移交给一名“解放者”必将引起老兵的愤怒，以前在对待布鲁图的问题上，曾经遇到过这类警告。老兵的态度会左右元老院吗？他回答道：老兵的称雄时代已经结束；如今新兵的影响力变得更加强大。潘萨对此番言论表示愤怒，实际上，将亚细亚指定给一名执政官的建议已经被通过了。西塞罗立即把这个问题提交给人民大会，这一行动必将违背他自己一贯奉行的原则；但是，潘萨再次进行干涉，声称喀西约的亲属反对西塞罗的建议——尤其是喀西约的岳母塞尔维里娅[*]似乎不希望触怒这位执政官。

在皮索和卡勒努斯的启发以及潘萨的鼓动下，西塞罗重新打算与安东尼谈判，结果失败了。他们声称，安东尼已对胜利感到绝望并愿意让步，于是，由五名前执政官组成了一个使团，准备前往安东尼的所在地。西塞罗同意成为这个使团的成员，后来发现，所谓安东尼已经改变主意的说法是推测，没有任何根据。于是，潘萨只好重新考虑 284
这个问题。一名使团的成员辞去了使者的职务，西塞罗也抱怨自己被人愚弄了；此外，他还抱怨说，安东尼的追随者对他恨之入骨（他们中的许多人曾被西塞罗骂得狗血喷头），老兵们受人煽动也奋起反对他，对他也恨之入骨；他哀叹，生活在这些人的周围，他的人身安全根本无法保障。他甚至不敢到郊区去，这一事实再度表明，意大利的形势是无法无天的。但是，此时此刻，他正在罗马工作：“我的寓所在这里，我在这里时刻保持警惕，我还在这里设置了岗哨。”他强烈要求重新考虑使团问题，但很快便放弃了这个主张。

为了与希尔提乌斯和屋大维会合，潘萨于3月19日前后终于离开了罗马，同时想让他们向穆提纳进军。此时，安东尼不等希尔提乌斯和屋大维到达，试图一举攻克穆提纳，因而固守在那里的戴奇姆

---

* 塞尔维里娅是布鲁图的母亲，喀西约娶布鲁图的同母异父妹妹为妻。——译者

斯·布鲁图已经到了山穷水尽的地步。战火一触即发，谈判的时机已经不复存在了。在罗马，本来无足轻重的城市大法官如今成了最重要的高级行政官。与此同时，西塞罗的影响力也比以往更强了。高卢的普兰库斯和雷比达给元老院写过两封信，力主议和，西塞罗的下一篇演说就是针对这两封迟到的信（私下里，他对普兰库斯的谴责十分严厉，而对雷比达的谴责明显粗暴无礼）。他还不得不对付安东尼寄给希尔提乌斯和屋大维的一封信，该信试图让他们俩脱离已结成的联盟。安东尼在信中说，恺撒的朋友们分道扬镳真是可悲："且莫让命运之神看到一个统一的机体蹦出两支军队，务必要像角斗士的训练师一样同西塞罗进行战斗。"同样可悲的是，恺撒的一些朋友即将与庞培派和杀害恺撒的凶手合作——此外，要更加严厉地谴责多拉贝拉，因为他把恺撒的一名朋友处死了。安东尼还暗示，他不仅要依靠雷比达的支持，而且还要依靠普兰库斯的支持。西塞罗彻底批驳了这封信的论调。他断言，这样的分裂已成定局，无可救药了；但是，令西塞罗感到宽慰的是，普兰库斯给元老院写信，一是为了表达自己的忠诚，二是企图为自己的不作为开脱罪责。西塞罗给普兰库斯回信，向他致谢和表示敬意，以此回击某些反对派。在元老院辩论期间，西塞罗收到了一封信并当场高声朗读，因为该信的末尾通报了喀西约获胜的官方消息；这一消息给人留下极其深刻的印象。

4 月 1 日，马尔库斯·布鲁图致信西塞罗——这可能是布鲁图保存下来的首封书信——布鲁图声称，他俘虏了安东尼的弟弟，并要求援兵、军费和建议。布鲁图还说，他已经听到有关喀西约获胜的消息，但他担心这个消息对公共舆论的影响。此外，他对小马尔库斯·西塞罗工作中的能力和奉献精神大加赞扬。

285 军事形势和政治形势具有微妙的一致性。但是，有一段时间，西塞罗的钢丝绳好像走得很成功。4 月 14 日，正如潘萨的一名官员在一封娓娓动人的书信中所说的那样，安东尼试图阻止潘萨的四个新组建的军团与希尔提乌斯和屋大维会师；同时为阻止后二者的援军赶到，他向他们的营地发动了进攻。但是，希尔提乌斯不只是一位品评美食的专家和《高卢战记》第八卷的作者。他早已预见到了这种动机，并告诉潘萨抓紧行动。与此同时，他派遣一支强大的老兵部队迎接并支援新来的军队。假如后来的史料可信的话，那么在接下来的战斗中，双方老兵们气吞山河、骁勇善战的斗志是非常突出的，同新兵相比，他们的巨大优势也是不言而喻的。虽然潘萨的军队及其援军不得不退回营地，但为了牵制安东尼军队的退却，希尔提乌斯本人及时赶到，并把这支退却的军队打得落花流水。屋大维则以少量的兵力成功地保卫了自己的营地以及希尔提乌斯的营地。一周后，在戴奇姆斯·布鲁图出击部队的协助下，希尔提乌斯再次打败安东尼。安东尼只好放弃对穆提纳的围攻，向西撤退。但是，雷比达会向安东尼这个落败者伸出援助之手吗？

在罗马，人们首先听到的是安东尼获胜的流言，流言称，西塞罗企图夺权，权力的标志是“法西斯”；这种说法可能是为安东尼的政变（*coup*）进行辩解。一位友好的保民官打消了人民大会的疑虑：“人民大会异口同声地宣布：除了为国家造福之外，西塞罗无任何杂念。”几个钟头后，传来了首次战役的确切消息。西塞罗在写给马尔库斯·布鲁图的信中是这样说的：

> 正如我对你常说的那样，执政官们已经证明了他们是怎样的人。至于那个小恺撒，他的非凡勇气是生来就有的，正如我们迄今所做的那样，我只希望我们能够尽早地引导和约束他。这确实很难，但我不会丧失信心。这个年轻人坚信（主要是我让他坚信），我们的存在归功于他；如果他不能阻止安东尼返回罗马，那么一切都将不复存在。
>
> 在取得巨大胜利之前的三四天，乡亲们的情绪一片惊

> 慌，有些人挈妇将雏奔向你所在的地方；4 月 20 日，形势重归平静，你反而喜欢来这里了：那一天，我以不懈的努力和连续几夜的不眠奋战，终于赢得了最高奖赏——假如名副其实的真正荣誉是奖赏，那该有多好啊！所有的罗马市民像潮水一般涌到我的住所，他们簇拥着我前往卡皮托，在人声鼎沸和热烈的掌声中，我登上了讲坛。我是一个不爱虚荣的人——我也不应成为这样的人；但是，各个阶层异口同声的
> 286 感谢和赞扬实在令我感动；我把为民众谋福祉当成头等大事，因而民众才会热爱我。然而，我宁愿让你从其他人的口中听到这一切。

古代的诗人（尤其是悲剧诗人）反复重申：一切皆变是宇宙的规律，山峰常遭雷击，一些大人物在如日中天之时突然命丧黄泉，这类现象屡见不鲜。西塞罗对大祸临头毫无觉察，就像阿伽门农或俄狄浦斯一样，必遭灭顶之灾。

第十四篇《腓力比克》是西塞罗现存的最后一篇演说词。这篇演说词提醒人们：战争没有结束，同时他拒绝脱掉战袍改穿托迦的劝告；但是，这篇演说词提出了一个郑重的建议：将“英贝拉多”的头衔授予三位将军并嘉奖他们的部下，从而把这种活动变成了长时间的感恩祈祷。他歌颂高尚的死者，赞美著名的雅典国葬演说所采用的传统语言。他建议，由一名执政官负责筹建一座大纪念碑，献给那些“为捍卫罗马人的生命、自由和昌盛，为拯救罗马城和诸神的庙宇”而牺牲的人。

可是，西塞罗并不知道，在首场交战中，潘萨受了致命伤；他也不知道，在第二场交战中，希尔提乌斯在袭击安东尼的营地时不幸阵亡。就个性而言，此二人可能均不突出，但他们的消失是灾难性的：就军事而言，这不利于对安东尼的乘胜追击；就政治而言，执政官职

位的空缺和随后补选过程中的钩心斗角将使政府陷入瘫痪；同时，在军队的领导人中间，在屋大维和“解放者”之间，现在不再有缓冲之人了。

> 西塞罗（给戴奇姆斯·布鲁图写信）说，我不能立即追击安东尼有以下原因：我既没有骑兵，也没有驮畜；我也不知道希尔提乌斯已经阵亡……直到与恺撒相遇并同他谈过话之后，我才愿意信任他。那一天就这样过去了。第二天早上，我应潘萨之邀前往波诺尼亚（Bononia，博洛尼亚），路上，我听到了他的死讯。我急忙赶回军队，我所率领的这支军队装备很差，人数也不多；不过这样一来，我便可以向他们发号施令了。军队消耗得很厉害，必须千方百计地克服各种物资的短缺。安东尼已经溜之大吉，他先于我两天启程。

屋大维立即表明自己是一个不妥协的人。他不肯交出潘萨的军队和老兵。不久戴奇姆斯写道：“我既不能向恺撒发布命令，也不能向自己的军队发布命令——这是两件很糟糕的事情。”（西塞罗发现，他是一名言简意赅、具有商人气质的通讯员）这席话可以证明，那一年的12月，屋大维已经毫无顾忌地与这个最可恶的“解放者”进行了 287
近距离的商谈；但是，屋大维此时所面临的危险并非来自安东尼，而是来自他的新盟友。

“解放者”的朋友们听说“恺撒派的领导人死的死，亡的亡，老兵的伤亡也同样惨重”之后，各个欣喜若狂；波利奥写道，他们高兴得太早了。安东尼及其追随者终于被宣布为国家的敌人；元老院把举行凯旋式和其他一些荣誉授给了戴奇姆斯·布鲁图——西塞罗还建议，日历上要增添戴奇姆斯·布鲁图的诞辰纪念日，这一天也是他的胜利消息传到罗马之日，但元老院“很不情愿，不想表示感谢”。另外，元老院对屋大维的态度明显冷淡。西塞罗至少建议，为屋大维举办一次小凯旋式（ovation）。最终这项建议通过与否没有确切的证据。第二天，元老院正式把执政官的军队交给了戴奇姆斯·布鲁图，并命令他追击安东尼；当时还出现了这样的企图：把最初投靠屋大维的哗变军团也交给戴奇姆斯指挥，但西塞罗认为这是一个愚蠢的想法。元老院召集雷比达和普兰库斯支援戴奇姆斯，并把东方的统帅权交给了喀西约，命令他对付多拉贝拉——西塞罗又补充了一项建议，如果可能的话，马尔库斯·布鲁图应当援助喀西约；最有争议的是，元老院把海上的指挥权交给了赛克斯图斯·庞培。西塞罗是否赞成这一授权不得而知。不幸的是，如戴奇姆斯·布鲁图所言，一些好事者向屋大维重述了西塞罗说过的一句名言（*mot*），它的创造者似乎也无法予以否认，那就是：年轻人应当表扬、奖励和提拔（*tollendum*）。屋大维冷冷地说，他可没有这样的意图。后来，为安置老兵，组成了一个土地分配委员会，西塞罗是这个委员会的成员，他力图让屋大维和戴奇姆斯也成为委员会的成员，可是，屋大维竟然被排斥在外，这对屋大维来说是一个不小的侮辱；此外，由于财政紧张，屋大维的军队只能得到预先许诺的部分饷银。戴奇姆斯写道，这些军人对西塞罗很恼火（他们的沟通方式相当有趣，令人遗憾的是，最机密的内容没有成文，而是通过最可靠的信使传递的）。

安东尼一边逃跑，一边招兵买马，甚至连奴隶都被编入军队，戴奇姆斯跟踪追击，行动十分迟缓，他没能让屋大维阻止安东尼与文提狄乌斯（Ventidius）联手。文提狄乌斯是恺撒昔日的军官，此前已在中部意大利征集了一些军队。5 月 6 日，戴奇姆斯写道，他从截获
288 的文件中得知，安东尼与雷比达、普兰库斯和波利奥有书信往来。不久，安东尼以佯攻战术摆脱了戴奇姆斯的追击，然后越过意大利的边界进入雷比达管辖的山南高卢行省。当这些消息传到罗马后，西塞罗深感震惊，“看样子战争之火不但没有熄灭，反而越烧越旺了”。然而，戴奇姆斯仍对雷比达的忠诚抱有希望（雷比达给西塞罗写过一封

发自肺腑的亲笔信），戴奇姆斯确实有过思想准备：最后一招只能相信屋大维和普兰库斯。

普兰库斯一再给西塞罗写信，目的是让西塞罗相信他的支持，并为雷比达进行辩解。他说，为了阻断安东尼的去路，他打算与雷比达联合起来。但西塞罗提醒他：雷比达是不可信赖的。不久，他便听说，安东尼与雷比达于 5 月 29 日会师了；于是，他向后撤退，并恳求西塞罗派兵增援。难道说所有这一切是没有诚意吗？这是不可能的，因为他与戴奇姆斯·布鲁图的联合已经是不争的事实。与此同时，雷比达给元老院写信，把一切过失均归咎于自己的军队：

> 我请神与人共同作证，元老们，我对共和国一向忠心耿耿。我认为，人民的幸福与自由高于一切，假如命运没有削弱我的决心，那我会立即向你们证明这一点。为保卫罗马人民的生命和持久和平，我率领的军队始终不渝地忠于自己的理想，而今他们却叛变了……

雷比达的使者拔剑自刎。

此时此刻，再次需要全力对付安东尼。6 月初，戴奇姆斯简短致信西塞罗：必须给他拨款；必须从阿非利加和撒丁岛召回一些军队；必须召回马尔库斯·布鲁图。在罗马，元老院与塞尔维里娅举行了类似的协商，然后急忙召回布鲁图和喀西约。但是，为了镇压多拉贝拉，布鲁图已经踏上了前往东方的道路，实际上，多拉贝拉正在逃跑，不久自杀身亡；一旦多拉贝拉回到意大利，就会把恺撒派拖入相互火并的内战，这种情况似乎是可能的，然而，这不符合西塞罗的信念。西塞罗还试图将选举的日期推迟到 1 月份，面对罗马的拉票活动，他力图阻止支持者离开自己的选区。军队日益庞大，近期的捐款使军队的财务状况变得腐败不堪，他说，这是目前最严重的问题。

在最近的数月中，西塞罗和马尔库斯·布鲁图的关系并不完全融
289 洽。西塞罗未能给布鲁图提供所需的资金和军队；布鲁图一向讨厌“屋大维”（Octavian）这个称呼，相反他一直称小恺撒为“屋大维乌斯”（Octavius，或讥讽地称之为“你们的恺撒”）；除非他视安东尼之弟盖约的温文尔雅是正人君子的一种姿态，否则他对安东尼似乎更有好感：鉴于盖约仍是一名公民，所以西塞罗暗示，元老院或人民大会应当举行合法的审判。对于西塞罗的暗示，布鲁图的回答非常生硬。他说，西塞罗不应该把大权授给自认为是站在正确立场上的人，因为那样做是一种短视的行为。其实，西塞罗是一位热爱和平、知书达理之人，如果认为他扮演的是蛮不讲理的角色，那是令人遗憾的。看来，西塞罗很好地吸取了最近几年的教训；恺撒“仁政”的失败给他的印象尤为深刻。

> 布鲁图啊，我完全不同意你的观点，也不允许你仁慈；确切地说，必要的严厉比空谈仁慈好得多。如果我们都讲仁慈，那么内战永远不会终止……相信我，布鲁图，除非你有先见之明，否则你将被淘汰；因为你要对付的人经常不是同样的，既不是元老院，也不是元老院的领导人。想想吧，这可是德尔斐的阿波罗对你的忠告呀；没有什么比这更正确的了。

当雷比达被宣布为公敌后，西塞罗写下了上面的一席话，然而布鲁图希望，为了孩子的缘故，不要没收雷比达的财产，因为这些孩子是他的外甥。

听到屋大维想当执政官的消息后，布鲁图感到非常惊讶。6月，西塞罗写道：

恺撒是一位无比刚强的杰出青年，迄今为止，他一直听我的劝告，可是他受某些恶毒书信的挑拨和一些卑鄙媒体与使者的煽动，一心想当执政官。我一听说他要当执政官，就一再给他写信，公开谴责他的朋友，揭露这些人支持他的卑劣用心；在全体元老面前，我毫不犹豫地揭露了这些邪恶计划出笼的始末。

但是，对西塞罗上述言论，布鲁图予以严厉责备。也许就在当时或更早的时候，阿提库斯把西塞罗写给“那个毛孩子”的书信副本寄给了布鲁图，布鲁图随即写了一篇措辞强硬的正式抗议：

你以这种方式感谢他为共和国效忠，这未免有些低三下四、丑态百出——对此我将说什么呢？我对我们的处境和命运感到羞耻，但我必须说——你把我们的安全交给了他，你的这一行为表明：暴政仍然未被推翻，只不过是新暴君取代了旧暴君。读一读你所说的话吧，你怎敢否认这是一个臣子对其君主的摇尾乞怜。

布鲁图公开谴责西塞罗过分追求“生存和富裕、尊称他为执政官”的 290
愿望。最主要的是，西塞罗恳求屋大维宽恕“解放者”，这是布鲁图的自尊心所不能容忍的。我们还有一封布鲁图写给阿提库斯的绝笔信，关于西塞罗，布鲁图是这样说的：

我知道他做事一向很周密。虽然他是一个最有经验的人，但是，在我看来，他所做的某些事情——该如何形容呢？——实在不太高明；在他当政期间，为了国家的利益他毫不动摇，因而招致安东尼的敌意，但他并非没有私心。除

> 此之外，我不知道应对你说些什么：那个毛孩子贪图权力，对此西塞罗予以鼓励而非遏制……让屋大维乌斯称西塞罗为父亲吧！让他事事都去征求西塞罗的建议吧！让他赞扬和感谢西塞罗吧！西塞罗定会发现屋大维是一个言行不一的人……如果西塞罗能够卑躬屈膝地忍受这一切，如果他想到自己的年龄、头衔和成就而不感到羞耻的话，那就让他长命百岁好了！而我则要反对现实社会的弊端，也就是说，反对专制和极端的命令、反对暴政和凌驾于法律之上的权力。

布鲁图还指责，西塞罗论自由的作品与他的实际行动之间存在很大差距，并抱怨西塞罗不断地提到公元前 63 年 12 月 5 日的审判（“我们却没有喋喋不休地谈论 3 月 15 日的事件”）。[①] 如果西塞罗看到这封信，布鲁图的指责肯定会令其伤心。

但他们之间的关系并没有破裂；西塞罗从布鲁图那里得到了许多东西。西塞罗为病故的波尔奇娅[*]写了一篇悼词——波尔奇娅自杀的说法是后来人的添油加醋。西塞罗于 7 月份写了一封长长的自辩信。西塞罗指出，他所建议的奖励制度不只是为了屋大维，雅典的伟大立法者、号称七贤之一的梭伦说过，维护国家的团结有两个法宝，那就是奖励和惩罚；毫无疑问，在奖惩过程中，都必须采取适当的手段。由于“解放者”的失职，恺撒死后，恐怖主义的风暴仍然威胁着意大利，“解放者”纷纷溜之乎也，只有西塞罗利用意大利群情激愤的形势大做文章（像往常一样，西塞罗重新调整了某些事件中他自己所扮演的角色），如斯多葛派所说，智者永远不会逃之夭夭。在谈到屋大维时，西塞罗说：“我为他争得了各种荣誉，布鲁图啊，因此没有哪种荣誉是不应当得到的，也没有哪种荣誉是多余的。当我们开始恢复

---

① 最后两封信的真实性值得怀疑。

* 布鲁图的妻子。——译者

自由，甚至当戴奇姆斯·布鲁图的英雄主义尚未引起震动和令人瞩目之时，当保护我们的使命落在了屋大维的肩上之后，何种荣誉不应当授予他呢？须知正是这个年轻人把我们从安东尼的魔爪下解救了出来。”

对此，西塞罗是有实例的；很不幸，安东尼已经从穆提纳逃跑 291
了，两位执政官也在那里被杀。更加不幸的是，一向受年轻人尊敬的西塞罗现在需要把历史上最难对付的19岁男孩控制在自己的手里。他深知维持联盟的艰巨性；军队吵吵闹闹地要求荣誉。这些要求是从他们的将军们那里传到他那里的。根据军队的要求，他可能清楚地意识到，荣誉足以确保军队的忠诚。为了看到军队迅速得到元老院的奖励，他力图忍受财政困难的煎熬。但他低估了恺撒死后的声望和恺撒名字的魅力；西塞罗非常渴望荣誉，但权力驱动着许许多多的政治家，他好像永远不理解政治家对权力的渴望。总之，如今很多人感到，法律与合法行为已经变得毫无意义，权力或安宁才是唯一值得追求的，这难道不令人感到吃惊吗？

如今，做任何事都困难重重，步履维艰。4月末，西塞罗描述了自己的疲惫状况，他说：“虽然我很疲劳，但我将一如既往地为国效力；在恪尽职守和忠心报国的道路上，没有疲倦可言。”他知道，如今的元老院已经分崩离析、回天乏术了。

> 布鲁图[①]，请相信我不是一名爱虚荣的人，但现在我完全无能为力了。元老院是我进行斗争的武器，但它已陷入支离破碎的状态。你们从穆提纳突围的成功和安东尼率军的仓皇逃窜给我们的胜利带来了极大的希望，现在我们的精力不必绷得那么紧了，我的那些颇具说服力的演说好像与假想敌

① 这一次指的是戴奇姆斯·布鲁图。

的拳击训练……我可以使出浑身的气力。

但是，存在一个更大的问题："亲爱的布鲁图[①]，军队异想天开，将军狂妄自大，在他们的眼里，我们不过是玩物而已；每个将军都要求与其军权相应的政治权力。"7 月 27 日，西塞罗写了最后一封可以确定日期的书信，这是写给布鲁图的，信中明确承认了他的担心，由于屋大维周围的小人当道，因此有关屋大维的忠诚问题，他无法兑现 1 月 1 日的诺言。

屋大维的确没有同戴奇姆斯·布鲁图和普兰库斯结盟，对此，他们俩的最后一封书信充满了怨气。因此，我们只能由帝国时代的历史学家们任意摆布了，这些历史学家的说法经常是不准确的。他们指
292 出，屋大维一度提议，由他和西塞罗共同担任执政官，实权掌握在西塞罗的手里，对此西塞罗很感兴趣。但是，如果是这样的话，元老院是不情愿的。虽然元老院可以答应屋大维竞选大法官，但一再推迟选举。于是，屋大维派遣 400 名士兵前往罗马，他们带去了他的如下要求：一、让他担任执政官；二、给军队发放饷银；三、取消宣布安东尼为公敌的决议。据说，其中一人还亮出了宝剑："如果你们不同意恺撒出任执政官，就来尝尝这把利剑的滋味吧!"据说，西塞罗冷眼旁观了这一幕，对于这种要求无人敢说一个"不"字；但元老院的立场很坚定。于是，屋大维的军队要求进军罗马（据说，他们早就提出了这样的要求）；像过继他为子的恺撒一样，屋大维越过了卢比孔河，不过，这一次他所率领的军团是八个。我们掌握的史料极其混乱，说法五花八门。根据这些史料，我们可以告诉读者的是：西塞罗曾试图保卫罗马，与此同时，为了贿买屋大维的军队，他还想方设法筹集资金。惊慌失措的元老院只好允许屋大维竞选执政官；据说，西塞罗没

① 马尔库斯·布鲁图。

有出席会议。但是，两个曾为恺撒而战的老兵军团从阿非利加启程，最后在意大利登陆，于是，西塞罗又活跃起来；此外，还有一个由新兵组成的军团。这三个军团都倒向了屋大维。当屋大维率军来到罗马城下时，市民们像潮水一般出城相迎；最后，西塞罗也来了。这是“最后一个问候我的朋友”，屋大维如是说。不久，军中哗变的传言在西塞罗的心中又点燃了最后一线希望；元老们集会，西塞罗在大厅门口欢迎他们。但是，这是一个虚假的传言。西塞罗登上四人抬的轿子，偷偷地溜走了。

城市大法官自杀了，但西塞罗没有这样做。为惩办杀害恺撒的凶手成立了一个特别审判法庭。数周后，屋大维诡称反对安东尼，重返北方；在罗马，经其批准，原先决定对安东尼和雷比达的审判被取消了。

约在同一时期，波利奥离开自己所在的西班牙行省与安东尼会师。早在这一年的春天，他叙写了自己追求和平和保护公民生命的愿望（实际上，这是安东尼的腔调），他的这一举动大概深受机会主义的影响。普兰库斯也效仿波利奥的做法。此时，众叛亲离的戴奇姆斯·布鲁图只好化装潜逃，可是匪徒们抓住了他，并遵照安东尼的命令将其处死。

西塞罗设法离开罗马前往图斯库伦。他最后的遗言出自一封书信的断片，这封书信是为感谢屋大维的特许而写成的。这些遗言实在算 293
不上豪言壮语：“你允许菲利普斯和我离开罗马，令我无比欣慰，这表明你对过去的谅解和对未来的宽容。”他在图斯库伦逗留了数周。关于他的精神状态我们一无所知，但历经最近数月的兴奋和紧张之后，他终因精疲力竭和前途无望而病倒了，如果是这样的话，那也是不足为怪的。这可以说明为什么他的传记作家保持沉默。也有这样的可能：他不敢给阿提库斯写信；但更加可能的是，阿提库斯小心翼翼地销毁了他们俩近期斥责或揭露屋大维的信件。不久，阿提库斯成了屋大维的朋友。

与此同时，屋大维在意大利北部会见了安东尼和雷比达。他们的军队都不愿意互相作战；除了屋大维真心为恺撒报仇外，他们三人当中没有一人不是为权力而战的。因此，为什么不（暂时地）联合起来除掉“解放者”呢？但一条史料告诉我们，安东尼威胁说，如果屋大维不与他联合，他就与“解放者”结盟——这并非不可思议。为了“恢复共和国”，他们建立了为期五年的“三头同盟”（*Triumvirs*），并在他们中间划分西部的各个行省。对于他们的追随者来说，基本要求是土地和金钱；敌人被除掉了，通过公敌宣告，土地和金钱都是可以得到的。因此，对于安东尼的胜利，贵族精英们的恐惧和西塞罗的警告都充分证明确有其事。首先，一些人被非法杀害；后来又列出一个公敌名单，名单宣布，恺撒的仁慈已被证明是失败之举，同时许诺：只要出示一名被列入名单者的头颅，均能得到奖励。安东尼煞费苦心，终将西塞罗分子全部列入名单。后来的历史学家描写道，屋大维博采众议，最终同意判处西塞罗死刑，此前他一度称西塞罗为父亲；屋大维向来冷酷无情，他深知，在这个舞台上，西塞罗迟早也会按照自己的意志做同样的事情，这种观念使他变得更加残暴。

至于其他细节，让我们看看普鲁塔克的说法：

> 与此同时，西塞罗和自己的弟弟一起来到图斯库伦的乡下庄园；当他们听到公敌宣告之后，遂决定搬到西塞罗的海岸居住地阿斯图拉，然后从那里乘船前往马其顿投奔布鲁图，因为有消息说，布鲁图在那里牢牢地掌控了局势。他们强忍悲痛，坐上轿子出发了；路上休息时，面对并排停放的轿子，兄弟俩面面相觑，抱头痛哭。昆图斯的情绪更加沮
> 294 丧，他开始考虑自己的艰难处境；他说，他两手空空，未从家里带出任何东西，同时西塞罗的路上用品也少得可怜；因

此，对西塞罗来说，抓紧逃走才是上策，不过，他必须从家里带点东西，然后再追赶西塞罗。他们就这样决定下来，两人互相拥抱之后，就此挥泪分手。

数天后，昆图斯被自己的奴隶出卖给了捕吏，结果与自己的儿子一道被杀。西塞罗到达阿斯图拉后，立即登上一艘找到的船只，然后借助风平浪静的艳阳天，沿海岸航行，远至奇尔切伊。舵手们希望立即从那里起航，但是，西塞罗不是畏惧大海，就是还没有完全丧失对恺撒的信任，他登上了海岸，朝罗马方向步行15英里。但是，他再次摇摆不定，遂改变了主意，然后掉转船头重返阿斯图拉海岸。在那里，他在恐惧和绝望的胡思乱想中度过了那个夜晚；他甚至决定偷偷潜入恺撒的住所，并在炉边自杀，然后让自己化作复仇的鬼魂，出没于恺撒的周围。但是，对严刑拷打的恐惧使他未能走这条道路；由于心中反复出现许多混乱而又矛盾的计划，他只好听凭自己的仆人将其带到凯耶塔（Caieta）。在这里，他有一块地产和一个幽雅的避暑胜地，此时正值风和日丽、气候宜人的夏季。

这里有一座高于海平面的阿波罗神庙。当船靠岸时，一群乌鸦叽叽喳喳地从神庙的顶部飞向航船，有些乌鸦一边叫着，一边落在帆桁的两端，还有一些乌鸦不停地啄着缆绳的末端，所有的人都视之为凶兆。不过，西塞罗还是上了岸，然后来到自己的寓所休息。多只乌鸦落在窗上叫个不停，西塞罗把头蒙得严严的，躺在睡椅上，一只乌鸦落在上面，想用喙掀掉盖在西塞罗脸上的被子。见此情景，仆人们觉得自己的主人已经危在旦夕，他们责备自己站在那里袖手旁观。当他们的主人不应受到冤枉时，这些乌鸦尚能对他表示关心，纷纷前来相助，而他们自己却毫无作为。于是，他们一边恳求，一边强拉硬扯，终于把西塞罗拖进轿子，然后将其抬到岸边。

> 与此同时，追杀者来到了西塞罗的寓所，为首的是百夫长赫伦尼乌斯和军团长波皮里乌斯（Popillius），西塞罗一度为后者的弑亲罪进行过辩护。追杀者发现房门紧闭，于是，就破门而入，但没有见到西塞罗的身影，房内的人拒绝透露实情。据说，一个年轻人对军团长说，轿子已经穿过林间小路，被人抬往海边去了。这个年轻人名叫菲洛洛古斯（Philologus），是昆图斯的获释奴，西塞罗为他提供过享受普通教育的机会。军团长带领几个人，朝出口的方向绕道疾行，赫伦尼乌斯则沿林荫小路紧追。西塞罗发现了追杀他的
> 295 人，遂吩咐仆人们放下轿子，习惯性地托起下巴，平静地望着追杀者。他蓬头垢面，愁眉不展；当他的脖子从轿中伸出来的一瞬间，赫伦尼乌斯将他的头砍了下来。在场的多数人都目不忍视，均用手捂上了自己的脸。是年，西塞罗 64 岁。

这一天是 12 月 7 日。

普鲁塔克关于西塞罗之死的描述非常翔实，很少添枝加叶，但仍有不真实的渲染成分；乌鸦的故事大概是一种借题发挥，很难想象西塞罗如此相信复仇的鬼魂，甚至相信他本人的复仇之魂。普鲁塔克补充道：“西塞罗的获释奴提洛丝毫没有提及菲洛洛古斯的背叛。”虽然提洛明显不在现场，但他有机会得到奴隶目击者的证词。普鲁塔克大概在告诉我们，在其他重要方面，他所描述的一切与提洛的说法有所不同。假如西塞罗事先感到懊悔和摇摆不定，然后勇敢地面对死亡，那样的话，才符合我们对他的了解；我们所理解的忠诚也是这样，西塞罗不同于昆图斯，他赢得了自己的全部奴隶或大部分奴隶的忠诚。

形形色色的作家论述过西塞罗之死，碰巧，一名帝国时代的修辞学家收集了他们的结论并加以评述。李维宣称：“除死亡外，西塞罗所经历的一切不同于一般男人，他的死似乎不太冤枉，因为在同样的

情况下，他给敌人造成的伤害不亚于胜利之敌给他造成的苦难。”唯一不承认西塞罗英勇牺牲的历史家是阿西尼乌斯·波利奥；他那生动直观的评论反映了作者对这个问题的个人见解，他的这种评论也是唯一的。但是，波利奥的最后结论并非过分苛刻：

> 一个人的大作必将流芳百世，对其能力和勤奋的称赞是多余的……只要他能比较冷静地对待成功，勇敢地对待挫折那就很了不起了！无论成功，还是挫折，他都坚信自己的目标，永不改变。因此，他一再遭人嫉恨，他的敌人更加放肆地攻击他，他好像更准备激怒敌人而非对抗他们。但是因为世上没有十全十美的人，在生活和才能方面，他必然遭到强者的评头品足。如果他不认为死亡是可悲之事，那我至少不会对他的死表示惋惜。

西塞罗的死好像没有使布鲁图感到特别悲伤。据普鲁塔克记载，为了给西塞罗和戴奇姆斯·布鲁图报仇，马尔库斯·布鲁图终于将安东尼的弟弟盖约处死了。他说，他为前者感到羞耻，而不是怜悯；此 296
外，他还说，那些容忍暴政者应为西塞罗的死负主要责任。

一个受过政府嘉奖的罗马人可以指望，他死后的遗体将被运到广场，并与家族成员中担任过高级行政官的肖像放在一起。首先，一名亲属或一名朋友在广场宣读颂词，并伴随笛声唱挽歌，然后将遗体运往城外的葬礼柴堆和陵墓前，遗体火化后，将骨灰葬于墓中。但是，被剥夺公民权的人不得举行这种仪式，他们的头颅必须交给“三头”处置；安东尼和他的妻子富尔维娅把西塞罗的头颅和那只撰写《腓力比克》的手一并钉在讲坛上。具有讽刺意味的是，当公元前87年安东尼的祖父惨遭杀害后，西塞罗为其写过评论。这些评论（事实上，经过几代演说者的传诵多有变化）也可以用于他本人：“那个人保护过很多公民的生命，现在他的头颅被悬挂在讲坛上，作为执政官，他为保卫共和国不受这个讲坛的干扰进行过不屈不挠的斗争。”据说，杀害西塞罗的波皮里乌斯为自己竖立了一尊塑像，塑像的旁边摆放着被他杀害者的头颅。

有迹象表明，西塞罗的残缺不全的遗体由他的忠实朋友埃里乌斯·拉米亚（Aelius Lamia）体面地安葬了。公元前58年，拉米亚是骑士等级的一名领导人，因西塞罗的缘故被逐出罗马。他大概是福尔米埃的本地人，该地与西塞罗被杀的庄园相毗邻。毫无疑问，西塞罗的地产均被拍卖；他所喜爱的一些庄园全都落入安东尼和屋大维的帮派之手。

什么样的命运在等待他的朋友和家人呢？不久，布鲁图和喀西约在腓力比战役中阵亡了。据史料记载，布鲁图临死时安慰自己说，他为美德留下了一世英名；根据另一条史料的说法，一位悲剧诗人哀叹道，布鲁图竭力为之奋斗的美德已被证明只是一句空话。小马尔库斯·西塞罗参加了腓力比战役，后来又在赛克斯图斯·庞培的手下进行战斗，但是，“三头”胜利后，他终于得到了宽恕。数年后，屋大维甚至封他为执政官——在他担任执政官期间，那位向罗马宣告安东尼死讯的人恰好是小马尔库斯·西塞罗。同时代的人都目睹了这场诗意般的审判。小马尔库斯曾两次治理行省，不言而喻，他确有实干能力，但他给人留下了一个酗酒的印象。他始终不渝地维护自己父亲死后的声望。有一次，
297 在酒桌旁，一名修辞学家诋毁西塞罗的风格，对此他予以严厉回击。这个故事充分显示出他的上述两个特点。就我们所知，他没有后代。

据说，特兰提娅活到103岁，两次再婚，其中的一任丈夫是历史学家萨琉斯特，但是这种说法值得怀疑。据说，昆图斯的遗孀庞波尼娅原与丈夫的关系不和，而且不久前还与他离了婚，但她对出卖自己丈夫和丈夫兄长的叛徒进行了无情的报复。阿提库斯尽管很富有，但他的财产没有被没收；他永葆节俭、仁爱的本色，一直保护住在罗马

的安东尼家属。据我们所知，虽然他一度躲藏起来，但他成功地解救了几位友人；他好像没有为解救西塞罗出过力，也可能是心有余而力不足。阿提库斯又活了十多年。他一如既往地与当时的政要保持密切关系，这对我们来说也许是难以谅解的。一位传记作家告诉我们，阿提库斯不久成了屋大维和安东尼的亲密通信者，女儿阿提卡继承了他的财产，在安东尼的撮合下嫁给了屋大维的得力助手阿格里帕（Agrippa）；他们遵从屋大维的愿望，将自己的幼女许配给屋大维的继子、未来的皇帝提比略。阿提库斯本人活到 77 岁时患上了不治之症；但他安之若素，决定绝食自杀。死后，他的尸体被埋葬在阿皮亚大道旁的伯父墓地。

为维护自己主人死后的名望，获释奴提洛可谓尽心竭力。他写了一篇传记，为了跟已有的版本进行对照，他发表了西塞罗演说的注释，此外，那部兼收并蓄的西塞罗《名言集》（*bons mots*）可能也是他一手负责的。他似乎是一名非常严谨的学者，但缺乏创见。据说，他像特兰提娅一样高寿（不过，此说可能有误），他一直生活在坎帕尼亚的小庄园里，因其得到这个庄园，小马尔库斯可能向他表示过祝贺。

他将看到，在某种程度上，西塞罗的文学名望必将长于社会潮流的演变。而加图和布鲁图则一如既往地怀念共和国；尽管西塞罗的部分政治学说，诸如元老院和骑士等级的联盟、意大利的作用等，在奥古斯都时代已经臻于成熟，但西塞罗著作的魅力似乎不限于这一点。虽然可以称西塞罗是被人唾弃的安东尼之敌，但西塞罗确实谈不上十分老练，值得注意的是，在睡梦中，他预见到了屋大维的统治。然而， 298
多年过去了，正如普鲁塔克在《西塞罗传》的结尾部分说道，一天，皇帝偶遇一个孙儿在读书。此书是西塞罗的一卷著作，小孙子十分紧张，急忙把书藏到衣襟下面。奥古斯都发现了孙儿的这一动作，便把那本书取出来，然后站在那里读了良久。最后，他把书还给孙儿说："这可是一位雄辩家呀，我的孩子！他既是一位雄辩家，也是一位爱国者！"

299 # 第十七章　名垂千古

奥古斯都的评价远非最后定论；如果西塞罗能够知道在其死后至少某些时期，他所产生的影响和人们对他的热爱，那他定会感到欣慰的。他是一位全能型的人物，寥寥数语实难追述他死后的口碑。在他离世后的最初两个世纪，他的声望不如后来那么高。的确，在学校中，他的写作风格备受青睐。李维劝说自己的儿子研究“德摩斯梯尼和西塞罗，然后再去研究最类似德摩斯梯尼和西塞罗的学者”；李维本人及其以后的一些作家均受西塞罗的影响，特别是塔西佗。塔西佗论演说术的对话录是他的早期作品，令人赞不绝口，其中不难看出西塞罗的影响。昆体良是1世纪后期的杰出作家，他对教育和修辞学的论述颇有见地。在他看来，西塞罗“不是一个人的名字，而是雄辩的代名词”。西塞罗的视野非常宽阔，他不过分强调修辞学教育的重要性，但是，他的这种观点除对塔西佗和昆体良有所影响外，对其他人的影响则微乎其微。总之，正式的拉丁散文风格长期遵循不同的路线，有的寻求引人入胜的妙语和警句，有的竭力避免西塞罗式的四平八稳和面面俱到以及据称是冗长乏味、啰啰唆唆的西塞罗式韵律。2世纪，一位仰慕西塞罗的人抱怨说（确有其事），西塞罗没有充分使用稀奇古怪、陈旧不堪和诗意深奥的词汇。

1世纪晚期出版了西塞罗的部分来往书信，但是似乎没有引起太大的反响。虽然普鲁塔克的《传记》对西塞罗表示同情，但作为一个普通人和政治家，西塞罗经常被人忽视或误解。3世纪早期的历史学家狄奥·卡西乌斯是皇帝的忠实臣民（我们经常引用他的著作），他有一种倾向，认为西塞罗是一位意志薄弱、优柔寡断的变节者；狄奥以一名哲学家的口吻为皇帝朗读论坚定性的长篇讲稿，据猜测，西塞罗在流放色撒洛尼卡期间与该哲学家好像会过面。狄奥在讲稿中旧调重弹，实际上这些责骂均出自西塞罗的对手弗菲乌斯·卡勒努斯之口。

塞涅卡（Seneca）称赞西塞罗的哲学著作是罗马人为哲学学科做出的重大贡献；但他主要关心的是这些著作的高尚风格。实际上，像 300
塞涅卡的贡献一样，有些哲学著作多为半斯多葛派哲学家的说教。虽然当今的哲学家抱怨西塞罗缺乏知识上的严谨，但对日益虔诚和驯服的时代，西塞罗也表示过怀疑，并公开阐明自己的见解，同时这些哲学家们认为，只要受教育者愿意，仍可研究希腊哲学。但是，早期基督徒坚持与现存的哲学观点和神学主张进行不断的斗争，务求用异教听众能够接受的术语解释他们的信仰，所以，他们认为，不必人人都能阅读希腊文。因此，许多基督徒不仅在西塞罗的语言和技巧方面找到了灵感，而且在他的某些辩论中受到了启迪，这一切都是不足为怪的。《论神性》一书的观点流传数世纪之久，其中模棱两可的解释增加了它的影响力。北非作家米努奇乌斯·菲力克斯（Minucius Felix）依据《论神性》的观点，凭借一篇辩护对话成为 3 世纪初期的引路人。然而，以“西塞罗式的雄辩”闻名于世的著名作家是拉克坦提乌斯（Lactantius）：像其他基督徒一样，他声称，西塞罗的论点把异教完全摧毁了。他补充说，当然，这只能说明，没有神示的理智是软弱无力的。然而，他继续宣扬神意，声称西塞罗在不知不觉的情况下分享了基督徒的某些信仰，诸如，道德律与神的律法是一致的。他还依据西塞罗的伦理观，赞扬西塞罗对包容的关注，可是他又指出，西塞罗很少强调怜悯、宽恕和忏悔。后来，在探讨基督徒的义务时，圣安布罗斯（St Ambrose）把《论职责》作为自己的主要依据。

圣杰罗姆（St. Jerome）和圣奥古斯丁的事例更加引人注目。杰罗姆主要是一名作家和修辞学家，退休后他回到耶路撒冷，但他仍没有抛弃自己的书籍。正如他在信中所说，有一次，当他感冒发烧卧病不起之时，仿佛觉得自己来到审判席前。他声称自己是基督徒，话音刚落，就有人对他说："你撒谎；你是西塞罗的信徒，不是基督徒。'你的财宝在哪里，你的心必将跑到哪里'。"因此，他一度发誓放弃所有的异教文学，但他未能坚持到底，不得不为免受伪证罪的起诉进行辩护，但收效甚微。

奥古斯丁的《忏悔录》是一部自行辩解的著作。他所受的教育自然包括阅读西塞罗的作品。19 岁那年，

> 301 我在平时学习期间就已经开始接触西塞罗的一部作品，除书信外，它的写作风格几乎受到了所有人的赞美。这部作品被称作《霍腾西乌斯》(《霍腾西乌斯：哲学的劝勉》)，然而，它包含了西塞罗对哲学的劝勉。这部书的确改变了我的看法。主啊，它也改变了我对您的祷告，它使我的心产生了不同的遐想和期待。所有自鸣得意的抱负突然失去了它们的价值；我心中燃烧着难以置信的火焰，渴望得到永恒的智慧。

奥古斯丁从未学过希腊文，但在思想长期演变的各个阶段，他始终拥护西塞罗。如果说，读过《霍腾西乌斯》之后，他找到的哲理是摩尼教的二元论，那么，后来，他在西塞罗的怀疑论中找到了反对这种教义的论据；如果说，他在一些基本问题上，如美德的先天性、意志的自由或善举的价值等方面，抛弃了西塞罗的信念，那么，正如《上帝之城》所显示的那样，为了获得有关异教或其他问题的知识，他仍大量引用西塞罗的著作，同时他的写作风格从未完全摆脱西塞罗的影响。

中世纪早期，西塞罗的大部作品均已散佚或鲜为人知，虽然有时图里乌斯和西塞罗被误认为两个人，但人们没有完全遗忘他。他被视为修辞学的权威，文笔稚嫩的《论发明》（*De Inventione*）是一本基础读物，这会令它的作者深感不快（赫伦尼乌斯所著的一部枯燥的修辞学著作亦如此。《论发明》根本就不是西塞罗的作品，可是，中世纪的舆论仍把它作为修辞学家的杰作［*par excellence*］归于西塞罗）。然而，有些时候，人们首先认为，西塞罗与哲学是一致的；虽然“西庇阿之梦”是从《论共和国》（该书绝大部分散佚）中分离出来的，并被误解成敛心默祷生活的辩护词，但它仍是一本颇受青睐的读物。当然，其中没有哪部作品堪称西塞罗的代表作。但是一些早期的哲学论文，特别是《图斯库伦谈话录》、《论职责》（附《论题篇》［*Topica*］摘要），以及《论友谊》和《论老年》两部短文，都是家喻户晓的。甚至在但丁看来，西塞罗仍是一位哲学家。

中世纪后期，随着社会和经济的发展，人们对共和国时期的罗马产生了新的兴趣。在意大利城市国家和其他地区，形成了一个蓬勃向上、有教养的世俗阶层；共和理想，即这个世界的更大希望，以及在实际问题和个人问题上，无所顾忌地表达情感的需要——所有这一切都构成了新生活的内容。在彼特拉克（Petrarch）身上开始见到了这样的结果。西塞罗的语言铿锵悦耳，这使幼年时代的彼特拉克如醉如痴；后来，他开始学习法律，但很不情愿，仍私下研究西塞罗。他对 302
西塞罗的热爱从未停止过：“你是生活的源泉，我们用你那源源不断的泉水浇灌我们这片草地，你是我们言听计从的引路人，你的称赞表达了我们的喜悦，你的名字为我们增光添彩。”这不仅仅是一个写作风格的问题；面对老年、痛苦和死亡，彼特拉克发现，西塞罗的作品是一种安慰，可以说几乎是基督教智慧的源泉。他认为，西塞罗的作品不仅高于同时代亚里士多德学派的枯燥说教，而且也可以用他的作品批驳他们的理论。彼特拉克积极寻找西塞罗的手稿和重新发现的演说词，以及写给阿提库斯的书信。这里面不存在博学的苦思冥想者。接触西塞罗的人格令人感到巨大的震撼；彼特拉克写了一封著名的书信，所引起的震撼也是巨大的。它唤起了人们对西塞罗的回忆。在这封信中，他主要责备西塞罗不该在恺撒死后重返政坛。“为何你要舍弃与你的年龄、地位和生活变迁相称的平静，卷入那么多的论战和无聊的争吵呢？何种徒有虚表的名声驱使你……陷入一个圣贤所不足取的死亡？”彼特拉克认为，那些演说也显示出西塞罗的反复无常；《为阿尔奇亚斯辩护》一文对诗歌进行了赞美，这对他具有很大的吸引力。彼特拉克始终坚信，西塞罗应接受恺撒的仁慈和帝国的建立，但他认为，西塞罗一直在教导人如何生活、如何创作；西塞罗追求的精神自由、爱国和关于荣誉、友谊、文学的理想以及对自然美的热爱，所有这一切都遇到了知音。

五十年后，西塞罗的《致友人书》（*Letters to his Friends*）被发现了。但是，这一次，这些书信受到了很不一样的欢迎，至少受到了佛罗伦萨政治家科卢乔·萨卢塔蒂（Coluccio Salutati）的珍视：他认为，这些信件十分宝贵，揭示了一个自由国家的堕落，并指出，保卫国家是每个公民的义务；书信的作者不愧为真正的哲学家和真正的罗马人。萨卢塔蒂的朋友韦尔杰里奥（Vergerio）在帕多瓦（Padua）著书立说，在那里，即使受一系列王公的统治，但共和国的自由传统仍然保存下来；他以西塞罗的名义给彼特拉克回信，宣称：在他有生之年，将始终向往共和国，因此，共和国的战争都是值得的；由于恺撒的仁慈包藏着专制君主的权力，因而恺撒的仁慈是可憎的。究竟是恺撒可憎，还是西塞罗、布鲁图与加图可憎？人们仍不断辩论这个问题。当恺撒和君主制得到认可之后，出现了要求参与公共生活的呼声与新的爱国主义感情，即便这时，谁可憎的问题依然存在。对许多人
303 而言，西塞罗开始代表“政治活动与文学创作的完美结合”。《论演说家》取代了枯燥乏味的《论发明》，主要探讨公务员的培养和雄辩术。

哲学著作保持着自己的地位；正如我们这个地区的祖先所熟知的《论职责》那样，图里氏族的职责（“Tully's Offices”）为本地区有教养者的道德观奠定了基础。西塞罗对柏拉图的称赞促进了柏拉图哲学的复兴，然而，由于这种复兴距西塞罗的新学园观点相去甚远，于是，那些说希腊语的学者出于妒忌，动不动就向他的理论高地发动攻击。即使在新的怀疑时代，西塞罗对科学的发展也是有贡献的；在西塞罗的著作中，哥白尼不经意地接触了亚历山大天文学家的理论，因而受到了启发，所以后来才有了革命性的新发现。蒙田（Montaigne）在一片奉承的合唱声中奏响了一曲令人耳目一新的辛辣音符；他反对论文的冗长（*longueurs*），在谈到论文的冗长时，他讽刺说，听者既能瞌睡一刻钟，又能不费气力地找回被中断的线索。此说并非虚构。

西塞罗的风格和语言是备受人们赞美和探讨的对象。从彼特拉克起，人文主义者已经开始向西塞罗学习写政治豪言、私人信函和适合世俗听众的优美对话（令人遗憾的是，也有谩骂语言）；过了一段时间，人们要求从拉丁语中彻底清除中世纪不文明的词语。结果演变成接受西塞罗和只让西塞罗作为楷模的运动；在许多人看来，如果在西塞罗的著作中找不到的话，那么无论是单词、格，还是时态，都是不允许的，甚至宗教语言都可能被世俗化。这种过激之举受到了伟大人文主义者的嘲讽。人文主义者们拒绝成为“西塞罗的模仿者”。他们宣称，为了更加自由地表达自己的思想和关切，应当效仿西塞罗的精神，而不是照搬他的词句；在坚持此观点的人文主义者中，首推崇尚伦理学著作的伊拉斯谟（Erasmus）。但是，这场论战几乎风行到16世纪末，这时，正在兴起的巴洛克风格更加求助于塞涅卡和塔西佗；不久，纯拉丁风格的问题变得不那么急迫了。然而不要忘记，由于受拉丁语的复兴和西塞罗本人的不断影响，各种方言终于确立了自己的统治地位。

17世纪是欧洲大部分国家的君主制时代和巴洛克风格的时代，西塞罗没有给这个时代留下很多的例证；可是，在强烈反对君主政体的英国，一位无名作家发现了西塞罗一生的悲剧，并把它搬上舞台。更重要的是，从这一时期起，英国作家试图在天性上为宗教和道德奠
304 定基础，以对抗《启示录》。于是，他们发现，若不依据西塞罗的某些论点，那就只好批驳他的这些论点，尤其是《论神性》一书中的巴尔布斯论点。洛克选的是第二条路线，但他是在援引该书语录的旗帜下，批驳西塞罗的论点。人们对纯粹的自然神论越来越趋之若鹜。最后，假如休谟小心地包装一番，同时借助所有作品中最有洞察力的西塞罗著作，以及精彩纷呈、影响深远的《自然宗教对话录》（*Dialogues concerning Natural Religion*），那他就以更加有力的新论据回到了科塔的怀疑论立场。首先，休谟驳倒了臆造的论据；其次，在自己的伦理学著作中，他还向《论职责》忏悔了自己的严重过失；他为哲学而采用的清新、优美和质朴的文学风格，不知不觉地流露出同样的灵感。

我们可以发现，18世纪的英国与西塞罗时代的罗马有某种亲缘关系。在西塞罗的伟大时代，哲学处在较低的水平上，这是不足为怪的。米德尔顿（Middleton）成功地出版了一部颂扬西塞罗的翔实传记，并翻译了他的演说词和书信。但是，许多人至少从年轻时代起，便开始阅读西塞罗的原著；洛克在教育方面颇具影响力，他坚持认为，西塞罗的价值体现在他的修辞能力、书信体的写作技巧和高尚的道德情操。他那温文尔雅的写作风格与那个时代高度吻合；朴实无华的论文韵律符合这一时期担心"狂热"的格调；他崇尚自由，但不主张民主政治的观点，与他的大多数读者的观点高度一致——事实上，他向读者讲述了许多帮派斗争和腐败的急迫问题。英国下院的一些大演说家都非常了解西塞罗，但他们没有生硬地模仿他；伯克（Burke）完全清楚自己对沃伦·黑斯廷斯（Warren Hastings）的抨

击与西塞罗对维列斯的抨击具有何等的相似性。如吉本总结的那样：阅读西塞罗的作品，“我领略了语言之美，体验了自由之精神，同时从他的格言和举例中感受到男子汉大丈夫的公共意识和个人的洞察力”。

在法国，西塞罗也有很高的声望。对哲学家而言，真正的哲学与人类和社会息息相关，不能与故弄玄虚的形而上学体系或逻辑上的复杂问题相提并论；许多人发现法国人生活在专制主义的统治之下，他们强烈反对专制制度，赞美西塞罗那样的无拘无束、勇于探索的精神。孟德斯鸠认为西塞罗“是有史以来最杰出的人物之一”（*un des plus grands esprits qui aient jamais été*），但西塞罗的最伟大的崇拜者是伏尔泰。伏尔泰认为，西塞罗与其他古代作家一道，“教会我们如何思考”。他认为，《图斯库伦谈话录》和《论神性》是人类智慧的 305
伟大杰作，而《论职责》则是人类行为的最佳指南（伏尔泰的朋友和敌人腓特烈大帝［Frederick the Great］对此表示赞同）；伏尔泰为西塞罗的真诚进行辩护。同样，他真诚地向亲属和朋友敞开心扉，为西塞罗的痛苦而感到悲伤，甚至投身于诗歌创作（诗如其人，似乎同样优秀）；伏尔泰声称，他写的不大引人注目的悲剧《喀提林》或《罗马得救了》（*Catilina*，*ou Rome Sauvée*），是为了向戏迷们推荐西塞罗及其美德——在该剧的首次演出中，他以业余爱好者的身份扮演了一个角色。他还撰写了一篇令人捧腹的寓言，讲述的是一位中国皇帝的故事：起初，这位皇帝本打算拒绝罗马使团的觐见，因为他讨厌这些使者的占卜观念，但是，当他听了《论占卜》的翻译之后，一改原来的态度，开始对罗马共和国大加赞扬。在《麦米乌斯致西塞罗的信》（*Letters of Memmius to Cicero*）中，伏尔泰以公开赞美之手法，介绍了自己的自然神论观点。

对许多有抱负的革命一代而言，西塞罗的影响更加直接。长期以来，法国没有公众辩论和与法庭有关的辩论。如今，人们迫切需要这两种辩论。许多革命的领导人均为律师；其中，多数人不是贵族。这些布衣之士渴望凭借自己的才能闯荡天下；从米拉博（Mirabeau）起，经过吉伦特派，直至德穆兰（Desmoulins）和罗伯斯庇尔，他们当中的这些人物几乎都把西塞罗视为英雄，与海峡对岸的英国人相比，这些法国人更加积极地模仿西塞罗的演说，这是不足为怪的。

18世纪将会赞美《论共和国》。但是，晚到1820年，该书的部分章节才重见天日；那时，其论述混合政体和自然法的观点似乎已经过时和过于天真。于是，保守思想迅即蔓延开来；尤其在哲学作品的评价上显得更加荒唐。一个高度重视创新的时代向世人表明，这些章节大量利用希腊文献；此外，还向世人证明，它们唯一的兴趣似乎在于，让学者们重现希腊化思想的某些方面。那也是伟大的形而上学体系的时代，尤其在德国，表现格外突出；西塞罗的哲学显得不太重要了。在快速变化的世界中，古典时代很少具有权威性，而且也不太符合时宜。在世人看来，凡是古典时代仍受赞美的地方，出现了希腊优于罗马的倾向。在文学方面，浪漫主义和现实主义挑战正统的修辞学。此外，西塞罗的政治形象几乎遭到了无法挽回的损
306 伤。这一时期，最著名的罗马历史学家都向西塞罗发动攻击，尤其是伟大的蒙森。蒙森善于把激情和雄辩同无与伦比的学识和精力紧密结合起来。他对恺撒的效率和成功崇拜得五体投地，他谩骂西塞罗是一个失败的变节者（*turncoat*）。他指责，公元前63年，西塞罗为了支持保守派抛弃了“民主派”。但是，这种指责有悖于19世纪政党政治的理念，同时对于该年前后西塞罗言行的微妙变化也没有给予公正的评价。

罗马政治生活的这类画面被抛弃了（我们对军事独裁越来越不抱幻想了）。但是，取而代之的是，许多学者对裙带网和各种关系进行考察，这些关系网是确立伟大君主权力的基础。他们坚持认为权贵派

和民众派一类的标签没有任何意义。在英国，有一种态度与18世纪刘易斯·纳弥（Lewis Namier）爵士的著作有关，或者说，受其著作的影响，该著作的结论是：辉格党或托利党的标签没有实际意义。一向势单力薄的西塞罗对这类观点兴味索然，不屑一顾；他所强调的政治原则（不管能否实现）似乎都是不切实际的或伪善的；他对穷人的苦难缺少真正的同情，实际上，对他那个时代的问题缺乏深刻的了解，结果他同那些从社会经济角度分析时代的人疏远了。最近几年，西塞罗的最大诋毁者是臭名昭著的法国历史学家卡尔克皮诺（Carcopino），他的著作《西塞罗通信秘闻》（*Secrets de la corréspondance de Ciceron*）既不重视证据，也不关心罗马的状况，甚至连西塞罗的生活琐事都要加以谴责。

有些人一向比较同情西塞罗。在许多地区，论战仍然很激烈，对西塞罗肖像的敬仰好像也没有达到顶礼膜拜的程度。但是，最近钟摆似乎正在向回摆动。的确，对西塞罗的政治重要性、学术成就或个人美德的评价，没有回到夸大其词，不加批判的地步，然而应当承认，他的政治重要性、这些学术成就或这些美德绝不是他本人的异想天开的杜撰；简言之，对待西塞罗一定要格外严肃。今天，尽管西塞罗的论文主要体现在历史价值上，尽管他的雄辩术亦不再时髦，然而他那控制浮躁情绪的努力和维护政治自由的不懈斗争（不管他对自由含义的理解多么不充分），在当今时代确实会引起共鸣。早在青少年时代，西塞罗就按罗马人的标准把惊人的勤奋同卓越的才华、广博的知识、 307
诚实的品格和仁爱的精神结合起来了，但我们觉得，他有点儿爱耍小聪明，他的性格也有些轻率。担任执政官的成功冲昏了他的头脑，因而想象力和性格的缺陷在他身上暴露得特别明显；另一方面，政治上受到排斥和流放只能使他更加以自我为中心、更加朝不保夕、更加反复无常——对自己过去的光荣历史总是念念不忘，沾沾自喜；可是，动荡不宁的公元前1世纪50年代表明，关于演说家和政治家的职责和品质，以及时代政治灾难的性质和可能采取的根治方法，西塞罗要比其他罗马人考虑得更加深刻。西塞罗的悟性和精力留给人的印象极其深刻，正是这种悟性和精力使他能够步入老年时代。他的风格得到了重新评价和进一步的弘扬；由于相互攻击，他与一些旧友的关系破裂了（虽然西塞罗是无可指责的，但很难断定，谁应当对此负主要责任）。可是，他与其他朋友的关系却越来越紧密，越来越成熟。毫无疑问，他对罗马政局的恶化和自己影响力的下降而感到悲哀，虽然两者紧密相连，但前者带来的苦恼远远超过后者。老实说，他曾试图让情绪达到泰然自若的程度，这样公众的赞扬就不会对他有所影响，同时自己的苦恼和对自身安全的担心也将置于自己的控制之下。在某种程度上，他仍在自欺欺人；在情绪上，他总是好走极端，在他的书信中，判断力和情绪的矛盾依旧形影不离。我们没有忘记，西塞罗准备激怒安东尼，却不善于面对这个对手；我们也没有忘记，他向屋大维乞求过怜悯，可是最终他还是英勇地牺牲了。但是，总的来说，人们崇敬他“止于至善”的精神。在某些人看来，西塞罗的演说确有华而不实的冗长特点和低三下四的言不由衷，但趣味横生、优雅华丽的段落冲淡了这些缺点；此外，他的自我批评和自我嘲讽的能力、评价人的宽容和大度、礼貌待友的作风也弥补了演说中的不足。在许多人看来，他似乎是一个悲剧人物。确实如此，可是，他经常是一个地位卑微、令人发笑的喜剧人物。那个时代还有许多人也是悲剧人物：才华横溢的恺撒确实有些蔑视他人所崇尚的传统，但最后落入妄自尊大的
308 陷阱；加图是一位高风亮节、威武不屈之士，但他目光短浅，顽固地维护旧制度，虽然他一再被迫妥协，但总是跟不上时代的步伐，最终未能做出任何闪光的业绩；布鲁图高傲自负，易动感情；庞培雄心勃勃、不够坦率，但绝非心怀叵测。然而，我们对其中任何人的了解都远不如对西塞罗的了解。正如他的一位伟大对手所说，在某种程度上，西塞罗远远超过了他们：他“扩大了罗马人的精神境界”。

罗马政治制度

下面的概述对全文的内容没有多少补充，但这种汇集可便于参考。

人民：

根据苏拉比较保守的宪法，人民即成年男性公民（奴隶和外邦人自然被排除在外，外邦人包括“行省”的土著人，在意大利以外，罗马统治的地区均划分成行省），拥有罗马最终的立法权。人民不经过代表直接行使这种立法权。在各种形式的人民大会上，他们不能像希腊民主制城邦那样讨论议案，只能在听过发言人的意见之后，按照高级行政官提出的议案进行表决。在最普通的人民大会中，人民分成35个部落（部落是人为划分的地域单位，除四个城市部落外，每个部落都是由意大利的不同地区组成的）。赢得个人多数选票者决定部落的表决结果；通过一项法案需要得到35个部落的半数以上选票。最正规的高级行政官的选举和实现其他目的不是按照部落表决，而是以同样的方式按“森都里亚”（或“百人队”）投票。在这个初为军事性质的组织中，人民在城外的马尔斯演兵场集会，他们依据财产分成五个等级，五级之内又细分为“森都里亚”。上层等级的森都里亚比任何其他等级的森都里亚都多，可是富者的人数明显少于贫者，因此，在人民大会开会时，富者具有压倒的优势。这种情况的出现是因为他们是战争中起主要作用的唯一等级，在国家临战之前，只有上层等级能够为自己提供优良的铠甲。上层等级首先开始投票，实际上，最低的等级根本无法得到投票机会，因为在193个森都里亚中，头两个等级经常能够赢得绝对多的票数（不过，这种计算方法有点简单化）。

这个时期的表决采用秘密投票制。由于公民向各个行省移民，因而只有分散在意大利境内的一小部分选民能够就近投票。公元前1世纪，在人民大会中，混乱和暴力层出不穷。

元老院：

元老院只仅在理论上是执政官的咨询机构，但在实践上，它有很大的权威，在许多领域元老院的决议都是有效的。元老院会议有时在广场附近的元老院大厅举行，其他时间则在不同的神庙中举行。会议由执政官主持，执政官外出，则由大法官主持。主持会议的官员请元老发言一般以资历高低为序。由于元老院的组成是清一色的卸任高级
324 行政官，因此，苏拉以后的元老院实际上是由人民选举的；但是，传统习惯、政治家对财富和经验的要求和由此而来的压力，其中也包括贿选，均意味着：这些人几乎全部出自上层阶级。理论上，这个阶级包括许多“平民”家族，由于早期贵族，即氏族贵族的封闭性到公元前4世纪崩溃了，后来留给这些氏族贵族的只有较小的特权，主要是宗教仪式方面的权利。如今具有重要地位的将是“新贵族”，即产生过执政官的家族。到了这个时期，要想跻身新贵族的狭小圈子是非常困难的。

高级行政官：

高级行政官的选举每年都在9月举行。除保民官外，高级行政官均在10月上任，保民官于12月上任。有些地位较低的高级行政官可供成年男子选择，但他的年龄必须达到28岁才有资格成为财务官或保民官。财务官共有20名，主管财务，因此可以进入元老院，然后，他便可以成为营造官，营造官共有四名，负责市政管理。保民官共有十名，担任保民官也是进入元老院的一个途径。作为早期时代斗争的

一种遗风，担任保民官的人不是贵族，他们被视为人民利益的保卫者。保民官可以否决元老院或人民大会的建议，也可以主持部落会议（无贵族成员参加的部落会议），并为该部落会议立法。苏拉一度限制保民官的权利；实际上，许多保民官出身贵族；一些保民官为了维护他们自己的利益或保护人的利益，不管他们是不是贵族，都试图利用人民反对元老院。

大法官比营造官和保民官的级别更高（这个时期共有八名大法官）。大法官主持刑事审判，可以指挥一支军队，任职期满后，通常喜欢以代行高级行政官（副将或相当于高级行政官者）的名义前往海外，治理一个行省。元老院可以把他的行省任职时间由一年延长为两年或三年。当大法官任职期届满两整年之后，他便可以竞选罗马最高的行政官，即两名执政官中的一名，像从前一样，同大法官一道，他大概就拥有了行省的指挥权。从卸任执政官或“执政官级的”元老中选举两名监察官。理论上，监察官每五年选举一次，任职期为十八个月。监察官的职责是：负责人口普查和财产登记、在森都里亚会议上分配公民的住地和修订元老院的名单等。虽然监察官无权指挥军队，但这是一个很有权威的官职。在罗马，共治原则有助于高级行政官制约自己同僚（或下级）的行动。

就某种意义上说，罗马不受高级行政官的统治，而受卸任高级行政官的统治。虽然苏拉之后无人拥有“首席元老”的优越地位，但卸任高级行政官在元老院拥有首先发言的权利，这种权利具有极大的影响力。罗马的许多权力取决于寡头成员，即那些最显赫的贵族。他们担任祭司，常以宗教为由宣布一些行动无效。

骑士：

置身于元老院之外、拥有财产（指资产，而非收入）超过一定数量的人被称为骑士。由于元老不得从事贸易或承包国家的合同，于是大量骑士开始从事上述的两项活动。虽然许多骑士是僻静乡村的士 325

绅，但在这个阶级中形成了一种合作的精神。在不同的时期，陪审团毫无例外地出自这个阶级或其中的一部分人出自这个阶级。因此，在刑事法庭上，骑士阶级对犯有受贿、施暴或勒索的元老院成员构成一定的威胁。由于骑士在行省承包税收或从事商业投机活动，因此，在行省问题上，骑士和元老院或元老院的成员之间经常发生大量冲突。毋庸置疑，在元老院中，骑士也可能有一些同情他们的盟友。

政治生活：

让我们先来谈一谈权贵派和民众派。权贵派是贵族保守派，主张维护元老院的至高无上地位和现状（*status quo*），好人（*boni*）或精英（*bien pensants*）是权贵派更常见的称呼；民众派通常是一些独立而又好胜的个人，而非政党。他们利用部落会议反对权贵派。可以发现，骑士有时扮演中间派的角色，他们随时准备联合元老院反对革命，可是，当元老院无视他们的权利时，他们便与民众联合起来。实际上，各种人际关系，特别是庇护关系，打破了这样的群体界限，通过庇护制，一些个人或整个公社都置于豪杰们的庇护之下。除了得到个人的追随之外，一个富豪不是利用人民的抱怨，就是孤注一掷，动用一定规模的军队。由于资金有限，且没有真正的警察部队，因而国家经常处于危险的境地（公民不缴纳直接税，除了东方行省之外，其他行省也只不过支付管理费和国防费罢了）。虽然如此，罗马人是名副其实的传统主义者。他们认为，自己的制度不是可以随便批评的。

罗马人的姓氏 326

罗马公民有“三个名字”而有别于其他民族：提供本名或第一名（*praenomen*）的情形一般很少见；氏族名（*nomen*）通常以-ius结尾，在广义上可以确定氏族（*gens*）；姓（*cognomen*）主要用于区分一个家族出现的两个分支，或有同一名字的两个家族——有时表示个人或描述性的。事实上，很多世袭的姓（通常都是不讨人喜欢的）最初均为绰号（如盖约·马略［C. Marius］）。若被新的家庭收养，他则会以一种特殊的形容词形式保留旧氏族名作为姓：如屋大维被恺撒收养后，他更名为盖约·朱里乌斯·恺撒·屋大维亚努斯（C. Julius Caesar Octavianus）。

西塞罗提到其他罗马人时，有时直呼其名，有时直呼其姓，或二者兼而有之。事实上，不管哪种称呼似乎都是非常方便的。在元老院，只使用本名的古老传统仍然存在，因此，西塞罗可称作马尔库斯·图里乌斯。在官方文件中三个名字同时使用，亦要附加父亲和祖父的本名和氏族名。在下面索引中，氏族名是字母排序的主要依据，主要的姓是前后对应的。若本名缺失，就不知道姓什么。

妇女只使用氏族名的阴性形式，没有本名和姓，如西塞罗的女儿就可以称为图里娅（Tullia）。若有几个女儿则以老大（*Prima*）、老二（*Secunda*）或老三（*Tertia*）等加以区分。奴隶只有一个名字，通常为希腊语；获释后他们可以使用主人的氏族名作为本名；如提洛即可称为马尔库斯·图里乌斯·提洛（M. Tullius Tiro）。希腊人只有一个名字，通常以其父亲之名或出生地之名进行识别，但难以完全表达清楚。

最常见的第一名及其常用的缩写形式：

A. ——奥路斯（Aulus）

Ap. ——阿皮乌斯（Appius）

C. ——盖约（Gaius）

Cn. ——格奈乌斯（Gnaeus）

D. ——戴奇姆斯（Decimus）

L. ——路奇乌斯（Lucius）

M. ——马尔库斯（Marcus）

M’. —— 曼尼乌斯（Manius）

P. ——普布里乌斯（Publius）

Q. ——昆图斯（Quintus）

Ser. ——塞尔维乌斯（Servius）

Sex. ——赛克斯图斯（Sextus）

Sp. ——斯普里乌斯（Spurius）

T. ——提图斯（Titus）

Ti. ——提比略（Tiberius）

各章参考文献

A＝致阿提库斯的信；f ＝致亲友的信；Qf＝致昆图斯的信；MB ＝致布鲁图的信；App. ＝阿庇安，《内战记》；Plut. ＝普鲁塔克，《西塞罗传》；Sall. ＝萨琉斯特，《喀提林阴谋》；Suet. ＝苏埃托尼乌斯，《神圣朱里乌斯传》。其他缩写为标准形式。参见《牛津古典辞书》第 3 版所使用的作者与著作的具体缩写形式。

第一章　阿尔皮努姆和罗马（公元前 106—前 90 年）

对阿尔皮努姆的描述，*de leg*. II 1-3；相关的家族，*ib*. III 36；马略在阿尔皮努姆的政治活动，Val. Max. VI 9. 14；老西塞罗的政治观点，*de leg*. III 36；马略的崛起，Plut. *Marius* 4-7；马略·格拉提迪乌斯，*Brutus* 168；路奇乌斯·西塞罗，*de or*. II 2；他的女儿，*pro Lig*. 21，Schol. Gronov. 292 Stangl；罗马之外的文化，*de or*. III 43；瓦列里乌斯·索拉努斯，*Brutus* 169，*de or*. III 43；洗浴，*Tusc. Disp*. V 74；西塞罗与农业，Qf III 1. 2，*de sen*. 15-16；在罗马的居所，Plut. 8. 6，Qf III 1. 2；rels. w. 安东尼，*de or*. II 3；维塞里乌斯·阿库列奥，*de or*，I 191，II 2；西塞罗的母亲，f XVI 26. 2，Plut. 1；昆图斯的身高，Macrob. II 3. 4；西塞罗在路奇乌斯·克拉苏家中，*de or*. II 2；克拉苏妻子的拉丁语，*Brut*. 211；以希腊文讲授的修辞学，*de or*. I 13；拉丁语演说学校，*de or*. III 93；Suet，*de rhet*. 26；西塞罗研究克拉苏的演说词，*Brut*. 169；演说练习，*de inv*. I 17-18，II 153；西塞罗学生时代的誓言，Plut.

2. 2；渴望荣誉，Qf III 5. 4；费德鲁斯，f XIII 1. 2，*de n. d.* I 93，“地位、权威”，*pro Clu.* 154.

第二章　步入仕途（公元前90—前77年）

斯考鲁斯的影响，*pro Scauro* frag.，*de off.* I 76；路奇乌斯·克拉苏的伟大演说，*Brut.* 164，*de or.* I 225；“英明的民众派”，*de rep.* II 54；克拉苏之死，*de or.* III 1ff；西塞罗论罗马法，*de or.* I 197；论十二表法，*de leg.* III 59；西塞罗与斯凯沃拉，Plut. 3. 1，*de amic.* 1；西塞罗与斯提罗，*Brut.* 207；阿提库斯的青年时代，Nepos *Att.* 1，*de leg.* I 13；小马略，Nepos *ib.*；西塞罗结识恺撒，Qf II 14. 1，*de prov. cons.* 40；两个祖国，*de leg.* II 5；西塞罗在斯特拉波身边服役，ILLRP 515（ILS 8888），*Phil.* XII 27；与苏拉，Plut. 3. 1，*de div.* I 72；西塞罗聆听马略的演说，*post red. ad Quir.* 19-20；西塞罗与大祭司斯凯沃拉，*de amic.* 1；图谋杀害斯凯沃拉者，Val. Max. IX 11. 2；这些年里的西塞罗，*Brut.* 227；斯凯沃拉的态度，A VIII 3. 6；斯凯沃拉之死，App. I 88；格拉提迪亚努斯，*de or.* I 178，II 262，*de off.* III 80-81；“我来到广场”，*Brut.* 311；聆听演说家们的演讲，*Brut.* 305；朗读，*ib.* 310；与菲洛，Plut. 3. 1，*Brut.* 306；柏拉图为西塞罗的神，A IV 16. 3；与狄奥多图斯，*Brut.* 309，A II 20. 6；论希腊抒情诗，Seneca，*Ep. Mor.* 49. 5；西塞罗的诗，Plut. 2. 3，Tacitus，*Dial.* 21；为何演说家寥寥无几，*pro Cael.* 46；吸收力不强，Plut. 3-2；宴会，f IX 26；谈爱，*Tusc. Disp.* IV 68—76，cf. Seneca，*Ep. Mor.* 96；外貌与性情，Pollio *ap.* Elder Seneca，*Suas.* 6. 14；体育锻炼，*pro Cael.* 11；演说家所必需的，*de or.* III 220；角斗士，*Tusc. Disp.* II 41；罗斯奇乌斯，Plut. 5. 3；表演与演说术，*de or.* I 128，III 213—227；表示震惊的手势，Quintil. *Inst. Or.* XI 3. 100；西塞罗
310 清晰的演说，Seneca *Ep. Mor.* 40 II；悲剧中的音乐，*Ac.* II 20；狄

奥多图斯与音乐，*Tusc. Disp.* V 113；莫洛，Brut. 312；第一篇存世的演说词，*pro Quinctio*；紧张，*Ac.* II 64；户外演说，Quintil. *Inst. Or.* XI 3. 27；《为罗斯奇乌斯辩护》的成功，*Brut.* 312，*Or.* 108；为阿雷提乌姆妇女的辩护词，*pro Caec.* 97；特兰提娅的妹妹，Ascon. *in Tog. Cand.* 70 Stangl，Plut. *Cato* 19. 3；特兰提娅的财产，Plut. 8. 2；有雄心，*ib.* 20. 2；虔诚，f XIV 7. 1；西塞罗离开罗马，Plut. 3. 4，*Brut.* 313—315；塞尔维乌斯·苏尔皮奇乌斯，*Brut.* 151；西塞罗在雅典，*de leg.* II 1. 4；在柏拉图学园，*de fin.* V 1—2；跟安条奥库斯学习，Plut. 4. 1，*Brut.* 315；跟伊壁鸠鲁主义者学习，*de fin.* VI 1. 3；演说术，*Brut.* 315；埃柳西斯的神秘仪式，*de leg.* II 36；在德尔斐，Plut. 5. 4；在科林斯，*Tusc. Disp.* III 53；为科林斯的毁灭而遗憾，*de off.* I 35；在斯巴达，*Tusc. Disp.* II 34，V 77；在斯米尔那跟路提里乌斯学习，*de rep.* I 13；亚细亚的修辞学者，*Brut.* 315；在罗得岛跟莫洛学习，*Brut.* 316；与波西多尼乌斯，*de n. d.* I 6，Plut. 4. 4；西塞罗的身体状况，Plut. 8. 2—3；不午睡，*de div.* II 142.

第三章　政治见习（公元前 76—前 70 年）

新人的勤勉，*Verr.* II 3. 7-8；西塞罗的重要案件，*Brut.* 318；霍腾西乌斯的风格，*ib.* 301-303，Quintil. *Inst. Or.* XI 3. 8；财务官加图，Plut. *Cato* 16-18；在厄里克斯的罗马人，Diod. Sic. IV 83. 6；阿基米德之墓，*Tusc. Disp.* V 64-66；奉献银盘，Plut. 1. 4；忠于职守，*id.* 6. 1；在普特奥利，*pro Planc.* 64-66；西塞罗谈自己任职期满，*Brut.* 318-319；有关南意大利的演说词，*pro Tullio*；西塞罗谈委员会，Syll.[3] 747. 12，*de n. d.* III 4. 9；斯巴达的庇护人，f XIII 28a；避开保民官一职，Dio 36. 43；法庭上的丑闻，esp. *Div. in Q. Caec.* 8，*Verr.* I 38-39，*pro Clu.* 61，79；路库路斯的密谋，Plut. *Luc.* 5-6；庞培的演说，*Verr.* I 45；“少年屠夫”，Val. Max.

VI 2. 8；瓦罗的手册，Aul. Gell. XIV 7. 2；庞培的尴尬，Seneca *Ep. Moral*. XI 4，马尔库斯·克拉苏的青年时代，Plut. *Crass*. 1 and 4-5；他的贪婪，*de off*. III 73-75，cf. I 25；消防队，Plut. *Crass*. 2；不太可信，*id. ib*. 7；恺撒的起诉，Plut. *Caes*. 4. 1-2；霍腾西乌斯的狮身人面像，Plut. 7. 6；维列斯案是次挑战，*Brut*. 319；西塞罗不求"战利品"，*Verr*. II 1. 21；卡图路斯，*Verr*. I 44；为审判做准备，*Div. in Q. Caec*.，*Verr*. I 6，19，21，30-31，II 1. 16，*pro Scaur*. 25-26；科塔法，Ascon，*In Pis*. 21 Stangl.

第四章　竞选执政官（公元前69—前64年）

西塞罗的赛会，*de off*. II 58；西西里人的帮助，Plut. 8. 1；谈演说家，*de or*. II 10；为一位伊特鲁里亚人辩护的演说，*pro Caecina*；支持高卢总督，*pro Fonteio*；霍腾西乌斯的堕落，*Brut*. 320；西塞罗无人能及的才能，*ib*. 322；审判中的氛围，*ib*. 290；西塞罗的开场白，*Or*. 131-132；马尔库斯·凯里乌斯，*pro Cael*. 9；人们认为西塞罗亲希腊，A I 15. 1；假装忘记希腊艺术家，*Verr*. II 4. 5；恶毒的名声，Plut. 5. 4；用双关语讥讽，*pro Planc*. 85；家事，A I 5，I 6，I 8；图里娅的婚约，A I 3. 3；盖约·皮索，*Brut*. 242；路奇乌斯之死，A I 5. 1；维塞里乌斯·瓦罗之死，*Brut*. 264；西塞罗父亲之死，A I 6. 2，Ascon. *In Tog. Cand*，64 Stangl；阿提库斯在伊庇鲁斯，A I 5. 7. Varro *Res Rust*. II 2ff；西塞罗在图斯库伦，A I 5. 7 etc.；在福尔米埃，A I 4. 3；他的学园，A I 8. 2 etc.；学园，*de div*. 1. 8；有关艺术品的信，f VII 23；绘有苏拉的画，Pliny *NH* XXII 12；桌子，*id. ib*. XIII 92；图斯库伦的花费，A I 4. 3；特兰提娅的财产，e. g. A II 4. 5；阿提库斯的奴隶，Nepos *Att*. 13. 3，书籍，e. g. A XII6a；角斗士，A IV 2a；西塞罗竞选大法官，A I 10. 6，I 11 2—3；选举，*de lege Man*. 2；科尔奈里乌斯，Ascon. *In Corn*. 47—49 Stangl；政治生活的腐朽，A I

11. 3；告别权贵派事业，Dio 36. 44；“等级和谐”，*pro Clu*. 152—154；“把陪审团蒙在鼓里”，Quintil. *Inst. Or*. II 17. 21；作为大法 311
官的西塞罗，A I 4. 3，Plus，9；为科尔奈里乌斯的辩护词，Ascon. *In Corn*.；因接手案件受谴责，*In Vat*. 5；“第一次喀提林阴谋”，Sall. 18—19，*pro Sulla* 67，81；埃及，Ascon. *de rege Alexandrino*；西塞罗竞选执政官，A I 1. 1—4；多米提乌斯，A VIII 1，*Brut*. 267；昆图斯的信，*Comm. Petit*.；如何成为执政官，*pro Mur*. 43 ff；西塞罗多熟人，Plut. 7. 2；来自贵族的支持，Sall. 23. 6；竞选获胜，Ascon. *In Tog. Cand*. 72 Stangl.

第五章　罗马国父（公元前63年）

苏拉的老兵，Sall. 16-11；资金短缺，*In Vat*. 12，*pro Flacco* 67；斯巴达克，Plut. *Crass*. 8—11，App. I 116；人质，Plut. 18；西塞罗演词的发表，A II 1. 3；喀提林因谋杀罪受审，Dio 37. 10；他的性格，Sall. 5，15—16，*pro Caelio* 12—14，*Cat*. I 46；因引诱维斯塔贞女受审，Sall. 15；卢路斯的提案，*de leg agr*. I-III；向庞培致敬，Dio 37. 21；西塞罗的演说，*id. ib*. 25；对拉比里乌斯的审判，*pro Rab. perd. reo*，Dio 37. 26—28；西塞罗演说词的风格，*Or*. 102；恺撒为大祭司长，Plut. *Caes*. 7；执政官选举，*pro Mur*. 43—53；富尔维娅和库里乌斯，Sall. 23. Diod. Sic. 40. 5；加图和奈波斯竞选保民官，Plut. *Cato* 20；仿效祖先，*de off*. I 116；加图的思想，Plut. *Cato* 1；他的青年时代，*id. ib*. 2—4；在元老院讨论哲学，*Parad. Stoic*. 1；身为财务官，Plut. *Cato* 16—18；9月22日的辩论，Suet. *Div. Aug*. 94；克拉苏的情报，Dio 37. 21；10月21日会议，Sall. 29；来自伊特鲁里亚的消息，*id*. 30；喀提林被软禁，Dio 37. 32；11月6日的会议，Sall. 27，*pro Sulla* 52；11月8日的会议，Sall. 31，*Cat*. I；喀提林的信，Sall. 35；西塞罗向人民大会作报告，*Cat*. II；兰图路斯，*Cat*. III 9，16，*Brut*. 235；卡西乌斯，

Cat. III 16，Ascon. 59—60 and 82 Stangl；凯特古斯，Sall. 43；霍腾西乌斯的东山再起，*Brut.* 323；审判穆雷那，*pro Mur.*，Plut. *Comp. of Demosth. and Cic.* 1. 5；对斯多葛派的不公正，*de fin.* IV 74；阿洛布罗吉人等，*Cat.* III，Sall. 40—45；国父，*In Pis.* 6，Plut. 23；槲叶环，Aul. gell. V 6 15；人民的反应，Sall. 48. 1；善神节之夜，Plut. 19—20；12月4日会议，Sall. 48. 2—3；试图牵连恺撒，*ib.* 49. 1；西塞罗的论文集，Ascon. *In Tog. Cand.* 83 Stangl；财务官的助手，*Phil.* II 16；阿提库斯的角色，A II 1. 7；12月5日的辩论，Sall. 50—54，A XII 21. 1，*Cat.* IV；插曲，Plut. *Cato* 24. 1—2；5日晚，Plut. 22；12月的最后一天，f V 2. 7；皮斯托里亚，Sall. 59—61.

第六章 庞培返回罗马（公元前62—前60年）

邀请西塞罗第一个发言，A I 13. 2；恺撒和奈波斯放弃原来的主张，Plut. 23；审判，*pro Sulla* 5—6；加图的谷物法，Plut. *Cato* 26. 1；元老院阻挠庞培的措施，Plut. *Cato* 3；西塞罗谈债务，*de off.* II 84；对西塞罗的攻击，*pro Sulla* 21—23，30—31；凯勒尔收到和寄出的信，f V 1 and 2；致庞培的长信，Schol. Bob. 167 Stangl；给庞培回信的简短答复，f V 7；西塞罗的新居，f V 6. 2；“用大理石建成的”，*Parad. Stoic.* 13；西塞罗负债，f V 6. 2；执政官购买房产，A I 13. 6；安东尼在马其顿，A I 12. 2；不可靠的信使，A I 13. 1；穆奇娅离婚，A I 12. 3；庞培接近加图，Plut. *Cato* 30. 2—4；“如你所说”，A I 13. 4；克劳丢斯的桃色事件，A I 12. 3，13. 3；“恺撒的妻子”，Plut. *Caes.* 10. 6；庞培对公民大会的演说，A I 14. 1—2；在元老院，A. I 14. 2；“关于我，他只是说”，A I 14. 5；审判克劳丢斯，A I 16. 1—6；特兰提娅的嫉妒，Plut. 29. 2；西塞罗对结果的反应，A I 16. 6—11；克劳丢斯与路库路斯，Plut. *Luc.* 34，*pro Milone* 73；与图里娅乱伦，Dio 46. 18. 6；

克劳丢斯争当保民官，A I 18. 4，19. 5，II 1. 5；“克劳丢斯的闹
剧”，A I 18. 2；西塞罗对阿提库斯的褒奖，A I 17. 5；因是西塞罗
的友人而被铭记，Seneca *Ep*. 21. 4；昆图斯在亚细亚，A I 15. 1， 312
16. 14，17. 1—7，Qf I 1；身为执政官的阿弗拉尼乌斯，A I 16.
12—13；庞培的凯旋式，Pliny *NH* XXXVII 12—14；骑士的疏远，
A I 17. 8—9；西塞罗的政策，A I 17. 10；他的孤独，A I 18. 1；
研究，A I 20. 7；“鱼塘专家”，A II 1. 7，Varro RR III 17；路库路
斯的奢侈，Plut. *Luc*. 39—40；庞培与西塞罗共餐，*id*. *ib*. 41. 2—
6；西塞罗谈卡图路斯之死，A I 20. 3；西塞罗谈加图，A I 18. 7，
II 1. 8；土地法案，A I 18. 6，19. 4，II 1. 6；遣使高卢，A I 19.
2—3；不足取的玩笑，A II 1. 5；演说词的出版，A II 1. 3；论文
集和诗歌出版，A I 19. 10，20. 6，II 1. 1—2；庞培在东方的安排，
Plut. *Pomp*. 46；西塞罗谈自己对庞培的影响力，A I 19. 7；西塞
罗对恺撒的影响力，A II 1. 6；加图反对恺撒，Plut. *Caes*. 13. 1—
2；加图与行贿，Suet. 19. 1.

第七章　从对抗到流放（公元前59—前57年）

西塞罗的计划，A II 3. 3；阅读政治哲学，A II 2，12. 4；未提及的法律，Dio 38. 7. 6；春天发生的事，Dio 38. 1—8，9—10，Plut. *Caes*. 14；西塞罗谈加图的作用，A II 9. 1 and 2；撰写地理著作，A II 4. 1 etc.；西塞罗谈埃及、加图、子孙和占卜，A II 5. 1—2；安提乌姆是政治活动之地，A II 6. 1；通过克劳狄娅得知克劳丢斯的消息，A II 9. 1；出使埃及的使者，A II 7. 3；卜师团，*ib*.；库里奥呼吁，A II 8. 1；克劳丢斯的过继遭质疑，A II 12. 1；无常的政治形势，A II 15. 1；来访者，A II 14. 2，15. 3；新土地法，A II 16. 1—2；庞培的含糊其辞，A II 16. 2；庞培为专制做准备，A II 17. 1；“愚蠢劲”，A II 17. 2；阿提库斯受邀去阿尔皮努姆，A II 16. 4；恺撒获得山北高卢，A VIII 3. 3；反对“三头”并

“没给我带来希望”，A II 18. 1；毕布鲁斯的法令，A II 19. 2，20. 4，21. 5；恺撒提供给西塞罗一个职位，A II 18. 3；西塞罗拒绝任职，*ib.*；召唤阿提库斯，A II 19. 5；他的恐惧，A II 20. 3；西塞罗谈庞培，A II 21. 3—4，23. 2；谈形势，II 19. 3，20. 3—5，21. 1—2；奔走于法庭，A II 22. 3；阿提库斯收到西塞罗非亲笔信，A II 23. 1；西塞罗再次召唤阿提库斯，A II 22. 4；告密者与阴谋，A II 24. 2；为弗拉库斯的辩护词，A II 25，*pro Flacco*；“所有的意大利人”，Qf I 2. 5；新行政官的支持，Dio 38. 15. 6；克劳丢斯的法案，*id. ib.* 13；组织协会，*In Pis*. 9；皮索对西塞罗敬重，*ib.* 11；克劳丢斯的新法案，*ib.* 14. 1—4；西塞罗穿丧服，*ib.* 14. 7；骑士示威，元老院严禁穿丧服，*pro Sest*. 26—29；西塞罗拜访路奇乌斯·皮索，*In Pis*. 13；克劳丢斯召开公众会议，*pro Sest*，39—40；庞培的做法，Plut. 31，*In Pis*. 77；加图的建议，A III 15. 2，Plut. *Cato* 35；加图在塞浦路斯，Plut. *Cato* 35—38；西塞罗的离开，Plut. 31. 5；克劳丢斯又推出法案，*de dom*. 4—7；西塞罗的财产受损，Plut. 33. 1；去哪里？A III 3 and 4；梦见马略，*de div*. I 59，II 137；寄自布林迪西的信，f XIV 4；普兰奇乌斯，*pro Planc*. 98—101；“我的兄弟”，Qf I 3. 1；在色撒洛尼卡，A III 9—15；克劳丢斯与庞培的争执，de *har. resp*. 49；保民官的举措，*pro Sest*. 68；致阿提库斯的信，A III 15—21；罗马的形势，Plut. *Pomp*. 49；西塞罗在都拉基乌姆，A II 22. 4；向阿提库斯道歉，A III 20；阿提库斯的新财产，*ib.*；致特兰提娅的信，f XIV 1；致昆图斯的信，Qf 1. 4；保民官的努力，A III 23；塞斯提乌斯在高卢，*pro Sest*. 71；1 月 1 日的表决，*de dom*. 68—69；广场上的战斗，*pro Sest*. 76—77；致奈波斯的信，f V 4；元老院召回意大利人，*de dom*. 30；所有行政官提出的法案，*In Pis*. 35.

第八章　回归与求变（公元前57—前52年）

西塞罗的归来，*pro Sest*. 131. A IV1；他的房产，A IV 1. 7；
要个家，A IV 1. 8；对祭司的演说，A IV 2. 2；“国家的威望”，*de* 313
dom. 1；祭司们的决定，A IV 2. 3；赔偿，A IV 2. 5；家庭纠纷，
A IV 2. 7；在庞培手下任职，A IV 2. 6；任监察官，*ib.*；恶棍捣
毁房屋，A IV 3. 2；在罗马的攻击，A IV 3. 3—4；西塞罗谈米洛，
A IV 3. 5；有关埃及的神谕，Qf II 2. 3；“至于庞培”，f I 1. 2；
“当我听到”，f I 2. 3；克劳丢斯攻击庞培，Qf II 3. 2；“所以他时
刻准备着”，Qf II 3. 4；加比尼乌斯，*in Pis*. 49；对塞斯提乌斯的
审判，Qf II 3. 5，4. 1；西塞罗与土地法案，f I 9. 8；“吃过晚饭”，
Qf II 6. 3；路卡，f I 9. 9；“你就是这个人”，*ib.*；多米提乌斯，
Suet. 24；赞美之词，A IV 5；西塞罗在元老院发言力挺恺撒，*de*
prov. cons.；克劳丢斯与奇兆，*de harusp. resp.*；西塞罗致路凯尤
斯的信，f V 12；致斯宾特尔的信，f I 7. 10；犹豫于是否攻击霍腾
西乌斯，A IV 6. 3；致斯宾特尔的公开信，f I 9；“什么东西更耻
辱”，A IV 6. 1—2；为巴尔布斯辩护，*pro Balb.*；“还有什么能更
可悲”，A IV 8a；选举，Plut. *Cato* 41—42；执政官立法，Plut.
Pomp. 52；西塞罗希望安静并谴责加图，f I 8. 4；与庞培友好，A
IV 9；与加图争论，Dio 39. 21—22；攻击皮索，*In Pis.*；与克拉苏
的争执与和解，f V 8；给阿提库斯写信，谈论克拉苏，A IV 13；朱
里娅之死，Plut. *Pomp*. 53；昆图斯的别墅，Qf II 1；昆图斯在高卢
过得不开心，Qf II 15；涅尔维人，Caesar BG V 38—40；悲剧，Qf
III 5. 7；多米提乌斯与庇护制，Qf II 4. 18；恺撒借款，A VII 3. 11；
给阿提库斯写信，谈论恺撒，A IV 19. 2；“我的热情”，Qf II 14. 2；
论语法，*Brut*. 252，*Or*. 155—160；奥皮乌斯，Aulus Gellius VI 1. 1
etc.；西塞罗与他共事，A IV 16. 8；西塞罗在元老院中发表演说，
Qf II 15a. 5；“我找不到消遣”，A IV 10；“我苦恼”，Qf III 5. 4；

炎热的夏季，Qf III 1. 1，Plut. *Cato* 44. 1；辩护词，*pro Scaur.*，*pro Planc.*；斯宾特尔不赞成，f I 9. 19；西塞罗与加比尼乌斯，A IV 18. 1；Qf III 1. 5；为金融大亨辩护，*pro Rabirio Postumo*；罗马的道德败坏，A IV 17. 2—5，18. 3；加图的努力，A IV 15. 7—8；独裁官庞培，Qf II 6. 4；西塞罗给库里奥写信，谈论米洛，f II 6. 3；克劳丢斯之死，*pro Milone*，*Asconius In Mil.*；加图谈庞培任执政官，Plut. *Cato* 47；克拉苏之死，Plut. *Crass.* 31；米洛受审，Asconius *In Mil.*；米洛在马西利亚，Dio 40. 54；后来的审判，f VII 2. 2；拉文那之行，A VII 1. 4；西塞罗任占卜官，*Brut.* 1；阿皮乌斯论占卜，f III 9. 3；菜谱，Macrob. III 10—12；庞培的婚姻，Plut. *Pomp.* 55；改革，*ib.* 55，Dio 40. 56；加图未当选执政官，Plut. *Cato* 49；西塞罗谴责他，*ib.* 50；加图在法庭上，*ib.* 48；在赛会上，*ib.* 46；在剧院，Seneca *Ep. Mor.* XCVII 8；庞培有关行省的法案，Dio 40. 56. 1；阿提库斯的婚姻，Qf II 3. 6；他的房子，Nepos *Att.* 13. 2；简单的晚宴与晚宴服务，A V 12，VI 1. 13，Nepos *ib.* 13. 5—6；克里奥帕特拉的宴会服务，Athenaeus VI 229c；在晚宴上高声朗读，Nepos *ib.* 14. 1，A XVI 2. 3；漫步，A IV 10. 1—2，*de Fato* 8；在阿尔皮努姆，*de leg. preface*；阿提库斯的意大利农场，Nepos 14. 3；西塞罗和昆图斯的关系，Qf II 9. 1；昆图斯的地产，Qf III 1；西塞罗的图书馆，A IV 8；小昆图斯，Qf III 3. 4；凯里乌斯受审，*pro Cael.*；“右脸善”，Quintilian VI 3. 69；特列巴提乌斯，f VII 5—18；普布里乌斯·克拉苏，Qf II 8. 2；给提洛的诗，Pliny *Letters* VII 4；提洛的美德，A VII 5. 2；“我如此心烦意乱”，A I 12. 4；“我十分感谢”，f XVI 16；提洛的速记，Isidore *Orig.* I 21，cf. A XIII 25. 3；图里娅，Qf II 4. 2；6. 1，A IV 4a. 2，16. 5，审判，A IV 5. 4；特兰提娅和庞波尼娅，Qf II 6. 2；西塞罗谈庞培的庆典，f VII 1. 2—4；西塞罗的叙事诗，

f I 9. 23, A IV 8a. 3.

第九章　西塞罗论共和国（公元前56—前52年）

卡图路斯谈恺撒，poem 49；西塞罗谈卢克莱修，Qf II 10. 2, Jerome *Chron*, 94 B. C.；退休后的悠然自得，esp. *pro Sest*. 98—100；致信斯宾特尔，f I 9. 23；"一项艰巨而又辛苦的任务"，A IV 16. 2；借瓦罗的著作，A IV 14. 1；致信昆图斯谈《论共和国》，314
Qf III 5. 1；卢克莱修论政治，Lucr. II 59—86；西庇阿谈天文，*de rep*. I 15—26；三种国家政体，*ib*. 42—71；罗马史，*ib*. II 4—63；公正与法律，*ib*. III；教育，*ib*. IV；理想公民 *ib*. V—VI；独裁官，*ib*. VI. 12；国家的目标，*ib*. V 8；《论法律》讨论自然法，*de leg*. I 17-end, II 8—16；论宗教，*ib*. II 19-end；论宪政，*ib*. III 6—11；撰写历史，*ib*. I 1；西塞罗的历史编纂观，*de or*. II 51—64；路奇乌斯·克拉苏之死，*ib*. III 1—12；古代殡葬习俗，*de leg*. II 56—57；希望动笔写历史，A XVI 13a. 2；Nepos frag. 18 (Peter HRR).

第十章　西里西亚总督（公元前51—前50年）

庞普提努斯，Sall. 45, *de prov. cons*. 32, Dio 39—65；庞波尼娅，A V 1. 3—4；霍腾西乌斯，A V 2 1—22；庞培，A V 5. 2, 6. 1, 7, f II 8；布林迪西，A V 8. 1；雅典，A V 10；图里娅的婚姻，A V 4. 1, 21. 14, VI 1. 10, 4. 2, 6. 1；"这个极其讨厌的事"，A V 2. 3；想回罗马，A V 11. 1；致信麦米乌斯，A V 11. 6, f XIII 1；西塞罗渡过爱琴海，A V 11. 4, 12. 1；以弗所，A V 13；在路上，A V 14. 1；劳狄塞亚，A V 15. 1；精锐部队，A V 15. 1；哗变与安置，A V 14. 1；军队分散，f III 5. 4；元老院征兵，f III 3. 1；不忠，A V 18. 1；帕提亚人的消息，A V 18. 1；西塞罗的强硬立场等，A V 17. 2；戴奥塔鲁斯，A V 18. 2；男孩被送到安全地方，A V 17. 3；阿提库斯的快信和他的女儿，A V 19；向元老院做报告，f XV 2；致信加图，f XV 3；致元老院的其他信，f XV 1；到达西里西

亚，战争进程，A V 20，f II 10；凯里乌斯希望西塞罗举行凯旋式，f VIII 5. 1；致信加图，f XV 4；他的答复，f XV 5；西塞罗的答复，f XV 6；向阿提库斯发表意见，A VII 2. 7；对下一年的期望，A V 21；在5月忧心忡忡，A VI 3；返回西里西亚，A VI 4. 1，5. 3；昆图斯的撤回，A VI 6. 4；西塞罗不认识的财务官，A VI 2. 10；没听说，A VI 4. 1；抵达，A VI 6. 3；"我朋友的来信"，A VI 6. 4；凯旋式，*In Pis*. 60.

罗马受益，Polybius 36. 17；总督对行省人民的责任，Qf I 1. 24；从哲学中学习，*ib*. 29；征服的理由，*de rep*. III 37—38；对希腊人友好，Qf I 1. 16；与罗马商人的关系，*ib*. 6—7；落实什一税，A V 16. 2；城市财政的恢复，A VI 2. 5；不征用，A V 16. 2；储存起来的金额，f V 20. 9；对长官一职所持的原则，A V 21. 10 etc.；推荐信，f XII 53—59，61—65；其他的好总督，A VI 1. 13；管好属下，Qf I 1. 10；提洛的健康，A VI 7. 2；长官，一个奇迹，A V 17. 2；贫穷的财务官，A VI 3. 1；粗暴，A V 10. 3；对属下的最后要求，A VII 1. 6；需要宽容，Qf I 1. 22；希腊人得以审理自己的案子，A VI 1. 15，2. 4；接近西塞罗，A VI 2. 5；布鲁图的事，A V 21. 10—13，VI 1. 3—7，2. 7—9，5. 3—5；作为副将的布鲁图，Plut. *Brut*. 4. 2；致阿皮乌斯的信，f III；西塞罗打算与他碰面，A V 16. 4，f III 4. 2，5. 3；阿皮乌斯的抱怨，A VI 1. 2，f III 8. 1；他的恶劣行为，A V 15. 2，16. 2，17. 6；庞培维护他的利益，A VI 2. 10；布鲁图也一样，A VI 3. 7；阿皮乌斯和多拉贝拉，f III 12. 2—3；和凯里乌斯，f VIII 12. 3；营造官的税收，Qf I 1. 26；凯里乌斯的要求，A VI . 21，f II 11. 2；为一名同僚要豹子，A V 21. 5；西塞罗拒绝行省人为他塑像和建庙，A V 21. 7；自由使者，*de leg*. III 18；法令，A VI 1. 15，f III 8. 3—4；为美德感到快乐，A V 20. 6；致信凯里乌斯谈罗马，f II 12. 2.

第十一章　内战的不确定性（公元前49—前48年）

西塞罗谈作为政治家的凯里乌斯，f II 8. 1；“很忙”，f VIII 1. 1；西塞罗遇刺身亡的流言，f VIII 1. 4；加图威胁要起诉恺撒，Suet. 30. 3 and 4；保民官的法案，Caesar *BC* I 32. 3；库里奥任保民官， 315
f VIII 4. 2；试图召回恺撒，App. II 27；“一般情况你是知道的”，f VIII 5. 2；派往东方的军团，f VIII 4. 4；凯里乌斯任营造官，f VIII 6. 4—5；来自罗马的流言，f VIII 7. 2；西塞罗的感恩祈祷，f VIII 11. 1—2；“我告诉你”，f VIII 11. 3；库里奥的否决权，f VIII 13. 2；庞培患病，Plut. *Pomp.* 57，*TD* I 86；官员们的报告，Plut. *Pomp.* 57；凯里乌斯不知道加入哪一方，f VIII 14. 1—3；西塞罗听说霍腾西乌斯的死讯，*Brut.* 1，A VI 6. 2；提洛在希腊，f XVI 9，11，12，A VII 2. 3；西塞罗从雅典写信，A VI 9. 1，cf. *TD.* V 22；写信给特兰提娅，f XIV 5；她在布林迪西见到西塞罗，f XVI 9. 2；阿提库斯的健康，A VII 2 etc.；西塞罗为自己的归来辩解，A VII 3. 1—2；说恺撒无雅量，*ib.* 3；债，*ib.* 11；对战争缺乏热情，*ib.* 5；“现在我们不得不对付”，A VII 7. 6；在元老院表决，App. II 30；执政官交给庞培指挥权，*id. ib.* 31；西塞罗与庞培见面，A VII 4. 1—2；“政治形势”，A VII 5. 4；“另一个巨大的不幸”，A VII 6. 2；追赶畜群，A VII 7. 7；和庞培交谈，A VII 8. 4；两难选择，A VII 9. 2；西塞罗在阿尔巴，A VII 7. 3；到达罗马，f XVI 4；凯旋式，Plut. 37；“我哪儿都不能去”，f IV 1. 1；恺撒的新提议，Plut. *Caes.* 31；加图的反对，*id. Pomp.* 49；皮索调停，Caesar *BC* I 3. 6；“双方都有一些主战的人”，f XVI 11. 2；保民官等人出逃，Caesar *BC* I 5；“疯狂使恺撒不能自拔”，f XVI 12. 2；“我突然决定”，A VII 10；“我觉得比较舒畅”，A VII 11. 5；“恺撒说，他的所作所为”，A VII 11. 1；谈庞培，A VII 12. 1；女眷，A VII 12. 6，13. 3，14. 3；Dionysius，A VII 18. 3 etc.；把男孩送

到希腊，A VII 13. 3，17. 1；在1月26日碰面，A VII 15；“连加图”，A VII 15. 2；“那将是极其愚蠢的”，A VII 17. 2；西塞罗的海岸地区指挥权，A VII 11. 5，VIII 3. 4；恺撒的态度，A VII 21. 3；“没有精神，没有计划”，A VII 21. 1；来自庞培的信，A VIII 1. 4；“假如我能入眠”，A VIII 1. 4；“我认为没有哪个国家的政治家”，A VIII 2. 2；折回，A VIIII 3. 5；多米提乌斯的抵抗，A VIII 6. 1—3 etc.；西塞罗的反应，A VIII 8；“我让别人逃走”，A VIII 7. 2；理想的政治家，A VIII 11. 1；“庞培的计划”，A VIII 11. 2；无法工作，A VIII 9a；论和谐的著作，A VIII 11. 7；“城乡的居民”，A VIII 13. 2；“请注意事情是如何颠倒的吧”，*ib.*；在罗马的元老，A VIII 14. 2，15. 2；巴尔布斯的来信，A VIII 15a；很可能与恺撒会面，A VIII 15. 1；昆图斯，A IX 1. 4，6. 4；阿提库斯建议留下，A IX 2a 1；西塞罗不信；和庞培登陆的传言，A IX 6. 3；“重读你的来信”，A IX 6. 5；“我会听从你的建议”，A IX 7. 2；奥皮乌斯和巴尔布斯的来信，A IX 7a；“是我有负于他”，A IX 7. 3；寄还书，A IX 9. 2；调停的尝试，A IX 11a；“泪水使我无法”，A IX 12. 1；西塞罗该不该动员城镇呢，A IX 12. 3；“不是在战场上”，A IX 15. 3；与恺撒会面，A IX 18；一定前往阿尔皮努姆，A VIII 9. 3；在阿尔皮努姆，A IX 19；“目前我的事业”，A X 1a；去哪里？A X 4. 12，7. 1；小昆图斯，A X 4. 5—7 and 11，6. 2，7. 3；流言，A X 9. 1；库里奥的来访，A X 4. 8—11；“让结局”，A X 6. 1；图里娅和阿提库斯赞成留下，A X 8. 1；“我交待给你了”，A X 8. 1；阿提卡的教育，Suet. *de gramm*. 16；图里娅的学识，Cic. ap. Lact. *Div. Inst.* I 15. 18；她的匆忙步子，Macrob. II 3. 16；安东尼和恺撒的短信，A X 8a and b；“我家人的眼泪”，A X 9. 2；凯里乌斯的警告，A X 9a；安东尼拒绝请求，A X 10. 2；打算悄然离境，A X 10. 3；昆图斯，A X 6. 10；“大慈

大悲的神”，A X 11. 4；“他带着赛特丽丝”，A X 10. 5；特列巴提乌斯，A X 1. 3，11. 4；“我的结局是什么”，A X 12. 1；塞尔维乌斯·苏尔皮奇乌斯的来访，A X 13. 2；14. 1—3；“凯里乌斯的”计划，A X 14. 3，15. 2，16. 4；西塞罗在庞贝，A X 16. 4；图里娅分娩，A X 18. 1；给特兰提娅的告别信，f XIV 7.

“你可能问我为什么”，A XI 4. 1；在庞培的营地，Plut. 38；概述经历，f VII 3. 2；因公敌宣判而做打算，A XI 6. 2；瓦罗也幡然醒悟，f IX 6. 3；及马尔凯路斯，f. IV 7. 2；凯里乌斯的来信，f VIII 17；“一文不值”，Velleius Paterculus II 68；凯里乌斯准备发动暴动，Caesar *Bell. Civ.* III 20—22；多拉贝拉的来信，f IX 9；小马尔库斯，*de off*. II 13. 6；西塞罗在都拉基乌姆，Plut. 39；预言，*de div*. I 68；西塞罗拒绝指挥，Plut. 39；西塞罗在帕特雷，A XI 5. 4；获准返回意大利，A XI 7. 316

第十二章　个人的不幸和政治上的苦恼（公元前48—前45年）

西塞罗承认一时冲动，A XI 5. 1；他的悲伤，*ib.* 3；其他人待在海外，A XI 13. 1，14. 2；“受阻”，A XI 6. 2；给特兰提娅的信，f XIV 12；图里娅患病，A XI 6. 4；庞培之死，*ib.* 5；奥皮乌斯和巴尔布斯，A XI 6；瓦提尼乌斯，A XI 5. 4；与安东尼商谈，A XI 7；对阿非利加的庞培党羽的态度，A XI 7. 3；后悔，*ib.* 5；昆图斯和恺撒，A XI 12. 2，8. 1；“这是最”，A XI 8. 2；“你了解他的作风”，*ib.*；“我永远不会拆开”，A XI 9. 2；昆图斯的信，A XI 13. 2—4；多拉贝拉的活动，A XI 14. 1，15. 3；恺撒在亚历山大里亚，[Caesar] *Bell. Alex.*；庞培党羽启程前往阿非利加，A XI 14. 1，15. 1；特兰提娅的遗嘱，A XI 16. 5，24；给特兰提娅的短信，f XIV 19，21—24；图里娅的来访，A XI 17. 1，17a，Plut. 41；马尔库斯，A XI 17a，18. 1；隐藏财产，A XI 25. 3；与多拉贝拉离婚，XI 23. 3；恺撒的来信；昆图斯及儿子得到原谅，A XI 20；

西塞罗和昆图斯，A XI 21. 1，22. 1；恺撒途径布林迪西返回，A XI 22. 2；这样做，Plut. 39；给特兰提娅的信，f XIV 22.

毕布鲁斯之死，Caesar *BC* III 18；阿皮乌斯之死，Lucan *Phars*. V. 1；多米提乌斯之死，Caesar *BC* III 99；库里奥之死，Caesar *ib*. II 42；加图之死，[*id*.] *Bell. Afr*. 88；Plut. *Cato* 59—70；西塞罗写信给布鲁图，f XIII 10—14；写信给恺撒派的朋友，f XIII 29；写信给卸任财务官，f V 21；写信给瓦罗，f IX 1；不去拜访他，f IX 2. 4；"让这一点在我们之间达成共识吧"，*ib*. 5；西塞罗谈霍腾西乌斯之死，*Brut*. 1—5；谈演说家恺撒，*ib*. 251—262；谈加图，*Parad. Stoic*. 1；"《加图》的问题"，A XII 4. 2；"我喜欢我的《加图》"，A XII 5. 2；恺撒谈《加图》，A XIII 46. 2；西塞罗给瓦罗写信谈晚宴，f IX 7. 1—2；借款给恺撒的秘书，A XII 21. 2 etc.；西塞罗和瓦罗在图斯库伦，f IX 6. 4—5；西塞罗向瓦罗宣布恺撒的归来，f IX 7. 2；致信佩图斯，f IX 16. 3—4，7—10；瓦罗将著作献给恺撒，Augustine *CD* VII 35；负责公共图书馆，Suet. 44. 2；"这个计划使我高兴"，f IX 18. 2；学生卡西乌斯，f VII 33. 2；西塞罗谈教学，*Or*. 142—144；谈雅典主义者，*ib*. 28—32；谈小亚细亚人，25—27，230—231；谈德摩斯梯尼，*ib*. 23—27，104，110ff；谈韵律，*ib*. 149ff；谈理念，*ib*. 7—11，101；谈易错，*ib*. 237；给德摩斯梯尼和埃斯奇尼的译文作序，*de opt. gen. orat*.；有关《论演说家》的信，f VI 18. 4；帕皮里乌斯家族的早期历史，f IX 21. 2—3；不当的言辞，f IX 22；罗马幽默的衰落，f IX 15. 2；西塞罗宴请希尔提乌斯，f IX 20. 2—3；宴会上一起的有赛特丽丝，f IX 26；痢疾，f VII 26. 1；"我们受制于他"，f IX 17. 3；致马尔凯路斯的信，f IV. 7；致信凯奇纳，f VI 5 and 6；恺撒气愤于阿非利加负隅顽抗者，f VI 13. 3；致信塞尔维乌斯·苏尔皮奇乌斯，A IV 4. 3—4；恺撒的荣誉，*pro Marc*. 4—10，25—30；两种事业，

ib. 16；让他恢复共和国，*ib*. 23；马尔凯路斯的来信，f IV 11；“无须”，f VI 7. 5—6；西塞罗拒绝帮助，f VII 27；写信给利加里乌斯，f VI 14. 2；支持利加里乌斯的演说，Plut. 39，*pro Ligario*；赞赏庞培，*ib*. 18—19；授予恺撒的荣誉，Dio 43. 15；凯旋式，*ib*. 19—21；赛会，*ib*. 22—24；奉献朱里乌斯广场等，*ib*. 22；西塞罗与克 317
里奥帕特拉，A XV 15. 2；分配土地，f IX 17. 1—2；恺撒的立法，Dio 43. 25—27；西塞罗谈历法改革，Plut. *Caes*. 59. 3；“会少吗”，f IX 15. 4；苏拉与基本常识，Suet. 77；喀西约的信，f XV 19. 4.

图里娅离婚及她的嫁妆，f VI 18. 5 etc.；和特兰提娅离婚，Plut. 41. 2；有关昆图斯的酸溜溜的信，A XII 5. 1；“关于我自己的生活”，A XII 3. 1；阿提卡，A XII 3 etc.；为马尔库斯写的短文，*Part. Orat.*；马尔库斯的希望，A XII 7. 1；西塞罗不急于离开罗马，f VI 18. 5；考虑在那不勒斯置产，f IX 15. 3，15. 4；阿斯图拉，A XII 9；从库迈写信，f VII 4，IX 23；从阿尔皮努姆写信，A XII 1. 1；希尔提乌斯的妹妹，Jerome *adv. Iovin.*，I 48；“至于庞培之女”，A XII 11. 2；娶普布利里娅为妻，Plut. 41. 3；“我不会做出任何新决定”，f IV 14. 3；图里娅的病情，Plut. 41. 5；西塞罗解除婚约，A XII 13；“你可以作证”，A XII 14. 3；“在这个人烟稀少的地方”，A XII 15. 1；“我不想让你丢下”，A XII 16. 1；布鲁图的信，A XII 14. 4；恺撒的信，A XIII 20. 1；苏尔皮奇乌斯的信，f IV 5. 4；“我感到自己被捆得死死的”，A XI 18. 1；《论安慰》的残片，in Lactantius，*Div. Inst.* I 15. 18；特兰提娅与遗嘱，A XII 18a；布鲁图的无知，A XII 21. 1；西塞罗寻求历史方面的建议，A XII 20. 2 etc.；马尔库斯被送去雅典，A XII 27. 2，24. 2；阿提卡的健康，A XII 33；普布利里娅将来访，A XII 32；西塞罗离开阿斯图拉，A XII 34. 1；“我要把祠堂建起来”，A XII 36. 1；城市发展，A XIII 33a；隐居受到责备，f V 15；致函阿提库斯证明自己，A

XII 38a；“希尔提乌斯写信给我”，A XII 37a.

第十三章 哲学的慰藉（公元前45—前44年）

哲学诗，Qf II 10. 2；伊壁鸠鲁学派的著作，*fin.* I 8，*Ac.* I 5；布鲁图的《论美德》，*fin.* I 8 etc.；他的哲学作品，Quintil. XI 123；他的《论职责》，Seneca *Ep. Moral.*，95. 45；阿提库斯的作品，Nepos *Att.* 18；瓦罗反对用拉丁语探讨哲学，*Ac.* I 4—8；“我认为是不可能的”，*div.* II 5；“在我的书中”，*div.* II 7；西庇阿对闲暇的利用，*off.* III 4；拉丁语的丰富，*fin.* I 10 etc.；造新词，Plut. 40；翻译希腊文，*fin.* I 7；“诠释古拉丁哲学的著名体系”，*Ac.* I 3；“这些著作只不过是抄录”，A XII 52. 3；去取书，A XIII 31. 2，32. 2 etc.；总是阅读哲学，*Ac.* I 11；“我甘拜下风”，*off.* I 2；卡尔尼亚德斯在罗马，*Ac.* II 137；早期意大利的毕达哥拉斯主义，*TD* IV 2. 5；发现《蒂迈欧篇》的深奥，*fin.* II 15；驳斥了卡尔尼亚德斯，*de rep.* II 8. 9，*de leg.* I 39；“一天又一天地苟活”，*TD* V 33；年轻人接受太多封闭式教育，*Ac.* II 8，*de n. d.* I 10；“不知为什么多数人”，*Ac.* II 9；高尚的伊壁鸠鲁，*TD* III 30，47；西塞罗如实再现他的观点，*fin.* I 13；Augustine，*Confessions* 3. 4；西塞罗在普特奥利写作，Pliny *NH* XXXV 4；最后的情景，*Ac.* II 147—148；改变谈话者，A XIII 12. 3，16，19. 3—5；献给瓦罗，f IX 8；第二个译本“更完美”，A XIII 13. 1；“这样的人可能并不聪明”，*Ac.* II 29；“哲学方法”，*div.* II 1；“极其重要的部分”，*Ac.* I 34；伊壁鸠鲁“表达自己的意图”，*fin.* I 15；晚年的阐述，*TD* I 7；阿提库斯重读《图斯库伦谈话录》，A XV 2. 4；“不像德尔斐的阿波罗”，*TD* I 9；“医治灵魂的灵丹妙药”，*ib.* III 1 etc.；“美德不易与愚钝者相伴”，*ib.* V 68；伊壁鸠鲁学派的自信，*de n. d.* I 18；阿提库斯建议科塔，A XIII 19. 3；“首先让我们把地球视为”，*de n. d.* II 98—100；“我想我应尽力做点儿什么”，*div.* II 148；有关克拉苏

等人的预言，*ib.* II 99；预言无用，*ib.* II 11—12；矛盾，*ib.* II 28；占星术，*ib.* II 90；"自然占卜"，*ib.* II 100ff；老年人可以著书立说，*de sen.* 38；农业生产，*ib.* 24. 51—60；教育，*ib.* 29；为国献言，*ib.* 61—64；在精神上永葆青春，*ib.* 22；必须顺应自然法则，*ib.* 318
72；友谊不以实用为基础，*de amic.* 26—31；而以愿望的沟通为基础，*ib.* 61；生活的真正荣誉，*ib.* 20—23；马尔库斯去了解学园派的学说，*off.* I 2；将接到更多著作，*ib.* I 2；III 121；帕奈提乌斯的疏忽，*ib.* I 7，10；列古鲁斯，*ib.* III 99ff；西塞罗在对待慷慨的问题上赞同斯多葛派，*ib.* III 51，63，89，91；谈克拉苏，*ib.* 73—75；谈恺撒，*ib.* I 26，II 23，28；II 82—83.

第十四章　恺撒生前的最后几个月（公元前 45—前 44 年）

希尔提乌斯对《加图》的答复，A XII 40. 1，41. 4，44. 1；恺撒谈西塞罗的《加图》，A XIII 46. 2；西塞罗写给恺撒的建议稿，A XII 40. 2，XIII 26，27，28. 2；据说恺撒正打算修改宪法，A XIII 31. 3；萌生政治对话的念头，A XIII 30. 2 etc.；"你做事真周到"，A XIII 6. 4；为多拉贝拉写点什么，A XIII 13. 2；加图的妹妹，A XIII 48. 2，37. 3；通信集将出版，f XVI 17. 1，cf. A XVI 5. 5；西塞罗返回图斯库伦，A XII 46. 1，45. 1；阿提库斯去那里拜访他，A XII 50，49. 1；希腊文重音读法的书，A XII 6. 2；"你做得很对"，A XIII 6. 1—3；马尔库斯的消息，A XIII 1，24. 1；"阿西尼乌斯·波利奥给我写信"，A XII 38. 2；"如果全军"，A XIII 9；遗产，A XIII 45. 3，46. 3，XIV 10. 3；与普布利里娅离婚，A XIII 34；恺撒的塑像，A XII 48，45. 2，XIII 44. 1；伪马略，A XII 49. 2；卡帕多奇亚国王，A XIII2a. 2；马尔凯路斯之死，f IV 12；布鲁图的婚姻，A XIII 16. 2，17. 1；西塞罗在阿尔皮努姆：坏天气，A XIII 16. 1；为利加里乌斯成功辩护，A XIII 19. 2；巴尔布斯、凯列里娅及《论界限》，A XIII 21a，22. 3；与凯列里娅通信，

Dio 46. 18；提格利乌斯及“就这件事来说”，A XIII 49. 1—2；小昆图斯，A XIII 40. 2，41；“小巴尔布斯”，A XIII 37. 2；布鲁图与小昆图斯，A XIII 41；西塞罗谈布鲁图，A XIII 40. 1；西塞罗致信恺撒，A XIII 50. 1，51. 1；称他的《加图》为无耻之作，*Top*. 94；会见恺撒的问题，A XIII 50. 4；恺撒的凯旋式，Plut. *Caes*. 56；西塞罗积极参加元老院的工作或占卜活动，A XIII 47a，42. 3；瓦提尼乌斯的信，f V 19；重建庞培塑像，Plut. 40—44；西塞罗将演说词寄给多拉贝拉，f IX 12. 2；推荐信，f XIII 30—39；布特罗敦事件，A XII 6a. 2 etc.；恺撒称赞西塞罗，Pliny *NH* VII 117；恺撒赴宴，A XIII 52；小昆图斯与帕提亚，A XIII 42. 1；卡尼尼乌斯的选举，f VII 30. 1—2，Macr. II 3；恺撒的最后数月，Dio 43. 44—51，44. 1—11，Plut. *Caes*. 56—61；牧神节，*Phil* II 85—86；西塞罗久等，A XI V 1，2. 3；布鲁图促成，Plut. *Brut*. 9；他的观点，Quintilian IX 3. 45；西塞罗对诛杀暴君者的赞扬，*pro Mil*. 80；15日，Plut. *Caes*. 62ff etc.；布鲁图邀请西塞罗，*Phil*. II 28，30；阴谋者的做法，Dio 44，20. 4；祝贺短文，f VI 15；“连具有雄才大略的恺撒”，A XIV 1. 1.

第十五章　抨击安东尼（公元前44年）

西塞罗建议召集元老，A XIV 10. 1；拒绝谈判，Phil. II 89；认为安东尼应被处死，A XV 11；安东尼和雷比达的政变，Dio 44. 22；西塞罗的演说，*Phil*. I 2；“强壮得如角斗士一般”，*Phil*. II 63；葬礼，A XIV 10. 1；多拉贝拉就任执政官，Dio 44. 22；克里奥帕特拉的离开，XIV 8. 1；西塞罗在宴会上写信，A XIV 6. 2；在船上，A XIV 16；谈小昆图斯，A XIV 10. 4，17. 3；报告乡镇的反应，A XIV 6. 2；担心高卢动乱，A XIV 4. 1；谈安东尼，A XIV 3. 2；恺撒的安排仍有效，A XIV 6；“我亲爱的阿提库斯”，A XIV 12；欧普斯神庙，A XIV 14. 5；希尔提乌斯和潘萨感到震惊，

A XIV 19. 2 etc.；希尔提乌斯担心暴力，A XV 1. 3；他们的态度，A XIV 22. 1；布鲁图缺少影响力，A XIV 20. 3；安东尼和西塞罗通信，A XIV 13. 6；西塞罗见到屋大维，A XIV 12. 2；多拉贝拉的做法，A XIV 15，16. 2；西塞罗给他写信，A XIV17a；阿提库斯比较谨慎，A XIV 19. 5，18. 1；西塞罗计划希腊行，A XIV 7. 2 etc.；"从正在进行的备战"，A XIV 18. 4；担心马尔库斯，A XIV 7. 2；16. 3；马尔库斯给提洛的信，f XVI 25，21；西塞罗该为布鲁图写演说词吗？A XIV 20. 3；或建言献策？A XV 1. 5，或加工演说词？A XV 1a，2. 2；待在罗马的危险，A XV 5. 2；西塞罗接受了副将的职务，A XV 8，11. 4；6 月 2 日的法案，*Phil.* I 6，V 7—8；布鲁图和喀西约去购买粮食，A XV 9. 1，10；"我到达安提乌姆"，A XV 11；惧怕赛克斯图斯·庞培，A XV 21. 3；西塞罗担心行程，A XV 25，XVI 4. 4 etc.；"我亲爱的阿提库斯"，f XVI 23. 1；"我感到很难过"，A XV 27. 2；"那些意大利的宝石"，A XVI 6. 2；小昆图斯远行，A XVI 1. 6，5. 2；他转向解放者，A XV 19. 2；他凛然赴死，Dio 47. 10；布鲁图不急于与西塞罗同行，A XVI 5. 3；西塞罗得知元老院的会议，A XVI 7. 1 etc.；再次遇到布鲁图，A XVI 7. 1；"能怎么办呢？"A XVI 7. 7. 319

屋大维身边的奥皮乌斯和巴尔布斯，A XIV 10. 3，XVI 15. 3；多拉贝拉与安东尼合作，App. III 7—8；西塞罗缺席 9 月 1 日会议，*Phil.* I 12；安东尼盛怒，*ib.* 11—12；一名执政官级的元老支持西塞罗，f XII 2. 1；给总督们去信，f X 1—3，XII 23；安东尼的演说，*Phil.* II 3—40；西塞罗致信喀西约，f XII 2；安东尼越来越嚣张，f XII 3. 1；高谈阔论，*Phil.* II 118—119；西塞罗在普特奥利，A XV 13；谈个人的约束，*off.* III 28；马提乌斯的信，f XI 28；来自塞尔维里娅的传闻，A XV 13. 4；安东尼和屋大维，Dio 45. 8；西塞罗谈这些人，f XII 23. 2；西塞罗欲前往庞贝，A XV 13a 2；屋大维来信，A XVI 8；“我不相信他的年龄”，A XVI 9；西塞罗谈论他的作品，A XVI 11；决意去罗马。A XVI 12；掉头前往阿尔皮努姆，A XVI 10；“我对奥皮乌斯说”，A XVI 15. 3；《论老年》是对阿提库斯的一种安慰，A XVI 11. 3；历史，A XVI 13a 2；西塞罗到罗马，A XVI 15. 5—6；屋大维撤到伊特鲁里亚，App. II 42；西塞罗致信戴奇姆斯·布鲁图，f XI 5—7；12 月 20 日元老院会议，*Phil.* III，f X 28. 2，XI 6. 2，XII 22；“我为宪法奠定了基础”，*Phil.* V 30，f XII 25. 2.

第十六章　胜利与灾难（公元前 43 年）

1 月 1 日元老院会议，*Phil.* V；与弗菲乌斯重归于好，A XV 4. 1；主张和谈的人，*Phil.* V 1—2；西塞罗反对，*ib.* 3；安东尼的行为是违反常规的（与平时判若两人），*ib.* 8—25；嘉奖雷比达和屋大维，*ib.* 38—44；担保，*ib.* 50；三天的辩论，*Phil.* VI 3；潘萨和皮索，App. III 54；富尔维娅和家人，*ib.* 51；苏尔皮奇乌斯，*Phil.* IX 9，VI 4；土地法无效，*Phil.* VI 14；西塞罗谈自己的出身，*ib.* 17；意大利都团结起来了，*ib.* 18；“别的族群”，*ib.* 19；昆图斯辱骂执政官，f XVI 27；“我的恺撒”，f XI 8. 2；波利奥抱怨，f X 31. 1；夜以继日，f IX 24. 4；“指点江山”，*pro Font.* 24；希尔提乌斯和潘萨，*Phil.* VII 11，13；财政问题，Dio 46. 31；“和平哺育了他”，*Phil.* VII 8；苏尔皮奇乌斯之死，*Phil.* IX 1—2；首次交战的消息，*Phil.* VIII 6；军装，C *ap.* Nonius 48L；雷比达没有表示感激，f X 27；给苏尔皮奇乌斯的颂歌，*Phil.* IX；塑像存世，*Digest* I 2. 2. 43；西塞罗致函喀西约，f XII 4；废除安东尼的措施，*Phil.* XII 12；西塞罗谈征兵，*Phil.* XI 39；布鲁图在雅典，Plut. *Brut.* 24. 2；贺拉斯，*Sat.* I 6. 47；马尔库斯，MB II 4. 6，5，*Phil.* X 13，XI 26；布鲁图致函元老院，*Phil.* X 1；潘萨提议重用布鲁图，*ib.* 2；西塞罗支持，*ib.* 2；弗菲乌斯反对，*ib.* 4；西塞罗把演说词寄给布鲁图，MB II 3. 4，4. 2；有关喀西约的传闻，f

XII 5. 1；多拉贝拉的消息，*Phil.* XI 4—6；他被宣布为公敌，*ib.* 9；西塞罗主张承认喀西约的合法地位，*ib.* 29；遭到反对，f XII 7. 1；重做打算，*Phil.* XII；普兰库斯和雷比达的来信，*Phil.* XIII，f X 6. 1；西塞罗的回复，f X 6，27；安东尼寄给希尔提乌斯和屋大维的信，*Phil.* XIII 22—48；普兰库斯的来信，f X 5；喀西约的消息，MB II 2. 3；4 月 1 日布鲁图致信西塞罗，MB II 3；穆提纳之战，f X 30；老兵，App. III 68—69；第二次交锋，App. III 7，Dio 46. 38；在罗马的流言，*Phil.* XIV 12—16；"执政官们已经证明了"，MB I 3. 1—3；西塞罗受到感谢，*Phil.* XIV；"有以下原因"，f XI 13. 1—2；"我不能发布命令"，f XI 10. 4；通信人戴奇姆斯，f XI 24；屋大维与戴奇姆斯·布鲁图的商谈，Dio 45. 14—15；"亡的亡"，f X 33. 1；元老院的反应，Dio 46. 40，MB I 15. 9，f X 33. 1；"不情愿，不想表示感谢"，MB I 15. 8；西塞罗的名言，f XI 20. 1，21. 1；屋大维反应冷淡，App. III 86；戴奇姆斯追击安东尼，f XI 10；得报安东尼与雷比达有接触，f XI 11；安东尼在高卢南部，f XI 13；"看样子战争"，f XI 12. 1；雷比达好似忠诚，f X 34. 3—4；戴奇姆斯仍抱希望，f XI 23；普兰库斯的信，f X 23；"我请神与人共同作证"，f X 35；雷比达任使节，f X 25. 4；戴奇姆斯致信西塞罗，f XI 26；与塞尔维里娅协商，MB I 18. 1；召回布鲁图和喀西约，MB I 10；西塞罗和选举，f X 26；和财务，f XII 30. 4；布鲁图与盖约·安东尼，MB I 4. 2；"我完全不同意"，MB I 2a. 2；"迄今为止恺撒"，MB I 10. 3；"你以这种方式"，MB I 16. 1；写给阿提库斯的信，MB I 17；西塞罗谈波尔奇娅之死，MB I 9. 1；为自己辩解，MB I 15；"我将一如既往"，f XII 25a. 1；"布鲁图，请相信我"，f XI 14；"我们是玩物"，MB I 10. 3；写给布鲁图的最后一封信，MB I 18 3—4；普兰库斯抱怨，f X 24；屋大维和西塞罗将为执政官，Dio 46. 42；App. III 82；政府最终垮台，App. III 89—98， 320

Dio 46. 43—47，Vell，Pat. II 65. 1；西塞罗给屋大维的信，*ap.* Nonius 702L；西塞罗之死，Plut. 47—48.

其他记载，Elder Seneca，*Suas.* VI；布鲁图的反应，Plut. *Brut.* 28. 1—2；西塞罗的手被钉在讲坛上，Plut. 49. 1，Dio 47. 8；“那个人的头”，*de Or.* III 10；波皮里乌斯的塑像，Dio 47. 11；安葬西塞罗，*Anth. Lat.*，XII Sapientes；西塞罗的财产，Pliny *NH* XXXI. 6，cf. Vell. Pat. II 14. 3；小马尔库斯，App. IV 51；作为执政官，Plut. 49. 4；回击修辞学家，Quintil. X 5. 20；特兰提娅，Jerome *Adv. Iovin.* 1. 48，Pliny *NH* VII 158；庞波尼娅，Plut. 49. 2；没收财产过程中的阿提库斯，Nepos *Att.* 9—12；与三头同盟关系密切，*ib.* 19—20；女儿，*ib.* 12. 1—2，19. 4；亡，*ib.* 21—22；提洛之死，Jerome *Euseb. Chron.* 01. 194. 1；出版西塞罗演说的注释，Quintil. X 7. 31；辑录名言，Macr. II 1. 12，Quintil. VI 3. 5；虚构出的“西塞罗之梦”，Plut. 44 etc.；奥古斯都谈西塞罗，Plut. 49. 3.

第十七章　名垂千古

李维谈西塞罗，Quintil. X 1. 39；昆体良，X 1. 112；抱怨其风格，Seneca *Epist. Moral.* CXIV 16，Fronto I 3，Dio 38. 18—29、46. 1—28；塞涅卡谈西塞罗的哲学著作，*Epist. Moral.* C。拉克坦提乌斯认为西塞罗摧毁了异教论点，*de ira Dei* II 4—10；Jerome，*Epist.* 22，30；Augustine，*Conf.* 3. 4；Petrarch，*Sen.* XVI 1，*Fam. Rer.* XII 8，XXI. 10，XXIV 3，etc.；Copernicus，*de revolutionibus orbium caelestium*，dedic. epistle；Montaigne，*Essais* II 10；Erasmus，*Ciceronianus*；C. Middleton，*A History of the Life of Cicero*；Gibbon，*Autobiography*（p. 6 Everyman edn）；Montesquieu，*Pensées Diverses*：*des Anciens*；Voltaire，*Remarques de l'esprit sur les Moeurs* IV；*Essais sur la poésie epique* III；Mommsenm，*A History of Rome*，Bk V esp. ch. XII.

参考书目

这些年来，在撰写这部著作的过程中，所要参考的书籍和文章不胜枚举，难以一一点出它们的书名或篇名。不过，对于感兴趣的读者来说，为了帮助他们深入了解西塞罗和他那个时代，开列一些书目也是可资利用的。

在常用的洛布（Loeb）丛书双语对照本中几乎可以查到各家翻译的西塞罗全部作品：沙克伯勒（Shuckburgh）和琼斯（Jeans）所翻译的书信旧版本已经家喻户晓；西塞罗写给阿提库斯的书信可参考拉丁文和英文两种版本，内附 D. R. 沙克尔顿·贝利（D. R·Shackleton Bailey，1965—1968）的注释。L. P. 威尔金森（L. P. Wilkinson）翻译的书信选堪称精品，现在可以利用的是平装本。J. 卡尔克皮诺（J. Carcopino）的著名译著《西塞罗通信秘闻》（*The Secrets of Cicero's Correspondence*，1935 年）很有创意，但内容不太可靠。

其他传记曾风靡一时，尤其是 J. L. 斯特罗恩-戴维森（J. L. Strachan-Davidson）所写的传记（1894 年），但随着时代的发展，人们对罗马生活各个方面的情趣在一定程度上超过了这些传记；G. 布瓦西耶（G. Boissier）的佳作 *Ciceron et ses amis* 及其英译本（*Cicero and His Friends*，1897 年）《西塞罗和他的朋友》也是如此。H. J. 哈斯凯尔（H. J. Haskell）的《这就是西塞罗》（*This Was Cicero*，1942 年）仍是引人入胜的入门著作，它的知识性强于学术性。D. 斯托克顿（D. Stockton）的《西塞罗：政治传记》（*Cicero，a Political Biography*，1971 年）一经问世，就非常值得推荐；沙克尔顿·贝利的《西塞罗》（*Cicero*，1971 年）引述若干信件内容，有关西塞罗这个人物的论述既生动又深刻；但这两部作品的观点较为片面。H. 弗里施（H. Frisch）的《西塞罗为共和国而战》（*Cicero's Fight for the Republic*，1946 年；出版于丹麦）详述了西塞罗的最后之年，值得一读。此外，多里（T. A. Dorey）主编《西塞罗》（*Cicero*，1965 年）一书，它所收录的论文涉及这一主题的方方面面。道格拉斯（A. E. Douglas）的《西塞罗》（*Cicero* [*Greece and Rome*，*New Surveys in the Classics*，no. 2，1968 年]）以小册子的形式精辟地总结了西塞罗国际研究的进展情况。

实际上，最翔实的西塞罗传记是格尔泽尔（M. Gelzer）用德文写成的权威著作《西塞罗：一部传记的尝试》（*Cicero：Ein Biographischer Versuch*，1969 年）；聚斯（W. Süss）的《西塞罗：其哲学手稿引言》（*Cicero：Eine Einführung in seine philosophischen Schriften*，1966 年）也是用德文写成的，该书是研究西塞罗哲学著作的最佳入门之作，令我受益匪浅；我还参考了布赫纳德（K. Buchnerd）的著作《西塞罗：其精神世界的持续与演变》（*Cicero：Bestand und Wandel seiner geistigen Welt*，1964 年），以及杰林斯基（Th. Zielinski）的《世纪交替中的西塞罗》（*Cicero im Wandel der Jahrhunderte*，1897 年）。虽然后来的研究是围绕后一主题展开的，但在稍后几个世纪，杰林斯基的这部著作为西塞罗赢得了声望。

其他多数古代史料均可在洛布丛书中查到（但阿斯科尼乌斯 [Asconius] 和其他古代评注者翻译的西塞罗演说词则不在其内）。企鹅出版社出版的普鲁塔克《平行传记》很有参考价值。这一时期的英文版通史则难以令人满意：《剑桥古代史》（*Cambridge Ancient History*）不算最佳，观点有所陈旧。斯卡拉德（H. H. Scullard）的《从格拉古兄弟到尼禄》(*From the Gracchi to Nero*, 1976 年第四版)是一部脍炙人口的优秀教材。格尔泽尔的《恺撒传》(*Caesar*)英译本(1968 年)详细地叙述了恺撒的一生;但他写的《庞培传》(*Pompeius*)则没有英译本。巴尔斯顿(J. P. V. D. Balsdon)和格兰特(M. Grant)编辑的《恺撒传略》可供广大读者参考。论述这一时期特殊领域的著作是很多的;值得一提的是泰勒(L. R. Taylor)的《恺撒时代的党派政治》(*Party Politics in the Age of Caesar*),最近这部著作以平装本的形式再版。

附录(1983 年)

米歇尔(T. N. Mitchell)的《西塞罗:崛起岁月》(*Cicero: The Ascending Years*, 1979 年)是一部非常详细的传记,近年出版了第一卷;此外,最近几年还出版了李奇(J. Leach, 1978 年)、格林哈尔(P. Greenhalgh, 第一卷, 1980 年;第二卷, 1981 年)和西格(R. Seager, 1979 年)研究庞培的著作——后者的著作学术性很强,但局限于政治方面。马歇尔(B. A. Marshall, 1976 年)和沃德(A. Ward, 1977 年)试图撰写马尔库斯·克拉苏(M. Crassus)的传记(但材料有限),《最尊贵的罗马》(*The Noblest Roman*, 1981 年)是克拉克(M. L. Clarke)对马尔库斯·布鲁图的简要研究。格伦(E. Gruen)的《罗马共和国的最后一代》(*The Last Generation of the Roman Republic*, 1974 年)全面论述了从苏拉之死至公元前 49 年的历史,该书对这段历史有非常充分的说明,且常常引起学术界的争议。但是,这部极其新颖而又颇具价值的著作近来越来越关注后期共和国的社会经济问题,而不是政治领域,所以它与本书的主题只是间接相关。

沙克尔顿·贝利对西塞罗书信的编辑及注释本的完成是西塞罗研究领域取得的最大成绩;其全部译文可查阅企鹅古典丛书系列。所有从事西塞罗研究者均对之心怀感激。

加注人名索引

(索引中的页码为原书页码，即本书边码)

地名索引

（索引中的页码系原书页码，即本书边码）

译后记

翻译《西塞罗传》是一项艰巨的任务。令我十分荣幸的是，商务印书馆的王明毅先生把它交给了我。自此，我一直不敢掉以轻心，开译之前做了大量准备。可是，因我手中另有迈克尔·格兰特的《罗马史》翻译任务，《西塞罗传》的翻译工作便被推迟了。后来，在东北师大张强教授的建议下，我同意王悦博士和范秀琳博士加入翻译工作，并征得商务印书馆的认可。自此，翻译的进度加快了。王、范二人是我教过的本科生，读研后，受教于日知先生，同我一样，成为林门弟子，故我与她们的关系升级为师兄妹的关系。由于这种双重关系，我们之间的合作显得格外融洽和惬意。我们的分工如下：王悦译8—12章和各章参考文献；范秀琳译13—17章、参考书目、罗马人的姓氏、加注人名索引和地名索引；序言、1—7章及其余部分由王乃新翻译或重译，最后由王乃新统校。

翻译在某种意义上是一种创造。同一作品，不同人的翻译肯定会产生不同的结果，因为译者的风格不同，理解各异，外语与母语的水平千差万别。其中，有的译文读起来朗朗上口，有的则令人咋舌，眉头紧皱。我本人在高校讲授过英汉翻译教程，参加过《世界文明史》、《罗马十二帝王传》和《罗马史》等著作的翻译，但是，要做到"信、达、雅"并非易事，正如清末启蒙思想家严复在其所译的《天演论》序言中所说："译事三难：信、达、雅。"不过，既然接受了商务印书馆交给的任务，哪怕困难再大，也得全力以赴，迎接挑战。

经过此次的笔译，我对“信、达、雅”有了新的体会。所谓“信”，就是忠于原意，既不是一对一的硬译，也不是原文句子形式的翻版。只要能够表达作者的原意，译文可以采取各种形式，长长的复合句可以化成短小的简单句，甚至可以译成一个成语或俗语。翻译的根本目的是什么？就是让读者正确地理解原文的含意。如果译出来的东西连译者本人都觉得莫名其妙，那怎能让读者领会作者的真意呢？可以肯定地说，你把原文译错了，也就是你没能做到“信”。故严复说，“求其信已大难矣”。所谓“达”就是指译文要通顺，读之像母语一般。在语法结构上，虽说外语和母语也有相同的时候，但差异是大量的，因此，掌握两种语言的异同是使译文顺畅的前提。所谓“雅”指的是，在保留原文古朴文雅的同时，突出原文内在的神韵。诚如业界所公认的，“形似”不如“神似”。当然，不同体裁的作品对“雅”的要求是不一样的。文学作品对“雅”的要求通常高于其他著作。历史与传记有人物语言、心理和所处环境的描写，自然也需要“雅”，但不要过分追求“雅”，否则，会伤害历史的真实性。

的确，“信、达、雅”说起来容易，做起来难。但是，要想掌握翻译技巧，非得参加翻译实践不可，这与学游泳同理，任何人要想学会各种泳姿，他都必须下水反复练习。毋庸置疑，掌握翻译技巧是重要的，但是，设法让读者了解作者的原意始终是译者的天职。首先，一定要搞清原文的语法关系、短语和各类词在句中的含义；其次，要关注人物之间的关系、上下文的衔接和事件发生的历史背景。否则，势必酿成错译。错译贻害无穷，必须竭力避免。为此，译者必须不断提高自己的专业素质、外语和母语的水平，必须养成一丝不苟的严谨学风。“困学勉行，止于至善”——这是已故日知先生的遗训。在翻译《西塞罗传》的日日夜夜，先生的这句教诲一直是鞭策我们攻坚克难、务求完美的动力。

西塞罗是两千多年前的罗马政治家、思想家和演说家。伊丽莎白·罗森女士则称他为“国务活动家”。为了公正地评述这位国务活动家，她援引大量古典文献和近现代的研究著作，特别是利用西塞罗本人的演说词、随笔和日记以及与挚友阿提库斯等人的信函，全方位、多角度地展现了西塞罗的一生。因此，我们把她的 *Cicero：A Portrait* 译成《西塞罗传》。

尤其值得赞赏的是，作者在书中开辟专章，介绍奥古斯都以下各个时期的达人评论。虽然这些评论乃冰山之一角，但仍可看出西塞罗在历史上的影响和地位。当然，对广大中国读者来说，“他山之石，可以攻玉”。对西方历史人物的评价，理当发出中国人的声音。我特别钦佩西塞罗反腐败的大无畏精神。他猛烈抨击西西里总督维列斯的敲诈勒索就是一例。为了回击窝贪者的狼狈为奸，他不顾劳累和旅途的艰险，亲自去西西里取证，最终打赢了这场反贪腐的官司，彰显了法律的尊严。不仅如此，他还为罗斯奇乌斯的“弑亲罪”进行辩护，他以事实为据，雄辩证明这桩“弑亲罪”是被告的私敌捏造出来的，进而揭露诬陷者企图借助苏拉获释奴的帮助，以拍卖的方式霸占被杀者的财产，暗示他们才是真正的谋杀犯。最终，西塞罗为被告洗雪了罪名，维护了法律的公平正义。在《西塞罗传》中，类似的辩护词是很多的。早在两千多年前，能有这样的法治精神，的确非常可贵，值得关注和称赞。

但是，历代学者对西塞罗褒贬不一。不可否认，他在维护法律尊严和公平正义的同时，政治倾向对他也有很大影响，最明显的例子有两个：一是，公元前 63 年，作为执政官，他依据元老院的决议处死了“喀提林阴谋”中的几名主犯，但他违背了一条罗马古法，未经森都里亚人民大会的审判，就下令处死了罗马公民，结果他被流放，他的帕拉丁豪宅也被洗劫一空；二是，公元前 44 年，以布鲁图和喀西约为首的阴谋集团杀害了独裁官恺撒。西塞罗虽然不是阴谋集团的成员，但他支持这一非法暴力行动，结果遭到恺撒的复仇者屋大维和安东尼的杀害。这两次教训说明，尽管他的两次行动都是为了保卫共和国，但他作为共和国的领导者，没有把自己的所作所为关进制度的笼子里，因而遭到不测。表面上看，他管不住自己的舌头，连篇累牍地发表了14篇抨击安东尼的《腓力比克》演说，因而遭到对手的报复，但从政治视野上看，他的思想和行动明显滞后于时代。公元前46年，庞培派的残余势力在北非的彻底失败和加图在乌提卡的自杀标志着罗马共和国的灭亡。然而，西塞罗仍不肯接受恺撒帝国，继续为无法挽救的共和制度进行搏斗，这才是招来杀身之祸、酿成悲剧的根本原因。

作为政治思想家，西塞罗继承和发展了柏拉图、亚里士多德和波里比阿等希腊哲学家和历史家的政体理论。他认为，唯一值得称赞的最佳政体是混合政体（mixed constitution），即三种正规型政体（君主政治、贵族政治和民主政治）的混合，三种政体因素的相互制衡可以阻止一种政体形式向另一种政体形式的迅速演变。西塞罗没有称赞民主政体，因为随着雅典的衰落，雅典民主政治已不再具有吸引力。他反对三种畸形政体（暴君政治、寡头政治和暴民政治），尤其反对由君主政体演变而成的最坏政体——暴君政治（亚里士多德在《政治学》中认为，最坏的政体是暴民政治，因为这种政体会导致城邦的瘫痪）。历史家波里比阿目睹过布匿战争时期的罗马政体，他认为，罗马的执政官、元老院和人民大会分别代表君主政治、贵族政治和民主政治，高度赞扬这三种因素的混合与相互制衡。但是，混合政体是难以维持的，随着骑士等级的形成和壮大以及否决权（veto）的滥用，混合政体便被破坏了。历史的发展表明，混合政体的理论带有空想的成分，未免过于天真。不过，混合政体理论的提出在当今世界仍有一定的积极意义。它启发人们认真思考这样一些问题：什么样的政体是最佳政体？如何构建最佳政体？应当怎样看待中国所实行的“协商民主”？近代以来，世界上出现过各种各样的政体，我们的前辈几乎都试验过了，最后，中国人民选择了人民代表大会制度和中国共产党领导的多党合作和政治协商制度。于是，在世界的东方出现了一个具有独特优势的新型政体。相比之下，心平气和的“协商民主”明显优于派性十足的打斗民主。当然，作为上层建筑的政体必须符合国情，必须适应经济的发展，因此任何好的政体都要不断改革加以完善。

读《西塞罗传》和罗马史，我们不难发现，罗马由一个蕞尔城邦一步步发展成横跨欧、亚、非的强大国家，其中有一个重要原因，那就是早在立国之初，罗马人便把“爱国、虔诚和勇敢”奉为自己的传统美德。西塞罗的传奇一生靠的正是这种美德。他本是一个普通的阿尔皮努姆人，先后成为财务官、营造官、大法官和执政官。虽然他是一名“新人”，但在元老院中，他可是一位灵魂人物和共和国的领导者（*rector rei publicae*）。尤其令人称道的是，在他的升官图上，我们找不到非法买官卖官和行贿受贿的记录。这里我们可以发现，弘扬美德才能使人不想贪。雅典七贤之一的梭伦说过，维护国家的统一有两大法宝：奖励和惩罚。罗马统一国家的形成也靠这两大法宝。一名将军获胜，士兵会向他欢呼“英贝拉多”（*imperator*），元老院会为他举行感恩祈祷或凯旋式。反之，对腐败官员和叛国分子则依法予以严惩，直至判处死刑。罗马的强大与赏罚分明的治国之策是息息相关的。举行凯旋式也是西塞罗梦寐以求的理想，他爱荣誉，但他更爱国。当听说元老院愿意批准他举行凯旋式时，他说，如果能劝说庞培和恺撒达成和平协议，他宁愿徒步走在恺撒的凯旋式上。寥寥数语折射出罗马人的传统美德在这位国之骄子身上激发出的正能量。实际上，我们的祖先早于罗马人已为中华民族确立了“仁义礼智信”的传统美德。海内外的中华儿女不管走到哪里，一提起祖宗留下来的这些训诫，就立刻有了共同语言、自豪感和亲切感。今天，为了实现祖国的和平统一和中华民族伟大复兴的中国梦，我们必须弘扬“仁义礼智信”的传统美德和践行中国特色社会主义的核心价值观，这是我们拒腐防变和战胜任何艰难险阻的强大思想武器。

最后，我想再次申明，公元前1世纪的西塞罗时代是罗马由共和制向帝制的过渡期，此时的罗马社会是一个风云激荡、急剧变革的社会，因而非常值得改革开放、日益崛起的中国好好研究。我殷切希望广大读者能够透过作者描绘的西塞罗肖像，重新审视那个变革的时代，以史为鉴，面向未来，迎接挑战，共同谱写中华民族美好历史的新篇章。

我非常感谢商务印书馆有限公司总经理于殿利博士、学术编辑中心主任郑殿华博士和涵芬楼文化公司总编辑王明毅先生。没有他们的信任、友谊、决断和鼎力襄助，就不会有《西塞罗传》的顺利签约和出版。我尤其感激责任编辑杜廷广博士，他的热情、认真、包容和担当的精神令人十分钦佩。由于眼疾，我无法审理王、范二人的部分反馈意见，在这种情况下，他不惜花费大量精力，担起了审查与定夺的任务，因而确保了译著的按期付梓。此外，值得一提的还有我的女婿孔宪华，他为本书序言的文字进行了润色和加工。值得感谢的还有许多帮助过我的人，其中自然少不了吾妻赵月桂，她的关心与呵护是我完成任务的坚强后盾。

中译本《西塞罗传》的问世令我们三名译者喜忧参半：喜的是，我们为中外文化交流奉献了微薄之力，“面壁十年”的努力终于获得了回报；忧的是，由于我们的功力毕竟有限，疏漏和舛误之处在所难免。因此，敬请广大同仁和社会读者在与我们分享喜悦的同时，对我们的疏漏与错误不吝赐教，予以匡正。在此，我们谨表衷心谢忱。

王乃新

2015年3月18日于广州

图书在版编目(CIP)数据

西塞罗传/(英)罗森著;王乃新,王悦,范秀琳译.—北京:商务印书馆,2015(2019.9 重印)
(世界名人传记丛书)
ISBN 978-7-100-11466-0

Ⅰ.①西… Ⅱ.①罗… ②王… ③王… ④范… Ⅲ.①西塞罗,M.T.(前 106~前 43)-传记 Ⅳ.①B502.42

中国版本图书馆 CIP 数据核字(2015)第 160542 号

世界名人传记丛书

西塞罗传

〔英〕伊丽莎白·罗森 著
王乃新 王 悦 范秀琳 译

商 务 印 书 馆 出 版
(北京王府井大街 36 号 邮政编码 100710)
商 务 印 书 馆 发 行
北京通州皇家印刷厂印刷
ISBN 978-7-100-11466-0

2015 年 8 月第 1 版　　开本 787×960 1/16
2019 年 9 月北京第 2 次印刷　　印张 28

定价:68.00 元